新基建新技术新管理丛书

阿里云研究院
ALIBABA CLOUD RESEARCH INSTITUTE

数智化敏捷组织

云钉一体驱动组织转型

张建锋　肖利华　叶军　赵刚◎等著

人 民 邮 电 出 版 社

北 京

图书在版编目（CIP）数据

数智化敏捷组织：云钉一体驱动组织转型 / 张建锋等著. -- 北京：人民邮电出版社，2022.3（2023.3重印）
（新基建新技术新管理丛书）
ISBN 978-7-115-58226-3

Ⅰ．①数… Ⅱ．①张… Ⅲ．①数字技术－应用－企业管理 Ⅳ．①F272.7

中国版本图书馆CIP数据核字(2021)第261643号

内 容 提 要

数字技术的深入发展与应用，促使政企组织在组织管理、业务协同和生态发展等方面进行变革。但是，这些组织具体应该如何转型与升级呢？针对这个问题，阿里云和钉钉团队给出了他们的答案。

本书全面地介绍了阿里云和钉钉团队在赋能组织数智化转型方面的方法论、技术架构及行业解决方案，详细阐述了数智化敏捷组织的发展蓝图与建设路径，全面分析了数智化敏捷组织的战略、业务、组织和技术体系，并深度解析了阿里云与钉钉在组织数智化转型领域的真实应用案例，旨在为政企组织实施数智化转型提供详尽的理论指导、体系框架、实施路径及实践参考。

本书适合参与政府及企事业单位等组织数智化转型实践的研究者、中高层管理者、业务人员、技术人员阅读，也可以作为政府及企事业单位中相关业务培训的参考用书。

◆　　　著　　张建锋　肖利华　叶军　赵刚　等
　　　　责任编辑　张国才
　　　　责任印制　彭志环
◆　人民邮电出版社出版发行　　北京市丰台区成寿寺路 11 号
　　邮编　100164　　电子邮件　315@ptpress.com.cn
　　网址　https://www.ptpress.com.cn
　　北京瑞禾彩色印刷有限公司 印刷
◆　开本：880×1230　1/16
　　印张：15.5　　　　　　　　2022 年 3 月第 1 版
　　字数：350 千字　　　　　　2023 年 3 月北京第 3 次印刷

定价：149.00 元

读者服务热线：(010)81055656　印装质量热线：(010)81055316
反盗版热线：(010)81055315
广告经营许可证：京东市监广登字 20170147 号

本书写作组

组　长　张建锋

副组长　肖利华　叶　军

总执行　谢婷敏

成　员　赵　刚　谢婷敏　周　君　冯诗楠

业务指导专家　安筱鹏　田群喜　杨　猛　程操红　徐　渭
　　　　　　　　周　鹏　吴振昊　张　帆

学术指导单位　中国企业联合会智慧企业推进委员会
　　　　　　　　阿里云研究院

阿里云研究院数智化敏捷组织指定行业系统专家

史楠

　　阿里云研究院数智化组织指定行业系统专家，阿里系钉钉数字化全球首席布道师，阿里巴巴钉钉产品创始共创伙伴，工信部数字化领军人才导师，鑫蜂维增长学院创始人，中国数字化组织联盟创始人，钉钉全球数字化组织布道师，阿里云培训中心数字化组织管理实战教练。

刘炜

　　阿里云研究院数智化组织指定行业系统专家，阿里云培训中心战略目标实战教练，阿里云数字化组织管理九板斧实战教练，阿里云培训中心 OKR 目标管理全流程总设计师，阿里云数字化战役管理实战教练，阿里云培训中心数字化转型升级图谱教练，工信部数字化领军人才导师，鑫蜂维增长学院执行院长，阿里钉钉数字化组织管理系统实战教练。

高珉

　　阿里云研究院数智化组织指定行业系统专家，阿里云培训中心绩效管理实战教练，阿里云培训中心数智化转型升级图谱实战教练，阿里云培训中心组织管理数字化实战教练，工信部数字化领军人才导师，鑫蜂维增长学院执行院长，阿里钉钉数字化组织管理实战教练，全域数字化营销训战系统教练，数字化组织管理排兵布阵招才选将实战教练。

专家赞誉

随着互联网、大数据、云计算、人工智能、区块链等技术加速创新，组织的数智化转型与变革已经成为应对市场与产业变化的必然选择和内在需求。本书对数智化敏捷组织的驱动因素与机制、发展蓝图、实现路径及行业实践案例进行了深入阐述，内容全面、有深度、可操作性强。全书理论与实践纵横交错，知行合一，值得推荐。

——范玉顺　清华大学长聘教授、
国家 CIMS 工程技术研究中心副主任

数智化敏捷组织的最终目标是助力企业超越传统，实现卓越的飞跃。本书既有深厚的理论基础，又有丰富的行业实战案例，并进一步提炼总结出了云钉一体的数智化操作系统。对于实现组织内外协同、价值链资源配置优化、产业与生态共生共赢，这个系统有着重要的作用，它能够助力组织卓越发展，值得各行业的组织学习和应用。

——王宏　清华大学五道口金融学院
高管教育中心副主任

在我国，互联网行业经历了 20 多年的高速发展，互联网企业在电商、社交、本地生活等诸多业务领域快速发展，但互联网企业内部的组织管理、人员管理往往跟不上业务快速发展的节奏，亟须升级企业管理理念，优化组织管理。本书中有完整的组织管理的方法论和组织数字化应用实践，可以为互联网企业提供具有参考价值的路径和方法。

——**魏炜** 北京大学汇丰商学院教授

在"数据＋算力＋算法"定义的新时代，如何通过数智化手段推进组织升级、实现价值增长，是所有决策者都需要重新思考并付诸实施的现实问题。本书系统地阐述了数智化敏捷组织的新内涵与建设路径，落地云钉一体的数智化操作系统，辅以不同行业的实施案例。这不仅为相关组织的数智化转型升级提供了新的思路，还为决策者提供了切实可行的全方位、多维度的解决之道。

——**吴晓波** 浙江大学求是特聘教授、
浙江大学社会科学学部主任

在数智化时代，企业对数字化的理解已经不能仅限于基础建设投入层面，而是需要运用多部门、跨场景、全流程的思维来重新认识组织运行的意义。本书是对企业数智化转型的全面复盘，涉及思维、业务、管理、流程和技术应用，能够很好地解答近年来很多政企组织始终感到困惑的一个话题：应该如何处理微观层面的数据和算力算法与中观层面的流程管理和组织协同，以及宏观层面的产业链路整合与竞争优势之间的关系。

——**王小毅** 浙江大学管理学院数字化战略教授、博导

数智化转型是组织发展的必然趋势，而阿里云和钉钉是全球数

智化转型的引领者，云钉一体更是依托阿里云的云计算基础设施和中台的数据智能能力，以钉钉作为统一的组织协同平台与能力中枢，能够帮助组织实现跨组织、跨系统、跨终端的协同与创新，以及全链路、全要素、全局性的实时洞察与智能决策。本书有理论高度，有实践方法，有经典案例，是当下组织面对数智化转型的必备读物。

—田新民　上海交通大学安泰经济与管理学院副院长、
行业研究院副院长、博导

在我国，前端消费侧的数字化程度全球领先，而后端产业互联网仍处于发展阶段。消费互联网的前端应用及商业模式创新正沿着价值链牵引后端生产等环节进行数字化协同。未来，消费互联网和产业互联网企业应该如何数智化转型？在哪些方面进行数智化转型？《数智化敏捷组织：云钉一体驱动组织转型》给出了较系统的答案。

——赵红　中国科学院大学中丹学院院长、教授、
博导、国科大教育基金会副理事长

在数智化时代，如何管理数据资产，发掘其战略价值，是组织需要研究的重要课题。本书从组织如何发掘数据价值，从而为企业带来新的增长点并有效地降本增效提供了洞见，对于开展数智化转型的企业具有重要的参考价值。

——忻榕　华裔管理学家、中欧国际工商学院管理学教授、
拜耳领导力教席教授、《哈佛商业评论》中文版首任主编

随着两化深度融合的进一步发展，以及工业互联网平台的全面建设，企业需要从战略、业务、组织、技术进行全面的数智化转

型升级，其中最难的是组织变革。本书是阿里云和钉钉用反复实践打磨沉淀的方法论和解决方案，它给正处于数智化转型迷雾中的组织提供了一条清晰的从用户价值诉求到组织价值实现的蝶变之路，可以赋能各行各业，值得企业的各级管理者阅读学习。

——**闫同柱** 北京信息化和工业化融合服务联盟理事长、

世纪纵横（北京）管理咨询有限公司董事长

未来已来，只是尚未流行。本书从日新月异的技术发展及势在必行的管理变革入手，分析数智化对未来组织发展的驱动和影响，既有理论高度、实施原理，又有经典案例、实践方法，是当下准备或正在实施数智化转型的政企组织的管理者，以及数智化转型和数字经济研究人员的必备读物。

——**胡春江** 浙江清华长三角研究院智库中心研究员、

国内合作部副部长、嘉兴市区块链研究院常务副院长

我国企业已进入高质量发展的时代，如何进行新旧动能切换，如何运用数智化技术赋能，本书给出了清晰、完整的解答。同时，本书对阿里巴巴云钉一体的实践经验进行了阐述，对于众多进行数智化转型的组织具有参考价值。

——**裴亮** 中国连锁经营协会会长

随着经济社会的发展，组织也在不断演进。面向未来的敏捷组织将是怎样的呢？本书给出了一个较为恰当的解释。在数智化时代，数智化敏捷组织将持续不断地弱化管理边界，拓宽能力边界，跨越沟通边界，打破创新边界，实现组织架构的柔性扁平化、岗位职能的动态成长化、沟通协作的实时高效化、创新模式的开放

敏捷化。这为未来各行各业的组织提供了转型升级的方向。

——韩明　中国饭店协会会长

当今世界唯一不变的是变化。在数智化时代，组织如何打造并保持领先优势呢？本书不仅深入挖掘了数智化对商业环境、技术发展、管理变革的影响，还提出了打造数智化敏捷组织的方法。无论对于已经开展数智化转型的组织，还是即将开展数智化转型的组织，本书都能起到很好的指导作用。

——范君　中国百货商业协会会长

生意来源于生活，依托于生态。随着消费需求的多元巨变，零售行业正在重构新生态，零售企业也在寻找新方向。对于零售企业来说，数智化转型既是新机遇，也是新挑战。本书的出版可谓恰逢其时，通过学习本书，零售企业能够更好地理解数智化敏捷组织，进而降低转型风险，提升核心竞争力。

——高景远　中国合作贸易企业协会副会长兼秘书长

新时代的零售企业务必要更好地理解数智化敏捷组织，降低转型风险，提升核心竞争力。本书的最大亮点在于它提供了一条已得到验证的全链路数智化转型路径，这可以帮助组织快速融入数智时代，实现持续增长。

——陈亚波　中国奥莱会会长

叙述行云流水，云钉一体贯穿企业管理全流程，各站各点各负其责，全员上链，飞轮快转，高效提升。学习理解了此书，组织推进数智化转型就会更坚定，执行更狠劲，神定心更定！

——钱金波　红蜻蜓品牌创始人、董事长在数智化时代，组织数智化转型迫在眉睫，需要战略、业务、组织、技术的全面升级，其中最难的是组织升级。本书全方位、系统地凝练出了云钉一体驱动组织数智化转型的方法论，通过组织数智化转型实现跨组织、跨系统、跨终端的协同与创新，以及全链路、全要素、全局性的实时洞察与智能决策，值得各个行业的组织学习和借鉴。

——**杨瑞刚** 北国人百集团有限责任公司总裁

数智化未来已来！数智化转型与敏捷组织螺旋式上升演进成为必然轨道。基于阿里云与越秀集团有关业务板块的合作，我们已在商业运营 OKR、阿米巴管理等方面开展了一系列有益的探索。其中，"悦工作"作为云钉一体化的产物，促成我们在战略实施、商业逻辑、业务模式、资源整合、业务生态、组织文化和管理机制紧密连接，以数据驱动组织转型提效。本书既有相关的理论基础，又融合了阿里巴巴数智化转型的管理实践，对各行各业拥抱数智化浪潮都有很好的参考价值，值得一读。

——**林德良** 越秀房地产投资信托基金董事长、执行董事及行政总裁

组织数智化转型是关于生产关系的改变，既注重技术赋能，又注重组织体系变革。在数智化敏捷组织中，人与人之间的关系是什么样的，这个问题涉及组织内部关系和外部关系的重构。本书就解答了这个问题，我推荐研究数智化敏捷组织关系的人员阅读。

——**汪林朋** 居然之家创始人、董事长

在组织进行数智化转型的过程中，组织的形态、人员、机制、文化等要素也会随之转变。而《数智化敏捷组织：云钉一体驱动组

织转型》正是一本理论框架、方法路径和实践案例相结合的组织数智化转型升级的必备读物，值得推荐。

——施永雷　上海来伊份股份有限公司董事长

在"数据 + 算力 + 算法"定义的世界中，作为微观主体的组织该如何通过数智化手段实现价值增长，是所有决策者都需要思考的问题。本书给出了重要的理论和实践指导，下篇的实践案例更是为决策者提供了非常有意义的参考方向。

——韩颖姣　香港交易所环球上市服务部高级副总裁

在智能制造时代，制造业面临数智化转型升级的新机遇，未来制造业将走向智能化、个性化和定制化。本书为制造业的数智化转型提供了丰富的理论指导和案例经验，是一本必读的好书。

——邱世梁　浙商证券研究所联席所长、CFA、CPA

我们正在进入一个更加复杂的世界，这是一个数智化以人类历史上从未有过的速度发展的世界。企业家能力的最后较量，其实是驾驭和变革组织能力的较量。如何成功打造一个有核心竞争力的数智化组织，本书做出了回答。

——颜艳春　盛景嘉成基金合伙人、山丘联康董事长、
《产业互联网时代》《第三次零售革命》作者

《数智化敏捷组织：云钉一体驱动组织转型》既有理论框架、方法路径，还有各种行业实践案例，是一本很好的组织数智化转型升级的工具书，值得我们阅读。

——梅向荣　盈科律师事务所全球合伙人、主任、创始人

日月如梭，星转斗移。当新世纪的大幕拉开之后，人们无不感受到技术革命和产业变革带来的变化。以互联网、物联网、云计算、大数据、人工智能、区块链为代表的数字经济以排山倒海之势影响着经济社会的每一个角落，成为全球经济发展的新动能，不仅使产业转型升级的步伐大大加快，而且直接带动了企业组织结构、生产方式、商业模式和创新模式的重大变革。

"十四五"规划中强调"数字经济"是未来推动经济发展的重要手段。当前，企业必须从发展全局来深刻理解数字经济。数字经济的影响力与日俱增，不仅成为全社会抗击疫情的有力武器，而且对国民经济的贡献率不断提高，成为中国经济转型升级的新引擎和高质量发展的主导力量。发展数字经济要求企业加快创新发展，使企业数字化转型成为经济包容性增长和可持续发展的有效途径。我们必须看到，数字化转型对企业带来的影响是战略性、系统性和革命性的。与以往企业技术改造不同，企业的数字化转型不等于各种计算机硬件设备、软件系统的购入，以及企业生产线和车间乃至整体自动化、信息化水平的提升。如果没有数字技术推动企业组织、流程、管理等方面的深刻变革，尽管自动化水平的提高会助力企业效率改善，但其深蕴的潜力还很大程度没有释放。

数字化转型的最佳载体与实践都来自于企业，其意义在于能够使生产要素按照最优原则重新进行排列组合，通过反复迭代，让现有生产关系和生产元素能够产生更高效的生产力价值，构筑起经济发展的坚强基石。如何使数字化转型及时发挥作用一直是社会各方不断摸索探讨的课题，企业需要构建一整套适应数字经济时代的商业逻辑和运作模式，包括发展理念、治理体系、技术和产品体系、组织体系、价值创造体系、管理模式、岗位和技能等。这对于许多组织来说都是一次巨大的挑战。

一是以思维模式的转变把握数字化转型的方向。企业数字化转型的本质是数字技术对现有企业的重构，是战略层面的概念，它并不是追求眼前效益的机灵战术，而用数字技术对业务和管理流程的优化。它是在"数据+算力+算法"定义的世界中，以智能数据服务的流动化解复杂系统的不确定性，优化资源配置效率，构建组织新型竞争优势。关键是要将数据转变为企业有价值的知识，并成为员工、组织、机器、系统的智慧能力，赋能企业生产经营和管理。

二是以业务模式创新激发数字化转型的潜力。为了更大程度释放数字化潜力，企业要以数据为核心进行全面赋能，使数字化真正深入企业的关键业务流程和每一个单元，才能实现业务效率提升和成本降低，并不断进行业务模式创新。

三是以管理模式变革构筑数字化转型的支撑。企业数字化转型是"一把手"领导下的全员工程、系统工程。企业在部署数字化应用的同时，还要调整组织人员、形态、机制与文化的变革，通过建设组织内部大规模网络协同和智慧决策的中枢，建立敏捷组织和协同生态，激活员工的创造力。让懂管理、懂业务、懂创新、懂数据、懂技术的复合型人才成为企业数字化转型的核心。

四是以新技术应用注入数字化转型的动能。为了适应复杂多变的商业环境，企业需要加快新一代信息技术的应用与创新，发展数字化能力，让数字化创新成为企业数字化转型不竭的动力。

企业的数字化转型沿着数字化、网络化、智能化的路径展开，部分企业用数智化对这一过程进行描述与概括。阿里巴巴是企业数智化转型的先行者，也一直把帮助更多企业的数智化转型作为业务拓展的主要方向。自抗击新冠肺炎疫情以来，阿里云和钉钉在众多互联网服务商中表现突出，积极支持了防控疫情过程的复工复产，以提供线上服务的形式为社会多种功能的恢复形成了有力支撑。

所谓敏捷型组织可以理解为对市场变化能做出快速反应的组织，具备快速决策、绩效文化、柔性团队和透明信息四大特征。它是由美国里海大学（Lehigh University）的瑞克·道夫于1991年发布的《21世纪制造业企业战略》一文中首次提到的"敏捷化"概念繁衍而成。数字化时代，敏捷组织的概念得到了越来越多的企业和研究机构的拥趸。《数智化敏捷组织：云钉一体驱动组织转型》一书基于阿里云、钉钉在数智化转型探索中的最新成果，通过系统化的梳理和升华，详细解释了商业环境、技术发展和管理变革等内外部环境的变化对数智化转型的深刻推动作用，阐述了云钉一体的整体能力和数智化转型的方法论，并最终通过行业标杆的成功实践案例印证了本套方法论的可行性。

阅读本书的过程，就是将抽象的理念具象化的过程。这是一本理论与实践结合的实操之书，值得更多关注数智化转型的人士细细研读，多多体味。

朱宏任

中国企业联合会、中国企业家协会常务副会长兼理事长
原工业和信息化部党组成员、总工程师

这是一本当今企业管理者的必读之作，因为它回答了数字经济时代所有企业面临的两个最重要、最急迫、最基本的问题，即企业为什么必须敏捷化？以及如何通过数字技术实现敏捷化？

为什么必须敏捷化？

我理解的组织敏捷化包括两重基本含义，分别是对环境变化的快速反应及持续的降本增效，即速度加效率可谓之敏捷，二者缺一不可。本书首先从多个维度论述了针对多变的环境快速反应的必要性。近年来，国际政治竞合与贸易战、新冠肺炎疫情、国内政策导向调整和经济转型等一系列重大事件说明，百年未有之变局和 VUCA（变幻莫测）是对当今宏观环境最恰当的形容。此外，中国社会的人口结构在显著变化，消费者需求与行为也在快速变化。可以说，中国企业面对的是全世界最动态、最复杂、演化最快及不确定性最高的市场环境。如果不能妥善应对快速多变的环境，必然会被淘汰。另外，数字技术的发展层出不穷、突飞猛进，也为组织带来新的发展机遇。如果你不能用好数字技术，等竞争者或外来颠覆者用好了，你也就没有机会了。因此，本书中反复强调，变化是唯一的不变。企业必须对环境变化和技术进步快速反应，更加以客户为中心，持续为客户创造独特的价值。

敏捷性的效率维度与速度维度同样重要。中国能成为世界工厂的关键成功因素是中国效率。然而，当今中国企业面临的是全行业的产能过剩，以及随之而来的激烈竞争。因此，降本增效是每家企业生存的必需。本书系统、全面地论证了当今的数字技术可以实现人与人、人与事、人与物的实时连接和协同，与相应的生产关系变革一起激发个体的自驱力和创造力，赋能组织，解决运营上的痛点。结果是大幅度提高组织的运营效率，帮助组织提高收入和降低成本。

如何实现敏捷化？

本书以大量鲜活的案例论证了数字化转型（本书称为数智化转型）是实现敏捷化的最佳手段或路径，对数智化转型的内涵、实现战略和路径进行了系统、全面和深入的论述。数智化转型既包括产、供、销等业务的数智化，也包括人力资源、架构形态、财务和文化等方面的组织数智化。通过应用数字化技术，提高组织的效率，改变或重构商业模式。在这个过程中，组织自身向柔性化、扁平化、数据化、平台化、生态化的方向发展，同时与产业链上下游进行协同，连接大量组织内外部用户和伙伴，实现生态共生。这一切都是基于数据这个关键生产要素和万物互联进行的，基于数据在组织内及组织间的充分流动，并运用算力、算法挖掘数据价值。

本书最突出的亮点之一是系统性描述了阿里巴巴提供的云钉一体数智化操作系统，不仅为数智化转型升级提供了新的路径，而且有可能成为数智化转型的新范式。云钉一体通过钉钉前端沉淀的数据，依托"数据＋算力＋算法"进行组织协同、业务流程再造、管理决策智能，搭建智能协同的产业生态，帮助组织进行数字化转型。云钉一体的方案还可以有效解决长期困扰企业的信息孤岛问题，通过关联数据产生价值。

本书的另一个亮点是详细描述了多个代表性行业的标杆案例，令人信服地展现了敏捷化的必要性和如何通过数字技术实现敏捷化。这些案例说明，数智化转型已经是大势所趋，制造业、互联网、零售等行业已经涌现出一批转型取得成效的组织。云钉一体的优势更是在这些行业应用中得到验证。这些案例对于各行各业的组织启动和改进自身的数智化转型很有启发和参考价值。

《数智化敏捷组织：云钉一体驱动组织转型》的面世非常及时，这本书主要为读者系统阐述了数智化敏捷组织的内涵、实现战略与路径，以及应用案例三个方面的内容，覆盖了数智化的前沿思想、实施战略、成熟解决方案和行业最佳实践。因此，本书值得企业中高层管理者、业务与技术人员、高校师生和对数智化敏捷组织感兴趣的所有读者学习。

毛基业

中国人民大学商学院教授

自序

回顾过去十几年云计算的发展历程，在全行业的共同努力下，云计算已经成为新型基础设施的核心，更是推动产业数字化转型、支撑数字经济发展的重要力量。2020 年出现的新冠肺炎疫情极大地加强了全社会对数字化的认知和接受程度，"上云用数赋智"成为社会共识，企业对待数字化的态度也不再是选择问题，而变成了生存问题。与此同时，一系列云计算技术也依托开源和蓬勃的市场而迅速发展演变，应用开发变得更加快捷和标准，更多产品和技术同时涌向市场。众多因素正推动组织加速进入数智化转型的快车道，科技的创新与我们的生活、商业不断融合并重构，也重新定义了整个数字经济的发展模式。

随着数字技术的深化演进，以及与各行业的深度融合，云将进入一个全新的发展阶段，一个以云为核心的新型计算体系结构正在形成。随着云网端技术进一步融合，云计算将会成为所有数字技术创新的平台。未来无论企业或个人，计算将进一步向云上迁移。此刻的云计算已超越传统 IT 服务的范畴，跃迁为一种将 IT、新的数字化与智能化要素统筹于一体的新架构体系。

新型计算体系结构正在三个层次演进：首先在基础设施层，云重新定义基础设施，从自研芯片、服务器、存储设备到操作系统等底层软硬件技术都被定义为基础设施服务，建设基础设施云为核心的新体系；其次在平台层，核心软件基于云来重构，开源社区驱动软件创新，并催生低代码等新的开发方式，让云服务更易用；最后在应用层，未来随着物联网和 5G 网络的发展，经济社会各领域的计算和数据加速向云上迁移，催生产业互联网、云电脑、自动驾驶、元宇宙等新应用和新物种。

推动新型计算体系演进的动力不仅来自于技术本身的发展，更来自于业界和客户需求的不断提升。阿里云在过去十几年中为各行各业上万个政企组织提供过数智化转型服务，我们越来越深刻地感受到：在高速变化的今天，组织的生产、经营、管理都需要变得更敏捷，而支撑这些核心业务的技术系统也需要变得更敏捷，需要更加先进的具备弹性拓展、快速响应、高度共享特性的数字技术架构进行全方位及多维度的支撑。

更重要的是，当下组织需要的不仅仅是单纯的 IT 基础设施再加上一个个独立又大而全的系统，而且是一个可以聚合提供各种各样企业服务的新型平台。在这个平台之上，企业可以快速开发、管理组织和业务的所有应用，多样化、定制化的云服务也会层出不穷。总之，丰富的云应用生态才能推动真正的企业数智化进程。

云钉一体正是在这个大背景下应运而生。组织在云之上，通过钉钉统一的平台入口实现组织协同、业务协同和生态协同。更重要的是，钉钉上的低代码开发创造了一种低成本、普惠、规模化、高效的应用开发模式，让更多组织能够像搭积木一样便捷地进行自我开发创新。云钉一体让组织的关注点可以从以资源为中心转移到以应用为中心，无需关注计算架构，更专注于应用本身，也让更多的组织可以更方便、更容易地享受到云计算带来的强大算力和极致弹性。

云钉一体让每一个组织都可以更容易地进行组织升级与业务

创新，实现了组织数字化与业务数字化的全链路数字化；也使每个组织变得更加灵活敏捷，同时具备了跨企业、跨组织实现生态化协同的基础。

叶军在钉钉 2021 年未来组织大会上公布了 3 个数字：截至 2021 年 8 月，钉钉服务了超过 5 亿个用户、1900 万个组织，钉钉上的应用数量也已超过 150 万个。从这些激动人心的数字背后，我看到的是新的数字化服务机制与商业模式的力量，更是一种强大的生态力量。这种技术普惠化与民主化的趋势将释放整个社会与组织的数智化能量。

阿里云研究院肖利华博士牵头组织撰写这本书的初衷，正是希望将这些年阿里云和钉钉亲身参与并积累的数智化转型理论、方法论和实践经验进行体系化的梳理与沉淀，并与不同行业、不同发展阶段的组织一起分享和探讨。我们将会始终怀着"做好服务，做深基础，做厚中台，做强生态"的初心，继续扎实创新，开放共赢，与更多的数智化转型同路人一起，共同构建数字新世界。

张建锋

阿里云智能总裁、阿里巴巴达摩院院长

前言

从农业社会到工业社会，再到信息社会，每一次重大的技术创新都带来了生产力和生产关系的变革，每一次生产工具的飞速发展也都改变了人类分工协作的生产方式，并带来了组织形态的变革。21 世纪 20 年代以来，随着互联网、大数据、云计算、人工智能（Artificial Intelligence，AI）、区块链等技术加速创新，数据成为最重要的生产要素，让经济社会全面数字化、网络化、智能化，全球正在加速进入数智化时代。

数智化由数至智，因数而智，用于描述数字化与智能化并行发展的新阶段。其中，"数"就是数字化，是从消费端到供给端的全链路、全要素、全场景、全触点、全网全渠道、全生命周期持续的数字化和在线化；"智"就是智能化，是基于数字化的闭环形成的人工智能、商业智能（Business Intelligence，BI）、数据智能（Data Intelligence，DI）和心智智能（Mindset Intelligence，MI），实现对市场需求变化的精准响应、实时优化和智能决策。

数智化商业是在"数据＋算力＋算法"定义的世界中以数据流动的自动化来化解业务决策的不确定性，进而实现资源的优化配置，支撑组织高质量发展的商业形态。数智化正在成为重组要素资源、重塑经济结构、改变竞争格局的关键力量，其发展速度之快、辐射范围之广、影响程度之深前所未有。

在巨大时代浪潮的带动下，组织的数智化转型与变革已经成为应对市场与产业变化的必然选择和内在需求。数智化敏捷组织是由"数据＋算力＋算法"赋能的、以用户价值为共同目标、以成员的自驱力和创造力激发为根本、以业务和组织的网络协同为机制、以共治共生为文化，能柔性动态敏捷响应内外部环境变化的新型组织模式。

云钉一体正是基于此需求，依托阿里云的云计算基础设施及中台的数据智能能力，以钉钉作为统一的组织协同与能力中枢及入口，提供基于"云、连接、协同、数据、智能"一体化的数智化操作系统，全方位、多维度地支撑组织的战略、业务和管理的实现与发展，实现跨组织、跨系统、跨终端的协同与创新，以及全链路、全要素、全方位的实时洞察与智能决策。

云钉一体数智化操作系统是组织实现业务转型和管理变革的技术基石，可以全面赋能数智化敏捷组织的建设。

本书分为上、中、下三篇，对数智化敏捷组织的驱动因素与机制、发展蓝图、实现路径及行业实践案例进行了深入阐述。

上篇（第1章、第2章）带领读者认识数智化时代组织面临的变化，厘清驱动组织变革与升级的核心驱动力，阐明数智化转型的本质与核心要义，梳理数智化对组织变革与升级的影响。

在数智化时代，商业环境、技术发展和管理模式都在发生着翻天覆地的变化，而组织对于经营理念、业务流程、管理创新、技术架构、人力资源等方面数智化转型需求的认识与理解也在逐渐加深。数智化是驱动组织从容应对各种变化的核心驱动力。数智化技术与经济社会的深度融合重塑了生产力，并使经济社会中生产、分配、交换、消费等活动的物理限制被打破，还形成了网络协同、平台经济、共享经济等新型生产关系。组织数智化转型能帮助组织形成核心能力，这是由"数据＋算力＋算法"支撑的计算力、泛在互联的连接力、实时沟通与高效协同的在线协同力、供需精准匹配的数据驱动力及"描述—诊断—预测—决策"闭环的智能决策力。

中篇（第 3 章—第 8 章）通过研究组织的演进与发展历程，对数智化敏捷组织的发展蓝图进行展望，阐明了数智化敏捷组织的特征内涵与运行机制，提出了数智化敏捷组织的"战略引领、业务重构、组织升级、技术赋能、数智运营"的整体构建体系：梳理了组织数智化转型的战略管理及目标制定策略；围绕新品牌、新产品、新制造、新供应链、新营销、新销售、新服务七大环节全方位地阐述了业务数智化转型的方法；论述了数智化敏捷组织的四大要素——人员、形态、机制与文化；介绍了云钉一体数智化操作系统的技术架构如何驱动组织协同与变革、业务智能与创新，并提出数智化敏捷组织的建设路径、运营体系和能力成熟度评价模型。

在数智化敏捷组织的战略体系中，数智化只是技术手段与路径，数智化敏捷组织才是最终目标。如何保持正确的方向是组织要解决的核心问题。战略是组织对未来发展的共识，能够让所有成员看到组织未来的"一片天"，共绘"一张图"，推进"N 场仗"，凝聚"一颗心"。在"战略引领、业务重构、组织升级、技术赋能、数智运营"的整体构建体系下，按照"战略—目标—策略—战役—KPI"的逻辑，下达到各级组织和个人来贯彻落实战略，并形成"战略生成、策略规划、策略执行、阶段回顾、结果评价与策略调整"的管理循环闭环，能够不断调整优化组织战略。

在数智化敏捷组织的业务体系中，组织借助数智化技术使各业务流程中的各个要素以数据的形式与用户形成连接，通过场景、沟通、互动、体验、定制来洞察用户需求，优化资源配置，并联合产业生态伙伴服务新需求，加快全产业链与用户的协同创新。

在数智化敏捷组织的组织体系中，组织借助数智化技术让组织的领导者、管理者和每一位员工都拥有全新的数智化生产工具，激发其创造力，让优秀被看见；利用数智化技术支持组织的人、财、物、事的数智化，提升组织效能，增强组织生命力。

在数智化敏捷组织的技术体系中，组织借助"多端、应用、中台、一云"的数智化操作系统，帮助组织拥有"计算、连接、协同、数据、智能"的数智化能力，为组织提供了跨组织连接能力、多业务协同能力、多应用集成能力、数据开放共享能力、智能决策能力及生态支撑能力。而且，这些技术和能力是更加普惠、便捷的。

究竟如何进行数智化敏捷组织的建设、运营与评估？我们有一套完整的方法论来指导。首先，组织可以根据自己的发展阶段、能力、资源及轻重缓急安排数智化转型进程；其次，组织可以按照"五部曲"的建设路径，即基础设施云化、触点数字化、组织与业务数字化、运营数据化和决策智能化，实现数智化转型；最后，组织可以利用数智化能力成熟度评价模型快速了解自身数智化的发展水平，明确数智化转型的重点改进方向。

下篇（第9章—第16章）通过实证分析与案例研究的方法，结合阿里云与钉钉在各行各业的探索实践和标杆案例，为未来数智化敏捷组织的建设提供了经验总结与实践示范。首先，这部分对数智化转型对于社会经济、区域与产业、政企组织的价值以及影响机制进行研究，分析了数智化对于经济、就业、创新和组织业绩等不同层面的价值，同时对我国各行业的云计算和组织数字化的发展水平进行了量化评估；然后，选取互联网、品牌零售、制造、金融、教育、医疗卫健等典型行业及政府治理与服务领域，分析其发展现状和业务痛点，挖掘典型应用场景，并邀请行业中数智化转型的探索者与先锋者一起，将其数智化转型过程中的实践与探索反复打磨，将沉淀下来的工具和解决方案推广开来，为更多组织的数智化转型提供示范和借鉴。

正如阿里巴巴董事局主席兼首席执行官张勇所说："通过更多新型治理方式的探索，始终用生产关系的先进性来驱动先进生产力的释放，用组织的创新去驱动业务的创新。"数智化技术重构了组织的运行机制和协同方式，也重新定义了组织的底层逻辑。展望未来，在云计算的强大算力支撑下，依托网络协同的"中枢"效应和数据智能的"大脑"价值，组织将真正实现跨组织、跨系统、跨终端的互联感知，实现组织数字化与业务数字化的全链路数字化，最大程度地激发组织的生命力、活力和创造力。本书希望结合政府、学界和业界的理论与实践探索，与读者共同迈向数智化敏捷组织的蝶变之路。

肖利华

阿里巴巴集团副总裁

阿里云研究院院长

数智化敏捷组织的蓝图与构建体系框架

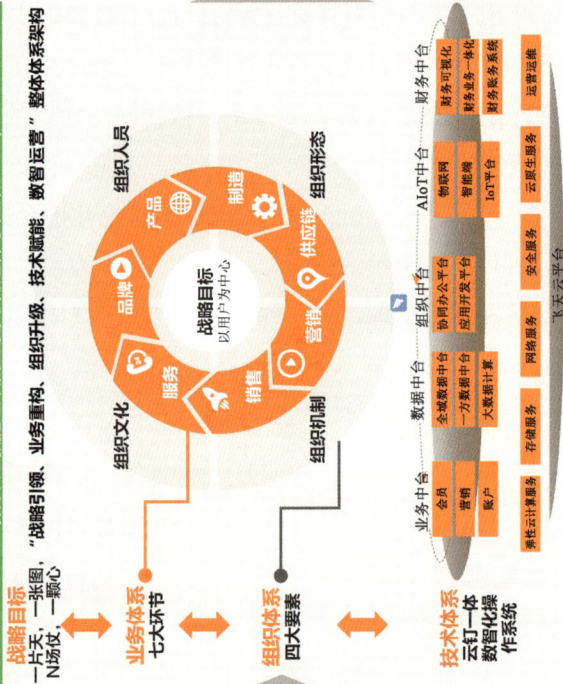

"战略引领、业务重构、组织升级、技术赋能、数智运营"整体体系架构

建设路径与实践

构建路径与任务
- 建设框架与原则
- 建设流程与步骤
- 建设路径与策略
- 运营体系与要素
- 成熟度评价模型

基于数智化五部曲的评价体系
- 基础设施云化
- 触点数字化
- 组织与业务数字化
- 运营数据化
- 决策智能化

行业实践与案例
- 互联网行业
- 品牌零售行业
- 制造行业
- 金融行业
- 教育行业
- 医疗卫健行业
- 政府治理与服务

组织变革与升级驱动因素

复杂多变的商业环境
- 用户需求之变
- 竞争格局之变
- 产业环境之变

日新月异的技术发展
- 技术架构之变
- 技术开发之变
- 技术应用之变
- 基础设施之变

势在必行的管理变革
- 管理模式之变
- 商业模式之变
- 创新方式之变

数智化转型赋能组织变革与升级
- 数智化转型的变革力
- 数智化转型的进化力
- 数智化转型的内驱力

战略目标 一片天、一张图、N场仗、一颗心

业务体系 七大环节

组织体系 四大要素

技术一体 云钉一体数智化操作系统

战略目标 以用户为中心

组织人员　产品　制造　供应链　营销　销售　服务　品牌

组织形态　组织机制　组织文化

业务中台：会员　营销　客户　兼容云计算

数据中台：全域数据中台　一方私有中台　大数据计算

组织中台：协同办公平台　应用开发平台　网络服务　安全服务

AIoT中台：物联网　智能端　IoT平台　云端生服务

财务中台：财务可视化　财务账务一体化　运营运维

飞天云平台

本书核心内容框架

目录

中 篇 数智化敏捷组织的发展蓝图与建设路径

第 3 章 数智化敏捷组织的特征与内涵 61

第 4 章 数智化敏捷组织的战略体系与管理 83

第7章　数智化敏捷组织的技术体系与架构　210

下 篇　云钉一体赋能组织转型的实践案例

第13章 金融行业 379

第14章 教育行业 395

上 篇

数智化驱动组织
重构、升级和进化

第 **1** 章

新浪潮：透视数智化时代的组织之变

从农业社会到工业社会，再到信息社会，每一次重大的技术创新都带来了生产力和生产关系的变革，每一次生产工具的飞速发展都改变了人类的活动范围和生产方式，也带来了组织形态的变革。在农业社会，土地是最重要的生产要素，石器、铁犁、水车等农业生产工具的出现，催生了小农经济的组织形态和合作模式。在工业社会，工厂、技术和资本是最重要的生产要素，机械化、电气化和自动化机器的出现，催生了工业化大生产的企业组织形态和产业链协作模式。在信息社会，数据和信息成了最重要的生产要素，计算机和互联网的出现使经济社会全面数字化、网络化和智能化，物理世界有了对应的数字孪生世界，催生了网络协同与数据智能的新商业模式、数智化敏捷组织和生态协同模式。

随着数智化技术与经济社会的深度融合，我们正在变迁到一个全新的时代，用户需求、竞争格局、产业环境及技术工具都在发生巨大的改变，并且驱动组织的管理模式、商业模式和创新模式加速转型，如图 1-1 所示。而引发这些变革的核心动力就是数智化。

图 1-1　数智化时代的组织之变

1.1　复杂多变的商业环境

随着外部环境变得日益复杂，用户需求、竞争格局和产业环境都在发生根本性的变化。只有把握变化的趋势和潮流，组织才能顺势而为。

1.1.1　用户需求之变

用户是组织的重要资源。找到用户、建立连接、满足需求、打造终身价值用户是组织经营的主线。随着互联网成长起来的"90 后"和"00 后"成为主力消费群体，用户需求发生了一些根本性的变化。

（1）从单一化向多元化的变化

马斯洛的需求层次理论指出人类需求有五个层级，包括生理、安全、爱与归属、尊重和自我实现，如图 1-2 所示。20 世纪 70 年代，马斯洛需求层次理论又被扩展，增加了认知、审美和超越的需求。由此可见，用户需求的变化是一个逐步丰富和发展的过程，需求的多元化在某种程度上是符合人类生存发展的一般规律的。

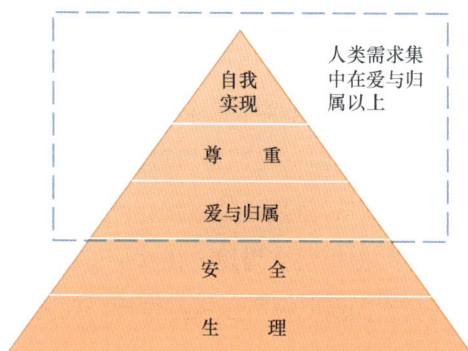

图 1-2　马斯洛需求层次模型

随着时代的发展，不同消费领域的用户需求表现出明显的多元化特征。例如，在信息、日化品、服装、汽车等消费领域，用户均有来自生理、安全、爱与归属、尊重和自我实现的多元化需求，如表 1-1 所示。

表 1-1　不同消费领域用户对产品功能需求的多元化

需求的多元化	信息	日化品	服装	汽车
生理	健康信息	除污去垢	保护身体	突破远距离生理极限
安全	灾害、法治等信息	灭菌杀毒	遮风挡雨，避寒去暑	驾驶安全
爱与归属	家人、恋爱信息	年轻、美白	美丽、个性	温馨的家庭旅途、爱的旅行
尊重	平等的社交信息	时尚	体现身份的着装	体现身份和地位
自我实现	微博、微信、短视频、直播等自我展示	个性化，如彩妆	个性展现，如定制西服	代表车主的品位和个性

互联网和社交网络提供了用户表达和记录多元化需求的技术手段，这些多元化需求转变成了互联网（也是云计算平台）上的用户

大数据，企业通过对用户大数据进行采集和分析，可以进行多维度的用户洞察，了解用户群体的兴趣偏好、品牌偏好等，如图 1-3 所示。

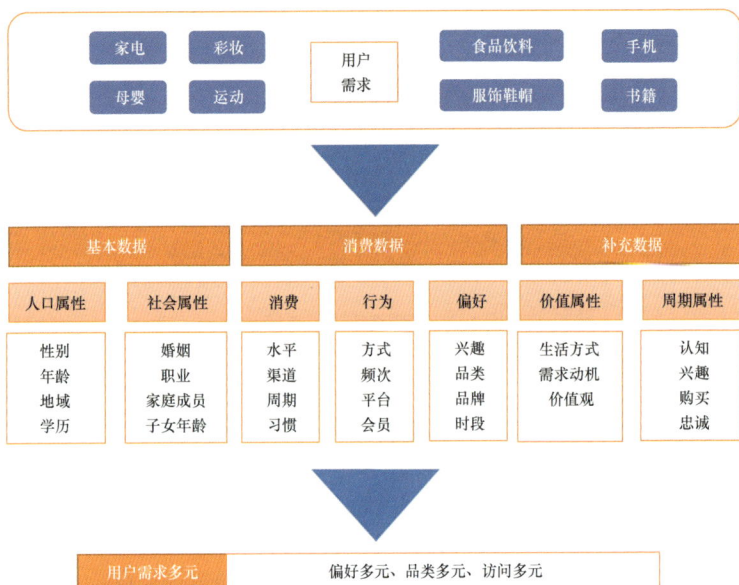

图 1-3　用户大数据中蕴藏着多元化需求

同时，我们正面对科技创新不断迭代、商业环境不断变化、市场窗口不断拓宽、信息流转不断加快的世界，用户需求将比以往更加复杂和多元化。因此，更多组织迫切需要数智化触点和管道，在云上建立与用户的常态化联系，形成与用户的 7×24 小时的沟通渠道，从而更有效地把握用户的多元化需求。这也要求每个组织针对用户将服务做细，给不同行业的用户提供多元化服务，深度满足用户的多元化需求。

（2）从标准化向个性化的变化

传统的产品生产制造模式以提高生产效率和降低成本为目的，采用了大规模标准化生产，为用户提供了无差别的标准化产品。

而随着经济的快速发展，社会文化和价值观的多样化，以及心理需求层次的提高，越来越多的人开始追求差异性或自我满足。因此，追求具有专属性的产品或服务成为一种潮流。不同行业的用户需求标准化和个性化具有不同的表现，如表 1-2 所示。

表 1-2　不同行业的用户需求标准化和个性化表现

行业	标准化表现	个性化表现
服装	批量生产	私人定制、DIY
餐饮	中央厨房	私房菜
游戏	初始配置	皮肤、英雄、装备
保险	标准保单	用户定制化保单
移动办公软件	商务沟通、工作协同	行业解决方案、低代码开发

正因为用户的个性化需求越来越普遍，也备受企业的重视，企业开始深入行业获得用户需求，开发个性化功能，更好地满足用户需求，从而提升产品或服务的黏性。但是，个性化定制需求意味着无法进行标准化的大规模生产，这将使企业面临巨大的制造成本，难以形成规模化生产。

在数智化时代，企业通过互联网和云计算平台，可以汇聚来自不同区域、不同用户的个性化需求，从而降低因小规模定制化生产形成的生产成本，真正实现用户参与制造（Customer to Manufacturer，C2M）的新模式。企业通过数字化协同工具，也可以在用户社群中与用户沟通并理解其个性化需求，将用户的个性化需求快速转化为产品功能迭代。对用户需求的快速满足和产品迭代渐进式地推动了整个供给侧的联动，促进了产业互联网的发展。

（3）从注重性价比到注重体验的变化

用户体验是用户在使用产品或服务过程中产生的一种主观感受。用户体验的 VUAD 理论模型指出，用户体验由有价值、可用性、易用性和满意度四个维度构成，如图 1-4 所示。

有价值（Value） 它是有用的吗？	可用性（Usability） 它是可以使用的吗？
易用性（Adoptability） 它是容易使用的吗？	满意度（Desirability） 它能带来开心和满足吗？

图 1-4　用户体验的 VUAD 理论模型

过去，用户的购物行为通常都是因为产品的性价比高而产生。随着居民可支配收入的持续增加，消费结构正在发生巨大的变化，消费需求从对物质的追求转变为对精神的追求，消费整体由量的增长转变为质的增长。很多时候用户对产品的功能和价格逐渐"脱敏"，转而追求使用产品的体验，实现了"有用→可用→易用→满意"的完整体验过程，具体表现为追求品质、讲究品牌、寻求产品情感价值等。例如，在汽车消费和文娱消费领域，用户更加重视购物环境、购物过程、产品使用等全链路的体验，如表 1-3 所示。

表 1-3　用户体验的变化

领域 体验对象	汽车消费	文娱消费
购物环境体验	专业卖场→4S店→主题4S店	无主题→主题化
购物过程体验	传统零售→汽车新零售	单一业态→多业态
产品使用体验	普通汽车→智能网联汽车	吃、游、购、玩一体

在数智化时代，随着移动互联网的普及，信息、社交、视频、直播、短视频等各类移动 App 无时无刻不在陪伴着用户。用户的年龄、地域、生活环境、品牌偏好、产品认知都在发生变化，及

时洞察和达成用户的极致体验成为商业成功的关键。因此，与用户建立紧密的连接显得尤为重要。

组织亟须建立一种与用户沟通并触达用户情感的多端跨场景的基础设施，支持尽可能多的用户服务触点，随时随地满足用户的体验需求。例如，在移动出行服务中，当用户完成一次打车服务支付时，打车 App 会自动弹出对乘坐体验的评价界面，让用户进行体验评价。每一次评价就是一条数据，多个用户的评价就形成了较全面的数据。移动出行平台公司根据这些数据反馈可以完整地分析司机及车辆的真实情况，进行敏捷的运营服务优化，使用户拥有更好的乘车体验。

（4）从准实时向实时化的变化

随着时代的发展，用户对服务响应时间的要求越来越高，如图 1-5 所示。

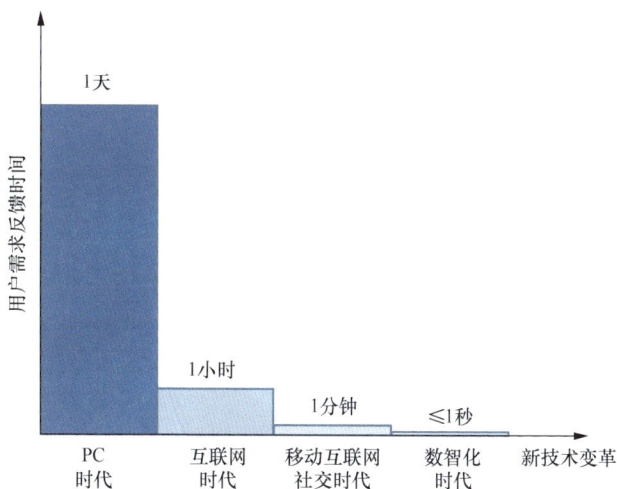

图 1-5　各个时代的用户需求反馈时间[1]

---

[1]　参考赛智时代的《2020年中国互联网用户需求调研报告》。

在 PC 时代，企业主要给用户单向推介产品和服务，用户需求获得企业反馈的时间通常可能达到 1 天以上。随着网络和人机互动技术的发展，企业和用户之间逐渐形成了双向沟通甚至多向互动，用户需求反馈也开始从延迟反馈向准实时反馈甚至实时反馈转变。在 Web 互联网时代，由于网站将用户和企业更好地连接起来，企业对用户需求的反馈时间通常缩短为 1 小时以上。在移动互联网和社交网络时代，用户通常需要企业客服在 1 分钟内对需求进行反馈。在数智化时代，随着数字化和智能化的发展，用户可能期望在 1 秒甚至更短的时间内得到反馈。

在数智化时代，面对瞬息万变的市场和更加注重个性化体验的用户，业界普遍认为对用户需求响应快的组织将获得领先优势。通过移动互联网、物联网、大数据、云计算等新技术，企业能与供应商、经销商、用户等进行实时交流和互动，并对消费者、员工、组织、商品状态、合作伙伴、生态系统的快速变化进行实时感知，如图 1-6 所示。这样不仅能满足用户的实时需求，还能提升企业的灵活性。

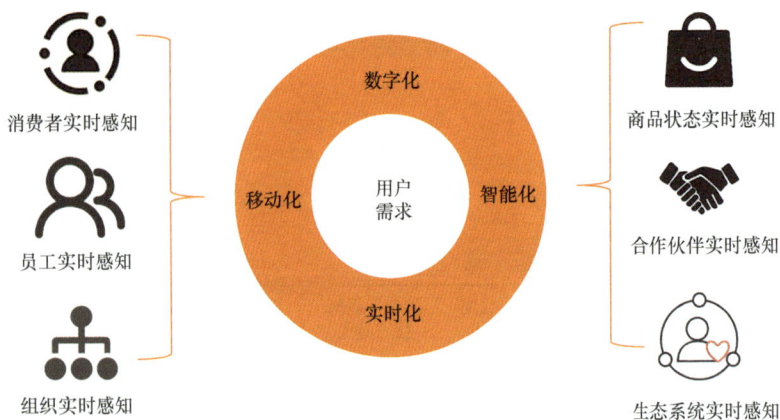

消费者实时感知

员工实时感知

组织实时感知

数字化

移动化　用户需求　智能化

实时化

商品状态实时感知

合作伙伴实时感知

生态系统实时感知

图 1-6　在对环境变化的实时数字化感知中满足用户的时效需求

例如，在共享单车服务中，用户打开车锁，却发现车闸存在故障，此时用户就需要在第一时间免费换车以保证出行不受阻。这就需要服务商快速获得用户的故障反馈和确认，及时满足用户的换车需求并完成订单取消。这一系列操作是依靠物联网、移动互联网、云计算等技术的通力协作完成的。

（5）从本地化消费空间向全球化与虚拟化消费空间的变化

全球化是时代趋势。小到个人出国旅游，大到各国经济往来，全球性的交流互动变得越来越频繁。全球化意味着资本、劳动、技术、知识、数据等生产要素能够在全世界范围内流转，产品、客户、合作伙伴等被全球网络连接在一起，跨国企业的生产制造可以在中国，研发可以在美国，销售网络可以遍布世界各地，如图 1-7 所示。

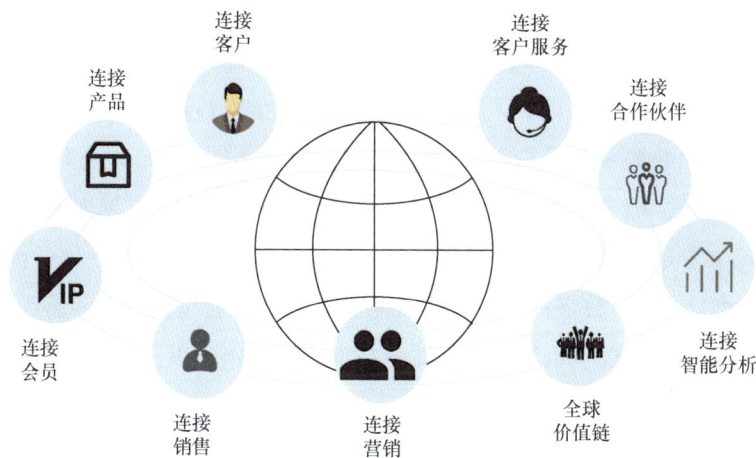

图 1-7　全球化趋势

在全球化的背景下，本地的资源、产品与服务越来越无法满足用户的所有需求，用户的需求也随着全球化在不断地拓宽。如今，盒马鲜生的供应商是在全球范围内筛选的，盒马鲜生考虑的问题是哪个地方的东西最便宜、工艺效率最好，其基础设施、物流、加工中心、产地仓、中央厨房等体系的建设能不能帮助自己赢得比较优势。在盒马鲜生的消费空间中，用户可以买到泰国的新鲜水果、阿拉斯加的帝王蟹、俄罗斯的面粉、乌克兰的食用油等。

随着用户需求的全球化，一些中小企业可能面临交流不通畅、通关成本高、数据不及时、物流效率低等问题的困扰。在数智化时代，基于互联网、移动互联网、物联网、云计算等数字技术，企业不仅能汇聚不同用户的需求，还能使用协同平台与世界各地的生产商、供应商、经销商等合作伙伴快速沟通交流，掌握生产、销售、库存等情况，从而提升国际贸易的效率。例如，阿里巴巴国际站和速卖通（AliExpress）汇集了用户需求，通过平台和网络协同完成产品销售、支付、物流、服务等过程，帮助企业拓宽了渠道，满足了用户对全球产品或服务的需求。

伴随着"互联网原住民"的成长，越来越多的用户习惯于生活在网络虚拟空间中。他们在网上社交、学习、娱乐和游戏，购买虚拟的数字产品，获得数字服务。随着虚拟现实、增强现实、区块链、AI 等技术的发展，生活在元宇宙中的用户将越来越多。元宇宙是用户娱乐、生活乃至工作的虚拟时空，那里有各种各样的数字货币、数字资产、数字产品为用户服务，有全新的数字消费、数字娱乐和数字生活让用户体验在现实世界中难以满足的梦想如何变成"现实"。

1.1.2　竞争格局之变

在数智化时代，市场竞争格局发生了根本性的变化，竞争的规则被改写，原来的市场竞争法则可能失灵。

（1）从企业间竞争向生态系统竞合转变

市场在发生变化，市场中的供求关系在发生变化，市场竞争对手也面临重新洗牌。市场竞争可以分为三个阶段，如图1-8所示。

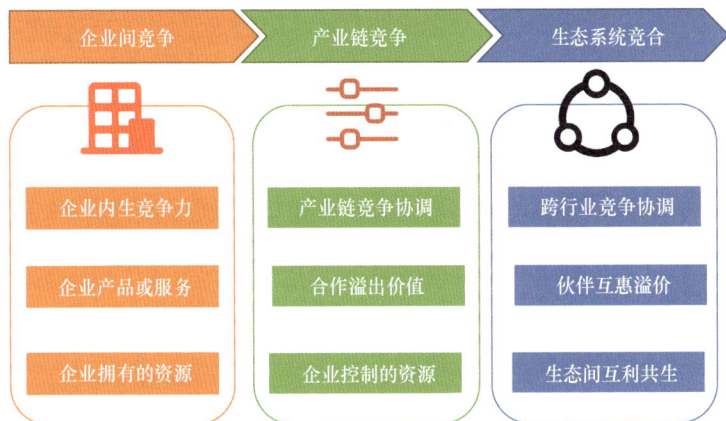

图1-8　市场竞争的三个阶段

企业间竞争主要是以企业业务为边界展开的竞争。企业基于自身拥有的资源，围绕自身的产品或服务展开竞争，最终可能促进产品或服务的品质提升。例如，可口可乐和百事可乐之间相持百年的竞争就是典型的企业间竞争。

产业链竞争主要是指以产业链上下游为边界展开的竞争。产业链上的企业通过控制和影响一些资源，围绕生产、加工、销售等全链路展开竞争，最终使产业链上下游获得合作带来的溢价效果。例如，食品行业的洽洽香瓜子帮助农户改良瓜子工艺，投资建设电商物流中心，带来了竞争力的提升，竞争对手如果也采取类似的竞争策略就属于产业链竞争。

生态系统竞合主要是指企业与用户、生态伙伴共同搭建一个生态系统，通过整合生态合作伙伴的资源和影响力，使系统中的每家企业都有独特的位置和竞争力，并进行广泛合作，实现互利共赢。在未来的市场竞争中，能够让企业可持续发展的不是"单打独斗"，而是与生态协同。例如，阿里巴巴建立了阿里生态系统，从B2B

到生态圈，以电子商务、金融为依托，物流、生活服务、文化娱乐、医疗健康、企业服务等领域协同发展，实现了跨越式发展。在智能硬件领域，小米依靠其核心技术能力支持小米系企业拓展，构建了小米生态系统。

数字技术的发展加速了市场竞争格局的变化，产业链竞争和生态竞合愈演愈烈。由于生态系统的存在和影响，中小企业将更多地依赖生态系统的发展。而没有融入生态系统的中小企业，其控制和把握自身命运的能力将不断下降，发展处境比较尴尬。如何打造生态合作伙伴自由开放的沟通协作平台是生态系统间竞合的重中之重。

（2）从无协同的竞争向协同共生转变

著名物理学家赫尔曼·哈肯在 1976 年系统地论述了协同理论[1]，他认为"千差万别的系统，尽管其属性不同，但在整个环境中，各个系统间存在着相互影响而又相互合作的关系。任何系统只有与外界通过不断的物质、信息和能量交流，才能维持其生命，使系统向有序化方向发展"。组织生态系统是一个由人、组织和环境等要素构成的复杂的开放系统，它的复杂性体现在构成要素种类多，而且各个要素之间相互影响。因此，协同是组织生态系统的根本特征。

组织为了提高执行效率，采取了专业分工、部门分工、行业分工。但是，分工也带来了不同专业、不同部门和不同行业的隔阂，造成了推诿和扯皮的现象，影响了协同的效率。面对用户需求的不断多元化、个性化和高效化，组织需要提高协同的效率和能力，实现协同各方共赢共生。协同可分为企业内协同、产业链协同和生态协同，如图 1-9 所示。

---

1 哈肯.协同学[M].徐锡申等译.北京：原子能出版社，1984.

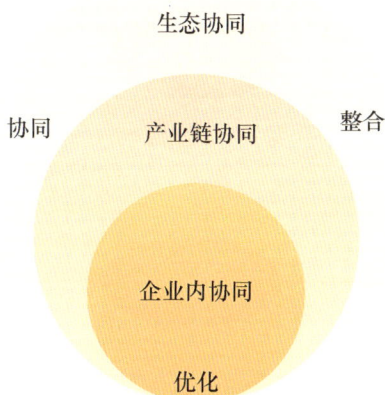

图 1-9　协同的层次结构

在数智化时代，随着移动互联网和云计算等技术的发展与普及，组织业务和管理逐渐迁移上云，同时逐步数字化。这不仅可以提升企业内协同水平，还能加速产业链及生态协同水平，从而释放全社会的数智化创新能力。例如，万和电气利用专属钉钉建立集团内外部组织中台，实现全员沟通、协同、办公，并推进业务、生态全面数字化，达成 15000 多个销售网点在线生态大协同。

（3）从行业内竞争向跨行业竞合转变

当今时代，产业间的边界日益模糊，众多企业多元化发展，跨界进入不同行业，各行业的边界正在被打破。例如，互联网企业中的阿里巴巴，手机领域的小米和家电领域的创维，都不约而同地加入了造车新势力。

根据迈克尔·波特的五力模型[1]，市场竞争中跨界的现象主要有上下游跨界、新技术跨界、多元化发展跨界三种形态，如图 1-10 所示。

1　迈克尔·波特.竞争优势[M].陈丽芳译.北京：中信出版社，2014.

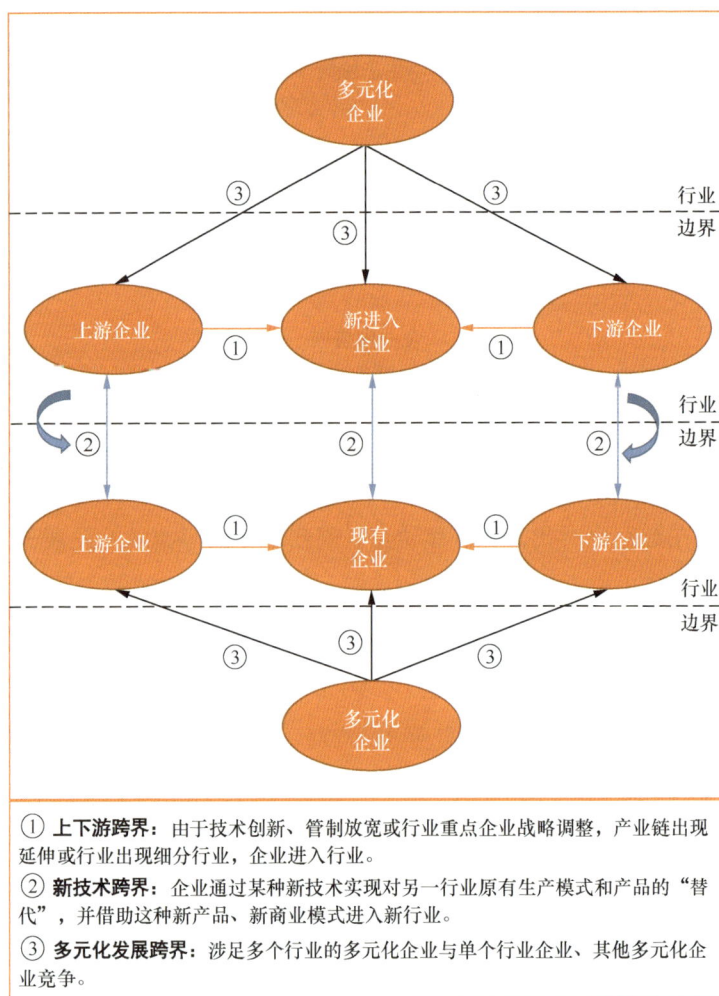

图 1-10　基于五力模型的跨界市场竞争[1]

①**上下游跨界**：由于技术创新、管制放宽或行业重点企业战略调整，产业链出现延伸或行业出现细分行业，企业进入行业。

②**新技术跨界**：企业通过某种新技术实现对另一行业原有生产模式和产品的"替代"，并借助这种新产品、新商业模式进入新行业。

③**多元化发展跨界**：涉足多个行业的多元化企业与单个行业企业、其他多元化企业竞争。

　　在当前跨界整合、新兴产业迅速涌现和崛起的时代浪潮下，企业一方面希望通过跨界、跨行业整合资源建立竞争优势，另一方面又在具体的执行上对这种跨界的战略行为心存各种疑惑。

1　参考皮圣雷《基于五力模型的跨界竞争思考》。

而随着云计算弹性、分布式、自助、按需的服务特性及移动化、协同化能力的逐步加强，企业可以通过云计算建立不同行业专家和资源的有效连接，并通过协同平台实现跨行业、跨领域、跨团队的业务沟通、协作与资源整合，消除了企业跨界的障碍与疑惑。

（4）从线下竞争向线下线上多渠道竞合转变

渠道是连接品牌和销售端的通路。线上渠道由于成本低、价格透明，取得了迅猛的发展，对线下渠道产生了巨大的冲击。但是，线上渠道有自己独立的产品、供应链、会员、物流和数据体系，不可避免地与线下渠道产生价格冲突等各种矛盾。面对线上线下渠道冲突的问题，品牌商开始探索线下、线上渠道的整合和共享，推进产品、供应链、会员、物流和数据体系的统一与共享，如图 1-11 所示。

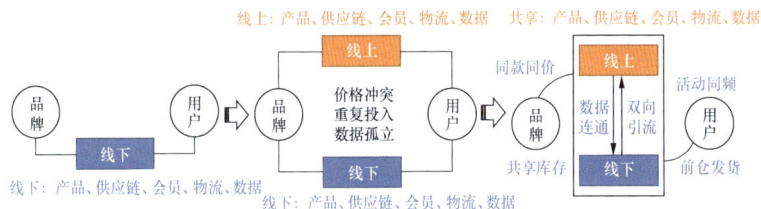

图 1-11　线下、线上市场竞合的转变

（5）从单一的产品竞争向多维的综合能力竞争转变

过去，企业通常根据目标市场的实际需要和自身已有的资源，围绕单一产品进行生产和销售。这样有助于打造名牌产品，稳定市场占有率，同时还便于批量生产，降低成本。

随着全球经济的发展，市场上的产品和服务日益丰富，市场供求格局发生了质的变化。市场竞争不再是单一的产品竞争，而是以满足用户需求为特点的集产品、价格、服务、体验等于一体的多维的综合能力的竞争。

在数智化时代，企业借助移动互联网、物联网、云计算、AI

等数字技术不断满足和响应用户需求，在竞争中不断地融合创新和优化迭代，进而形成了数智化品牌、产品研发、制造、供应链、营销和客户体验等业务全链路综合能力。

1.1.3　产业环境之变

在数智化时代，经济结构、技术、资本、布局等因素在不断变化，并且影响产业环境的变化。

（1）从高速增长阶段向高质量发展阶段转变

当前，我国经济已由高速增长阶段转向高质量发展阶段，主要有三个特征：一是从数量追赶转向质量追赶；二是从规模扩张转向结构升级；三是从要素驱动转向创新驱动。

现阶段，制约创新驱动和要素流动的壁垒仍然存在。例如，科技创新存在"碎片化"问题和"孤岛"现象，难以支撑产业的创新发展。区域或行业的壁垒在一定程度上阻碍了资本、技术、劳动、数据等生产要素自由流动和优化配置。

对于从数量到质量的转变，互联网、云计算、AI 等数字技术能够有效加强与用户的沟通和联络，帮助满足用户需求，从而提升产品和服务的质量，实现用户至上的发展目标；对于从规模到结构的转变，数据分析和协同工具等数字化工具能够更便捷、更准确地掌握资源和要素的流动，从而使资源配置最优化；对于从要素驱动到创新驱动的转变，开源、低代码等技术能加强企业、生态合作伙伴及用户的应用创新、协同创新和整合创新。

（2）从消费侧数字化融合向全产业链数字化融合转变

当前，互联网正加速从消费侧的消费互联网向全产业链的产业互联网进化。产业互联网的发展将激发供给侧数字化转型的浪潮，把电商、物流、支付、制造、平台、数据分析等能力低成本地赋能给千千万万的企业。与消费互联网注重流量红利不同，产业互联网更注重价值红利，面向企业提供生产型服务，通过数字化转型优化生产，提高全要素生产效率。

2020 年，我国消费侧数字化程度全球领先，网购人群数量全球第一（约 7.82 亿人），移动支付规模全球第一，网络零售规模全球第一（约 11.8 万亿元），快递物流数据全球第一（约每年 830 亿件）。相对来说，我国供给侧数字化程度水平还比较低，数字化工厂比例远低于欧美（据统计，欧洲为 46%、美国为 54%、中国为 25%），柔性生产、定制化生产能力不足，供应链体系数字化能力不够。

（3）从劳动密集型主导向资本与技术密集型主导转变

日本经济学家赤松要曾提出"雁阵模式"：随着生产要素成本上升，发达国家逐渐丧失在劳动密集型产业上的优势，劳动密集型产业从发达国家向发展中国家梯次转移，这是产业在国家间转移的主要推动力。

当前，我国的技术创新能力不断增强，生产要素成本也在不断上升，在现有产业的基础上由劳动密集型向资本与技术密集型升级成为趋势。资本与技术密集型产业具有资金投入大、劳动者知识密集、产品性能复杂、更新换代快的特点。随着新一轮科技革命和产业变革的到来，数智化所具备的数据密集、技术密集和智能密集的能力，将成为驱动商业升级和产业变革、构筑资本与技术密集型产业竞争优势的关键。

（4）从本地产业链布局向全球产业链布局转变

随着经济全球化的持续推进，我国企业的品牌、制造、研发和供应链管理竞争力不断提升，我国企业不再仅仅是作为制造工厂向全球市场提供产品，同时也在提升研发、品牌和市场拓展能力，产业链正从本地布局向全球布局演变。以小米公司为例，小米手机产业链是由高通、安森美、恩智浦、德州仪器、瑞萨电子、三星电子、QORVO 及思佳讯等国外厂商，和汇顶科技、欧菲科技、深天马、京东方及舜宇光学等国内厂商共同打造的，如图 1-12 所示。

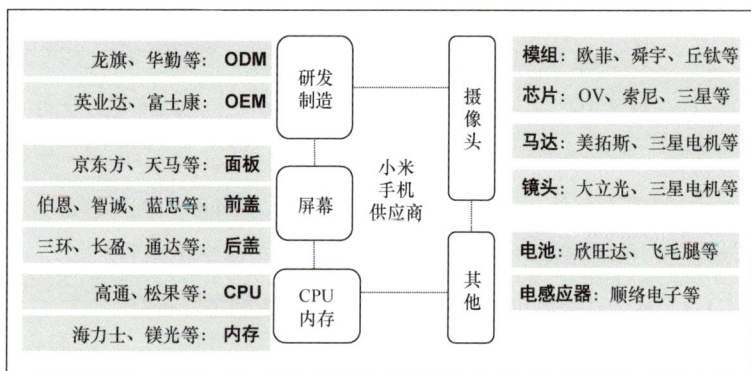

图 1-12　小米的全球产业链布局

　　随着数智化的发展，云计算不仅能向企业提供服务产业链全球布局的算力、存储、网络等资源，还能提供可靠易用的云平台、全局智能的大数据、云端一体的智联网和随时随地的移动协同，降低了企业产业链全球布局的门槛。

1.2　日新月异的技术发展

　　随着数字技术的发展和应用，技术架构、技术开发、技术应用和技术基础设施等都在发生革命性的变化，新技术体系的应用是组织业务创新和管理变革的重要驱动力。

1.2.1　技术架构之变

　　技术架构正在进行大迁徙，云化、数据化、移动化、智能化是主要趋势。企业要顺应这些趋势以有效应对复杂多变的外部环境，并进行业务创新和管理变革。

（1）从传统 IT架构向云原生数智化架构转变

面对不确定的复杂环境和个性化的、多样化的用户需求，为了有效支撑企业的技术创新、产品创新、业务创新、组织创新和管理创新，数字技术架构也进入了大迁徙阶段，正在经历从传统 IT架构向基于互联网、物联网、云计算、大数据、AI、区块链等新技术的云原生数智化新技术架构迁徙。

传统 IT 架构与云原生数智化架构有着显而易见的差异，如表1-4 所示。

表 1-4　技术架构的发展变化

对比维度	传统的IT架构	云原生数智化架构
负责人	CTO/CIO负责	CEO负责
应用重点	业务数据化	数据业务化
架构部署	本地服务器	全面上云
连接关系	系统独立，缺少连接	平台架构，彼此联通
数据	数据割裂	数据统一
开发	定制式，封闭式，从头开发	开放式，直接应用
驱动机制	以业务功能需求为主导	以用户需求为主导
交付模式	局部、单一工具交付	全局、系统性赋能
核心构成	基于硬件和软件的计算	数据+算力+算法赋能
思维模式	管理思维	用户思维
应用范围	局部数字化	全链路数智化

（2）从服务器客户端向云边端一体化数智化操作系统转变

传统的 IT 技术架构由服务器操作系统和客户端程序组成。当前的技术平台是由云计算、商业平台、边缘计算和终端一体化融合而成的数智化操作系统，阿里云将其简称为一体化数智化操作系统。云计算平台为 PC 端、移动端等提供云服务能力，让这些终端具有云端极致的算力、大规模存储能力、高度安全的能力。商业平台提供统一的组织数字化和业务数字化应用的业务中台、组织中台和数据中台，为业务和组织赋能。边缘计算让部分算力在本地实现，提供低延时的服务并降低对网络的消耗。物联网（Internet of Things，IoT）设备实现数据的处理和采集，并将数据上传到云上，通过与云平台协同进行大规模的计算。云边端一体化能发挥数字化、网络化和智能化的能力，让万物互联、万物皆有算力，为组织应变各种环境变化赋能。

1.2.2　技术开发之变

技术开发向更加开源、更易于开发、低代码开发的方向发展，以适应业务需求的快速变化。

（1）从封闭开发向开源开发转变

过去，软件企业最重要的资产是源代码。随着数字技术的快速发展，软件定义世界成为时代的趋势，软件开源已成为发展的必然趋势。中国科学院院士梅宏曾指出，开放、共享、协同、生态、共享共治、奉献为先，这是开源精神的本质。开源可以实现全球化协作与创作，汇聚众人的智慧；可以为众多中小企业提供数字化升级的便利，降低开发成本；可以通过无数使用者和开发者的使用和测试，使软件更加稳定与可用。正如 Linux 之父李纳斯·托沃兹所说："曝光足够，所有的缺陷都是显而易见的。"

截至 2020 年，阿里巴巴的开源项目数已超过 1000 个，覆盖大数据、云原生、AI、数据库、中间件、硬件等多个领域，全世界有 70 多万名开发志愿者参与 GitHub Star。阿里巴巴是 Java 全球管理组织 JCP 最高执行委员会的唯一中国代表，也是 Linux、RISC-V、Hyperledger、MariaDB、OCI 等多个基金会的重要成员。

（2）从复杂代码开发向低代码开发转变

低代码开发是一种通过可视化进行应用程序开发的方法，它能使具有不同经验水平的开发人员通过图形化的用户界面使用拖拉拽组件和模型驱动的逻辑来创建网页及移动应用程序。低代码开发可以简化应用程序的开发，实现开发一次即可跨平台部署；还可以加快云端、移动端数据的集成。

高德纳（Gartner）的《2021 年中国 ICT 技术成熟度曲线报告》涵盖了 20 项新兴技术和实践，低代码应用开发平台被首次纳入，反映了低代码开发技术的巨大潜力。据高德纳预测，到 2025 年，企业 70% 的新应用将会通过低代码或无代码技术开发。

低代码应用开发平台让开发环境逐步便捷简易，试错和迭代速度更加快捷，企业创新与协同能力快速加强。但是，在数字化转型的过程中，不同规模的组织面临的应用开发痛点往往是不同的。对于规模较大的组织，随着组织内部数字化转型逐渐深入，IT 部门往往无法快速响应大量的长尾需求，导致组织内人员使用过时、低效的工具，进而无法满足组织内多元化的需求。基于此，组织中一些不具备应用开发经验的人员可以利用低代码开发平台开发应用程序。而对于规模较小的组织，由于在数字化领域缺乏人才和基础设施，它们可以通过低代码平台搭建组织的核心业务应用。

1.2.3 技术应用之变

技术应用是为了支撑敏捷化的业务创新、业务管理协同和智能决策，数据驱动、协同集成和智能决策是技术应用的重要趋势。

（1）从功能驱动到"协同 +数据"双驱动转变

过去，技术应用是一种业务功能驱动的过程，用户提出什么样的需求，软件开发商就开发相应功能的应用系统，应用系统局限于实现一个个用户需求的功能菜单。但是，过去的应用系统忽视了对数据价值的深度挖掘。随着互联网的广泛应用，用户使用互联网应用系统或各类移动 App 的频率不断提升，随之在互联网上产生了海量数据，这些数据往往蕴藏着更多潜在的用户多元化、个性化需求，也蕴藏着业务运行的规律。这就要求建立数据中台体系来驱动各类技术应用，用数据中台实现各类技术应用中数据的"汇、通、管、用、评"，从而形成数据驱动的业务系统和各类 App。这个过程就是"协同＋数据"双驱动技术应用的过程。在数智化时代，将技术应用系统集中在云平台上，可以使数据实现快速汇聚及高效流通，技术应用将更加智能化，协作及沟通将更加高效。例如，特步公司将订单、商品、物流、支付、会员等应用系统集中到云端，使业务和运营尽量在线化、数字化，从而使自身的技术应用更加智能化。

（2）从流程自动到智能决策转变

过去，技术应用系统的主要作用是辅助业务人员实现功能自动化和流程自动化。在数智化时代，通过融合移动互联网、物联网、云计算、大数据、人工智能、区块链等数字技术，软件智能化将成为现实。随着智能化技术的应用日益深入，数智化能力逐步被行业化和标准化，智能算法的重要性越来越突出，联机分析、深度学习算法、优化技术、预测技术等广泛应用，智能机器在业务服务、风险管控等方面能够自动作出更加合理的决策，并不断形成良性的机器学习反馈闭环，最终可以替代用户实现高效决策。

1.2.4　技术基础设施之变

技术基础设施不再局限于通信网络或数据中心，而是要加快建设高速泛在、天地一体、云网融合、智能敏捷、绿色低碳、安全可控的智能化综合性数字信息基础设施。

（1）信息网络基础设施向数智化基础设施转变

过去，技术基础设施主要是指信息网络基础设施，包括光纤网络、移动通信网络、数据中心等。它是保障经济社会生产生活的重要基础设施，具有投资金额高、建设周期长、应用广泛的特点。

在数智化时代，随着云计算、人工智能等技术的日益演进，技术基础设施正经历智能化转型，物联网成为"神经末梢"，固定和移动网络成为"神经网络"，云计算数据中心成为"枢纽"，人工智能计算中心成为"大脑"，区块链网络成为"免疫系统"，互联网基础设施正在向智能互联网基础设施演变[1]。

（2）从传统基础设施向数智化融合基础设施转变

在数智化时代，随着互联网、云计算、人工智能等数字技术的深入融合应用，数智化融合基础设施能够支撑产业数字化转型和智能升级。数智化融合基础设施具有大平台、大运营、专业化、社会化、知识密度高的特点，主要包括工业互联网、智能车联网、智能物流等基础设施。

传统基础设施与数智化融合基础设施有很多不同之处，如表1-5所示。

表1-5　传统基础设施与数智化融合基础设施对比

对比维度	传统基础设施	数智化融合基础设施
运营体系	工业经济	数字经济
建设对象	物理世界	数字孪生世界
建设材料	原子	原子+比特
运行方式	运行的相对独立性	基于多技术集成的"核聚变"
价值体现	连接	赋能、协同
经济影响	后向拉动效应	前向数字红利
软硬实力	硬实力	软硬融合的实力、数智化
反应	物理反应	化学反应

当然，数智化融合基础设施与传统基础设施并不是没有相通之处，从"连、通、流、配、值"五个角度看，二者的相通之处如表1-6所示。

表 1-6 传统基础设施与数智化融合基础设施的相通之处

	传统基础设施	数智化融合基础设施
连	公路、铁路、机场、港口、水路	网络、云
通	货通天下，物尽其用	
流	商流、物流、资金流、人流、数据流	
配	供需匹配	
值	点→线→面→体，连接的点和线越多，价值越大	

数智化融合基础设施已经在每个人身边悄然产生影响，我们每天使用手机流畅地看视频、购物、直播，背后都是数智化融合基础设施在发挥作用。例如，在新冠肺炎疫情期间，架构在数字基础设施上的钉钉音视频技术默默支持着很多用户在线办公和在家上课，每天发起的在线会议数量突破 1 亿人次。

阿里云智能提出了数智化基础设施框架体系，如图 1-13 所示，其底层是云计算基础设施，通过整合物联网、AI 等数字技术，构筑数字化融合平台和基于智能化物理基础设施的智能服务体系，支撑政府、企业和个人应用。

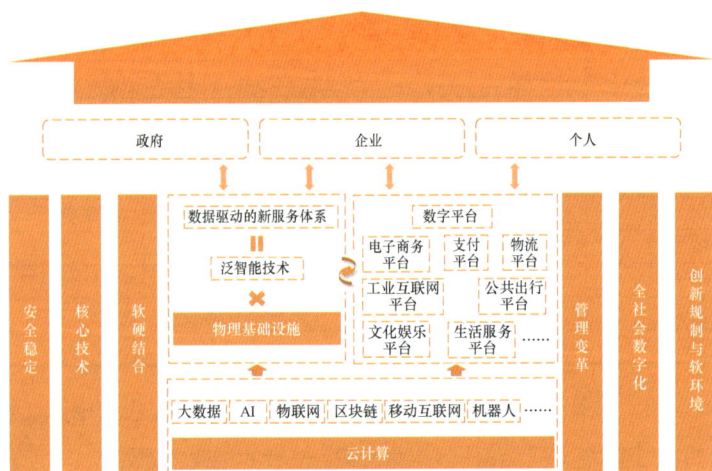

图 1-13 数智化基础设施框架体系

1.3　势在必行的管理变革

在数智化时代，先进生产力的发展带动着社会生产关系的深刻变革。为了适应商业环境和技术发展的变化，组织的管理模式、商业模式和创新模式也在发生着巨大的变革。

1.3.1　管理模式之变

组织的管理模式从传统管理模式向员工自组织、扁平化、柔性管理的模式转变。

（1）从他组织管理向自组织管理转变

传统的员工管理方式是自上而下的管理，是他组织管理，员工的工作往往是被上级管理者驱动的。管理者需要面对的一个问题，即现在的员工尤其"90后""95后"是"个体崛起"的一代，拥有更强烈的自我意识和个体意识，他们认为自己是独立的个体，拥有独立的意识和见解。面对他们，传统组织中想把员工的想法和时间全部占有的管理模式可能就不奏效了。对于这种情况，组织需要变革管理方式，导入全新的自组织管理思想，从管理员工转变为激活员工。因为只有激活员工，才能让员工充分释放潜能。员工的工作将变为自主的、自驱动的。在数智化时代，个人主页、自媒体、直播、公司群、项目群等为个体的崛起提供了平台。组织通过充分利用这些数智化手段，能够激发个体的创造力，带来效能提升。

（2）从垂直化模式向扁平化模式转变

自人类社会出现国家以来，行政组织管理的模式主要是垂直化管理。20世纪初，德国社会学家马克斯·韦伯提出了官僚科层制理论。官僚科层制往往采用垂直化管理，具有明确的分层等级，层级结构的权责清晰，重视规章制度，依照固定流程办事，组织管理非人格化、对事不对人。但是，垂直化管理存在的问题是组织部门交叉重叠较多，部门之间沟通不畅，对于大型组织来说整体效率较低。传统的垂直化组织管控性强，员工的主观能动性较低。组织以文件通知的形式安排工作导致文件数量激增，贻误办事时效。传统的垂直化管理组织在很多方面已经不能满足市场的需要，快速变化的市场倒逼企业进行组织管理变革，组织管理逐步呈现扁平化趋势。

扁平化组织的管理层级较少，管理层和员工都能及时看到企业的信息，因而加强了部门之间的沟通，提高了企业的整体反应灵敏度，使企业能更快速地把握市场情况，及时作出反应。扁平化组织注重赋能一线员工，充分调动员工的自驱性，从而实现个人和组织共同受益。但是，对于大型组织而言，扁平化也会带来关键角色的网络连接触点过多等问题。垂直化管理与扁平化管理的对比如表1-7所示。

表1-7　垂直化管理与扁平化管理的对比

对比维度	垂直化管理	扁平化管理
概念	从上至下的科层制管理模式，决策传递采取上传下达的模式，业务运行封闭在架构的条条框框内	减少管理级别，使信息迅速传至一线，建立以用户为中心的管理模式
特点	管理层级多，业务由上级向下级统一派发，不鼓励基层部门自行开发创新	管理层级精简，组织人员较少，沟通效率较高，从而提升组织的创新效率
应用	传统经济管理、行政执法等行政部门及大型企业集团	中小型组织机构

在数智化时代，网络连接更加便捷，组织和员工的沟通更加方便，加速了扁平化组织的建设。扁平化组织以用户为中心，注重提升用户体验，通过在线交互与用户进行网络协同和群体创造，提高与用户的交互效果，从而提升用户对组织的满意度。

（3）从刚性管理向柔性管理转变

刚性管理是一种强调规则的刚性约束的管理模式。美国管理学家弗雷德里克·泰勒的科学管理理论指出，刚性管理是以明确的规则和制度为中心的管理模式[1]。刚性管理按照规则、制度对员工进行管理，注重效率和业绩。但是，刚性管理的问题在于可能不利于调动员工的积极性。相关调查显示，在员工完全遵守规则的情况下，员工的能力只能释放 20% ～ 30%，不能实现企业效益最大化。

为了帮助组织实现效益最大化，调动员工自驱力，实现用户价值最大化，很多组织开始实施柔性管理。柔性管理思想来源于我国的道家思想，"天下莫柔弱于水，而攻坚强者莫之能胜"。水是最柔软的，但能攻坚克强，似乎没什么能胜过它。柔性管理以人们的心理和行为规律为基础，采取非强制方式，通过用户服务的灵活流程来组织各种资源，通过流程中员工自驱力的提升和用户至上的企业文化的形成，调动员工的自主积极性。柔性管理能够通过流程把企业运行的内外各要素整合起来，形成完整的、高效率的具有独特核心竞争力的业务运行系统。刚性管理与柔性管理的对比如表 1-8 所示。

表 1-8　刚性管理与柔性管理的对比

对比维度	刚性管理	柔性管理
概念	刚性管理是一种强调规则的刚性约束的管理模式，主要依照制度约束、纪律监督等对员工进行管理	柔性管理是一种流程和文化驱动的以人为中心的管理模式，通过用户服务的灵活流程来组织各种资源，通过流程中员工自驱力的提升和用户至上的组织文化的形成，调动员工的积极性
特点	强调组织权威，工作人员按照专业分工，严格执行管理制度	激发员工内心的主动性、自主性和创造性，员工具有明显的自驱性
应用	强调权威、严格按照专业进行分工的企业，内部要素复杂、部门多的组织	尊重员工的自主性、工作流程较灵活的组织

1.3.2　商业模式之变

商业模式正在发生从渠道售卖盈利转向平台赋能生态共赢、从单次售卖产品盈利转向会员制销售盈利、从单件产品售卖盈利转向全生态品牌组合售卖盈利等变化。

（1）从渠道售卖盈利向平台赋能生态共赢转变

过去，企业与用户之间是通过多层渠道买卖的交易模式，交易对手层层加价，企业与用户之间相互隔离，渠道成了企业的用户，而真正的用户需求可能被漠视。

为了实现业务资源互补，更好地满足用户的多元化需求，不同的伙伴开始多边合作，建立合作平台，推动渠道扁平化。平台之所以能有现在巨大的经济成效，在于平台拥有开放、聚合、共赢的特点，能够聚集用户流量，扩大规模效应，显著提高企业的运营效率。平台作为载体，以其较低费用甚至免费的服务使社会资源高效集聚与激活，企业在平台上售卖产品的同时能够与生态中其他企业进行合作，与用户进行直接交互，实现多方共赢。这不仅使企业资源得到了极大程度的释放，也让其产品内容的扩充拥有了无限可能。

渠道售卖盈利与平台赋能生态共赢的对比如表 1-9 所示。

表 1-9　渠道售卖盈利与平台赋能生态共赢的对比

对比维度	渠道售卖盈利	平台赋能生态共赢
概念	企业与用户之间通过多层渠道买卖产品	企业通过平台吸引用户流量，形成会员，售卖产品，同时引导用户在平台上形成持续黏性
特点	交易双方通过多层渠道买卖	通过平台赋能，企业与生态中更多合作伙伴共赢
应用	传统商业等	互联网电商平台等

（2）从单次售卖产品盈利向会员制销售盈利转变

单次售卖是指企业和用户只完成一次交易，即"一锤子买卖"，没有形成长期销售的关系。企业试图与用户建立长期销售的关系，却无法连接到用户，转化成本高。

会员制销售是指企业通过吸引用户加入会员，开展有针对性的营销活动，从而为企业培养忠实的顾客，建立长期稳定的市场。会员制俱乐部的营销机制是指了解用户的消费行为，根据会员信息和消费行为对用户进行分类，并进行有针对性的营销和关怀。随着数智化的快速发展，在商业领域应用云计算和协同技术，可以将企业和会员紧密地连接在一起，发挥商业模式效力，使企业通过更好地服务会员，不仅了解会员，还能关怀会员，真正让会员成为企业永远的朋友。

单次售卖产品盈利与会员制销售盈利的对比如 1-10 所示。

表 1-10　单次售卖产品盈利与会员制销售盈利的对比

对比维度	单次售卖产品盈利	会员制销售盈利
概念	企业与用户只完成一次交易	为会员俱乐部中的成员提供精细化服务、差异化营销，形成忠诚客户
特点	"一锤子买卖"，难以与用户形成长期联系	用户自愿成为会员，企业开展针对性活动，在一定契约的基础上培养众多忠实用户，建立长期稳定的联系
应用	传统商店等	会员制销售、线上线下一体化销售等

（3）从单件产品售卖盈利向全生态品牌组合售卖盈利转变

传统销售模式是单件产品售卖，只卖单一产品，导致销售额不高，不能联动其他产品。全生态品牌组合就是以用户体验为中心，让原本没有关联的产品产生联动关系，打造出新的产品组合。二者的对比如表 1-11 所示。

表 1-11　单件产品售卖盈利与全生态品牌组合售卖盈利的对比

对比维度	单件产品售卖盈利	全生态品牌组合售卖盈利
概念	只售卖单一产品	售卖某种产品，同时联动售卖生态中的其他产品
特点	产品单一，产品之间缺乏组合性	设计产品组合，打通全生态的产品组合
应用	传统商业等	通过分析场景下产品需求打造组合产品

　　全生态品牌组合售卖基于用户生活场景提供不同的解决方案，打破了产品、行业相对孤立的情况，让多种资源共同塑造出不同的场景解决方案。用户对产品的需求不是孤立的，满足某个需求往往需要多个产品。产品之间有内在的关系序列，通过数据算法分析产品之间的关系序列，就能算出关系序列中的新产品机会并将其推荐给用户。

　　例如，淘宝的关联推荐通过对消费者群体的洞察，分析预估品类的增长。在淘宝上，汽车产品和母婴产品是强关联品类，因为二者往往同时出现在"带娃"的场景中，汽车用品厂商针对母婴人群需求进行开发和设计，就可以挖掘大量的市场机会，如汽车内的换尿布台、奶瓶收纳等产品[1]。在数智化时代，云和协同应用可以帮助组织进行用户群体洞察，更好地进行全生态品牌组合售卖。

1.3.3　创新模式之变

　　企业的创新模式也在经历多种转变，如图 1-14 所示。

图 1-14　企业创新模式的转变

（1）从研发部门创新向全企业创新转变

　　经济学家约瑟夫·熊彼特的创新理论指出，创新是将资源以不

1　肖利华等.数智驱动新增长[M].北京：电子工业出版社，2021.

同的方式进行组合，创造出新的价值。他界定了创新的五要素：研发新产品、运用新技术、采取新的管理形式和组织模式、利用新原材料[1]。被誉为"现代管理学之父"的彼得·德鲁克进一步将创新纳入管理，他指出创新是组织的基本功能，是每一位管理者和知识工作者的日常工作和基本责任[2]。过去，企业的创新主要依靠研发部门。随着创新在企业中的重要性越来越突出，创新逐步成为整个企业的使命。为了适应市场的快速变化，不同的业务和管理部门都在各个领域进行技术创新、业务创新、管理创新和战略创新，全企业创新蔚然成风。

在数智化时代，借助互联网、云计算和数字化协同技术，企业可以重新塑造管理平台，打造透明、平等、高效、协同的创新环境，激发员工的创新力；可以将创新纳入日常管理，赋能员工进行创新。工作任务的在线协同使每个任务之间能够互相支持，激发创造力，帮助企业打造乐于创新、勇于创新的文化，让人人体验到创新带来的成就感。

（2）从企业内部创新向产业链协同创新转变

传统创新模式倾向于企业内部创新。随着跨行业、跨界融合成为趋势，由于企业内部资源、人才、技术、知识等因素的制约，企业创新逐步由内部创新向产业链协同创新转变。产业链协同创新能够使主体之间打破壁垒，聚集更多的人才、资本、信息、技术等资源，释放创新要素活力。面对日益复杂的市场竞争格局，企业可以主动发起产业链协同创新，积极吸引产业链上下游企业共同参与，建立多层次、多元化的创新体系。

---

1 [美]约瑟夫·熊彼特.经济发展理论[M].北京：商务印书馆，2000.

2 [美]彼得·德鲁克.创新与企业家精神[M].北京：机械工业出版社，2009.

在数智化时代，云计算的弹性拓展、持续运维、敏捷响应及云原生开发为应用开发、快速迭代与业务创新创造了可能。协同平台便捷了知识创造主体与技术创新主体之间的沟通交流，实现了线上协作。例如，2016—2020 年，洛可可设计公司进行了两轮创新迭代。作为一家设计公司，洛可可考虑到市场业务的波动性和员工增加带来的管理成本，希望创建社会化的产品创新平台。但是，在向共享设计平台转型时，一方面要求组织打破原有架构，使用更多外部设计师资源，另一方面又要支持供应方和用户之间需求的高效匹配和交付，因此平台转型的难度非常大。洛可可使用数智化技术进行改造，结合已有的共享设计平台形成了新的数智化平台，成功推动公司业务完成转型。

（3）从企业创新向用户参与创新转变

在传统企业中，用户仅完成使用和消费行为，不参与创新的过程。而在 C2M 模式下，企业让用户参与创新并取得了丰硕的成果，这改变了工业时代对组织的理解和认识。

在数智化时代，组织通过与用户的在线连接，利用大数据优化用户体验，使每个用户都成为推动生态进步的创新点。例如，洛可可通过钉钉及时了解用户对产品的新想法及关于产品设计、生产制造等方面的各种评价与意见，及时反馈供给团队，高效满足用户的各种需求。

小结

当今时代，"唯一不变的就是变化"，商业环境、技术发展和管理模式都在发生翻天覆地的变化。组织找到变化背后的根本驱动力，就能从容应对各种变化。

（1）用户需求、竞争格局、产业环境已经发生巨大的变化。从物理、时间、空间等不同的维度看，用户需求更加多样化、个性化、情感化、体验化、实时化、国际化和虚拟化，组织如何触达用户、建立连接、满足需求、打造终身价值用户，是组织经营的主线。从竞争走向竞合是竞争格局演变的基本趋势，实现协同与共生是组织的竞合法宝。产业环境在演化为一个消费侧和供给侧双轮驱动的、高质量的生态系统，产业领先者的生存法则是实现组织全要素和业务全链路的协同。

（2）随着数字技术的发展和应用，技术架构、技术开发、技术应用和技术基础设施都在发生革命性的变化。数字化操作系统的未来演变趋势是云边端一体化的数智化新技术架构，是开源开放、低代码开发的数智化新开发平台，是数据驱动、业务协同、智能决策的数智化新应用平台，是数物融合、数字孪生的数智化新基础设施。技术是第一生产力，组织要掌握技术演变规律，学会用数智化技术驱动组织的转型。

（3）为了适应商业环境和技术发展的变化，组织管理、商业模式和创新模式都在发生转变。组织结构更加自组织化、扁平化、柔性动态化，商业模式更加强调共赢共生，创新模式更加强调协同共创。只有这样，组织才能进化为这个时代的领先者。在领先者的基因中，数智化是核心！

第 **2** 章

新动力：数智化驱动组织变革与升级

　　未来学家阿尔文·托夫勒将人类发展史划分为第一次浪潮的农业文明、第二次浪潮的工业文明及第三次浪潮的信息社会文明[1]。进入 21 世纪 20 年代，数智化成为信息社会文明中的一次新浪潮，表现出了鲜明的时代特征。随着数字技术与实体经济深度融合，数字经济对经济的引擎作用日益凸显，各行各业全链路数智化转型升级已势不可挡。正如阿里巴巴董事局主席兼首席执行官（CEO）张勇所言，"技术和商业模式创新就是创造生产力，组织能力创新是创造新的生产关系"。组织应厘清数智化转型的本质，利用好数智化变革力；明确数智化转型的方法及面临的机遇与挑战，提升数智化进化力；推动将数智化能力进一步转化为自身的竞争优势，不断提升数智化内驱力，如图 2-1 所示。

1　阿尔文·托夫勒. 第三次浪潮[M]. 黄明坚译. 北京：中信出版社，2006.

数智化内驱力

重构组织能力与竞争优势

计算支撑	网络连接	在线协同	数据驱动	智能决策
数据+算力+算法	人、事、物、场泛在互联	实时沟通与高效协同	供需精准匹配	"描述-预测-诊断-决策"闭环

数智化进化力

驱动组织创新与升级

新需求	问题挑战	
• **市场**：不确定性需求 • **理念**：以用户为中心 • **业务**：数据驱动业务 • **应用**：支撑业务创新 • **技术**：开放技术体系	VS	• **业务**：业务复杂度高 • **机制**：创新突破的束缚大 • **技术**：信息孤岛、技术整合难 • **组织**：转型人才少，组织的转型意识不足

• **更敏捷**：快速响应用户、市场变化
• **更开放**：实时沟通，激发个体创造力
• **更协同**：组织和业务协同，和生态协同
• **更智能**："数据+算力+算法"驱动的高效精准运营、业务创新和敏捷决策

数智化变革力

重塑生产力和生产关系

数字新基建	新生产要素	数字生产力	数字生产关系
信息网络与计算基础设施，提供新公共基础服务	数据成为经济社会发展的新生产要素，实现价值倍增、资源优化、投入替代	数字技术与实体经济深度融合，解放劳动生产力	互联网、云计算等重构组织关系，形成网络协同、平台经济等新型生产关系

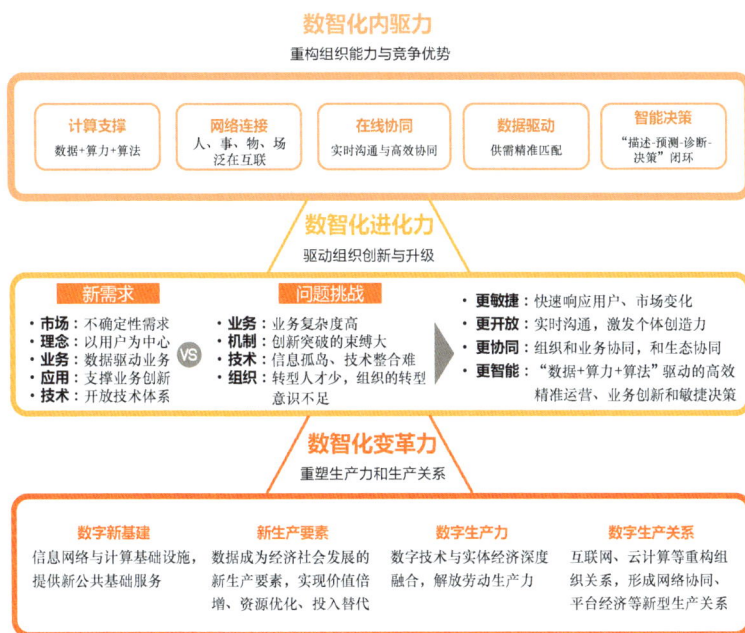

图 2-1　数智化浪潮驱动的组织数智化转型

2.1　数智化变革力：重塑生产力和生产关系

　　数智化是人类社会的一次新浪潮，数字技术不仅能提高劳动者技能，还能创造新的劳动资料和生产工具，进而推动生产力的发展，并构建了新的生产关系以适应生产力的发展。因此，巨大的数智化变革力带来了业务的创新，加速了组织变革与升级。

2.1.1　数智化发展的新阶段

　　近 30 年，信息社会经历了一个渐进的发展阶段：信息化发展、数字化发展、数智化发展。信息社会的这些发展阶段既遵循递进上升的规律，也呈现"三浪叠加"的现象，如图 2-2 所示。

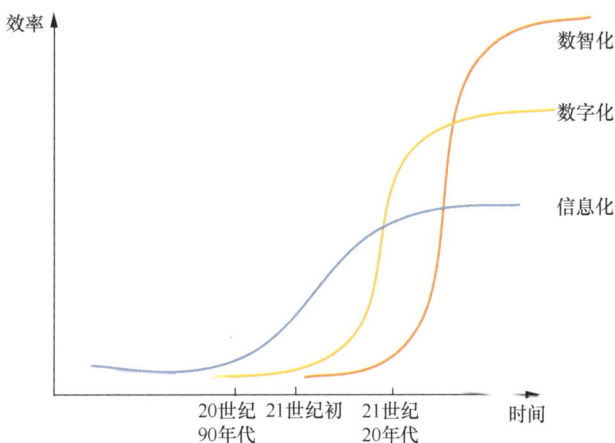

图 2-2 信息社会发展不同阶段"三浪叠加"

信息社会的不同发展阶段的特征比较如表 2-1 所示。

表 2-1 信息社会的不同发展阶段

对比维度	信息化发展	数字化发展	数智化发展
时间	20世纪90年代—21世纪初	21世纪初—21世纪20年代	21世纪20年代至今
代表技术	计算机 服务器操作系统 桌面应用软件 关系型数据库	互联网 移动操作系统 移动应用 数据仓库 数据挖掘	人工智能 物联网 大数据 云计算 数字孪生
应用	ERP、OA等企业内部应用	电子商务、社交网络等应用	云、移动协同、AIoT等应用

信息是计算机存储和处理的有意义的对象。信息化是将经济社会中的实体和关系转化为信息的过程，即以业务流程为中心，将业务职能转化为系统功能，将业务实体及其关系转化为数据库中的实体和关系，通过应用系统和数据库实现组织的业务流程规范与标准化管理。20 世纪 90 年代至 21 世纪初是信息化应用的繁荣

时期。

数字化的数据是信息的载体，是对事实的记录和描述，是形成信息的原材料。数字化的数据将信息化带入了一个更细化的层面，我们将这个阶段称为数字化阶段。数字化是以数字化数据的产生、采集、计算、流通、融合、分析和可视化展示为主线，通过数据实现精准控制和分析，优化业务和管理过程。美国麻省理工学院媒体实验室的创办人尼葛洛·庞帝在 1996 年提到了对未来数字化的畅想："人类生存于一个虚拟的、数字化的生存活动空间，人们在这个空间里应用数字、信息等技术从事信息传播、交流、学习、工作等活动。[1]"数字化将人类行为最大限度地向数字空间转移，并在数字空间中完成与物理世界的必要互动。其中，数字化技术发挥着关键作用，因此成了重要的生产力。麦肯锡全球研究院在 2017 年对我国 22 个行业进行了数字化水平的研究，认为数字化包括资产数字化、运营数字化、劳动力数字化三个方面的内容[2]。数字化转型就是通过组织业务和管理不断地网络化、数字化，最终实现组织商业要素的重构。网络是数字化数据传输的载体，网络化也是一种数字化过程。

智能是"数据 + 算力 + 算法"形成的对外部环境变化的自主反应与行动能力。数智化就是"数字化 + 智能化"，它以计算、连接、协同、数据、智能为核心能力要素，表现为 IoT 化、云化、大数据化、移动化，如图 2-3 所示。数智化是未来组织具备的内核能力，将赋能组织业务创新与协同、管理与决策。麦肯锡研究报告认为，人

1　尼葛洛·庞帝. 数字化生存[M]. 胡泳译. 海口：海南出版社，1997.

2　参考麦肯锡全球研究院在2017年发布的报告《数字时代中国打造具有全球竞争力新经济》。

工智能为中国带来的生产力提升每年可贡献 0.8 ~ 1.4 个百分点的经济增长[1]。在数智化时代，组织是由"数据 + 算力 + 算法"驱动的，数智化技术正是这个时代的组织生产力。

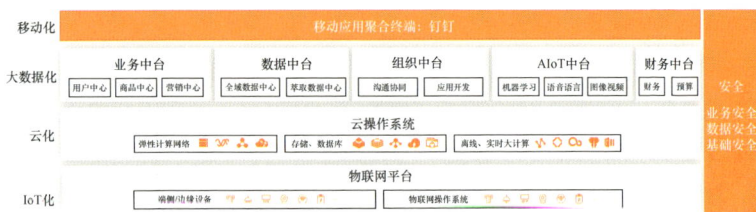

图 2-3　数智化技术架构

2.1.2　数智化新生产力和生产关系

2016 年，G20 杭州峰会通过的《二十国集团数字经济发展与合作倡议》提出了关于数字经济的定义：数字经济是以使用数字化的信息和知识作为关键生产要素、以现代信息网络作为重要载体、以信息通信技术的有效使用作为效率提升和经济结构优化的重要推动力的一系列经济活动。

当前，全球数字经济保持了较快的增长，数字经济对经济增长的新引擎作用愈加凸显。根据中国信息通信研究院的数据，2020 年 47 个国家的数字经济增加值规模达到 32.6 万亿美元，占 GDP 的比例为 43.7%，如图 2-4 所示。其中，我国数字经济增加值规模约为 5.4 万亿美元，位居全球第二位，占 GDP 的比例为 38.6%[2]。

1　麦肯锡全球研究院在2017年发布的《中国人工智能报告》。

2　参考中国信息通信研究院在2021年发布的《全球数字经济白皮书：疫情冲击下的复苏新曙光》。

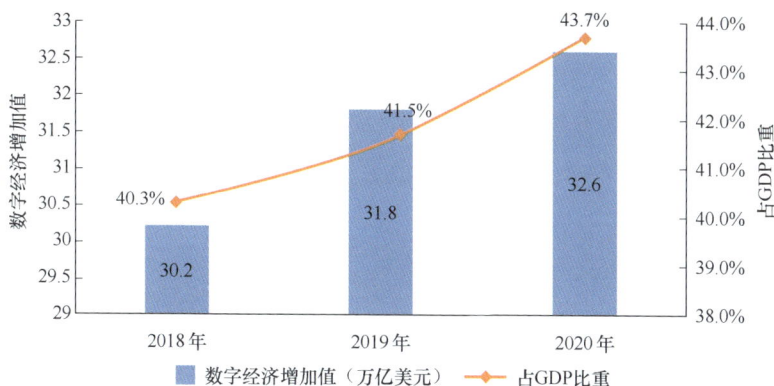

图 2-4　2018—2020 年全球数字经济增加值及其占 GDP 的比例

在数字经济时代，生产力和生产关系发生了重大变革，如图 2-5 所示。

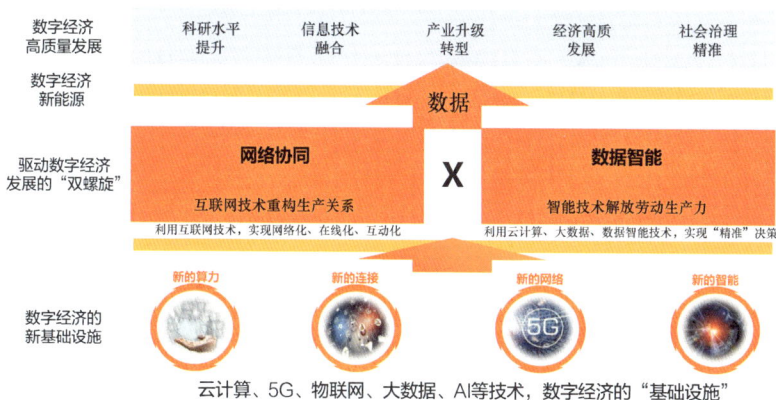

图 2-5　数字经济时代生产力和生产关系的变革

信息网络、云计算、超级计算和量子计算等技术的发展产生了数字经济的新基础设施，提供了新公共基础服务。智能技术的应用替代了很多繁重的体力劳动和脑力劳动，解放了劳动生产力。数智技术和新基础设施在经济社会各个领域的融合应用形成了强大的数字生产力。互联网、云计算平台等重构了生产组织关系，形成了网络协同、平台经济等新的数字生产关系。数据成为生产活动的关键生产要素，形成了新的数据生产要素。

（1）数字新基建：信息网络与计算基础设施

信息网络将全球的政府、企业、组织连接到一起。2020 年，全球互联网用户数超过 40 亿，在线用户逐步拓展到每个人、每家企业和每座城市。移动互联网让经济社会活动 24 小时在线，企业的营业时间从 5×8 小时变成了 7×24 小时；社交网络让企业的组织形式向社会化交流、社会化协作、社会化探索演变，企业随时随地可以与用户、供应商、合作伙伴进行交流；智能硬件、物联网和 5G 移动通信网络让生产资料、生产工具、生产设备、产品等逐步数字化、网络化、移动化、云化，并连接到互联网中。信息网络为经济社会发展打造了一个信息基础设施。按照梅特卡夫定律，一个网络的价值等于该网络内节点数的平方，而且该网络的价值与联网用户数的平方成正比。也就是说，如果网络的用户数越多，那么该网络的价值也越大。

美国国家标准与技术研究院指出："云计算是基于互联网的相关计算服务的增加、使用和交互模式，通过互联网提供动态、易扩展且虚拟化的计算资源。"正如中国工程院院士、阿里巴巴集团技术委员会主席王坚所形容的，"云计算就是新时代的电力"。他认为，云计算的本质是服务，如果不能把计算资源规模化、大范围地共享，不能真正以服务的方式提供这些计算资源，就根本算不上是云计算[1]。随着云计算的发展和普及，企业和政府逐步上云。基于云平台构建了消费互联网、产业互联网和政务互联网，经济社会各领域的数据汇聚到云平台。各种业务活动都能被数字化、网络化，

1　王坚. 在线：数据改变商业本质，计算重塑经济未来[M]. 北京：中信出版社，2016.

并以云服务的方式提供给用户。用户访问数据和使用各种业务服务的方式更加标准化、便捷化、实时化。云计算成了经济社会运行的新型基础设施。

（2）数字生产力：数字技术与实体经济深度融合

数字技术与实体经济深度融合，形成了数字经济时代的新生产力。数字化赋能的劳动者使用数字化生产工具，进一步解放了劳动生产力，不断提高生产、协同、交易、消费及政府服务和治理的效率。此外，数字技术还可以将用户、产业链和生态连接起来，使用户和组织之间能够进行业务沟通、业务协作和商业交易，因而企业通过较小的投入有利于实现企业效益的最大化，如图 2-6所示。

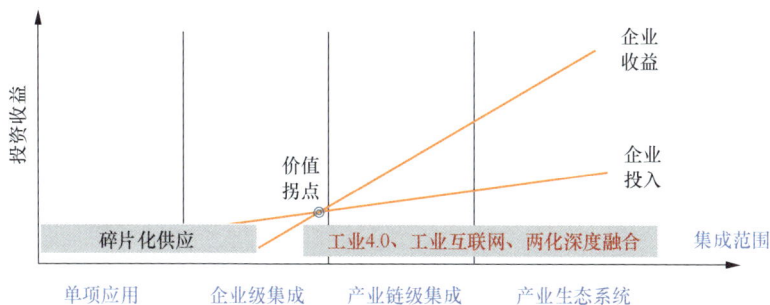

图 2-6　数字技术集成应用的发展趋势[1]

21 世纪以来，数字生产力的发展首先带动了消费互联网的发展。从用户需求出发，围绕人的衣、食、住、行、娱，涌现了电子商务、在线旅游、在线教育、网络游戏、社交网络等消费互联网应用。相关企业通过对消费者在互联网应用上的行为进行数据分析及预测，进而提供精准的服务，实现了消费端需求总量的扩大。消费互联网实现了消费者可洞察、可分析、可触达、可交易，让交易效率大幅

1　安筱鹏.重构：数字化转型的逻辑[M].北京：电子工业出版社，2019.

度提升。

产业互联网是基于消费互联网数据的需求洞察，将互联网平台延伸到供给侧，实现设计、供应、制造、物流、营销、服务全链路的重组。在设计环节，产业互联网能够满足用户个性化、多元化的需求；在供应环节，产业互联网实现了产、供、销、运一体化；在制造环节，产业互联网能够指导工厂按需生产，实现供给侧对需求侧的合理匹配，从而降低生产端的成本与精准安排产能，实现产业的数字化转型。产业互联网要实现的是产业的基础设施云化、IoT 化、中台化、移动化、智能化，让生产效率大幅提升，赋能产业高质量发展。

阿里巴巴集团深耕电商、新零售领域，致力于实现消费互联网的下沉与出海。同时，以阿里云为底座的云服务正在逐步向平台即服务（Platform as a Service，PaaS）层和软件即服务（Software as a Service，SaaS）层迁移，实践云钉一体战略，联动互联网、金融、零售及制造行业等产业用户，赋能产业互联网。

（3）新生产要素：数据成为经济社会发展的重要生产要素

我国发布的《促进大数据发展行动纲要》指出："大数据是以容量大、类型多、存取速度快、应用价值高为主要特征的数据集合，正快速发展为对数量巨大、来源分散、格式多样的数据进行采集、存储和关联分析，从中发现新知识、创造新价值、提升新能力的新一代信息技术和服务业态。"

随着新一代信息技术的深入应用和数字化转型的快速推进，全球数据量飞速增长。IDC 预测，2025 年全球数据量将达到 175ZB，中国数据量将增长至 48.6ZB，占全球数据量的 27.8%[1]。在互联网

1　数据来源于2019年IDC发布的报告《2025年中国将拥有全球最大的数据圈》。

和云计算平台上流动的是数字化数据，它们经过数据采集、传输、计算、存储和分析等过程将被转换为数字化信息或知识，以此为业务、管理、决策提供智慧和洞察力[1]，如图 2-7 所示。

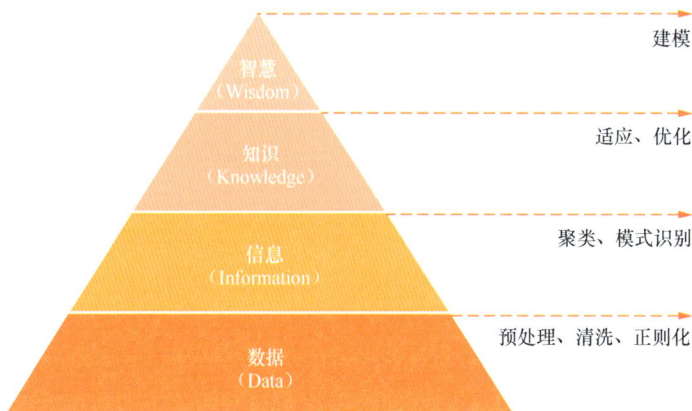

图 2-7　数据金字塔（DIKW）理论

阿里研究院认为，数据要素有以下三大价值[2]。

一是价值倍增，即数据要素融入劳动、资本、技术等每个单一生产要素，能够提高要素的生产效率，实现单一要素的价值倍增。数据也可以激活其他要素，提高产品、商业模式的创新能力，以及个体和组织的创新活力。

二是资源优化，即数据要素提高了劳动、资本、技术、土地等传统要素之间的资源配置效率。数据自身生产不了汽车，但是数据可以帮助低成本、高效率地生产汽车。数据要素推动传统生产要素革命性优化重组，成为驱动经济持续增长的关键因素。

三是投入替代，即数据要素可以用更少的物质资源创造更多的

1　赵刚. 数据要素：全球经济社会发展新动力[M]. 北京：人民邮电出版社，2021.

2　安筱鹏. 数据要素如何创造价值[R]. 阿里研究院，2021.3.

物质财富和服务，会对传统的生产要素产生替代效应。例如，过去 10 年由于移动互联网和移动支付的普及，移动支付对传统 ATM 机产生了替代效应，我国至少减少了 1 万亿元的传统线下支付基础设施建设，电子商务行业减少了传统商业基础设施大规模投入，政务一网通办和"最多跑一次"改革减少了人力和资源消耗，数据要素用更少的投入创造了更高的价值。

（4）数字生产关系：映射到数字孪生新世界的生产关系

数字技术重构了人的关系、组织关系和生产关系，使经济社会生产、分配、交换、消费等活动打破了物理限制，从而在数字世界中灵活协同和广泛集成，构建了网络协同、平台经济、共享经济等新型生产关系。现实世界的生产关系映射到了数字孪生新世界，即一个数字化（即物理数据化）与智能化（即数据物理化）相结合的数字虚拟世界。一方面，将物理世界的理念、见解、行为、物品等通过数字化的方式表达出来，实现物理世界的数字化；另一方面，利用物理世界的数据，通过人工智能、物联网等技术，创造新产品、新应用、新业态服务于物理世界，从而实现数据的物理化即智能化，如图 2-8 所示。

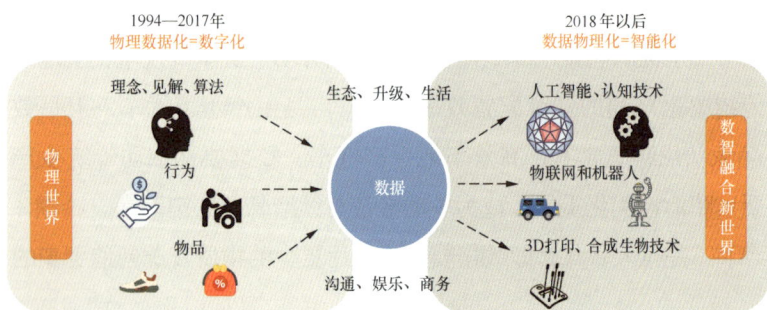

图 2-8　数字孪生新世界

2.2 数智化进化力：驱动组织创新与升级

在数智化时代变革的背景下，组织数智化转型是为了适应环境的变化，更好地满足用户的需求，并推动自身的发展。转型要坚持需求导向和问题导向，只有把握好业务需求，解决好痛点问题，才能保证组织数智化转型的成功，实现组织的创新和升级。

2.2.1 组织数智化转型的新方向

当前，组织面临着复杂多变的外部环境，用户需求向多元化、个性化、体验化、实时化、全球化、虚拟化方向发展，市场竞争由企业间竞争向生态间竞合转变，技术发展日新月异，商业和管理模式也趋向扁平化、柔性化。为了应对用户需求、市场竞争、产业环境、技术发展、商业和管理模式等诸多变化，解决组织竞争力下降、把握不住市场机会、市场反应慢等业务痛点问题，构建组织新竞争优势，实现组织可持续发展能力，组织应将数智化转型作为关键路径。

组织需提高对用户需求变化的响应速度，实现更敏捷；需要广泛与有正确见解的人进行沟通交流，实现更开放；需要通过生态获得资源、保持稳定，实现与生态更协同；需要构建自主性，让员工在宽松的规则下自由地工作，激发个体创造力，实现更智能。因此，敏捷、开放、协同、智能正是组织数智化转型的基本方向。

与过去的信息化转型方向不同，组织的数智化转型方向不仅体现在技术架构方面，而且体现在市场特征、经营理念、应用核心、人力资源、业务流程、组织管理等多方面，如表 2-2 所示。

表2-2　信息化转型方向与数智化转型方向的区别

对比维度	信息化转型方向	数智化转型方向
市场特征	处理相对确定的需求	处理不确定的需求
经营理念	以产品为中心	以用户为中心
应用核心	支撑运营效率	支撑业务创新
人力资源	提高工作效率	激发个体创造力
业务流程	流程固化	流程柔性化
组织管理	刚性化	动态排兵布阵
技术架构	基于传统IT架构	基于云边端的数智化架构
技术体系	封闭技术体系	开放技术体系
技术交付	业务解决方案	数据驱动的业务运营方案

因此，在数智化时代，组织是由"数据+算力+算法"组成的数智化力来驱动的。组织需要用网络连接各方，通过各方在线化快速获取用户、市场的需求变化；需要收集、分析数据，驱动业务创新和敏捷决策；需要云计算平台整合资源，实现成本降低；需要组织协同应用实现实时沟通和业务协同，激发个体创造力，提升团体协作力；需要收集、分析数据，驱动业务创新和敏捷决策；需要算法支撑数智化转型，将用户需求与组织业务、管理、运营高效匹配，实现全链路、全要素、全触点、全生命周期的高效精准运营与决策。

2.2.2　组织数智化转型的新挑战

组织数智化转型通常会面临离线式的组织、碎片式的信息、孤岛式的架构和单点式的应用等挑战。

（1）离线式的组织

当前，组织数智化转型成为趋势，领先的组织都在向扁平化、协同化、柔性化、敏捷化转型。但是，在组织内部推进数智化转型的过程中，由于缺少整体业务战略的引领，组织的业务、人力、财务、运营等领域各自为政，缺乏全局、系统性考量，往往存在各部门分别开展数智化转型的情形。各个部门基于自身的需要，经常仅在某些业务单元或职能部门引入数智化技术，使组织数智化转型缺乏顶层设计与连贯性，重复投入较多，却仍有一些部门没有实现数字化和在线化。

（2）碎片式的信息

组织数智化转型要求实现组织全局的数据流通和共享。阿里研究院副院长安筱鹏曾指出，数字化转型的基本矛盾是企业全局优化需求与碎片化供给之间的矛盾。由于历史上各种信息孤岛的存在，组织在业务、人力、财务、管理、运营等方面的信息往往呈现碎片式的特点，数据不能在组织范围内实现共享，业务和管理决策通常难以全局量化，成为组织数智化转型的一大矛盾。

（3）孤岛式的架构

当前，组织数智化转型要求建立连接、共享的云边端一体化的数智化架构。但是，由于过去组织内各系统是独立建设的，传统的 IT 架构通常是孤岛式架构，系统之间的交互性和拓展性不足。很多组织内部仍运行着多个异构的信息系统，尚未实现系统间的整合，尚未打通数据流并实现数据共享和融合，各部门、各系统间存在明显的信息不对称问题。过去信息管理系统主要是自上而下建设的，各个部门的信息工程是独立建设的，客观上存在信息孤岛和数据烟囱。信息在各部门间共享少，人为地形成了信息壁垒，对业务系统集成应用和业务协同造成了很大的阻碍。

（4）单点式的应用

当前，组织数智化转型要求建立组织范围内的协同应用系统。但是，过去的组织形成了很多个单点式的应用。例如，生产端有制造执行系统（Manufacturing Execution System，MES）、车间管理系统等应用，研发端有产品数据管理（Product Data Management，

PDM）、产品生命周期管理（Product Lifecycle Management，PLM）等应用，运营端有物料需求计划（Material Requirement Planning，MRP）、企业资源规划（Enterprise Resource Planning，ERP）等应用。多个应用系统间往往存在数据壁垒，企业员工不得不往返于多个应用系统搬运、处理各种数据，跨部门、跨应用系统获取数据相对滞后，难以支持组织高效的业务协同和领导决策。

因此，组织数智化转型需要着力实现从烟囱式架构向云边端一体化协同的新架构的转型，减少低水平重复建设，并集成现有系统，实现向新架构的整体转型，如图 2-9 所示。

图 2-9　组织数智化转型架构演进

2.2.3　组织数智化转型过程中的普遍困境

彼得·德鲁克曾说，动荡时代最大的危险不是动荡本身，而是仍然用过去的逻辑做事。组织在数智化转型过程中会面临业务复杂度、体制机制壁垒、技术复杂度、成员能力和态度不足等诸多困难。

（1）业务复杂度：战略调整、组织升级、业务创新的叠加

数智化转型成为组织发展的普遍趋势，无法快速响应、及时有效转型变革的组织将落后于时代潮流，并逐步失去领域内的核心竞争优势。但是，组织在转型过程中要面对的是日益提升的业务

转型复杂度。第一，业务战略要从"企业—客户"的双向关系转变为"企业—生态—客户"的多向关系，从"单一渠道逐个攻破"转向"全渠道整合营销"，将颠覆以往的很多业务策略。第二，长期稳定、层级式的组织架构需升级为持续动态调整、网络化、扁平化的数智化组织架构。第三，业务模式要实现数字化、网络化、智能化转型。战略、组织、业务任一方面的变革与调整，都要从前瞻性、整体性和连贯性的角度进行衡量。

（2）体制机制壁垒：现有体制机制对创新突破的束缚

体制不合是很多组织在数智化转型过程中要面临的困境之一。当前，不同性质的企业均面临不同层面的体制适配度不足的问题。例如，一些企业普遍存在业务市场化程度较低的问题，在业务发展与组织管理过程中关注稳定多于关注效率，相应的人员管理机制较传统，人员缺乏流动；还有一些企业则过分关注投入产出效果，以家族文化和职业经理人文化主导，管理机制的随机性强，人员流动过大。在面对组织数智化转型时，不同性质的企业均会受制于现有体制过于固化或过于松散的特性影响，无法有效推进组织与业务变革。

机制不全也是很多组织在数智化转型过程中面临的困境之一。企业在数智化转型过程中，为应对用户需求，持续涌现出临时性、以项目制形式开展工作的自组织灵活团队。然而，无论是团队的设立形成、工作实施，还是团队的结果评估、激励引导，大多传统组织缺乏相匹配的组织管理、绩效考核与激励挂钩机制，难以开展规范、有序的管理，同时也往往不能实现对团队创新的包容与鼓励。

（3）技术复杂度：技术整合难度增大

技术架构的逐步迁移，相关技术的持续迭代突破，新旧技术同时共存，加上业务决策模式对数据与算法的更加关注，都增加了数智化转型的技术难度。例如，传统 IT 系统各自独立建设，形成信息孤岛，交互性和拓展性不足，难以支撑未来的持续性发展；传统的瀑布式研发导致整体交付迭代的速度比较缓慢，无法应对灵活多变的业务需求；一套系统对应一个供应商，缺乏技术标准和自动化平台工具，开发扩展能力不强，运维难度大，依赖大量人力，缺乏自动化运维手段；面对互联网时代海量的并发流量，无力支撑高流量、高并发的业务需求。

（4）组织能力和态度：人员、团队文化和转型意识的整体升级

人才匮乏是很多组织在数智化转型过程中面临的困境之一。在组织数智化转型过程中，亟待解决的是人员能力难以支撑业务核心职能转型的问题。新业务模式对企业员工、管理层的专业技能与数字化能力要求较高，既强调数字化技术知识学习，也强调敏捷管理、柔性组织、共享经济等数字化思维模式的变革。在传统业务中培养起来的团队，其现有能力难以满足数智化转型的需要，产生了很大的能力缺口与短板。

人心不齐是很多组织在数智化转型过程中面临的困境之一，经营习惯和守旧文化是组织数智化转型的一大阻碍。当组织面临业务和架构转型的冲击时，以往的业务经验极可能成为未来业务创新与拓展的最大阻碍。尤其对于以往业务运作、发展较成功的成熟企业，内部新旧势力的博弈将对组织的未来发展方向产生很大的影响。无论是业务模式转变还是组织架构转型，都需要组织内部达成共识。然而，在数智化态势的外部冲击下，不同的管理人员基于以往的业务经验和管理风格可能对转型的定位、目标、诉求有不同的认识。如果组织管理层内部激进派与保守派共存，将对组织的整体转型进程与决策产生极大的影响。

意识守旧是很多组织在数智化转型过程中面临的困境之一。在现有的组织架构下，众多组织都已形成了"麻雀虽小，五脏俱全"的部门或团队，各自独立开展运作。但是，组织的转型升级将更强调与关注资源的整合及专业能力的提升，打破现有的部门壁垒，实现资源的共享与灵活搭配，从而更加适应未来敏捷、灵活的业务模式。让企业的管理者和员工在管理意识与理念上发生转变是一个较大的挑战，以往成功管理模式形成的经验与习惯可能成为企业组织转型的制约因素。

不敢转是很多组织在数智化转型过程中面临的困境之一。组织数智化转型是较复杂的工作，一是需要耗费人力、物力、财力，二是组织的体制机制、管理架构、利益格局等方面产生全方位的变革，稍有不慎就会在新旧交替的过程中使组织受到影响，很多组织会产生畏难情绪。不少中小企业不仅不敢转，而且没能力转。很多中小企业没有独立的 IT 部门，或者没有足够的技能人才。部分中小企业的信息化、专业化程度较低，核心数字技术供给不足，导致数据采集率低、部门协同难，仅依靠自身难以实现数智化转型，必须依靠专业的数智化产品和服务商。

总之，从众多组织数智化转型的尝试看，多数组织过于关注"表面数字化"，仅关注数字化技术应用，期望利用数字技术解决所有问题，而忽视了转型过程中的深刻变革，未能有效解决战略、组织、业务、体制机制和团队的矛盾与困境；仅输出数字化蓝图、单纯购买数字化能力，而不培训现有员工，没有开展数智化文化转型，因此无法实现组织的升级。这都是组织数智化转型的误区！

真正的数智化转型要求组织基于现有的数字化工具，构建包含管理机制、人员能力、企业文化、技术支撑的全面的新型组织体系，以有效支撑组织数智化转型战略目标的达成。

2.3 数智化内驱力：重构组织能力与竞争优势

组织数智化转型需要明确数智化转型的目标，洞察数智化转型的本质，培养组织的数智化核心能力，构建业务、组织、技术为一体的数智化转型体系框架。

2.3.1 组织数智化转型形成的核心能力

组织数智化转型的本质是在"数据＋算力＋算法"定义的世界中，以数据的自动化流动降低决策的不确定性，实现资源优化配置，构建组织新型竞争优势。组织数智化转型是数智化时代新生产力发展带来的生产关系的变革。阿里巴巴董事局主席兼 CEO 张勇认为，企业"一把手"引领的不仅是生产力的创新，更重要的是生产关系的创新。因此，组织数智化转型不仅要运用和驾驭数智化力量推动技术转型，更重要的是要通过组织变革将数智技术转化为组织的竞争优势，将数字能力转化为组织能力。组织数智化转型形成的核心能力包括计算支撑、网络连接、在线协同、数据驱动和智能决策，如图 2-10 所示。

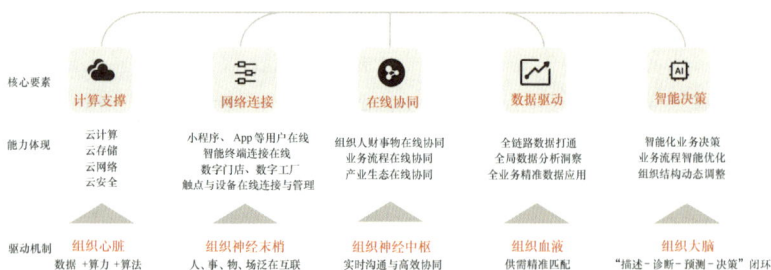

核心要素	计算支撑	网络连接	在线协同	数据驱动	智能决策
能力体现	云计算 云存储 云网络 云安全	小程序、App等用户在线 智能终端连接在线 数字门店、数字工厂 触点与设备在线连接与管理	组织人财事物在线协同 业务流程在线协同 产业生态在线协同	全链路数据打通 全局数据分析洞察 全业务精准数据应用	智能化业务决策 业务流程智能优化 组织结构动态调整
驱动机制	组织心脏 数据＋算力＋算法	组织神经末梢 人、事、物、场泛在互联	组织神经中枢 实时沟通与高效协同	组织血液 供需精准匹配	组织大脑 "描述-诊断-预测-决策"闭环

图 2-10 组织数智化转型形成的核心能力

（1）计算支撑："数据＋算力＋算法"驱动

组织数智化转型是在用户需求、产品创新、产业链、供应链及政治经济环境变化的背景下，为应对组织的操作系统的复杂性，通过云计算架构上的基础设施、应用平台、应用系统、数据平台、智能工具、运维工具支撑各系统之间的计算存储和互联互通操作，帮助组织实现系统的功能重用、快速迭代、敏捷开发、按需交付及运营管理。

（2）网络连接：人、事、物、场的泛在互联

组织数智化转型是通过互联网、移动互联网、物联网连接来自用户、供应商、渠道商等的需求与数据，通过小程序、App 等用户数字化工具、智能终端工具、数字门店和数字工厂的触点及设备等，帮助实现数据流通及用户触点数字化。

（3）在线协同：实时沟通与高效协同

组织在线协同方式的智能移动化将促进人与物、人与人、人与事等方面的协同连接，既能带来效率的提升，还能重构组织的商业模式，激发组织的创造创新力，如图 2-11 所示。

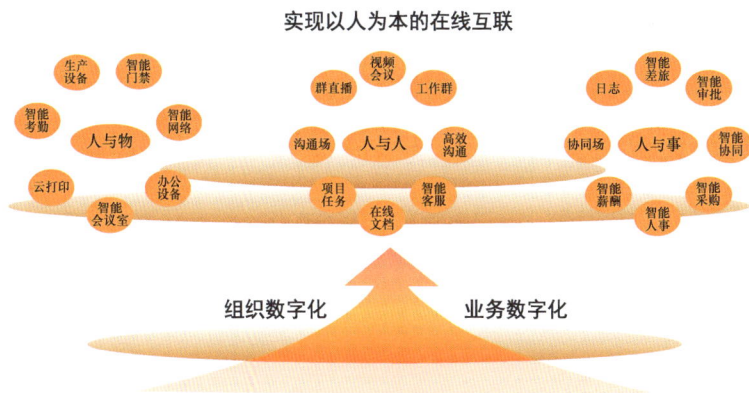

图 2-11　在线协同

（4）数据驱动：供需精准匹配

组织数智化转型是在组织内形成数据驱动业务创新的过程，通过智能多端采集数据，通过互联网和云计算平台让各种数据在组织内汇聚，通过业务全链路数字化让数据驱动业务运营，同时通过挖掘数据背后的价值推动精准营销、精益制造、供需精准匹配和资源高效配置，从而实现业务创新。

（5）智能决策："描述—诊断—预测—决策"数智化闭环

组织数智化转型是以"数据＋算法＋算力"为支撑，通过描述事情的发生、洞察事情的起因，预测事情的走向并进行决策，实现商业辅助人的决策和自动化系统决策的有机结合，不断优化资源配置的效率，如图 2-12 所示。

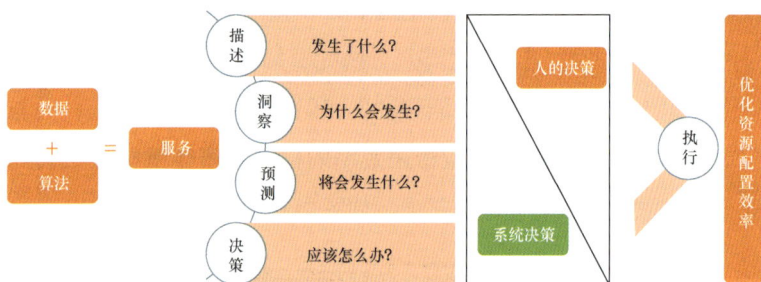

图 2-12　智能决策

2.3.2　组织数智化转型的框架

在数智化时代，组织面临着巨大的变化。数智化敏捷组织是以"环境＋数据"为驱动，以高质量发展战略为引领，以实现业务重构、组织升级、技术赋能为目标，以构建业务体系、组织体系、技术体系为重点，建设数智化转型整体框架。本书后续章节将对这个框架展开详细论述。

小结

驱动组织数智化转型有"三大动力"，分别是数智化变革力、数智化进化力和数智化内驱力。

（1）数智化技术发展重塑生产力和生产关系，信息网络与云计算构筑了新基础设施，数据成为生产活动的新生产要素，数字技术与实体经济深度融合形成了数字经济时代的新生产力，数字技术重构了人的关系、组织关系和生态关系，能够使经济社会生产、分配、交换、消费等活动打破物理限制，构建了网络协同、平台经济、共享经济等新型生产关系。这是这个时代的变革力！

（2）物竞天择，适者生存。在复杂多变的商业环境中，组织只有适应环境的变化，在新环境中进化出数智化新能力，才能在激烈的竞争中生存下来。从众多组织数智化转型的尝试看，只有对组织和业务的核心方向和关键问题产生深刻的理解，才可能避免陷入诸多矛盾与困境。

（3）组织数智化转型形成的核心能力是计算支撑、网络连接、在线协同、数据驱动和智能决策等，组织利用数智化操作系统，具备了"数据＋算力＋算法"支撑的计算力、泛在互联的连接力、实时沟通与高效协同的在线协同力、供需精准匹配的数据驱动力及"描述—诊断—预测—决策"闭环的智能决策力。

中 篇

数智化敏捷组织的
发展蓝图与建设路径

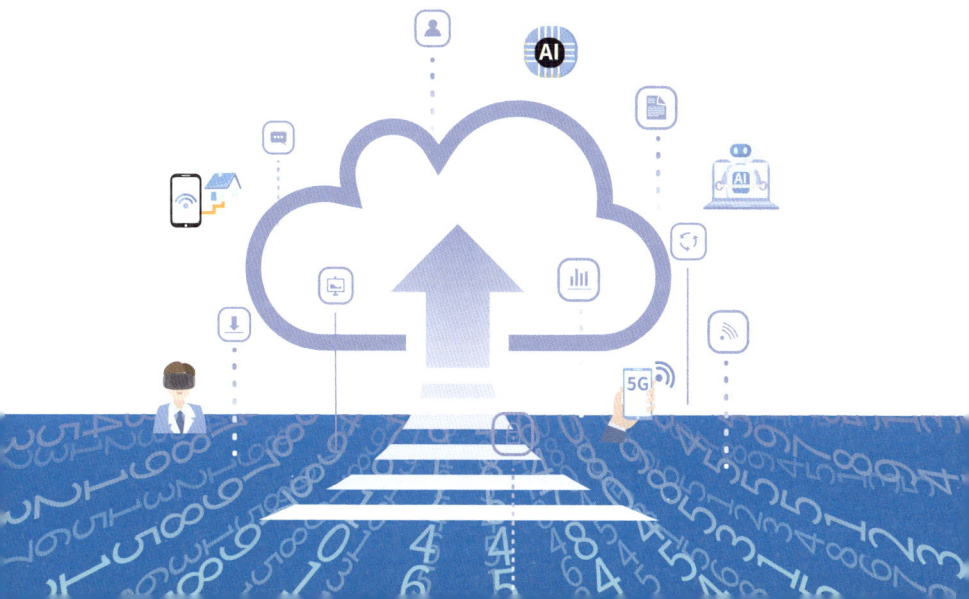

第 3 章

数智化敏捷组织的特征与内涵

在人类社会不同的发展阶段，组织的形态结构、生产要素与分工体系都随着社会环境与技术的发展发生了不同的变化。随着数智化技术的快速发展，组织为了对用户需求和市场变化作出快速响应，需要构建弹性自主的工作方式与环境，激发员工的活力与创造力，打破组织边界与壁垒，建立组织内外的网络化协同机制，促进价值链资源配置优化，实现产业与生态的共生共赢。组织积极推进数智化转型，逐渐演进出了新型的组织形式——数智化敏捷组织。数智化敏捷组织就像智能生物体，具有其独特的特征、机制和要素，如图 3-1 所示。

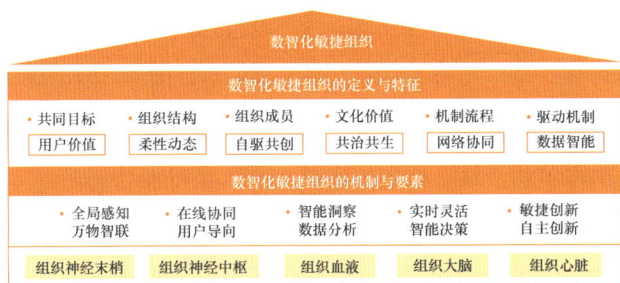

图 3-1　数智化敏捷组织的特征、机制和要素

3.1 组织的发展演进阶段

在不同的社会发展阶段，组织具有不同的形态。在数智化时代，组织发展也进入了新的阶段。

3.1.1 组织的发展简史

组织管理理论奠基人切斯特·巴纳德说过，"当两个或两个以上的个人进行合作，即系统协调彼此间的行为时，在我们看来就形成了组织"[1]。分工与合作是产生人类组织的根源，生产工具和技术的进步促进了人类组织的发展。从原始社会、农业社会、工业社会到信息社会，组织也在不断地发生变革创新，如图 3-2 所示。

在原始社会，人类以捕猎和采集食物为生，过着简单的、互相协作的集体生活，组织成员平等、全员协同，沟通方式主要是口口相传。罗宾·邓巴认为，对于灵长类动物而言，生活在庞大社群中的好处是显而易见的，那就是可以有效地抵御天敌。早期人类进化中需要建立社群水平的组织，既是为了抵御天敌，捍卫领地和资源，也是为了高效而安全地获取食物。群体中与抵御天敌对应的组织层级要么是包括 30 ～ 50 名成员的过夜小组，要么是包括 5 ～ 15 名成员的觅食小组，狩猎者与采集者分工协作。

在农业社会，人类以家庭为单位进行农业劳动，生产工具是铁犁和牛车等，生产要素是人力、畜力和农业工具，沟通工具主要是语言及记录在甲骨、石头、青铜、纸张上的文字。

1　[美]切斯特·巴纳德.组织与管理[M].曾琳，赵菁译.北京：中国人民大学出版社，2009.

	原始社会	农业社会	工业社会	数字社会
代表技术	• 狩猎技术	• 农耕技术	• 蒸汽机、电力、ICT	• 数字技术
组织形式	• 集体社群	• 家庭为单位	• 垂直职能式、矩阵式企业	• 数智化敏捷组织:网络化、多元化、平台化、生态化
协同方式	• 集体协作	• 男耕女织	• 流水线分工协作	• 网络化和社会化协同
生产工具变革	• 石器等	• 铁犁、牛车等	• 机械化机器等	• 智能硬件、网络、数据等
劳动方式变革	• 捕猎和采集食物	• 重复性体力劳动	• 大规模机械化劳动	• 创意性、创造性工作
生产关系变革	• 成员平等、小组协同	• 人力生产、手工作坊	• 机器生产、现代工厂	• 小微化、多元化、平台共创

图 3-2 人类社会组织的演变

在工业社会，人们开始使用机械化、自动化、电气化的机器进行社会化大规模生产。工人自己买不起机器，为了组织大规模生产，企业用资本购置机器。现代企业聘任经理人管理企业，工人在企业的工厂中打工，在工厂流水线上分工协作。主要的组织形式是垂直职能式，企业的标准化程度及规模大大提高。经济学家罗纳德·科斯认为，考虑到市场交易的成本，合法权利的初始界定及经济组织形式的选择将会对资源配置效率产生影响。现代企业的发展很大程度降低了市场交易的成本。这个时期出现了电话、电报等效率较高的沟通工具。在后期的新型工业化，即知识经济形态下工业化，组织形式更复杂，出现了矩阵式组织形式。

在信息社会，信息技术工具在组织中被广泛应用。组织经历了电子化、信息化、网络化、移动化、社交网络化、云化、智能化等不同的发展阶段。伴随着发展阶段的变化，越来越多的传统生产工具被信息技术赋能的生产工具替代，组织的自动化水平不断提升，生产和交易效率大幅度提升，生产成本逐步降低。互联网将全球的企业、用户和产业链上下游合作伙伴连接在一起，加速了产业和市场的全球化布局。一个总部在美国、制造工厂在中国、供应链遍布全球的企业可以实现 24 小时的实时在线。知识、信息和数据日渐成为组织的重要资产，组织的管理和决策效率快速提升，组织形式不断创新。麦肯锡公司认为，基于信息技术的敏捷组织能快速调整战略、结构、流程、人员和科技，因而获得了保护已有价值和产生新价值的能力。美国学者彼得·圣吉认为，面对变化激烈的外在环境，学习型组织力求简洁、扁平化、弹性应变、终身学习，并不断自我组织再造，以维持竞争力。总之，在信息社会，信息化组织、网络化组织、扁平化组织、学习型组织、实时组织、虚拟组织、全球化组织、移动组织、社交组织、敏捷组织、智慧组织、数智化敏捷组织等多种组织形式纷纷涌现，而数智化敏捷组织是更高级的形式。

3.1.2 现代化组织的发展

从现代化组织的演进历史来看，生产力的发展推动了生产关系的变革。组织的领导者为了提高劳动生产效率、降低成本、激发劳动者的积极性，采用了相应的管理模式和组织结构。现代管理模式经历了以下四个发展阶段，如表 3-1 所示。

表 3-1 现代管理模式的四个发展阶段

对比维度	科学管理	行政组织管理	人力资源管理	数智化敏捷组织管理
目标	劳动效率最大化	组织效率最大化	人的效率最大化	全局效率最大化
核心	分工与职能制	分权与科层制	分利与激励约束机制	分数+合智的数智化敏捷组织
管理理论	科学管理理论、规范管理理论	组织行为学理论、行政管理理论、社会学理论	人际关系理论、人力资源理论	敏捷组织、学习型组织、实时企业、网络组织、协同管理、数智化敏捷组织
代表人物	泰勒	马克斯·韦伯、法约尔	梅奥、福列特、加里·德斯勒	——

随着管理模式的演变，不同的阶段出现了以垂直职能式、矩阵式、数智化敏捷组织为代表的典型组织，如表 3-2 所示。

表 3-2 组织形式的不同阶段

对比维度	垂直职能式组织	矩阵式组织	数智化敏捷组织
阶段	工业化时代	新型工业化时代	数智化时代
概念	直线型的行政指挥系统架构	在组织中，为某种任务而成立项目小组，与原组织的部门相交叉形成矩阵	全新的柔性动态组织模式，组织扁平化、生态化、数字化、平台化、多元化

续表

对比维度	垂直职能式组织	矩阵式组织	数智化敏捷组织
优点	实现组织的标准化、规模化和效率化，根据职能分工形成专业化的部门，能够发挥部门的专业优势	由职能部门和完成某项临时任务而设的专项小组组成	采用扁平的网络协同模式，管理层和员工都能看到组织的实时一手信息，有利于组织决策

（1）垂直职能式组织结构

工业时代出现了垂直职能式组织结构，如图 3-3 所示。

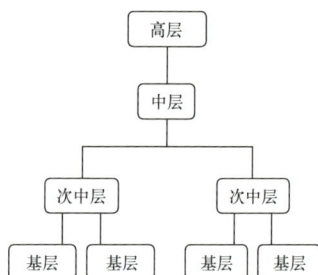

图 3-3　垂直职能式组织结构

在垂直职能式组织结构中，高层管理者和基层执行者之间有一个类似于直线型的行政指挥架构，下级对特定的某个上级负责，下级也只由该上级进行管理。垂直职能式组织的各层级由上级垂直指导和管辖，从最高层到最低层按照垂直方向自上而下地传达指挥和命令。

垂直职能式组织能实现企业的标准化、规模化和效率化。组织中每个层级的单位相互平行，在横向上根据职能分工形成专业化的部门，能够发挥部门的专业优势，保障工作的效果，有助于工作效率的提升。组织层级之间界限清晰，各自权责范围稳定，组织结构较稳定。

但是，垂直职能式组织上下层级多，高层管理者和基层割裂，难以了解一线的真实情况。其组织结构缺乏弹性，不利于调动下级的积极性，员工的自主性无法得到充分发挥。组织内不同部门的员工之间很少协作，沟通效率较低。组织在任务分配和人事安排上强调统一性，难以胜任复杂的工作。

随着垂直职能式组织规模增加，信息传递链条延长，组织决策的灵活性受到很大的挑战。为了加强业务单元的自主权，大型组织建立了事业部、战略业务单元等组织结构。这些组织结构仍属于垂直职能式的范畴，但事业部或战略业务单元有了更大的业务自主权，总部则主要履行战略决策、投资、集团管控等通用性职能。

（2）矩阵式组织结构

在新型工业化时代，随着工业自动化能力的增强，组织规模不断扩大，组织间的协作增多，组织结构日益复杂，出现了矩阵式组织结构，如图 3-4 所示。

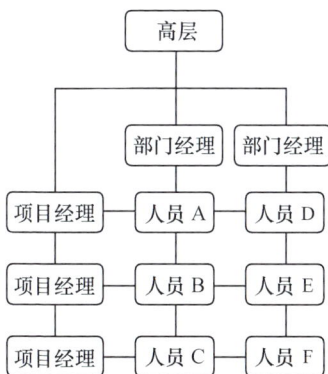

图 3-4　矩阵式组织结构

矩阵式组织结构把按职能划分的部门与按项目划分的小组结合起来组成矩阵，使小组成员接受小组和职能部门的双重领导。一般是在一个机构的组织形态之下，为了某项特别任务而成立跨职能部门的项目小组，项目小组与原部门配合，在形态上有横纵交叉之式，人员完成任务后便离开项目小组。这种结构的变动性较大，属于非长期固定性的组织结构。

矩阵式组织结构也存在一些问题。人员同时承担不同类型的任务，受到双重领导，人员素质可能跟不上，人员也经常变动。矩阵式组织结构有较多的节点，纵向、横向管理线条交叉多，管理难度大。而且，组织内部管理层级较多，过多的机构设置可能造成内部管理混乱，降低执行力。管理流程设计复杂，资源配置分散，各业务节点的业务量不均，可能导致局部人力资源浪费，也存在资源共享和内部工作效率的问题。在矩阵式组织结构中，由于是双向指挥，导致企业内部的沟通量增加，管理成本也会随之上升。

发展现代数字协同技术可以为矩阵式组织提供帮助，推动企业组织结构变革；通过建立信息共享平台可以使企业的政策和信息共享畅通，保障基本的沟通效率。企业网上办公平台、项目管理数字化平台可以帮助企业有效、快速地共享信息。

（3）数智化敏捷组织结构

近年来，随着云计算、AI 等技术的不断演进，组织结构也开始发生变化，出现了数智化敏捷组织结构，如图 3-5 所示。

数智化敏捷组织是一种全新的组织形式，它打破了传统组织形式，实现了组织扁平化、柔性动态化、平台化、数字化和生态化，能够有效地解决传统垂直职能式、矩阵式组织结构存在的问题。

数智化敏捷组织结构采用扁平的网络协同模式，组织形式灵活动态，内部业务单元事业部分工协作，不同业务单元之间可以沟通交流、信息共享，并能与临时组建的项目群组进行工作协同。数智化敏捷组织还可以与外部合作伙伴、用户、外协人员进行协作，扩展组织能力。外部合作伙伴自身也是小型的数智化敏捷组织。数智化敏捷组织的管理层和员工都能实时看到信息、发现问题，及时进行决策。数智化敏捷组织能够实现业务数字化和组织数字化的"双螺旋"，激发组织中每一个人的活力和创造力。

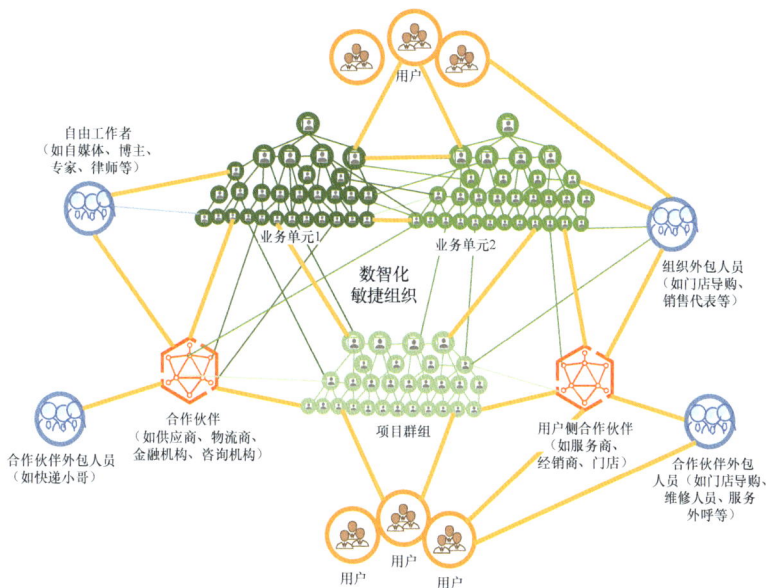

图 3-5　数智化敏捷组织结构

　　近年来，理论界和企业界也出现了很多关于未来组织形态的讨论，主要包括平台型或生态型组织、个人组织、自组织、社会大协同组织等。这些组织在本质上都是数智化敏捷组织的不同表现形式。

（1）生态型组织

　　当前市场中任何一个产品的上市都需要集合产业链上下游众多合作伙伴的智慧，这意味着单个企业已无法离开产业链单独完成价值创造。数智化技术打破了业务的边界，将产业链上下游紧密连接在一起，形成了生态型组织。生态型组织是一种多方参与、共创共享、动态演化的商业生态系统。基于共生逻辑，生态系统能增强每个成员企业的生存和成长能力[1]。庞大的生态覆盖了全产业链，中小企业只有在生态中才能获得更大的发展。阿里巴巴天猫平台上的商家就与阿里巴巴共建了一个生态型组织。

（2）个人组织

依托公共互联网平台，个人组织能更低成本地获得生产所需的资源和资料，自由从事个人创作，产生了零工经济。2017年，麦肯锡全球研究院的统计数据显示，在美国和欧洲的15个国家有1.62亿自由职业者，包括专车司机、外卖、导购、保险代理人、自媒体人、软件工程师、医生、律师、会计、设计师等。预计到2025年，自由职业者有望在各种在线人才平台上贡献约2%的生产总值，并创造千万个就业岗位。

（3）自组织

自组织是自发形成的，不依赖外部指令，而依照特定的规则或默契进行协同工作、形成有序结构，成员自组织协同工作。自组织普遍存在于自然界和人类社会，其内部层级不明显，分工不依赖权力和命令，而是根据自身的责任、价值和内驱力等自发形成。自组织主要依靠人员自律，工作氛围更加自由。自组织的解散也是自发的。在阿里巴巴内部，很多业务单元就是通过自组织的形式形成的，先由几个员工自发成立创新业务小组，通过不断试错，逐步成长成为创新业务单元。

（4）社会大协同组织

社会大协同组织也被称为无边界组织，是围绕某个社会事件或社会事业建立的一个全社会通力合作的临时组织形态。在事件结

1　李海舰，李燕.企业组织形态演进研究：从工业经济时代到智能经济时代[J].经济管理，2019（10）.

束后，社会大协同组织随即解散。这也产生了社会大协同经济的理念。纵观人类历史，每一个重大工程的完成或重大技术的突破都是一场大规模的社会协同，如表 3-3 所示。阿里巴巴集团董事局主席兼 CEO 张勇把天猫"双十一"定位成"一场全球范围内的社会大协同"，是全球所有商业力量在科技、大数据的驱动下完成的一次全球大协同，它也展示了面向未来的新的商业哲学和价值观。

表 3-3　人类历史上的社会化大协同比较

社会化大协同工程	组织和人员	收益、时间和成本	组织力量
中国大运河建设	动员民工达 500 万人之众	建好大运河，累计时间长达 6 年	隋朝时期强有力的中央集权政府组织
美国登月的阿波罗计划	涉及企业 20000 余家、200 多所大学和 80 多个科研机构，总人数超 40 万人	从 1961 年到 1972 年，历时约 11 年，耗资 255 亿美元	美国政府强有力的控制中枢进行整体的管控，保证每个流程环节有条不紊、精确无误
天猫"双十一"	有 25 万个品牌商和近 8 亿名消费者参与交易，至少有 2 亿人直接或间接地为天猫"双十一"服务	2020 年天猫"双十一"的成交额为 4982 亿元，几个月的准备，IT 支持	由企业发起，并有效激活全球的资源

2020 年，天猫"双十一"有 25 万个品牌商（其中海外品牌商超过 3 万个）和近 8 亿名消费者参与交易，涉及的品牌商背后有上亿名制造业工人，涉及的批发和零售环节有上亿名关联就业者。除了几百万名快递小哥，我国物流、仓储、邮政体系还有超过千万人的服务支持人员。再加上阿里巴巴平台上的中小商户、特色农户，以及支撑阿里巴巴体系运作的工程师等技术保障人员，至少有超过 2 亿人直接或间接地为天猫"双十一"服务，如图 3-6 所示。"双十一"让商业回归本源，商业基于全链条的共生，追求全链条的共赢，你我之间不是你赢我输的关系，而是真正双赢的正和博弈。

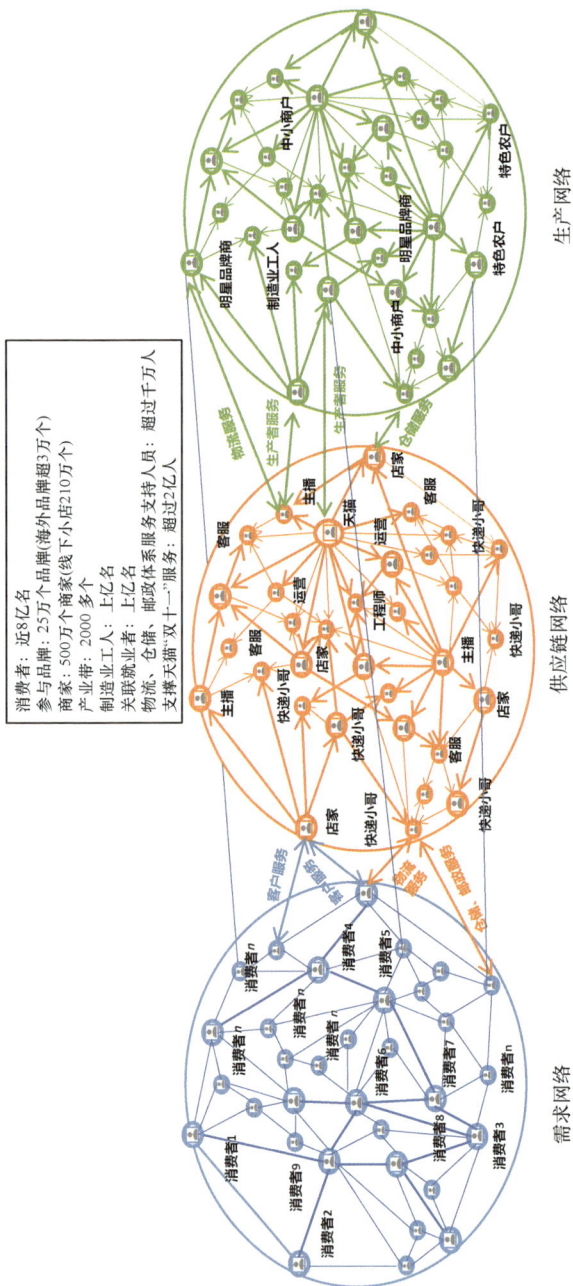

消费者：近8亿名
参与品牌：25万个品牌(海外品牌超3万个)
商家：500万个商家(线下小店210万个)
产业带：2000多个
制造业工人：上亿名
关联就业者：上亿名
物流、仓储：上亿名
邮政体系服务支持人员：超过千万人
支撑天猫"双十一"服务：超过2亿人

图 3-6 天猫"双十一"社会大协同组织

生产网络

供应链网络

需求网络

3.2　数智化敏捷组织的定义与特征

数智化敏捷组织是由"数据 + 算力 + 算法"赋能的、以用户价值为共同目标、以成员的自驱力和创造力激发为根本、以业务和组织的网络协同为机制、以共治共生为文化，能够柔性动态敏捷响应外部环境变化的新型组织模式，它具有以下六个特征。

3.2.1　从共同目标看：用户价值

用户价值将是未来组织一切经营活动的起点，数智化敏捷组织通过差异化的定位与竞争，为用户创造独特的价值，最终实现自身的使命和愿景。

数智化敏捷组织与传统组织的不同在于用户真正成了组织的"上帝"。数智化敏捷组织在业务全链路及组织的各层级，设定为用户创造价值这个共同目标，使用户价值的理念全面落实。在业务上，数智化敏捷组织让用户参与制造，定制产品，对用户进行全生命周期管理。用户通过数智化协同平台实现与组织的共生、协同，从而产生巨大的连接价值。数智化敏捷组织通过激发组织的创造力，为用户创造极致的体验和独特的价值。例如，洛可可设计公司把握用户商机，将产业链上下游伙伴都吸引、容纳进来，设立为用户创造独特价值的共同目标，构建了涵盖产业链所有参与者的"公园模式"。

3.2.2　从组织结构看：柔性动态

数智化敏捷组织的组织结构具有柔性动态的特点，如图 3-7 所示。

柔性动态组织就像水一样具有柔软性，不拘泥于某个定式，能够灵活应变。柔性动态组织比较容易突破边界的刚性束缚，与外界自由地交换资源；能按需生长和拓展，保持旺盛的生命力。基于数智化技术，组织的业务和管理将全面实现数据化。新的组织边界呈现一种网状交融的格局，数据在其间自由流动，组织将进一步走向开放化、社会化和生态化。在柔性动态组织中，使命感和共同目标将成员聚集在一起，实现形散而神不散。柔性动态组织能够敏锐地感知市场和激发用户需求，动态配置业务流程和资源，动态进行排兵布阵，实现随需而变；对于不适应业务发展的部门，随时可以实施"关停并转"。例如，阿里巴巴集团通过组织协同平台，将企业打造成为一个柔性动态组织，让一个拥有约 20 万名员工、众多业务分支的大型集团转变为能够敏捷响应、随需而变的组织。

图 3-7　柔性动态的组织特征

3.2.3　从组织成员看：自驱共创

根据组织活跃性理论，群体活跃度与个人资质、环境文化因素等相关[1]。数智化敏捷组织不再局限于科层模式的严格设计，不再

1　肖利华等.数智驱动新增长[M].北京：电子工业出版社，2021.

强烈依赖自上而下的流程设计，组织结构和流程可以根据环境变化实现自我迭代和优化，以更优的资源配置更好地赋能员工。管理者成为领导者，以身作则、鼓励创新、激励人心，带领团队和业务不断前进。员工从被流程驱动转变为被"数据＋算力＋算法"赋能。员工的潜力进一步释放，工作的自主性和创造性得到增强。员工变成了自主驱动者，完成了从被动工作到主动工作的转变。每个人从相对固定的角色分工转变为一专多能，承担各种可能的角色。

例如，洛可可设计公司通过专属生态沟通协同设计创新平台——洛钉钉赋能设计师，发挥设计师的自驱力，发展共享经济，成为我国设计师行业的领导品牌之一。

3.2.4 从文化价值看：共治共生

数智化敏捷组织倡导共创、共享、共治的组织和生态治理模式，秉承共治共生的文化价值。在数智化敏捷组织中，凝聚团队依靠的是共同的使命感，每个成员都能被平等对待，形成了平等、透明、高效、快乐的工作方式。数智化敏捷组织通过业务的全面数据化，实现数据在组织内外的流动和交换，做到信息透明，以全员共享实现全员共治。数智化敏捷组织的产业链上下游伙伴组成生态共同体，形成了共生关系。例如，陕西旅游集团实现数智化敏捷组织升级之后，形成了全员共治、全员共享的组织治理模式：员工可以随时访问集团的最新动态，学习领导分享、重要材料、营销活动等内容；信息的"已读""未读"功能可以确保信息全方位触达员工，激发员工的互动，重要信息的阅读率一般在 3 天内可以超过 80%；组织内日均活跃率、互动率提升了 20%，促进了分公司与集团之间的联动性，形成了共治共生的文化。

3.2.5　从机制流程看：网络协同

网络协同是指以满足用户需求为导向，实现内外连接、去中心化、灵活的网络组织形态。数智化敏捷组织中网络协同的基础是组织架构、信息交互、任务协同、业务行为和流程、上下游服务对象的数字化和网络化。在实施网络协同的组织内，成员之间的协同关系形成了多向网络，连通路径较短，不再以单中心驱动，而是以多个中心同时或轮流进行驱动。网络协同的组织业务自发进行动态组合、发展演变，各单元之间互相紧密结合，实现高效的资源配置，不断提升协同的工作效率和决策的民主性，激发单边或多边的网络效应，实现组织的科学治理。例如，淘宝平台上的品牌商建立了网络协同型组织，打造了全新的组织生产关系。品牌商通过数智化平台连接了线下实体店的用户和导购、线上用户、离店的会员及全渠道的合作伙伴，做到了持续服务用户并为员工赋能。

3.2.6　从驱动机制看：数据智能

数智化敏捷组织的驱动机制是数据智能。从战略、管理到业务层都由数据与数智化技术来赋能和支撑，组织的驱动机制从以前的流程驱动转变为"数据 + 算力 + 算法"驱动。数智化敏捷组织通过业务流程和业务行为的全链路移动化和数字化，支持全链路进行点对点、多对多、人机沟通和协同，建立协同机制；通过业务数据化，支持跨部门、跨组织、跨行业的数据共享与分析，使一线的经营数据和反馈得到实时回流和分析总结，建立高效的决策和绩效考核机制；通过业务智能化，使低效、重复、重体力、高危的工作被机器替代，驱动更多员工从事创新型工作，建立创新机制。例如，老板电器通过 20 年的数智化赋能，从一家传统制造企业发展为厨电行业拥有强大品牌影响力的基业长青企业。

3.3 数智化敏捷组织的机制与要素

数智化敏捷组织就像一个智能生物体，它的要素包括具有能够感知全局的"神经末梢"、快速传递信息的"神经网络"、驱动组织的数据"血液"、驱动数据处理的云计算"心脏"，以及形成认知的智能"大脑"，因而具备全局感知、在线协同、智能洞察、实时灵活、敏捷创新的运行机制。

3.3.1 全局感知：以万物智联为基础，获取数据，实现数物融合

数智化敏捷组织依赖物联网终端充分感知和记录外界的各种变化，其中的数据获取就相当于神经网络末梢将数据收集到一个装置中，被采集的数据记录和描述了各种物理量的变化，包括形状、颜色、气味、重量、质量、速度等。以万物智联为基础，数智化敏捷组织把对外界感知的能力赋能给组织成员，通过网络协同将数据和信息及时、敏捷地传递给各个成员，实现信息的全员共享。

随着数字世界与物理世界的不断融合，组织的生产生活都会进一步数字化，将在广度、精度、深度上实现数物融合。数物融合引导组织进行数字化转型，从连接用户的消费互联网发展到连接供给侧的产业互联网，各行各业的数据从毛细血管流动到经济大动脉，数智化的循环更加流畅。

例如，中国一汽推进企业的数智化转型，在生产制造环节加入了全局感知，监控各个工序工位的质量问题，以质量全景图的形式实现了工厂生产质量的数字化管理，将业务运作中出现的异常

问题通过数字化对接形成"数找人"的机制，推动优化业务模型。工厂将所有车间的工位按照人、机、料、法四个维度建立周期性的任务，质控部每天逐个对工位进行巡检，根据巡检结果更新每个工位的任务状态。如果在任何一个维度发现问题，就创建子任务，指派相应的人员限期解决。任务在完成前均标记为红灯，任务完成后7天内没有异常则标记为黄灯，任务完成超过7天标记为绿灯。管理层只需要关注质量全景图的红绿灯情况，就能对工厂的质控状态一目了然。

3.3.2　在线协同：以服务用户为导向，连接生态，促进价值增长

　　数智化敏捷组织依赖协同平台推进组织数字化和业务数字化，实现了组织、用户和生态的连接，构建了协同生态。组织加强与用户、供应商等的实时交流和互动，目标就是为了满足用户的个性化需求。组织的生态将建立在协同的价值链上，通过连接用户、产业链上下游、相关产业的合作伙伴，共生在一个网络中。以任务、项目或订单为中心，一批能够协同工作的企业或个人围绕一个共同目标快速聚集起来，每个人都有各自的专长，当任务完成后，参与者将迅速解散。在共同成长的状态下，不同的企业相互依存、分享智慧，企业与生态内的组织实现价值共生，遵从价值共生使企业更具生命力与竞争力。

　　例如，从政府服务公众的角度，"浙里办"通过数智化技术，围绕让老百姓"最多跑一次"的目标，将浙江省各个委、办、局和企事业单位有效协同起来，实现了全省385项民生事项一证通办、一网通办；从企业服务用户的角度，立白集团基于数智化技术进行组织生态协同，连接了经销商、物流商、导购产业链伙伴，通过组织

在线化、数据分享、数据可视化等与合作伙伴进行高效沟通，提升了企业的产业协同能力，使竞争升维到价值链竞争，如图 3-8 所示。

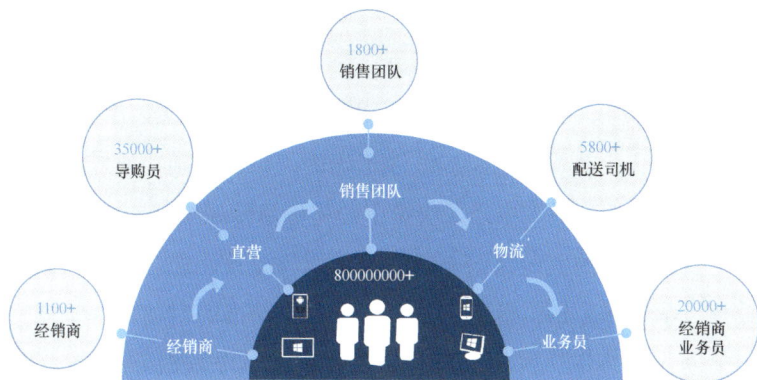

图 3-8　立白集团数智化敏捷组织生态连接模型

3.3.3　智能洞察：以数据分析为驱动，分析洞察，做到精细运营

数智化敏捷组织的智能洞察是以数据中台和数据分析工具为基础，分析洞察组织运行、绩效和市场情况，实现组织的精细运营、管理和决策。在数智化时代，大量的业务流程被流动的数据驱动。数据在企业成员、用户、合作伙伴之间流动，随时可以被聚合和处理，也可以不断地被计算、分析和使用，从而产生更多的数据和模型，形成数据应用回流。要想充分发挥数据的价值，就要从数据中获得更多信息，对数据进行分析和趋势洞察。企业通过数据洞察可以实现用户群体洞察、员工人才盘点等，开展品牌营销、精益制造等精细运营，促进业务增长和管理提升。相关调查显示，企业的数据能力提高 10%，其产品和服务质量就能提高 15%。

例如，鞋服品牌红蜻蜓通过数智化转型，掌握了数据化决策能力，能够对数据进行洞察分析，把握用户群体需求偏好，从而使新产品设计更加精准，销售量获得了很大的提升[1]。

3.3.4 实时灵活：以智能决策为支撑，实时处理，推动效能提升

美国管理学家赫伯特·西蒙提出了决策理论，他指出组织是一个决策系统，有效的组织应该以正确的决策为基础，通过信息沟通将信息传递到决策中心，决策中心将信息传递给其他方面[2]。数智化敏捷组织的实时决策是以智能系统为支撑，通过对大数据的采集、学习和分析，运用算法进行合理、精准的自动化决策或智能辅助人工决策。例如，新产品定位决策是由数据驱动的决策，通过分析与决策对象相关的数据，挖掘数据隐含的与决策对象相关的偏好关系，根据偏好关系信息再对决策对象进行分类、排序，从而做出决策。据高德纳公司的研究，到 2030 年智能决策产生的价值将占全球人工智能活动价值的 44%，超过其他所有类型的人工智能活动。

例如，深圳的一家大型购物中心引入了商业智能系统，用数据支持决策过程。管理者充分挖掘、利用现有数据，从海量的数据中提取有意义的信息，及时发现隐藏的商机或风险；将相关基础业务数据集中到数据中台，进行数据处理，利用前端工具和技术对业务情况进行分析和查询，将销售数据、历史数据进行环比衡量，分析实际销售情况与计划销售情况的差距评价，总结销售经验，为策划未来销售方案提供参考。

---

1 参考2020年光明网文章《云栖大会前瞻：红蜻蜓抢占新零售先机，数字化转型初见成效》。

2 [美]赫伯特·A·西蒙.管理决策新科学[M].北京：中国社会科学出版社，1982.

3.3.5 敏捷创新：以自主创新为中心，快速迭代，实现模式升级

人体的新陈代谢是在不断地与外界环境相互作用下，把从环境中摄取的物质转换为自身物质，把不需要的物质排出体外，用新物质代替旧物质，从而不断获得能量进行成长。数智化敏捷组织也需要不断自我革新、快速迭代，实现自我的成长和升级。企业在快速成长过程中需要不断地吸收市场信息，获得新客，研发新产品，提升自主创新能力。数智化时代是围绕用户开展高效运营的时代，数智化技术可以帮助组织打造新品牌、新产品、新制造、新供应链、新营销、新销售和新服务，实现业务快速迭代和增长。数智化敏捷组织需要进行组织模式升级，包括数智化基础设施更新、业务操作系统建设、组织形态变革、理念方法论改进、数字化能力学习，帮助企业更好地可持续增长。

例如，洛可可设计公司自 2019 年开始推进数智化敏捷组织创新，实施设计流程智能化改造，为中小企业提供更高效的设计服务。钉钉帮助洛可可实现组织数字化和业务数字化，支持业务升级，带来了显著的成果，员工的工作效率提升了 2.5 倍，时效提高了 300%[1]。

小结

随着科技的不断进步，人类社会的生产要素和分工体系发生了不同的变化，产生了不同类型的组织结构。数智化敏捷组织就是

---

1 王吉斌，彭盾，白雪飞等. 在线组织：钉钉赋能28个组织数字化转型的故事和方法[M]. 北京：机械工业出版社，2021.

一种新型的组织形式，它由数智化技术赋能，在组织机制与要素方面都有创新。

（1）人类社会经过原始社会、农业社会、工业社会、信息社会，组织形态也不断发生变化，出现了垂直职能式组织、矩阵式组织、数智化敏捷组织。

（2）数智化敏捷组织由数智化技术赋能，能够敏捷响应外部环境的变化，具有用户价值、柔性动态、自驱共创、共治共生、网络协同、数据智能等特征。

（3）数智化敏捷组织的运行机制是全局感知、在线协同、智能洞察、实时灵活和敏捷创新，其"神经末梢"能够感知全局，把对外界感知的信息通过"神经中枢"及时地传递给其他成员，通过组织"血液"和"心脏"的数据洞察力和驱动力，并由"组织大脑"进行实时智能决策和自主创新，实现业务快速迭代和增长。

第 **4** 章

数智化敏捷组织的战略体系与管理

组织战略要回答一个三段论的哲学问题，即组织从哪里来、到哪里去、去做什么。战略的本质是发展性的，是对组织进行的整体性和长期性的谋划。面对复杂且难以预测的内外部环境，组织需要迅速感知信息、洞察影响，制定敏捷灵活的业务策略并与产业链上下游协作，还需要对管理模式与组织架构进行变革，也需要数智化技术的支撑和赋能。只有这样，组织才能作为一个商业生态整体在不确定的环境下临危不乱，持续保持生命力与活力，并腾出时间思考建立更长远的商业战略，将重点从追求短期利润转向谋划长期可持续的客户价值。数智化敏捷组织的战略定位、目标制定与战略管理是组织发展的首要任务，并涵盖对业务重构、组织升级和技术赋能的全方位战略性规划，如图 4-1 所示。

图 4-1　数智化敏捷组织的战略体系与思路

4.1　数智化敏捷组织的战略定位

　　战略是对组织在一定时期内的发展方向、发展重点、发展能力的规划与选择。战略的本质就是要解决组织的发展问题，确保组织可持续发展。组织管理理论奠基人切斯特·巴纳德指出，运用战略来说明组织的决策机制，并对战略对企业诸因素及它们相互之间关系的影响进行分析[1]。从内容结构上看，战略可以分为总体战略、业务战略、组织职能战略和 IT 战略。

1　切斯特·巴纳德. 王永贵译. 经理人员的职能[M]. 北京：机械工业出版社，2007.

数智化敏捷组织的战略定位是对组织的业务体系、组织体系和技术体系的整体战略定位，包括业务重构战略、组织升级战略、技术赋能战略等，如图 4-2 所示。

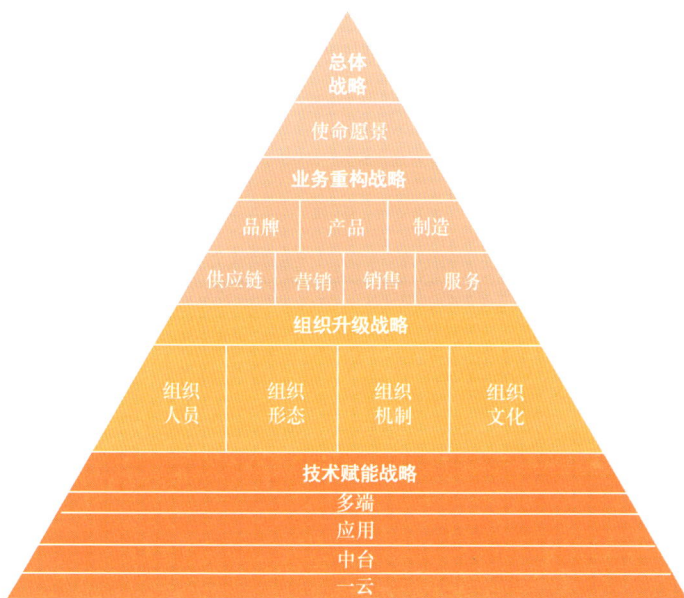

图 4-2　数智化敏捷组织的战略金字塔

4.1.1　数智化敏捷组织的总体战略

建设数智化敏捷组织是"一把手"工程，需要自上而下地战略规划与落地。因此，组织要以战略目标为引领，整体思考和规划数智化转型过程中涉及的业务体系、组织体系、技术体系，推动业务、组织、技术的联动，实现数智化技术体系驱动业务模式重构和组织升级。

制定数智化敏捷组织的总体战略可以分为三个步骤：一是进行组织数智化转型的形势与对标分析；二是进行组织数智化转型的现状与需求分析；三是明确组织数智化转型的总体战略定位。

（1）形势与对标分析

组织通过分析用户需求变化、市场竞争变化、产业环境变化、技术发展变化、管理发展变化等复杂多变的内外部形势，要求数智化转型顺势而为、因时而变。

制定数智化敏捷组织的总体战略，需要学习行业领先者，分析其战略、业务体系、组织体系、技术体系建设的成功经验，与组织自身现状做比较分析，找出差距，加以弥补。以家电制造行业数智化敏捷组织对标分析为例，如表 4-1 所示。

表 4-1   家电制造行业数字化敏捷组织对标分析

对标维度	小米	美的	海尔
战略	手机×AIoT、数据驱动决策	全面数字化、全面智能化、全价值链的重构	共创共赢的生态圈
业务	构建业财一体化平台	构建业务中台	以用户为中心的零距离交互、无灯机器工厂
组织	项目制与资源池	大平台+小组织	"人单合一"、小微制生态圈模式
技术	前端应用+业务场景+中台支撑	美的工业互联网平台M.IoT	大电商平台COSMOPlat

（2）现状与需求分析

制定数智化敏捷组织的总体战略，要分析当前组织数智化发展现状，寻找存在的问题，梳理出隐藏在这些问题背后的组织数智化需求，如图 4-3 所示。

（3）数智化敏捷组织转型的总体定位

制定数智化敏捷组织的总体战略，要梳理出数智化敏捷组织的愿景、目标、思路和重点。组织的愿景和目标就是建设数智化敏捷组织，思路是战略引领、业务重构、组织升级、技术赋能、数智运营，重点是构建数智化业务体系、组织体系和技术体系。

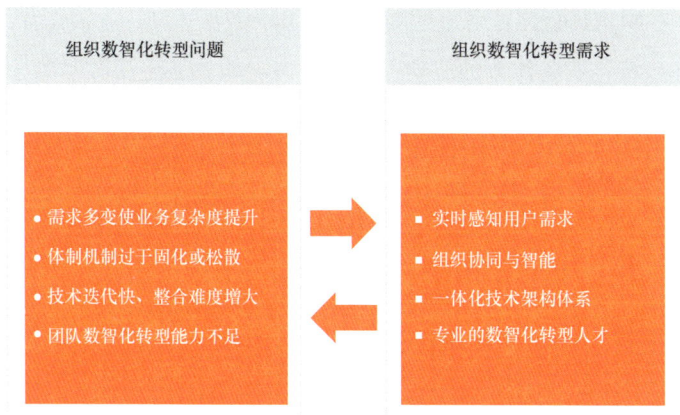

图 4-3　组织数智化转型的问题与需求

4.1.2　业务重构战略

制定业务重构战略规划包括业务重构趋势分析、业务现状与业务重构需求分析、业务重构战略定位等步骤。

（1）业务重构趋势分析

在数智化时代，为了顺应用户需求、竞争格局、产业环境的变化，组织的业务发展要以用户为中心，推进业务数字化、网络化和智能化，推进消费互联网向产业互联网发展，实现产业链和生态协同，如图 4-4 所示。

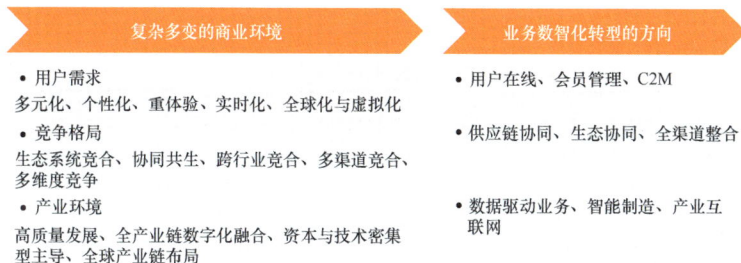

图 4-4　数智化时代业务重构的趋势

在制定数智化业务重构战略前，组织需要学习行业领先者，分析其数智化业务体系的成功经验，与自身的业务现状做差距分析。以对乳制品行业业务数智化的对标分析为例，如表 4-2 所示。

表 4-2　乳制品行业业务数智化对标分析

对标维度		蒙牛	伊利
业务体系	品牌	全链路、全周期数字化品牌管理	全产业链数字化品牌生态系统
	产品	产品多样化、社交零售产品	产品多样化
	制造	蒙牛智慧牧场系统	牧业管理系统数据化管理
	供应链	线上、线下全渠道订单和库存的精准匹配	供应链全面化数字化
	营销	打造包含消费者洞察、内容创意、产品设计、精准投放和电商销售的闭环生态	营销大数据系统化分析，精准评估、预测、匹配市场策略
	销售	业务中台根据消费者的新变化进行不同的品牌触达、营销推广，促进在线到家服务	搭建覆盖420个数据源的大数据雷达平台洞察消费需求
	服务	"数字化驱动+运营能力"的服务模式	面向生态合作伙伴和消费者的数字化运营平台体系

（2）业务现状与业务重构需求分析

组织制定数智化业务重构战略，要分析当前的业务发展现状，发现问题与困境，梳理数智化业务重构的需求。组织要分析自身在品牌、产品、制造、供应链、营销、销售、服务等业务领域的常见问题与数智化转型需求，如表 4-3 所示。

表 4-3　业务数智化转型的问题与需求

分析维度	业务的问题	业务数智化的需求
业务全链路	·业务系统烟囱式孤岛 ·业务协作尚未数字化	·建设业务中台实现能力共享 ·业务协作数字化
品牌	·品牌战略定位靠经验、凭直觉 ·品牌与消费者隔断 ·地毯式品牌传播	·依托数据准确找到市场定位 ·品牌与消费者连接 ·品牌传播准确切入

续表

分析维度	业务的问题	业务数智化的需求
产品	• 新产品研发成功率低 • 新产品研发过程封闭、周期长	• 数据驱动新产品研发 • 消费者需求驱动新产品研发
制造	• 无法对历史数据有效分析 • 无法根据反馈信息调整制造	• 基于历史数据定性+定量分析 • 实时反馈信息
供应链	• 渠道并行，线上线下矛盾 • 渠道管理靠人工 • 人货匹配率低	• 渠道融合，以消费者为核心 • 渠道管理移动化、实时化 • 精准组货
营销	• 营销效果不可测 • 消费者分析样本小	• 精准送达目标人群 • 全面洞察消费者行为
销售	• 人、货、场受时空限制 • 业务员守株待兔、被动等待	• 线上线下主动获客 • 人、货、场精准连接
服务	• 客户响应不及时 • 客户反馈内部传递不及时	• 及时响应提升用户体验 • 分类实时反馈到全链路

（3）业务重构战略定位

数智化敏捷组织以构建新业务体系为重点，推动消费互联网和产业链双轮驱动，以及全链路数字化，构建新品牌、新产品、新制造、新供应链、新营销、新销售、新服务，实现数智化转型新业务框架，具体内容请见第 5 章。

4.1.3　组织升级战略

制定组织升级战略规划包括组织升级趋势分析、组织管理现状与升级需求分析、组织升级战略定位等步骤。

（1）组织升级趋势分析

组织升级的趋势是扁平化、柔性化、协同化和生态化，组织数智化升级要把握这些趋势，推进组织的数字化、网络化和智能化，构建数智化敏捷组织，如图 4-5 所示。

势在必行的管理变革	组织数智化转型的方向
• 组织管理 新个性崛起的敏捷自组织、扁平化管理、柔性管理 • 商业模式 平台赋能生态共赢、会员制服务盈利、全生态品牌组合售卖盈利 • 创新方式 全企业创新、产业链协同创新、用户参与创新	• 组织在线协同、组织大脑、动态排兵布阵 • 会员群运营、直播、社群运营 • 业务在线协同、生态在线协同、合作空间

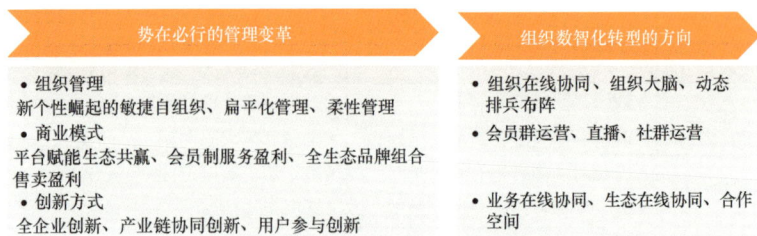

图 4-5　数智化时代组织升级的趋势

在制定数智化敏捷组织升级战略前，组织需要学习行业领先者，分析行业领先者的成功经验，与自身组织体系现状作比较，找出差距，进行弥补。以设计行业的数智化敏捷组织体系对标分析为例，如表 4-4 所示。

表 4-4　设计行业数智化敏捷组织体系对标分析

对标维度		洛可可	飞鱼设计
组织体系	组织形态	敏捷组织、组织数字化、共享设计平台	柔性动态组织
	组织人员	沟通数字化、设计师在线、员工自创	组织数字化、沟通数字化
	组织机制	组织考核简单、高效、透明	组织简单、高效、透明
	组织文化	群体创造、协同创新	"整合设计＋设计孵化"的生态服务

（2）组织管理现状与升级需求分析

制定数智化敏捷组织升级战略，要分析当前组织体系的发展现状，发现问题与困境，梳理组织升级的需求，如图 4-6 所示。

（3）组织升级战略定位

数智化敏捷组织升级要以构建新组织体系为重点，用数智化技术激发人员的创造力，构建柔性动态的组织形态，建立敏捷的自主决策、协同创新、数据驱动的绩效考核和数字化信任的组织机制，打造群体创造的组织文化，具体内容请见第 6 章。

组织数智化转型问题	组织数智化转型需求

- 组织人员：沟通效率低、创新力低
- 组织形态：多层次、割裂
- 组织机制：KPI考核手工进行
- 组织文化：雇佣文化、内卷文化

- 组织人员：沟通协同数字化、智能人事
- 组织形态：小前台+大中台+强后台+富生态，组织数字化，网络协同
- 组织机制：数据驱动的考核和决策
- 组织文化：全员学习、文化交流、自驱共创

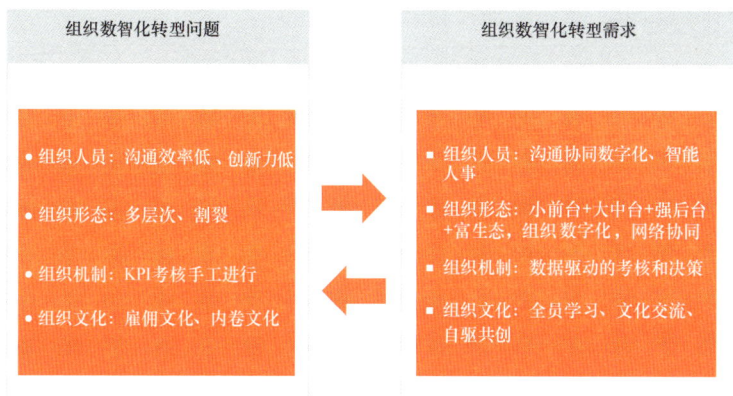

图 4-6　组织数智化转型的问题与需求

4.1.4　技术赋能战略

数智化转型的技术赋能战略规划主要包括技术赋能趋势分析、技术现状与技术赋能需求分析、技术赋能战略定位等部分。

（1）技术赋能趋势分析

制定数智化技术赋能战略，要把握云原生、云边端一体化、中台化、低代码化、智能化等技术趋势，如图 4-7 所示。

日新月异的技术发展	技术数智化转型的方向

- 技术架构
  云原生数智化架构、云边端一体化数智化操作系统
- 技术开发
  开源开发、低代码开发
- 技术应用
  "协同＋数据"双驱动、智能决策
- 技术基础设施
  数智化基础设施、数智化融合基础设施

- 基础设施云化、数字孪生

- 多端触点一次部署

- 业务、数据、组织、AIoT、财务的中台化
- 业务和组织数字化应用协同化、低代码化

图 4-7　数智化时代技术赋能的趋势

在制定数智化敏捷组织升级战略前，组织需要学习行业领先者，分析其数智化技术赋能的成功经验，与自身的技术体系现状

做比较分析，找出差距，进行弥补。

（2）技术现状与技术赋能需求分析

组织制定数智化技术赋能战略，要分析当前的技术发展现状，发现问题与困境，梳理技术赋能需求，如图 4-8 所示。

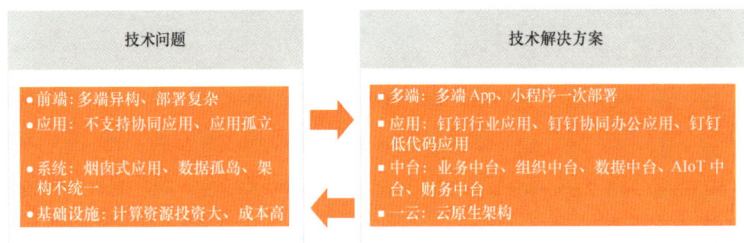

图 4-8　技术赋能需求与方案

（3）技术赋能战略定位

组织技术赋能要以构建新技术体系为重点，建立集成多端、应用、中台、云的一体化技术体系，实现数据采集、汇聚、应用和智能分析，具体内容请见第 7 章。

4.2　数智化敏捷组织的目标制定

数智化敏捷组织的目标制定包含战略总目标、各个子目标和阶段性目标的制定。

4.2.1　战略总目标

数智化敏捷组织的战略总目标是为用户创造独特的价值，实现可持续增长，使员工获得福利。推进组织数智化转型，就是为了更高效率、更高质量、更低成本地实现组织的目标，达成组织战略、业务、管理、技术的全面转型。组织要通过数智化转型，

建设全链路数智化业务体系、组织体系和技术体系，成为数智化
敏捷组织。

4.2.2　战略总目标分解

数智化敏捷组织的战略总目标可分解为业务重构目标、组织升
级目标和技术赋能目标。

（1）业务重构目标

通过业务全链路数智化转型，提升组织生产力，加强业务能
力的整合、共享和复用，促进业务协同、产业链协同和生态协同，
创新品牌、产品、制造、供应链、营销、销售、服务模式，实现
数智化驱动的新增长，如表 4-5 所示。

表 4-5　数智化敏捷组织的业务重构目标

新业务	目标
全链路	全链路数据驱动、能力共享、业务协同、产业链协同和生态协同
新品牌	数字化品牌定位、品牌传播与运营
新产品	用户参与的定制化新产品敏捷创新
新制造	客户化、柔性化生产的云端C2M智造+智能工厂，提升品质，降低成本
新供应链	全链路商流、物流、资金流、信息流高效匹配
新营销	全链路精准营销、营销资源价值最大化
新销售	"人、货、场"数智重构："人"在线、"货"透明、"场"全景；"人、货、场"精准匹配
新服务	人人皆客服，企业皆服务

（2）组织升级目标

建设数智化敏捷组织，需要实现敏捷化、柔性动态化的组织
形态，实现"小前台＋大中台＋强后台＋富生态"的组织架构，
实现用户、组织、生态的实时沟通和协同，实现"全员共创、全
员共享、全员共治"的治理机制，如表 4-6 所示。

表 4-6　数智化敏捷组织的组织升级目标

新组织	目标
组织人员	自主学习、自我管理、自驱共创、知识共享
组织形态	敏捷化、柔性动态化组织、"小前台+大中台+强后台+富生态"
组织机制	自主决策、协同创新、数据驱动的考核激励、数字化信任、全员共创共享共治、自组织
组织文化	客户至上、敢于创新、合作共生、以人为本、精益求精、数据驱动

（3）技术赋能目标

技术赋能目标是构建"多端＋应用＋中台＋云"的数智化技术体系，赋能业务重构和组织升级，如表 4-7 所示。

表 4-7　数智化敏捷组织的技术目标

新技术	目标
多端	终端即服务：智能、敏捷、实时、海量数据采集，一次开发，多端部署
应用	应用即服务：业务创新、管理高效、生态协同、智能决策
中台	中台即服务：业务协同、组织协同、数据共享、AIoT智能、低代码开发
云	基础设施即服务：安全、稳定、低成本、高性能云原生服务

4.2.3　阶段性目标

数智化敏捷组织的阶段性目标包括近期、中期和远期目标。

（1）近期目标

近期目标是实现业务和组织数字化应用的短周期迭代。业务需求快速变化，数字技术的发展快速变化，新技术和业务的结合快速变化，这些都需要组织在数智化转型中做到敏捷迭代。短周期迭代可以使数智化转型紧贴业务需求的实现，降低转型风险。

（2）中期目标

中期目标是实现平台能力级的中周期迭代。平台承载了数智化转型的共享能力，所以平台要能够满足业务多元化、组织协同数字化，以及技术迭代、数据共享的需求。平台是相对稳定的，组织需要将短周期迭代中的成功经验不断沉淀到平台中。

（3）远期目标

远期目标是制定和实施组织数智化转型战略，进行长周期迭代。在战略规划的指引下，在多次的功能级和平台级能力迭代之后，数智化转型逐步逼近战略目标。在阶段性目标基本达成时，组织需要对数字化转型的方向进行审视并作出调整。但是，战略目标的调整应该是相对长周期的，频繁进行规划调整不利于数智化转型的资源投入和行动的持续有效。

4.2.4 目标与指标管理

数智化敏捷组织的目标管理是对目标的实现进行全程管理，目标将被分解为具体的指标。指标管理是对关键指标体系的设计、分解、考核和修订的管理。

（1）目标管理

目标管理分为三个阶段：第一阶段为设置目标；第二阶段为管理实现目标的过程；第三阶段为测定与评价所取得的成果[1]。

第一阶段为设置目标。数智化敏捷组织的目标可分为定量目标和定性目标，按照战略、业务、组织及技术的定量和定性目标如表4-8所示。

表 4-8　目标管理要素

分类	定量目标	定性目标
战略	净利润、资产负债、现金流、数智化业务收入占比、数字资产比例等	数智化敏捷组织
业务	业务收入、成本、品牌满意度、产品产量、销售量、数字化渠道覆盖率、库存周转率、服务满意度、总交易额、数字化会员数、点击率、转换率、复购率等	业务协同、产业链协同、生态协同

1　刘永芳.管理心理学[M].北京：清华大学出版社，2008.

续表

分类	定量目标	定性目标
组织	人才数、组织绩效、员工薪酬、在线员工数、在线虚拟组织数、数字化人才数	创新力、协同力、沟通力、自驱力、文化力、社会责任、EGG
技术	计算力、数据量、云服务能力、低代码应用数	技术架构、数据治理、数据伦理

第二阶段（管理实现目标的过程）和第三阶段（测定与评价所取得的成果）要与指标管理结合起来，通过关键业绩指标法（Key Performance Index，KPI）和目标与关键成果法（Objectives and Key Results，OKR）等工具实现目标与主要结果的对应。

（2）指标管理

指标反映了数智化敏捷组织在业务重构、组织升级、技术赋能等环节的定量和定性情况，是对目标的细化，如表4-9所示。

表4-9　数智化敏捷组织的指标管理体系

一级指标（A）	二级指标（B）	三级指标（C）						
数智化敏捷组织	业务（B1）	品牌（C11）	产品（C12）	制造（C13）	供应链（C14）	营销（C15）	销售（C16）	服务（C17）
	组织（B2）	人员（C21）	形态（C22）	机制（C23）	文化（C24）	——	——	——
	技术（B3）	多端（C31）	应用（C32）	中台（C33）	云（C34）	——	——	——

这些数智化指标可以结合组织的 KPI 和 OKR，纳入组织的考核体系，详细内容可见第 6 章。

4.3　数智化敏捷组织的战略管理

数智化敏捷组织的战略管理包括战略生成、策略规划、策略执行、阶段回顾、结果评价与策略调整五个步骤，如图 4-9 所示。

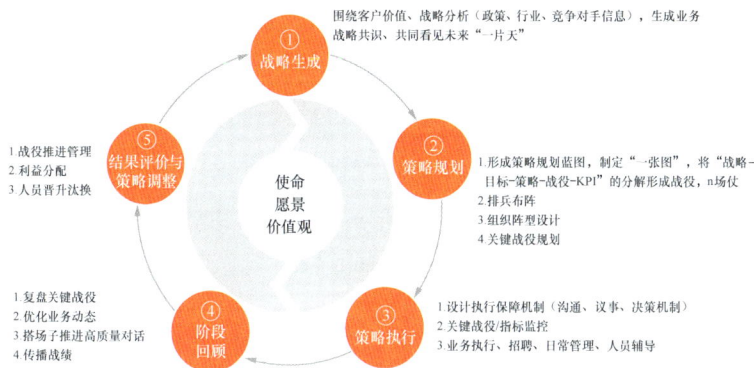

① 战略生成
围绕客户价值、战略分析（政策、行业、竞争对手信息），生成业务战略共识、共同看见未来"一片天"

② 策略规划
1.形成策略规划蓝图，制定"一张图"，将"战略-目标-策略-战役-KPI"的分解形成战役，n战仗
2.排兵布阵
3.组织阵型设计
4.关键战役规划

③ 策略执行
1.设计执行保障机制（沟通、议事、决策机制）
2.关键战役/指标监控
3.业务执行、招聘、日常管理、人员辅导

④ 阶段回顾
1.复盘关键战役
2.优化业务动态
3.搭场子推进高质量对话
4.传播战绩

⑤ 结果评价与策略调整
1.战役推进管理
2.利益分配
3.人员晋升汰换

使命
愿景
价值观

图 4-9　数智化敏捷组织的战略管理步骤

4.3.1　战略生成

任何组织都不可能孤立地存在，组织的活动必然要与环境中的各类因素发生关联。数智化敏捷组织在制定战略时，应该分析所处的环境和自身具备的能力，并动态分析战略实施过程中各种资源要素的变化及由此对组织核心竞争力的影响，以保证组织的可持续发展，实现组织的战略目标。

以迈克尔·波特为代表的定位学派认为，战略生成就是一个分析的过程[1]。战略生成被简化为经过规范化分析得出的自我定位，这个过程非常注重对数据的分析。因此，数智化敏捷组织的战略生成是通过对用户数据、行业数据、企业数据等多种内外部实时数据进行分析，挖掘用户价值，进行战略分析，并在战略实施过程中高效协同组织内部、跨组织、跨行业的资源，打造以用户为中心，以"数据＋算法＋算力"为驱动的业务体系战略、组织体系战略和技术体系战略。战略生成的是组织内外对未来发展的共识，目的是让组织

1　迈克尔·波特.竞争战略[M].北京：中信出版社，2014.

的所有成员看到组织未来的"一片天",共绘"一张图",推进"N场仗",凝聚"一颗心"。

4.3.2 策略规划

策略规划包括形成策略规划蓝图并达成共识、排兵布阵、设计组织阵型和规划关键战役等,要形成一张蓝图并坚持做到底。

(1)形成策略规划蓝图并达成共识

策略规划是指对战略进行清晰的描述部署,形成蓝图。数智化敏捷组织通过对外部环境变化的敏锐观察和对组织内部核心优势的深入分析,确立组织持续发展的基本设想和战略目标,围绕战略重点形成有效策略。数智化敏捷组织围绕"战略—目标—策略—战役—KPI"的逻辑,逐层将战略分解到战役和战术性的 KPI,如图 4-10 所示。

策略分解

① 能理解
- 理解组织
- 解读战略背后的客户价值

② 定策略
- 找定位和方向
- 策略分析
- 策略生成

③ 定战役
- 定目标
- 定里程碑
- 定兵力部署
- 定资源需求

④ KPI
- 体现用户价值
- 既要数字,也要过程
- 横向上下游团队协同

图 4-10 策略分解逻辑

数智化敏捷组织用数智化技术辅助策略规划，逐层衡量和记录组织整体战略（指标与重点）、业务战略（部门职责与价值链）和管理战略（责任分解），通过视频会议和在线沟通等方式将战略宣贯到各级组织和个人，并将 KPI 目标和指标下达到各级组织及个人，从而促进策略规划的实施和战略目标的实现。

（2）排兵布阵

组织排兵布阵是通过"数据 + 算法 + 算力"的技术手段模拟各种阵型，并选择最优的阵型，从而发挥组织内每个人的作用，实现降本增效。

（3）组织阵型设计

组织阵型设计是指组织内部如何排列组合，让数据、信息更快更好地在组织内部流通，增加组织协同性，提高组织效率。数智化敏捷组织围绕业务策略，通过设计扁平、柔性动态化的数智化敏捷组织阵型，可以有效地利用组织的资源，减少部门间冲突，降低成本。同时，数智化敏捷组织还注重鼓励个体创新发展，使个人价值得以快速体现。

（4）关键战役规划

组织关键战役规划是通过谋划重点阶段的关键战役，对关键战役进行业务体系、组织体系和技术体系的设置和演练，从而使组织成员对关键任务做到心中有数。

4.3.3　策略执行

策略执行主要包括设计执行保障机制、监控关键战役和指标，以及业务执行、招聘、日常管理、人员辅导。

（1）设计执行保障机制

为了保障策略的顺利执行，组织需要设计执行保障机制，包括沟通、议事、决策等内容；需要建立一套丰富且能够不断迭代的协同办公功能，如沟通会话、管理群组、视频会议等，帮助管理人员实现沟通数字化；需要通过日志、项目群、项目管理模块等，实现议事的数字化；需要通过数据和文档收集、会议的头脑风暴、高效审批和领导入群等，提高决策效率。

（2）监控关键战役和指标

为了保障策略的顺利执行，组织要设计关键战役来管控组织成员的工作绩效。同时，组织还要设计指标监控，如在日常管理中设置签到打卡、日志等指标，在业务管理中设置 KPI 等指标，在组织决策中设置智能报表等指标，并对指标数据进行实时监控和反馈，设置数据推送，使指标能够上传下达。

（3）业务执行、招聘、日常管理、人员辅导

为了保障策略的顺利执行，在业务执行、招聘、日常管理、人员辅导等方面，业务部门和管理部门要实时沟通反馈，从而匹配适当的业务人才，完成策略目标。

4.3.4 阶段回顾

阶段回顾包括复盘关键战役、优化业务动态、搭场子推进高质量对话，以及传播战绩等。

（1）复盘关键战役

为了应对用户需求、市场竞争、产业环境、技术发展及管理的变化，策略调整应该是谨慎、缜密且留有余地的，其关系到整个组织发展的方向、组织匹配、目标绩效、合作模式、资金调用等一系列问题，关键战役复盘就非常重要。借助钉钉，组织不仅能够记录关键战役的业务流程数据，使复盘准备工作变得更加便捷，还能运用数字化的工作日志、会议纪要、项目执行等功能帮助组

织成员快速查找问题，分析堵点，调整和优化组织策略。

（2）优化业务动态

组织需要实施业务动态优化策略，通过不断发展、优化和完善业务，保持竞争优势。

（3）搭场子推进高质量对话

组织要通过搭建复盘和分享的沟通交流渠道，邀请相关的领导、成员对关键战役的精髓和要点进行宣贯，并指导接下来的战略实施。

（4）传播战绩

组织要将个人或团队的优秀战绩实时、无误地传达到组织各层级，既能鼓励个人创新，还能推广经验并帮助组织挖掘人才。

4.3.5　结果评价与策略调整

结果评价与策略调整包括战役推进管理、利益分配优化、人员晋升汰换。

（1）战役推进管理

组织要及时考核策略和战役的成效性，及时评价战略目标和方向的正确性，推进战略形成正向反馈。

（2）利益分配优化

组织要厘清利益分配的依据和标准，明确采用的激励机制及不同岗位的薪酬方案。通过实时反馈的成员数据，组织能够准确掌握成员的工作量、工作绩效和工作创新，从而使利益分配更加合理高效。

（3）人员晋升汰换

人员晋升汰换是通过对组织成员在本职工作期间工作能力、执行力、忠诚度及工作岗位所需的各项职业素养的考核，留住合适的优秀人员，淘汰更换不适合的人员，保障组织的稳定性。

4.3.6 战略管理的核心支撑系统

组织大脑是战略管理的核心支撑系统，它将组织主数据统一且打通，然后在各个系统分别解决"建模型、做智能、做分控、做卡片式数据输出及渠道分析运营"，形成一个反馈系统。数据汇总到决策中枢，组织大脑就帮助组织形成从战略制定、财务报表、述职考核和策略调整的一整套的战略管理闭环。在数据驱动的战略管理闭环形成后，最终各部门自行落实它的管理动作，如图 4-11 所示。

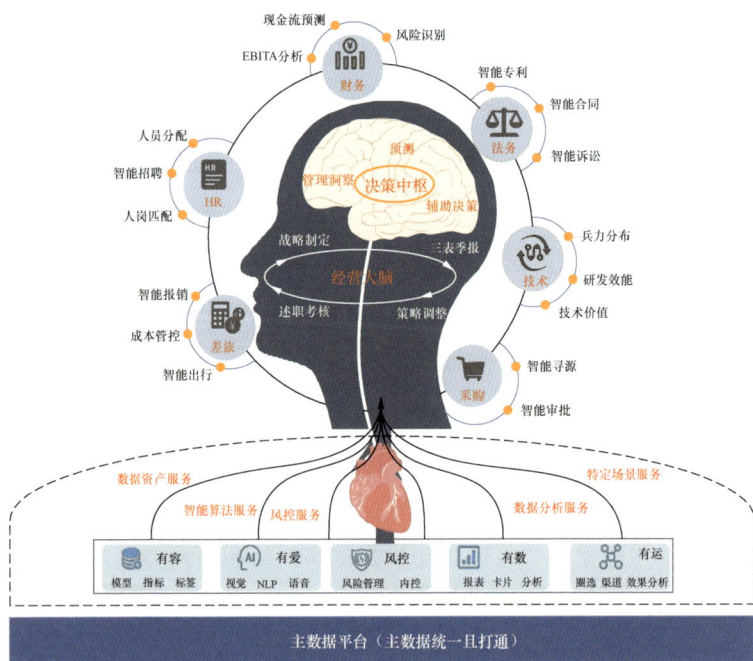

图 4-11　阿里巴巴的组织大脑用于战略管理

小结

当面对复杂多变的环境时，如何使组织发展保持正确的方向，这正是战略要解决的问题。

（1）数智化敏捷组织的战略是组织内外对未来发展的共识，能够让组织所有成员看到组织未来的"一片天"，共绘"一张图"，推进"N场仗"，凝聚"一颗心"。

（2）数智化敏捷组织的战略是为了更好地适应商业环境、技术发展及组织管理的变化，围绕业务、组织和技术三个方面进行重构和升级的战略。

（3）数智化敏捷组织的战略管理是组织按照"战略—目标—策略—战役—KPI"的逻辑，下达到各级组织和个人来贯彻落实战略。数智化敏捷组织的战略管理是一个不断循环、反复迭代的过程。战略管理围绕战略生成、策略规划、策略执行、阶段回顾、结果评价与策略调整五个步骤循环往复。组织大脑是战略管理的核心支撑系统。

第 **5** 章

数智化敏捷组织的业务体系与环节

在数智化时代，组织正在建立全局感知、在线协同、智能洞察、实时响应、敏捷创新的机制和要素。一方面，组织要对人、财、物、事等一系列组织要素进行数字化、智能化的协同管理，实现组织内部高效协作并提升组织效率，即组织数字化；另一方面，组织要围绕新品牌、新产品、新制造、新供应链、新营销、新销售、新服务七大环节，实现业务全链路数字化、网络化和智能化，并不断进行业务模式的拓展和创新，即业务数字化。

数智化技术能充分发挥网络协同的效应和数据智能的价值，推动供给端和消费端的高效匹配，实现数据智能驱动的商业创新，打造组织数字生产力。一方面，组织要促进组织协同、业务协同、产业链协同与社会化协同，利用数字技术从内部线性的业务价值链不断向外部延展，进一步以生态化的方式实现跨组织、跨系统、跨终端、多场景的多元网络化协同，构建以用户为中心的价值共同体，以网状、融合的方式连接并协调资源，实现全产业链、全生态的网络协同，形成组织内外部的有机合作体，即产业链数字化。另一方面，组织要加速业务数据化与数据业务化，实现决策智能化、科学化，驱动高效的精细运营与敏捷的业务创新，最终实现全链路数智化转型，如图 5-1 所示。

产业链数字化：企业上下游与生态伙伴的多元网络协同

业务数字化：结合应用场景与业务需求，实现研产供销服数据的集成与业务的协同

品牌	产品	制造	供应链	营销	销售	服务
市场分析	新品开发	客户定制	采购管理	市场洞察	客户管理	运营管理
品牌定位	新品测试	柔性生产	仓储管理	营销策划	全渠道融合	用户倾听
品牌传播	新品创新	车间设备管理	物流管理	精准投放	人货场重构	反馈闭环
品牌运营	新品迭代	质量管理	供应链管理	会员管理	体验升级	智能客服

硬件设备互联

设备管理
现场勘查
质量检测
事件警告
安全报警

考勤打卡
门禁系统
智能投屏
视频会议
云端打印

组织数字化：用数据技术驱动组织内部的协作、管理、运营和创新，支撑高效协同，提升组织效能

组织人员	组织形态	组织机制	组织文化
人事管理	架构建设	决策机制	文化价值观
人才规划	流程优化	考核激励机制	文化建设
人才选拔	岗位设计	信任机制	文化传递
人才培训	职责匹配		员工关怀

钉钉：协同办公平台、应用开发平台、互动沟通平台、统一账户平台、主数据平台

钉钉

阿里云

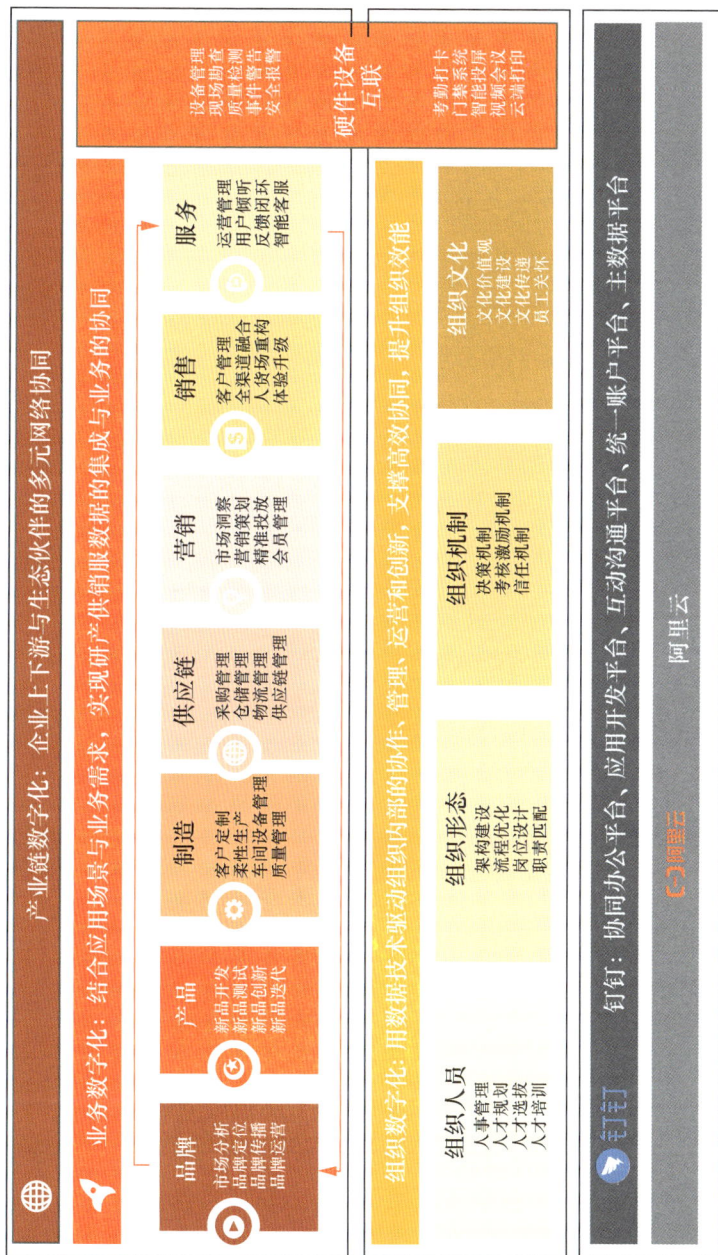

图 5-1 全链路大协同

5.1　业务全链路数智化

目前，我国在前端消费侧的数字化程度居于全球领先的位置，消费行为高度数字化，数字化创新应用和商业模式不断涌现。反观后端供给侧，企业信息化取得了很大的进展，但产业互联网总体上仍处于起步发展阶段。根据《中国数字经济发展白皮书（2020 年）》，2019 年我国规模以上工业企业的生产设备数字化率、关键工序数控化率、数字化设备联网率分别达到 47.1%、49.5%、41%，工业企业数字化研发设计工具普及率达到 69.3%，为深入推动制造业数字化转型提供了支撑。但是，我国企业的业务协同和产业链协同率仅有 5% ~ 8%。在业务数字化转型中，很多企业的业务环节之间存在断点、堵点、卡点。如果企业只实现了生产线的智能制造，但没有业务协同、订单协同，制造效率越高，库存可能就会越多。

因此，我国企业业务数智化的路径是以前端消费互联网带动后端产业互联网的发展，通过产业链业务协同推动组织快速实现数智化转型，如表 5-1 所示。

表 5-1　业务全链路数智化转型前后的变化

对比维度	业务全链路数智化转型前	业务全链路数智化转型后
业务价值链	跳墙式	全链路一体化融合
协同	协同少	业务协同、组织协同、产业链协同、生态协同
数据	数据孤岛	数据驱动、业务数据化、数据业务化
决策	人工决策	智能决策
商业模式	企业间、行业内竞争	价值共生、生态系统竞合

我国企业的业务数字化转型不是仅仅依靠自身力量实现的单个企业或单个业务的数字化，而是利用成熟的消费互联网平台、

云计算基础设施和产业互联网平台实现的业务协同的数字化。

消费互联网的前端应用及商业模式的创新正沿着价值链牵引后端生产等环节进行数字化协同，如图 5-2 所示。

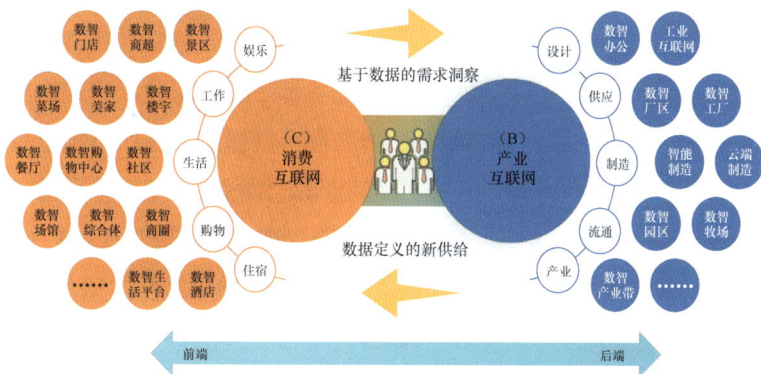

图 5-2　产业互联网与消费互联网双轮驱动、高效协同

在数智化转型前，组织的业务价值链是单向链，通过品牌广告、产品研发、规模化生产、仓储运输、批发零售、促销、售后服务的流程满足用户需求，并通过改进生产效率、降低库存、提高销售收入获取利润。

同时，互联网企业在前端积累的海量消费数据及自身开发的数字化工具应用将使其更好地赋能传统企业，推动产业互联网的发展：基于云钉一体，实现消费互联网与产业互联网的双轮驱动；通过"数据＋算力＋算法"，让产业链上下游、内外部资源高效协同起来。消费侧的需求牵引供给，供给侧的产品创造新需求，真正实现端到端全产业链的重构、优化和升级。

因此，推进组织的业务数智化转型，核心是推进业务全链路数字化、网络化和智能化，穿透人、事、物、财、场之间的壁垒，构建全链路环式价值网和数据智能，实现供给端和消费端的高效协同，以及以用户为中心的全链路高效协同创新、实时响应、智能决策，如图 5-3 所示。

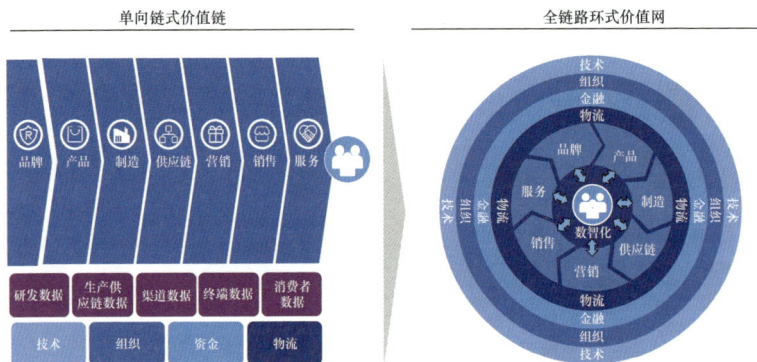

单向链式价值链　　　　　　　　全链路环式价值网

图 5-3　单向链式价值链与全链路环式价值网

在数智化敏捷组织的业务体系中，全产业各个要素均通过数智化技术和数据参与构建和用户的连接，发挥各自的优势及能力所长，共同通过场景、沟通、互动、体验、定制洞察用户需求，优化产业资源配置，基于敏捷感知与智能生态服务满足和创造新需求，全产业链与用户进行协同创新。

以特步集团数智化转型为例。为了实现以消费者为中心的战略目标，特步集团通过"阿里云大脑"业务中台和数据中台，实现了业务数据流通，构建了数智化业务体系；借助"钉钉神经网络"，通过统一调配，打通了财务、订单、客服、库存、发货和物流等系统，完成了业务全链路的数字化，实现了后端供应和前端需求之间的高效协同。

之前，每个业务系统构建了自身的单点数据分析，但彼此之间没有实现协同。不同的业务流程和数据往往在不同的系统里，员工需要登录不同的系统去找到并完成自己的待办工作。这导致业务流程经常出现卡点、断点和堵点，沟通周期漫长，处理效率低下，行为不可追溯。

"钉钉神经网络"完成了全局的协同集成，实现了业务环节的全链路优化，如图 5-4 所示。

业务结果数字化	业务全链路数字化	
●销售订单、销售计划 ●生产工单、生产计划 ●采购规划、采购订单 ●物流仓储、物流订单 ●渠道进货单、渠道发货单 ●客户服务单、客户反馈单	●销售订单、销售计划 ●生产工单、生产计划 ●采购规划、采购订单 ●物流仓储、物流订单 ●渠道进货单、渠道发货单 ●客户服务单、客户反馈单	●业务沟通 ●业务协同 ●业务日志 ●业务复盘 ●业务讨论 ●业务创新

图 5-4　钉钉实现的业务全链路数字化

前后协同、内外协同的效果是销售、运营数据能即时公告，重要业务信息全员同步，工单流转及时顺畅，同时权责分明。前端通过线上连接消费者，后端通过业务中心和钉钉驱动供应链协同。目前，特步集团在全球的各业务条线、上下游合作伙伴、线下门店约有 1.9 万人已接入钉钉，钉钉就像神经网络一样将特步集团的数百个业务系统全部串接起来。

5.2　数智化新品牌

品牌是消费者与商品之间的桥梁，消费者通过品牌能对商品产生进一步的了解和信任。品牌是组织的重要资产，对品牌进行发展、运营和传播是组织发展的必经之路。

传统的品牌定位和传播往往基于创始人对市场的长期观察而形成的经验和直觉，具有局部性和片面性。品牌运营仅仅依靠渠道扩张和媒体传播。市场行为往往是铺天盖地式的广告轰炸。品牌没有与消费者进行有针对性的、高效的连接，不能及时了解消费者的需求。

在数智化时代，品牌定位和传播发生了巨大的变化。品牌定位可将数据作为依据，市场行为可用数据来验证，极大地提升了品牌定位的准确性。品牌传播能够精准触达消费者，并根据市场营销行为的效果进行实时调整。一些新锐品牌构建了自己的自媒体，打造消费者社群，形成私域流量池，让品牌行为反馈周期从原来的以年为时间单位变为以月为时间单位，甚至实时反馈，使品牌的竞争力得到大幅提升。

云钉一体是数智化敏捷组织品牌管理的新引擎，能大幅提高品牌管理的效率。基于云钉一体的数智化品牌管理流程主要包括数智化技术赋能的市场分析、品牌定位、品牌传播、品牌运营，如图 5-5 所示。

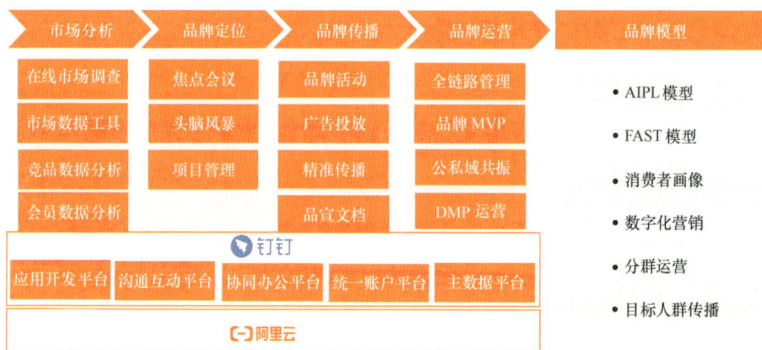

图 5-5 基于云钉一体的数智化新品牌流程

5.2.1 市场分析和品牌定位

品牌定位的第一步是市场分析，即首先要判断市场规模是否足够大，是否能支撑一个或多个品牌。在互联网时代，各种数据工具提供的数据分析报告是市场分析的重要参考。例如，运用生意参谋的市场规模变化趋势、百度指数的品类相关关键词搜索趋势、

淘宝关键词搜索趋势、天猫创新中心行业发展报告等，组织可以
判断行业发展趋势、品类发展趋势、关键词变化趋势等。每个行
业都有最佳的进入时机，每个商品也有最佳的进入时机，行业进
入时机对应着品类发展趋势数据，商品进入时机对应着关键词变
化趋势数据，70% 的品牌的成功是因为在合适的时机进入了合适
的赛道。

对于某个市场中有多少竞争对手、竞争对手的优势是否已经形
成，组织可以搜索关键词、筛选价格区间，按照销量排序选定对
标对手，观察对手的流量结构、运营方法，对照自己品牌的优势
和劣势判断入场胜率。在一个细分领域中，当关键词搜索带来的
成交笔数已经小于第一名、第二名品牌的销售笔数时，市场很可
能已经形成垄断。

云钉一体可以帮助品牌进行市场分析和品牌定位。例如，红
蜻蜓集团实现了红蜻蜓线下门店和线上会员系统结合，不管是线
上还是线下招募的会员，都可以通过扫二维码在钉钉上与红蜻蜓
交流互动。红蜻蜓可以通过钉钉调研工具对会员的需求进行调研。
通过钉钉的数据展现功能，红蜻蜓能够看到销售数据、会员数据，
并进一步对消费者的消费特点、对产品的反馈意见等进行分析。红
蜻蜓通过数据驱动与消费者之间进行多方式、多渠道、高效率的沟
通，打通了企业内部数据系统，更好地完成了市场分析和品牌定位。

5.2.2　品牌传播

传统的品牌传播是向消费者输出品牌的理念，在消费者没有需
求之前就让其先形成品牌认知，然后通过各种渠道铺货，完成销
售。例如，一个婴儿枕品牌的传统做法是品牌商通过母婴专业杂
志、展会招募代理商，代理商把婴儿枕分发给经销商或母婴零售

渠道。为什么零售渠道愿意与这个品牌合作呢？除了产品的品质，最重要的就是品牌，包括品牌的知名度、信任度。这就需要品牌在进入市场之前做大众传播，如找明星代言、做杂志和电视广告等。所以，在传统的品牌发展模式下，每一个新产品进入市场都要花费高额的成本，企业要承担巨大的风险。产品一旦成功，需要热卖几年甚至十几年才能收回成本。所以，品牌会集中在一个大众需求旺盛的单一品类来做产品营销，一方面便于形成消费者认知，另一方面也能够让产品获得最大的市场价值。

数智化的品牌传播可以做到向精准的目标人群输出品牌理念，品牌能够跨过渠道直接和消费者连接，能通过数据预判消费者会不会对这个产品产生需求。数智化的品牌传播不需要向大众进行普遍传播，只针对目标人群进行精准传播，通过内容传播与产品相关的知识并教育潜在消费者，然后直接链接到购买页面。数智化品牌传播的链条没有断点，形成了完整的闭环，对消费者的认知塑造在短时间内就可以完成。以婴儿枕品牌为例，品牌商可以先在小红书、抖音上做内容"种草"，不讲产品设计、功能、品质，而是用一个"幸好当初没扔掉"的话题，对比刚出生的宝宝的"丑"和长大之后的"美"，自然地带出"头形很关键"的产品价值点，再用关键意见领袖或专家的背书增加信任，最后通过购物车直接链接到成交页面，传播过程一气呵成。

钉钉也在品牌传播的过程中默默地发挥作用。例如，大润发在品牌传播中经常需要为门店制作大量的品牌宣传物料，这些宣传物料的设计风格要保持一致，所以，相关设计文档通常由区域总部做好后统一下发到各地区线下门店，而这些设计文档通常都比较大，文件传输问题让市场部很头疼。以往的做法是刻成光盘邮送，或者通过网络进行专线传输，下载速度慢，及时性得不到保障。引入钉钉后,钉盘解决了这个问题。设计文件可以传输到钉盘,门店直接从钉盘上下载,速度极快,总部还能直接看到各门店已查收和未查收的情况,工作效率大大提升。

5.2.3 品牌运营

每个成功的品牌都要不断借助更大的新平台流量。如果发现市场中出现了大型新兴渠道和平台,平台上新用户数量出现爆发式增长,那么此时正是品牌传播的重要契机。例如,2008—2012年是淘品牌发展的契机,2015年是微博"网红"品牌发展的契机,2016年是微商品牌发展的契机,2017年是小红书孵化品牌的契机,2018—2020年是直播孵化品牌发展的契机。品牌如鱼,渠道和平台如海水,鱼入大海,成功的概率会大大提高。可见,品牌选对数字化新渠道是至关重要的。

2015—2020年,得益于新电商渠道的发展,化妆品、日化、食品、服装等行业出现了大量的市场颠覆者。例如,王饱饱占领冷泡麦片市场,成为麦片新锐品牌;三只松鼠的销售额从几亿元增长到几十亿元;阿道夫洗发液的销量在电商渠道中超越传统的国际大品牌;完美日记、花西子超越传统的化妆品品牌,成为国货彩妆新锐。那么,数字化渠道让新品牌快速发展的诀窍究竟是什么呢?这就是阿里巴巴提出的数智化品牌发展三要素。

(1)全链路、全生命周期数智化连接与管理

品牌市场定位、消费者洞察、营销推广、体验设计、互动沟通等品牌管理全过程都可以全面实现数智化。品牌商可以通过具有数字化触点的电商、直播、自媒体、钉钉等渠道开展市场行为,实时采集数据,对用户数据进行深度分析和洞察,实现内容、人群的数字化精确匹配,用数智化工具管理消费者和品牌的全周期

关系，形成从认知到忠诚的流量转化漏斗。

阿里巴巴把消费者与组织发展成为"伙伴"的行为过程抽象为 AIPL 模型，如图 5-6 所示。

图 5-6　AIPL 模型[1]

基于云钉一体数智化操作系统，品牌商可以在阿里巴巴的数据银行中看到消费者沿着"A—I—P—L"路径的变化。在单位时间内，"A—I—P—L"的流转数据反映了品牌的运营能力、对消费者的影响力。例如，品牌商通过一个月的数据变化可以判断这个月的活动策划和执行情况，通过一年的流转数据变化能够分析品牌的总体情况、品牌影响力的变化、增长因素等。

对消费者资产的深度挖掘代表了品牌运营模式的重大变革。从过去的流量运营到消费者运营的转变，意味着运营的参照体系从传统的总成交金额（Gross Mechandise Volume，GMV）指标向更全面地展现消费者动态路径的全新指标体系转变。阿里巴巴提出的 FAST 模型为数字化导向的消费者管理体系赋能，具有可量化、可对比、可优化的特点，如图 5-7 所示。

FAST 模型能够更加准确地衡量品牌营销和运营效率，同时也将品牌运营的视角从反映结果的静态数据转向了对品牌价值健康、持久的维护，从管理结果转向了管理过程，如图 5-8 所示。

1　肖利华等.数智驱动新增长[M].北京：电子工业出版社，2021.

GMV=流量×转化率×客单价

GMV=客户数（拉新+留存）×购买频次×客单价

品效协同

F A S T (单位时间)

Fertility（F）
AIPL人群总量
F=A+I+P+L

Advancing（A）
AIPL人群转化率
A=I/A+P/I+L/P

Superiority（S）
高价值人群总量

Thriving（T）
高价值人群活跃率

图 5-7　FAST 模型[1]

数量指标	质量指标	
品牌认知度	运营效率	• 总体人群 • 提升手段 　-基础增长及转化
F AIPL人群总量	**A** AIPL人群转化率	
S 高价值人群总量 品牌忠诚度	**T** 高价值人群活跃率 消费者质量	• 高价值人群 • 提升手段 　-人群分析 　-提升产品丰富度 　-精准触达

图 5-8　FAST 模型数量指标和质量指标

在传统广告学中，品牌的三个指标是品牌知名度、品牌忠诚度和品牌美誉度，是基于抽样的定性研究。有了数智化手段之后，品牌知名度指标不再体现为问卷上被调查者对"是否听说过品牌名称"的回答，而是体现为品牌单位时间内触达的人群总数量。品牌忠诚度也能转化为实实在在的会员数据。品牌美誉度是一个感性指标，好感和成交转化不能正比拟合，通过 AIPL 模型逐层的转化率可以完全推测出品牌的运营能力。

（2）数智化驱动的品牌黑客增长模式

基于数智化技术，品牌商能抓住时机，快速部署和突出产品的

1　肖利华等.数智驱动新增长[M].北京：电子工业出版社，2021.

核心卖点，用钉钉群、钉钉会议等与消费者沟通，精准圈选出推广人群，采用文案传播、主图视频、主播展现等多种方式进行推广，快速完成用户测试，实现品牌运营闭环，完成品牌的黑客式增长。选马不如赛马，品牌营销的各个要素都要用赛马模式来迭代优化。

例如，卡宾服饰将企业数据体系和钉钉组织结构关系打通，驱使各业务层级围绕消费者需求培养多维度分析的商业敏感度，形成企业管理者和员工快速聚焦问题、解决问题的能力；核心业务简报覆盖公司管理层，聚焦五大核心业务场景（会员、渠道、财务、商品、零售），有效地增强了管理层对品牌经营整体情况的理解，提高了沟通和决策效率[1]。

（3）私域流量和公域流量共振

品牌商可以先在淘宝直播等公域上拓展获客，例如，以直播为前端营销抓手，以流量赋能本地经销商，并转化至线下实体店，形成线上线下融合消费闭环。

品牌运营数据达到关键指标后，品牌商要大胆而精准地投入市场费用以不断扩大消费者的认知，然后建立私域流量池，用微博、公众号或淘宝店沉淀粉丝，形成快速、二次触达粉丝的免费路径。

品牌商要设置专业的粉丝运营团队，在线完成消费者关系管理，这个过程可以引入数智化运营工具。智能算法通过观察某个标签人群对某个品牌的关注度的变化，判定该人群是否对该品牌有兴趣，然后自动增加该品牌在这个人群中的曝光量，为品牌带来新消费者。

品牌商要把消费者加入私领流量池进行维护，将其转化为忠诚消费者，反过来可以加大公域流量，基于算法圈选人群，扩大样本消费者数量，从而获取更多高质量的新消费者。很多品牌有

1　参考搜狐网2020年文章《服装零售商数字化转型，从一条爆款牛仔裤说起》。

一个误区，就是通过公域引流到私域，然后直接与消费者在私域中成交。这样做看起来省掉了某些成本，其实损失了更大的利益。根据相关统计数据，品牌在公域平台成交能获取更多的免费流量，增强品牌的拉新能力。所以，正确的做法是从公域中引流，在私域中维护，然后在公域中成交以获取更多的新消费者。

5.3　数智化新产品

　　传统产品研发依赖企业的产品研发人员，但是他们获取的信息毕竟有限，可能无法充分理解消费者的新需求。那么，如何更好洞察消费者需求呢？

　　在数智化时代，组织与消费者的连接更紧密。通过与消费者沟通、对消费者数据进行分析，组织可以洞察市场，充分了解消费者需求。例如，通过对消费者数据进行分析，洗发水品牌能发现年轻人对洗发水的需求从柔顺变成了防脱。有了消费者数据作为支撑，产品研发人员、市场人员和销售人员不再陷入口头争论，而是清楚地通过数据看到市场趋势，主动研发和上线消费者需要的产品。

　　传统产品研发与数智化新产品研发对比，有以下不同的特点，如表 5-2 所示。

表 5-2　传统产品研发与数智化新产品研发的对比

对比维度	传统产品研发	数智化新产品研发
需求发现	产品研发情报主导产品研发	数据洞察新产品研发机会
用户参与	产品研发过程封闭、孤立	用户参与新产品研发
研发周期	新产品研发周期为18～20个月	新产品研发周期压缩至6～8个月
市场测试	从新产品到爆品需要赌眼光、看运气	新产品上新全过程有数据监控新产品，与用户沟通新产品满意度，新产品反复迭代，提升新产品研发成功率

数智化新产品研发的流程主要包括数智化技术赋能的新产品创造、新产品市场测试、新产品协同创新、新产品持续迭代，如图 5-9 所示。云钉一体让用户参与产品研发，实现了产品快速迭代，大幅提高了新产品的研发效率和上市速度。

图 5-9　基于云钉一体的数字化新产品研发流程

5.3.1　新产品创造

创新意味着风险，新产品的研发总是面临着很多挑战，营销时机、渠道适配性、竞争强度等都有可能导致新产品研发失败。组织只有更好地洞察环境变化、消费者需求和市场趋势，才能降低新产品研发的风险。每个新产品的成功都是适应了消费者需求的大趋势才得以实现的。

阿里巴巴提出的新产品创造体系（TMIC）有助于企业高效地进行新产品研发。TMIC 是指新产品研发和成长过程中的四个关键动作，分别是人群研究（Targeting Segmentation，T）、市场洞察（Market Foresight，M）、爆品创造（Innovation Guidance，I）及协同策略升级（Collaborative Tactics，C），如图 5-10 所示。

在阿里巴巴，TMIC 的四个关键动作分别对应的创新工具是人群研究所、数据银行趋势报告、C2B 创新工厂及新产品上新策略。这些创新工具有效地解决了新产品研发过程中的难题，如趋势预测难、新产品反馈滞后、销售预测难、新产品存活率低等。

图 5-10 新产品创造体系——TMIC

在数智化新产品研发中，通过 TMIC 的用户在线调研并利用天猫行业趋势报告和阿里巴巴生意参谋等数据银行工具，企业可以清晰地看到行业的发展情况；通过智能算法，品牌可以挖掘市场的潜在机会，预测行业的发展趋势。例如，2018 年底，TMIC 通过数据预测发现身体护理类的美妆商品会在 2019 年出现需求爆发。随后，这个预测被同步到天猫的美妆行业商家群。商家群中的美妆品牌半亩花田敏锐地抓住这个机会，推出了含有玻尿酸、烟酰胺等成分的身体护理产品，主打身体祛痘、美白等功能。2019 年，半亩花田的新品销量急速增长。

消费者对商品的需求通常不是孤立的，满足某个需求往往需要多个商品。TMIC 可以通过对相关品类需求的数据挖掘和分析来预估品类增长情况，即通过数据和算法得出商品之间的关系序列，算出关系序列里的新产品机会并预测需求规模。商品之间的关系序列可以分为四种情况：需求时间序列、需求场景共时、场景时间序列、生活方式共享。

需求时间序列是指同一个消费者在不同时间段出现的需求。例如，消费者对护肤品的控油、保湿、祛斑功能的需求在各个季节里表现出不同的需求量，但背后的消费者是一个人群。品牌商根据需求时间序列，找到典型的新型人群并对照成熟人群的商品品类分布，就可以发现和评估新兴人群的空白市场。

需求场景共时是指在同一个生活场景或在同一个人生阶段中多个品类的商品同时满足同一个场景需求。例如，汽车用品和母婴商品就是强关联品类，两个品类同时满足"带娃"这一个人生阶段的需求。汽车用品厂商可针对母婴人群的需求开发和设计大量的新产品，如汽车内的奶瓶收纳、车载保温箱、车内换尿布台等。品牌商在推广新产品的过程中很容易找到人群标签，再加上刚需、展示效果强等特征，很快就能通过网络传播占领市场。

场景时间序列是指消费者从现在这个品类消费到未来那个品类消费的递进周期。例如，相关消费数据显示，婚庆人群基本在一年后会转为母婴人群；买建材的人群在 3 个月后会关注家电。这些需求有明确的先后顺序，通过上一个场景的需求可以预判下一个场景的需求。

生活方式共享是指同一个人群有着相同的生活方式。例如，"Z世代"男性消费群体喜欢"国潮"，也对智能电器感兴趣，会穿着李宁品牌的服装、玩无人机、戴 VR 眼镜等。品牌商可以通过数据分析将这些兴趣关联起来，这对于新产品研发有很大的意义。

品牌商通过 TMIC 发现市场机会后，要快速形成概念产品，并进行快速的设计、研发、生产和物流响应，从决策体系到整个供应链体系都要高效沟通。钉钉新商业套件在 TMIC 中能够发挥巨大的作用，可以将各种资源在最短时间内整合起来。

例如，在数智化新产品研发中，特步集团基于钉钉建立了商品智能系统。鞋服行业商品管理的核心是"准"和"快"。"准"就是通过消费者洞察，更准确地把握消费端需求，以此作为产品研发的指导思想；"快"就是建立商品流动和快速反馈机制，形成从消费端洞察到产品研发、生产制造、供应链反馈、门店需求和销售动态捕捉的完整链路。钉钉帮助特步集团完成了人与业务系统、业务数据和营销系统之间的衔接。在业务终端，钉钉以数据形式呈现业务各环节动态，如趋势洞察、需求洞察、设计调整、研发进展、合作动态、库存变化、人员状态、门店和销售变动等，实现了业务全链路数字化和数据化[1]。

5.3.2　新产品市场测试

掌握市场趋势是进行新产品研发的第一步，新产品能否取得市场的认可才是关键所在。每年各大品牌都会推出很多新产品，但是这些新产品多数都不能成为爆品。无数的细节决定了新产品能否成为爆品，包括新产品的外观、定价、体验感、便捷性、包装等。新产品的这些因素需要在市场中得到检验，通过与消费者的交互，获得新产品市场测试的数据，并进行定性和定量分析，为新产品改进提供依据。例如，化妆品瓶盖在容易打开的同时是否应该保持气密性，5 公斤装的咖啡豆是否需要有利于保存的封口，手持电器的自重是否适合女性消费者，鞋子会不会磨脚，等等。

消费者还可以发展成为新产品研发的合伙人，实现产品共创。阿里巴巴的 TMIC 可以帮助组织招募新产品合伙人，可通过天猫筛选出的真实消费者，请他们协助完善商品体验，补充定性分析部分。

1　参考亿邦动力网2021年文章《特步全面推进数字化改造，将新增2亿研发智能制造》。

例如，欧莱雅在研发"熬夜面膜"的第一个阶段，通过 TMIC 招募、海选新产品合伙人，用娱乐化的方式和消费者形成了 967 条关于面霜的不同创意，在 4 天里征集了 1400 个方案；在第二个阶段，欧莱雅建立了共创社区，通过不同的消费者讨论小组，对他们的生活形态、他们对产品的期待等做了全方位的了解，即对消费者进行深度洞察；在第三个阶段，欧莱雅基于对消费者的深度洞察，在很短的时间内形成了 14 个可行的产品方向，最终形成了 6 个初步的产品概念；在第四个阶段，欧莱雅得到产品概念后和消费者一起进行产品优化，在产品研发全程都保持消费者参与和互动，在消费者的帮助下优化了 4 个产品概念，最终选出了"零点面霜"这个产品概念。整个过程仅 59 天，这是传统消费者调研不可能做到的。

产品研发的各个关键细节都可以通过仿真实验室完成测试。阿里巴巴仿真实验室通过虚拟真实购物场景，仿真宝贝页测试数据，通过消费者行为判断决策因子和流失因素，找出产品迭代的方向。在仿真实验室里，产品是否受欢迎，不是消费者说出来的，而是消费者买出来的。除了测试款式，品牌商还可以通过仿真数据测试价格，找到最佳价格带；通过生意参谋等工具发现品类的价格带分布和价格带空白点，找到市场机会。例如，百草味通过消费者在线访谈、消费者行为态度、跨品类机会研究等方法，在仿真实验室完成了品牌的包装升级。

新产品经过市场测试及迭代调整后被正式投向市场，此时品牌商可以通过新产品成长报告做实时的数据监测，通过点击率、加购率、成交率等指标拟合爆款曲线，判定新品引爆的可能性。品牌商也可以分析整个店铺的新产品成长情况，分析哪些新产品更具备爆款的潜力，这对于服装、鞋帽等非标品类目至关重要。新产品成长报告反映了新产品的成长情况，并将新产品和行业标杆作对比。品牌商可以用它判断新产品成长的健康度，挖掘店内有潜力成为爆款的新产品，并为新产品加速成长提供绿色通道，增加新产品的流量，针对新产品提出合理的优化建议，帮助新产品快速爆发。

5.3.3　新产品协同创新与持续迭代

很多企业成立了数智化新产品创新中心，进行新产品的数智化研发、市场测试和迭代创新，提升了产品研发的成功率，降低了开发成本，缩短了开发时间。

新产品创新中心强调产品生命周期管理（PLM），从需求、概念设计、初步设计、详细设计，到生产、采购、仓储、渠道、销售，再到服务，全程记录产品的各种数据和文档；在每一次新产品研发时，通过钉钉文档、钉钉 PLM 等工具共享产品数据，因而大幅提升了产品改进和创新的效率。

新产品创新中心强调消费者参与创新、协同创新等理念，致力于打造新产品创新群。当消费者需求被转换为产品设计时，品牌商可以通过钉钉自动创建基于该产品创新任务的专属沟通群。与产品创新相关的需求分析师、产品设计师、产品经理、用户等都可以入群，任何人在产品创新过程中遇到问题时都可以在群里提出，相应的产品负责人会及时响应。在产品创新关键节点，钉钉会以工作通知或 DING 消息的形式提醒相关人员，确保产品创新过程的透明化。同时，消费者可以时刻关注产品创新的每个环节及阶段性的成果，并将自己的意见和建议及时反馈给产品设计师。产品协同创新让产品研发与迭代周期大大缩短，消费者满意度也迅速提升。

例如，数智化协同平台成功帮助洛可可设计公司实现了产品设计业务数字化和项目管理组织数字化，带来了显著的效果。通过"沟通在线"功能，设计师可以线上提案，客户可以线上确认。通过"业务资料在线存储沉淀"功能,相关人员对业务相关的各类文档进行灵活查阅和复盘。"业务进度在线跟踪"功能确保客户经理和客户随时随地在线了解项目的进展、阶段性作品成果,发现问题时在洛可可平台上进行实时在线沟通并快速解决问题。平台上多角色参与度尤其是客户参与度大大提升,解决了以往项目成果出来后才交付给客户及因客户不满意而重复修改等问题。新项目启动时,洛可可设计公司可以马上构建专属的在线虚拟项目组,项目结束后迅速释放资源,投入新的项目中。设计师通过钉钉日志记录自己的工作任务和成果,任务执行过程十分透明。客户经理可以通过钉钉日志每天跟进了解所有参与项目的设计师的任务执行进度,统计项目的完成度,发现问题可及时沟通协调,确保项目可视可控[1]。

5.4　数智化新制造

改革开放 40 多年来,我国已经发展为全球第二大经济体、全球最大的"制造工厂",世界上大部分产品都能在我国制造。但是,我国制造业正在遭受多方面的挑战:一方面,由于曾经的成本优势、规模优势有所弱化,我国部分制造业有向东南亚国家转移的趋势;另一方面,由于用户需求转向多样化和个性化,小规模定制化生产成为常态,传统的大规模生产制造模式也受到了很大的挑战。

制造业的链条很长,过去这个链条的每一个环节都是为大规模生产而设计的,包括设备、原材料供应链、现场管理与调度、企业内部的 ERP 系统及生产模式等。面对小规模定制化生产,整个

1　参考Tom新闻2019年文章《洛可可设计,用数字化工作方式激发创造新活力》。

生产系统的调整会变成一个复杂的问题，因为这意味着整个产业链重构，牵一发而动全身。

我国制造业需要新的思路和发展模式。2016 年，阿里巴巴首次提出了包括新零售、新制造、新金融、新技术和新能源的"五新"战略。新制造是指通过制造过程数字化、网络化、智能化，面向产品的全生命周期，实现制造过程的状态感知、实时分析、自主决策和反馈执行等功能。新制造是从"制造"到"智造"的转变，数智化技术赋能生产全过程，衍生出 C2M、智能化生产、网络化协同、PLM 等新模式。传统制造与新制造的对比如表 5-3 所示。

表 5-3　传统制造与新制造的对比

对比维度	传统制造	新制造
产品研发和生产需求	产品研发周期长，按计划生产	产品研发周期短、高效、可实时调整、面向客户，按订单生产
生产数据	没有对历史数据进行有效分析	基于数据进行定性+定量的销售预测和企业资源规划
排产方式	排产相对固定	柔性排产
产量安排	首次预测误差大、提前期长、大批量	精准预测、提前期短、首次下单批量小
产品配送	一次性配送，后期货品调配成本高，不能及时补、调、退	多次高频配送，及时补、调、退
信息反馈	不能及时反馈信息	可及时反馈信息
生产决策	在后台不能进行分析决策	在后台可以进行科学的分析决策

数智化新制造的流程主要包括数智化技术赋能客户化定制、柔性化生产、智能工厂、质量管理等，如图 5-11 所示。云钉一体通过 IoT、云、大数据、人工智能和业务数字化、组织数字化平台等赋能制造业，实现制造全产业链生态互联；通过应用开放平台的能力升级，连接和打通产供销各业务应用系统，实现多业务系统的深度融合，提升业务协同效率；能够及时用数据监测制造生产中的

情况，提高质量，安全预警，保障生产有序进行。

图 5-11　基于云钉一体的数智化新制造流程

5.4.1　客户化定制

C2M 模式是一种新型制造模式，其背后的主要逻辑是在互联网和大数据引导下的客户定制。具体来说，C2M 是平台方或销售端向上游制造工厂传递客户数据，向其提供客户偏好的品类、款式、数量等信息，然后由制造工厂根据反馈信息（同时也结合自身情况）设计并生产出相应的定制产品。

工厂使用 C2M 模式有三个好处。第一，客户购买时有更多的主动性，客户的需求驱动生产制造，商品更加个性化。例如，红领西服的客户可以直接通过互联网预约量体，直接订购符合自己体形的西服。第二，无中间流通或加价环节，客户直接连接企业的设计师和制造商，企业为客户提供个性化商品，把更多的利润留在设计和制造环节，同时让客户享受相对低价。第三，企业实现按需生产，大幅降低了库存成本。

目前，"淘宝特价版"平台可以连接全国 1000 个产业带，让10 万个工厂型商家具备 C2M 能力，让工厂直接连接客户，实现最短的商业链条。

5.4.2 柔性化生产

柔性化生产是通过制造单元模块化、组件化、数智化，实施灵活排产的柔性生产方式，实现以销定产、按需生产。这种生产方式降低了订单生产的起订量，解决了库存积压的问题。当需要放量生产时，企业也能够快速协调从原材料、人工到生产线的全生产能力，加快提升生产效率。

从 2017 年开始，阿里巴巴就以服装业为切入点，针对服装行业生产制造普遍存在的痛点，如库存积压严重、难以把握时尚趋势、服装设计制作周期长等问题，给出了相应的数智化柔性生产解决方案。服装企业可以通过阿里巴巴平台上沉淀的消费行为数据，为流行趋势预测提供辅助决策依据，进而提高预测的精确度，缩短预测需要的时间；在产生预测结果后，通过预订的方式快速检验市场认可度，并有针对性地做出调整；在预测结果有一定的市场认可反馈后，再进行柔性的小规模试单生产。经过多次重复迭代，预测与流行趋势的吻合度会不断提高。

例如，卡宾服饰通过建设云钉一体的数字工厂，对订单及生产数据进行智能管理，实现了以销定产、按需生产。同时，基于阿里云的数据中台，基于实际销量进行未来销量的智能预测，卡宾服饰降低了库存，并且加快了工单进度，减少了订单延期。

在卡宾服饰，一位产品运营人员在手机钉钉的智能数据助理里发现一条蓝白色复古男士牛仔裤的销售数据曲线十分亮眼。这款牛仔裤是新款产品，采用了最新的透气面料，销售数据完全超出预期，但库存已经不多，马上就要售罄。这位产品运营人员根据销售曲线预测追单数量，向供应团队发出追单指令，在业务中台开放产品工艺包（尺寸表、工艺单、物料清单）权限。面料供应商根据面料需求进行备料及出库。成衣供应商从钉钉下载工艺包，开始生产排期。产供的不同角色有条不紊、无缝协同。7 天后，新生产的 7000 条牛仔裤陆续摆上了卡宾在全国的 700 多家动销门店的货架。最终，这款牛仔裤卖成了爆款。

2020 年 9 月，基于服装企业的数字化制造实践，阿里巴巴推出了首个新制造平台——犀牛工厂，这是专为中小企业服务的数智化制造平台。犀牛工厂作为阿里巴巴"新制造"的"一号工程"，其本质是"数字化智能化工厂 + 需求驱动生产"，充分实现了柔性化生产。犀牛工厂的所有生产决策都是智能化的，生产前排位、生产排期、吊挂路线等都由 IoT 组件和 AI 机器决定，解放了劳动力，解决了服装设计制作周期长的问题。

云钉一体与犀牛工厂的结合，实现了制造产业链的闭环，让原来线下的班组、车间、工厂协同活动实现了数智化，进一步提高了生产制造的效率。在钉钉客户端上，销售、渠道甚至用户都可以对生产工单进度一目了然，降低了订单延期的风险。江苏某合金公司在运用云钉一体产品并使用犀牛工厂模式后，查看工单进度只需 1 秒，订单延期减少了 100%，绩效统计时间减少了 60%，生产效率大大提高。

5.4.3　智能工厂

智能工厂建设的重点是智能生产、智能车间和智能设备，要提高工厂智能化程度、生产线关键工序数控化率、生产设备数字化率、数字化设备联网率等。云钉一体为制造企业提供了智能工厂的解决方案，实现了生产数字化、车间数字化、设备数字化。通过可视化的数据，企业能够全面监测工厂生产的健康度，提高生产效率。

在生产数字化方面，制造企业可以利用钉钉的低代码应用开发平台快速构建新的生产管理系统，利用钉钉开放连接器快速实现已有生产系统与钉钉的融合。制造企业可以利用钉钉统一生产系统的门户入口，并通过钉钉智能报表实时展示生产数据。

在车间数字化方面，制造企业能利用强大的任务管理中台融合通信能力，让生产信息快速、安全地触达全员，提高车间管理效率；利用钉钉将生产人员、生产设备、生产流程进行数字化连接，在钉钉移动端和 PC 端上能够全面监控设备和生产系统的健康度，进行数据集成洞察、可视化分析，辅助运营决策；利用钉钉的沟通和待办等协同能力将消息通知和业务任务待办无缝结合，把设备故障、安全预警等数据信息及时推送给相关负责人，保证故障得到快速响应并及时处理。

在设备数字化方面，基于阿里云的 IoT 能力，制造企业能实现海量设备的接入，并通过钉钉平台对设备进行管理。IoT 硬件采集的信息由云计算和边缘计算服务进行分析，产生的警告事件可以通过钉钉实时通知到责任人，责任人可以运用钉钉的视频会议、待办事项等管理协同能力进行快速响应处置，如图 5-12 所示。

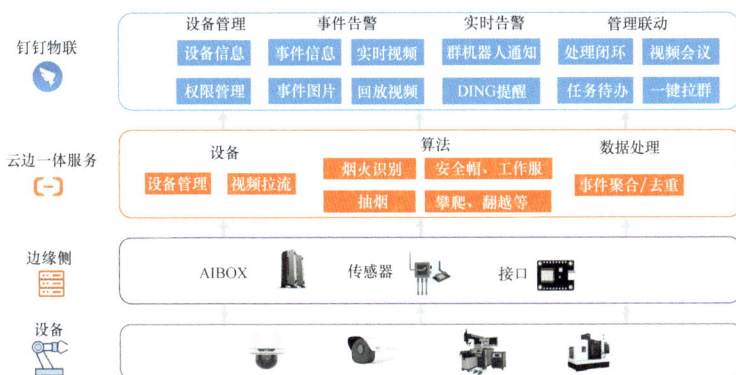

图 5-12　钉钉物联支持的设备管理

例如，中国一汽基于钉钉搭建了新制造场景驱动的协作平台，全面连接人、业务和设备，实现了敏捷化、移动化、共享化、弹性化、社交化的制造协同。钉钉帮助中国一汽实现了生产管理数字化。管理人员通过钉钉群能够实时、敏捷地调拨现场物料；通过钉钉群、DING 消息和生产日志，实现了生产任务通知实时化、数字化，大量替代了纸单管理流程；通过安全管理机器人优化车间现场管理，实现了安全质量自动预警，钉钉实时反馈消息到相关责任人；通过钉钉设备巡检工作台及时发现设备问题并保修保养[1]。

钉钉帮助西安地铁打造了线上综合管理服务平台，围绕安全运营、设备管理等多个维度，让数字化融入每一角落，成为地铁运营"最依赖的信息化工具平台"。通过群机器人与相关资产设备对接，西安地铁实现了基于人工智能的自动监控和处理功能。群机器人可自动根据设备状态及时通知相应的工程师，通报设备故障和恢复情况。

5.4.4　质量管理

传统制造业企业存在质检管理成本高、质量问题响应慢的问题。质检工作量大且烦琐，纸质工单流转、填写烦琐，消耗大量纸张，存储困难。人工统计导致信息滞后、响应慢，管理人员无法随时获取质量信息。质检活动之间没有关联起来，寻找质量问题的根源较困难，品质追溯无法满足要求。数据编辑的准确性较低，二次人工汇总数据难以保证准确性；修改数据时没有留痕记录，可能发生为掩盖质量问题而故意作假。

基于云钉一体的数智化质量管理系统实现了产品质量检验的规范化、数字化，全程可追溯。数智化质量管理系统改变了传统

1　参考2020年网络文章《钉钉平台助力中国一汽疫情防控，数字化迈入新阶段》。

手工记录、纸质统计的烦琐流程。在产品质量检验发起阶段，质检数据由钉钉移动端或 PC 端录入，检验人员填写好产品批次、产品名称、数量及需检验的项目，选择检验流程，提交后发起检验，钉钉会自动将检验信息发送给第一环节负责人。检验人员通过 DING 消息推送检验通知，并能够实时掌控质量检验进度，及时跟进异常情况。在生产环节，现场的产品检验信息将被自动推送给检验人员，并有 DING 提醒，确保检验人员能及时收到。同时，检验人员可以查询已提交和已检测产品的历史记录，以及当时的检验情况。检验人员提交之后自动流转到下一环节，并给相关责任人发送提醒。发起产品检验的人员或相关领导可以实时掌握产品检验进度，节省了来回沟通的时间成本和人力成本。质量检测系统流程可以灵活控制，按照设定流程逐步流转，即使出现异常，检验人员也可以手动调整流程，进行手动派工。过去，企业出现质量问题，各个相关部门人员急忙去找造成质量问题的数据，这是"人找数据"；现在，全程可追溯的数据能帮助企业快速定位到质量问题的源头，直接通知到责任人，这是"数据找人"。

临沂市铸信机械有限公司过去的质量检测存在很多问题，例如，产品检验流程不清晰，检验项目和参数设置复杂，检验过程中流转的是纸质文件，检验报告不易保存，流程追溯性差，且占用人力、物力。该公司使用钉钉质量检测系统后，产品质量检验与钉钉审批实现了完美的结合。检验项目和参数可以在后台设置，检验人员只需按照系统的提示进行操作，有效避免了漏检、错检，大大提升了产品检验质量，降低了工人的工作量，提高了工作效率。检验报告可以一键生成，使用电子版存档，全程可追溯。应用质检管理系统后，该公司的工作效率得到大幅度提升，质检员的日任务管理及时完成率达到了100%，手机点选操作，效率提升了70%，管理者的质检管理工作效率提高了40%，质检异常追溯效率提升了25%，跨部门沟通成本减少了20%。统计员一秒输出报表，质检数据百分之百随时可追溯。

5.5 数智化新供应链

供应链是由供应商、制造商、仓库、配送中心和渠道商等构成的物流网络，供应链上下游协同已经成为组织的重要竞争力。供应链全球化是一个重要趋势，面对全球经济的动荡和不确定性，供应链要变得更透明、更高效、更安全。数智化新供应链是一个开放透明、协同共生、高效便捷、绿色安全的智慧供应生态体系，通过数智化技术使采购、仓储、运输、配送等环节的智能化水平显著提升，供应链组织方式不断优化创新。

与传统供应链相比，数智化新供应链的本质区别在于供应链的网络协同。数智化新供应链的优点也包括基于数据进行定性、定量的供应链预测，多次高频配送，可以实现及时补货、调货、退货等，如表5-4所示。

表 5-4 传统供应链与数智化新供应链的对比

对比维度	传统供应链	数智化新供应链
供应链运营	被动执行	全局优化，研、产、供、销协同，滚动采购，销售预测
仓储布局	单仓发全国	全国多点多仓布局，整体优化
货物周转	一次性发往全国各门店，货品周转效率低	多级缓冲，多次快速补货，高周转率
货仓匹配	线上线下货品和仓库分离	线上线下一体多级争相逆向混合，店仓一体，就近取货、发货，货通天下

续表

对比维度	传统供应链	数智化新供应链
仓库扩展	自有仓，为高峰准备最高配置，日常浪费资源	自有仓+社会仓，按需错峰配送，整体资源利用率高
物流作业	靠人工，差错率高	使用智能机器人、自动传送带、IoT，减少人工依赖和差错
运输调度	送货司机、配送员偷懒，或者送货慢、司机送货路线拥堵	动态智能调度

数智化新供应链的流程主要包括数智化技术赋能的采购管理、仓储管理、物流管理、供应链全链路协同管理等，如图 5-13 所示。云钉一体让制造商、供应商、渠道商和物流商在线化，供应链协同更高效和安全。

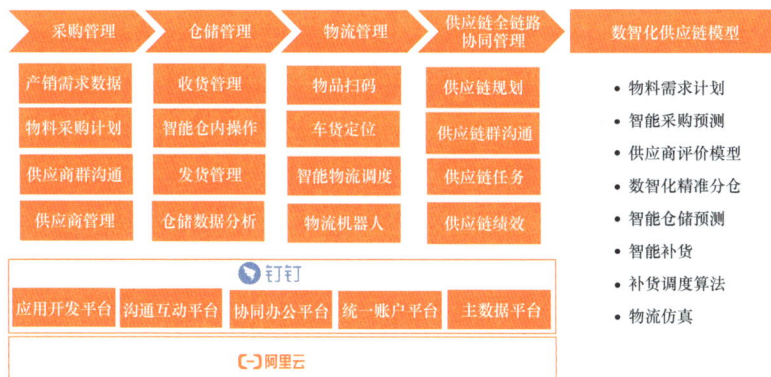

图 5-13　基于云钉一体的数智化新供应链流程

5.5.1　采购管理

通过数智化采购管理，生产商可以实时掌握销售、生产数据，精准掌握零部件库存及补货数量，市场需要多少就采购多少，大大提高了采购效率。生产商还能加强产品研发、生产、销售和采购的协同,实现供应链全局协同,降低组织的采购成本和经营风险。数智化采购管理流程包括采购需求管理、采购寻源、采购订单到交付等环节,如图 5-14 所示。

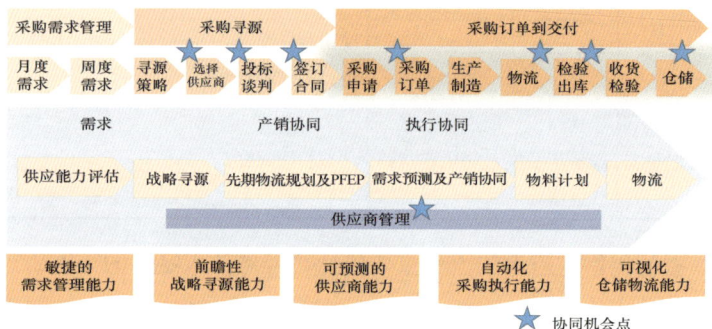

图 5-14　数智化采购管理流程

采购需求管理可将组织的周度、月度、季度和年度需求通过钉钉等工具在销售、生产和采购部门间进行沟通,实现采购需求数据化并进行沉淀分析,明确组织的采购需求。组织要建立敏捷的采购需求管理能力,基于全面实时联动的需求端数据,采用科学的预测模型,提升采购需求预测精准性,通过深化供需协同提升供应链敏捷响应能力。

采购寻源是通过评估供应商的供应能力选择供应商。组织可以通过钉钉群、钉钉文档、钉钉会议等工具,与供应商进行线上沟通、投标谈判、比选报价、招投标、签订合同等。组织要建立前瞻性战略寻源能力,基于实时数据获取和智能分析前瞻性地洞察供应市场的趋势与风险,通过制定精准的采购策略高效响应采购需求,实现规模化采购;建立对供应商能力的数据预测,基于供应过程的实时数据分析预测供应商的绩效趋势,监控潜在的供应风险,动态优化供应商资源。

选定供应商后,组织可运用数字化的采购管理系统生成电子采购申请,并形成电子采购订单。这样可以消除重复性的手工操作,提升采购交付的效率与质量。在采购执行全流程中，组织可以通过云钉一体采购解决方案，用钉钉服务窗加强与供应商的沟通联系，实现通知发布、采购、对账流程的数字化，并实时分析供应过程的数据，实现自动预警。

5.5.2 仓储管理

仓储管理是组织为充分利用仓储资源或服务而进行的计划、组织、监控和协调的过程。仓储管理很复杂，为数不多的仓管员要面对的是数以千计的物料、上百家供应商及诺大的仓库，管理不善往往会造成库存不准确、库存积压、收发货混乱及呆滞废料不断等问题。仓储管理与供应链其他部分脱节，会造成库存数据无法共享、备货不合理、分仓不合理、单仓发全国等问题，会给供应商带来很大的成本损耗。尤其是遇到节假日、"双十一"时，供应商需要提前大量备货，因而库存压力增大，面临很大的运营困难；如果备货少，又容易断货，就会出现仓储配送的局促。

数智化仓储管理整合了线上线下供应链体系，将全部产品、货架、出入库等数据上网和共享，推进厂、仓、店一体，实现就近发货、取货，提高了产品库存周转率。组织可建立可视化仓储物流监测能力，基于整合高效的仓储物流网络规划，实现精准可视的库存与配送管理。通过钉钉协同工具，组织可以进行生产、采购、仓库、物流、渠道、销售等多方协同，提升仓储出入库和仓储配送的效率。

仓储配送是仓储管理的一个重要的业务协同环节，涉及预约配送、主动截单、订单生成调控、智能仓内操作等，这些步骤都可以在钉钉中协同完成。预约配送是为了缓解供应链压力，联动上下游在时间上对订单进行错位，在上游激励消费者选取预约配送，在缓解压力的同时保证时效性。订单生成调控以保护每个仓的产能为目标,一般会采取流量调控和营销调控两个方案。例如,弱化营销力度、削弱订单生成力度,以形成有序的订单生成过程,其背后的逻辑都是为了缓解仓的压力,避免爆仓。智能仓内操作是指通过使用智能立体仓、智能机器人、IoT 设备、智能分拣设备等数智化仓储设备,减少人工操作,降低差错率,从而提高仓储整体效率。例如,奥克斯公司以前的仓储业务流程包括排产、仓储和配送等 18 个节点,走完一遍需要消耗 33 个小时。通过与菜鸟、天猫、钉钉的合作及数据打通,奥克斯公司实现了仓储智能化,整个业务流程缩短为 6 个节点,只需要 1 个多小时,效率得到了很大的提升。同时,奥克斯公司通过钉钉填写报表,使分仓布货、补货计划实现了精简及智能化运作。

在 2019 年的"双十一",菜鸟借助仓储物流的数字化、智能化实现了新的突破:5 天的发货率为 98.8%,库容预估准确性为 94%,售罄率为 73%,减少上亿件备货库存,履约订单投诉率为 0.18%,节省近千万元仓库租金。到了 2020 年"双十一",天猫的物流订单总量为 23.21 亿单。历年"双十一"的数据显示,菜鸟物流数字供应链的智能决策越来越准确、高效。

5.5.3 物流管理

物流管理是对人、车、货的全程计划、执行、监控和调度的管理,包括物流计划、车货管理、物流调度和物流监控等环节。物流管理面临的一个问题是如何在满足运输要求的前提下,对现有的人、车、货等资源实现最大化的利用。组织通过运配资源的统筹分析,可以有效地评估不同运配方式的成本,完善物流运配计划的制定和执行。例如,在不影响单车运能和时间的前提下,对多订单寻求最大程度的拼载策略。在出库链路,组织要按照规模化运输的策略，通过一级、二级分拔和集货来执行干线运输等。在物流运输过程中，组织要设法规避送货司机和配送员偷懒、送货慢、送货路线拥堵、配送时间长、配送员行为不规范、胡乱处置包裹等，解决运输中存在的配送效率低、物流车辆调度难、用户体验差等问题。

数智化物流管理将与物流运输配送相关的业务数字化，同时结合各种 IoT 设备形成物流智能感知能力。组织将众多物流配送节点的数据汇聚、上云，再通过复杂的算法模型、高效的数据运算及科学的数据分析，可视化呈现物流运输动态，规划配送最优路线，动态智能调度配送，减少配送时间，提高配送效率。组织还能通过司机或配送员钉钉打卡等方式，与配送员实时沟通，监督和规范其行为，保障运输配送工作顺利进行。

例如，立白集团的经销商、直营、销售、物流及立白生态的内外协作伙伴都已经逐步切换到基于钉钉的"嘟嘟"上。立白的第三方物流公司 50% 以上的司机都在使用"嘟嘟"，60% 以上的经销商用上了"嘟嘟"，实现了供应链多方实时在线，使产业链上的许多问题得到了解决。以前，经销商不知道司机到哪里了、不知道客户什么时候收货、不方便安排收货计划、无法查看签收结果，新司机也可能对业务流程、仓库位置不熟悉。现在，立白集团通过钉钉和菜鸟平台实现了营销和物流信息的共享。对于每一个物流订单，钉钉都会默认生成一个包含经销商、承运商、运输管理方、仓储方、司机等多方在内的钉钉群，实现物流业务场景的全面协同，高效完成各项任务[1]。

1　参考消费日报网2019年文章《立白打造专属钉钉：敏捷数字化"底座"实现大生态云协同》。

　　组织通过智能机器人、无人机等智能物流终端，还能解决物流"最后一公里"的体验问题。在 2020 年 9 月的云栖大会上，阿里巴巴发布了第一款物流机器人——小蛮驴。小蛮驴集成了达摩院最前沿的人工智能和自动驾驶技术，具有类人认知智能，应急反应速度达到人类的 7 倍。达摩院自主研发的感知算法让机器人能在无 GPS、北斗环境下实现厘米级识别，意图预测算法赋予了机器人超强意图识别能力，只需 0.01 秒就能判别 100 个以上行人和车辆的行动意图。机器人还拥有大脑决策、小脑冗余、异常检测刹车、接触保护刹车、远程防护等多重安全设计，安全性能更高。所以，小蛮驴能轻松处理复杂路况并择优选择路径。这款机器人可以说是"耐苦耐劳"，4 度电就能跑 100 多千米，每天可送 500 个快递，雷暴、闪电、高温、雨雪、车库、隧道等恶劣及复杂的环境均不影响其性能。2020 年 10 月，由小蛮驴领衔的 22 个物流机器人进入浙江大学紫金港校区。2020 年"双十一"，阿里巴巴在浙江大学打造了全球首个机器人送货点位，由机器人承担浙江大学菜鸟驿站 3 万多件包裹的送货上门服务。

5.5.4　供应链全链路协同管理

　　供应链全链路协同管理是基于数字技术和管理技术对供应链端到端各相关企业和机构之间的物流、资金流及数据流进行规划、控制、协调与平衡的管理过程。供应链全链路协同管理将供应链上业务伙伴的业务流程相互集成，从而有效地管理从原材料采购、产品制造、分销、零售到交付给最终用户的全过程，在提高用户满意度的同时降低整个系统的成本，提高供应链上各企业的效益，如图 5-15 所示。

图 5-15　供应链全链路协同管理

通过供应链全链路数智化，组织可以从供应链全网协同的高度、广度和深度做全面的数智化供应链规划布局。通过钉钉生态协同工具，组织可以构建供应链网络协同的生态组织数字化底座，将供应端和流通端协同起来，如图 5-16 所示。

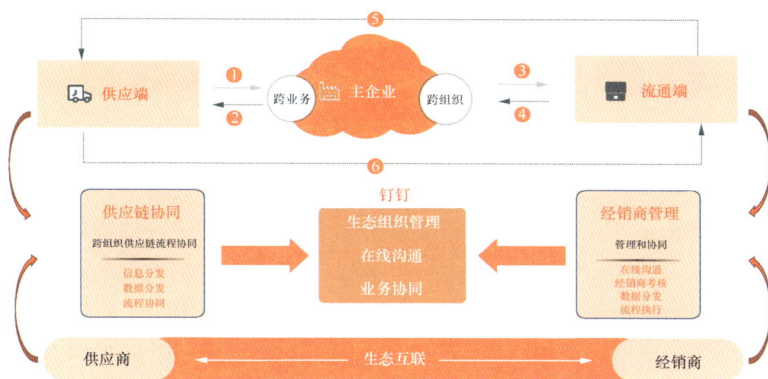

图 5-16　基于钉钉生态组织管理的供应链协同

全链路数智化供应链也是由数据和算法驱动的。在供应端，智能算法提高了物流效率和库存周转率，让资金利用率大幅提升；在生产端，智能算法驱动生产计划联动优化，实现灵活备料、备产能和安排大小生产线；在消费端，智能算法提高了消费者履约能力，让消费者的体验更佳。在阿里巴巴，通过钉钉生态连接器，菜鸟供应链数字平台与天猫平台实现了协同，让商流和物流实现了真正的一体化。

现在很多产品上架时都要面对线上、线下多个渠道，要想保证不同渠道的订单及时履约，就必须把"一盘货"的供应链打通。

供应链应该做到全渠道、全链路的实时数字化，仓库数据要做到实时同步，并能通过各种人工智能技术进行智能预测、智能补货。从用户下单那一刻开始，数智化供应链就要开始介入数据运算，让数据驱动柔性敏捷供应链系统，实现多级仓库配货、多级分拨、终端站点就近配送，直到商品送到消费者手上，全链路信息应透明可追溯。盒马鲜生正是全链路数智化供应链的体现，送货小哥在取到要送的商品后，系统会统一规划路线，根据消费者购买的商品进行路线分析，选择最优的配送路线。

在钉钉上，企业可以通过各种方式构建供应链协同的应用。一些应用是根据企业的供应商关系管理（Supplier Relationship Management，SRM）、供应链管理（Supplier Chain Management，SCM）及 ERP 等相关系统进行定制开发的，一些应用是通过选择供应链 SaaS 协同平台与钉钉实现无缝集成的方式进行构建的，还有一些应用是通过钉钉搭等低代码开发平台构建的。通过钉钉生态组织上的供应链应用，企业能实现对供应链协同的业务和组织的数字化，从而打通供应链上下游和自身内部的生产制造，大幅提升供应链协作能力，提升组织竞争力。

5.6　数智化新营销

在传统营销中，商品是通过渠道销售的，渠道才是品牌商的"客户"。因此，品牌的所有营销工作都是围绕渠道展开的。如果品牌商想掌握消费者信息，就要依赖第三方的市场调研公司等专业机构。在渠道为王的时代，谁掌握了最核心的渠道，谁就取得了主动权。品牌竞争的内在逻辑是"渠道在哪里，消费者就在哪里"。因此，线下的商业竞争是以商业资源的空间占领为核心的，拓展渠道的广度、密度和深度根本是为了在空间上占有更多触达消费者的机会。

但是，在 2015 年之后，随着电子商务渗透率的提升，品牌对空间的竞争逐渐转换为对消费者时间的竞争。品牌必须把触手伸到消费者行为的前端去，在潜在消费人群中占有消费者的认知时间以完成品牌宣传。在消费者为王的时代，如何精准地找到目标客户是所有品牌营销的核心问题。那么，在消费者产生购买行为之前，如何精准触达这些消费者呢？数智化新营销提供了解决方案，关键是用数智化技术和数据对消费者进行识别、分析、扩容、触达，这也是数智化营销的关键步骤，如图 5-17 所示。

图 5-17　数智化营销的关键四步

传统营销与数智化营销的对比如表 5-5 所示，可见数智化营销更注重基于数据的用户洞察、营销精准投放和效果评估。

表 5-5　传统营销与数智化营销的对比

对比维度	传统营销	数智化营销
营销精准度	广告投入大、效果不可测	精准触达目标人群，优化迭代
用户分析	用户分析样本小	全面洞察用户的属性行为
营、销结合	品牌传播、销售推广行为独立	全链路数据打通，品效合一
营销效果	营销效果无法精准评估	营销全要素可被数字化评估

数智化新营销的流程主要包括数智化技术赋能的营销人群识别与分析、人群扩容、精准投放、全生态营销效果评估，如图 5-18 所示。组织将用户数据不断沉淀到云上，并通过用户分析不断深化用户洞察，实现精准人群营销；通过数字触点覆盖范围的不断扩大

达到人群扩容,市场行为和销售行为得到连通,营销也从以前的"营销营销,有营无销,有销无营"的局面转变为"营销营销,有营有销,品销合一"的新局面,并通过数字化营销评估反馈优化营销。

图 5-18　基于云钉一体的数智化新营销流程

5.6.1　营销人群识别与分析

人群识别是要知道哪些消费者购买了自己的产品,然后整合分析消费者在各个场域的行为。人群分析是对消费者属性及行为进行分类分析。对用户数据融合后,数据管理平台(Data Management Platform,DMP)会提供人群透视分析、RFM 分析、AIPL 分析及流转分析等。人群分析可以对消费者的属性进行分类,例如,消费者的标签可能是"90 后新潮""70 后传统大叔"等。针对目标人群,组织通过标签透视和显著性分析功能可以完成对受众的洞察。

DMP 中丰富的人群分类可以帮助组织通过各种条件的组合圈选精准人群,让组织在人群分析的过程中快速圈选指定数量、指定筛选条件的目标人群。DMP 能提供多种人群组合方式,如细分市场圈人、新用户拓展、自定义人群工厂、关键词圈人、线下数据定向、创建第一方分类、人群组合圈人等，以适应不同的运营需求。常见的人群分类组合应用场景包括新用户拓展、会员关系维护、大促人群获取、人群差异化营销、新产品启动、内容和个人 IP 兴趣定向、线下门店营销等。例如，针对新产品启动的场景，组织可以把圈选条件放在品类关键词、消费行为、人生阶段、消费层级等分类上。

通过灵活地应用各种人群分类组合方式，品牌不仅可以让投放效率越来越高，还可以针对不同的消费者群体进行差异化营销。

5.6.2　人群扩容

品牌通过分类组合可以完成精准人群的圈选。但是，当圈选人群的规模过小时，就需要用到数智化营销的下一个核心能力——人群扩容。人群扩容是用大数据匹配更多特征消费者群体。

人群扩容的工具有很多。例如，阿里巴巴的 DMP、Quick Audience 等都有这个功能。DMP 侧重于阿里妈妈对广告投放人群的选择，更适合电商部门使用；Quick Audience 是阿里云的智能产品，具备数据建立、洞察、扩容等功能，适用于零售、教育、餐饮、服务等行业。

5.6.3　精准投放

以前，品牌投放广告时主要是购买固定位置，但其中电视广告、户外广告、纸媒广告的受众不够精准。即使楼宇广告的受众相对精准，但也无法完成对人群中购买意向的测定。

随着营销大数据的发展，品牌通过大数据分析和用户连接能准确预测哪些消费者将购买自己的产品，完全可以做到根据分类进行人群精准触达、广告精准投放。因此，通过建立品牌私域的消费者数据资产，品牌不一定要做大规模的广告和大量的市场投入，也可实现对会员的精准营销。

5.6.4　全生态营销效果评估

一直以来，营销效果的评估都是一个难题。过去，一个营销活动是否成功，主要看产生了多少销售业绩，这也是品牌能采录到的唯一可靠的数据。但以此为唯一考核点，运营团队就会把工作重点放在如何收割老用户上，品牌就容易失去发展潜力，品牌的存量不断被消耗，"增量没人做，谁做谁错"成了过去营销工作的通病。

数智化营销效果评估在一定程度上解决了这个问题。第一，品牌可以根据营销的目的、产品运营周期设定不同的效果目标和考核模式。第二，所有的营销活动都可以数字化、可视化，甚至实时监测。营销活动中的各个要素都可以进行数据化的评估，如明星、IP、渠道、促销、会员等价值。第三，数智化营销工具提供了全新的运营模式，用"测试微调，快速迭代"代替原来的"精密计划，按步实施"的运营方法，把效果反馈频率从原来的以年、月为单位转换成以天、小时为单位。

数智化营销考核可以从多维度进行数据测量，例如，通过AIPL模型中消费者数量的变化进行测量。如果营销活动的目标是触达更多的消费者，那么考核重点就放在A（认知）值的增加上，如新产品试用、新客派样等；如果营销活动的目标是让消费者产生购买动机，就重点考核活动周期内的"A—I"流转人数，如内容"种草"、达人合作等营销活动；如果营销活动的目标是转化忠诚会员，即把购买的用户转化为会员，那么考核重点就可以放在"P—L"流转上，看看在单位时间内有多少购买用户转化为会员和二次购买的用户。

媒体投放的价值评估是营销中最关键的一环，因为媒体投放是营销费用中占比最高的一项，投放的过程也是最有技术含量、最考验团队的。阿里妈妈策略中心针对直通车、超级推荐、品销宝等营销工具的效果提供了详细数据，包括对 AIPL 周期的流转贡献、展现量、加购率、引导成交等。全网的投放数据可以通过 UniDesk 等工具查看。

5.7　数智化新销售

数智化新销售的主要流程包括数智化技术赋能的客户管理、全渠道融合、新零售重构和客户体验升级等环节，如图 5-19 所示。组织通过数智化新销售，让客户、品牌、渠道商和零售商在线化，销售协同效率更高。

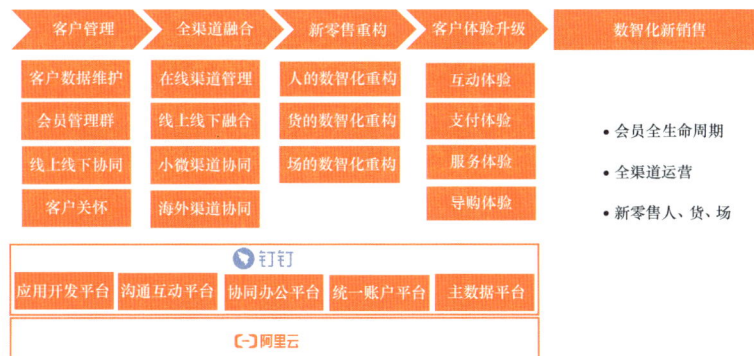

图 5-19　基于云钉一体的数智化新销售流程

5.7.1　客户管理

客户是企业的收入来源，维护好客户关系是企业生存和发展的基础。在传统的客户管理中，企业仅要求销售人员录入客户信息，并督促销售人员不断地通过电话或短消息等方式跟进联系客户，以促成新单。但由于销售人员对客户不了解，他们能给客户提供的只是反复的"骚扰"，而没有什么对客户有价值的信息。传统的客户关系往往只集中在部分销售经理手中，销售经理带资源"跑路"的现象屡见不鲜，经常给企业带来很大的损失。另外，随着线下线上渠道的增多，也出现了不同渠道客户管理混乱的情况。

数智化客户管理是指采用数智化技术管理企业与客户之间的相互关系，实现营销、销售、服务等相关流程中的客户管理的数字化和数据化。销售人员了解客户的特征和习惯，能针对客户喜好进行产品推荐。销售人员对每天与客户沟通的情况、销售订单的形成、客户关怀等进行多维度数字化记录和管理，并汇总到企业的客户资源池，保障企业客户关系管理的一致性和持续性。

数智化客户管理能实现线上和线下渠道的会员打通与共享，无论在线上还是线下，会员都能享受优惠。组织要建立统一的会员中心，进行会员数据管理，把会员的来源作为重要分析维度，实现会员归属唯一。这样客户在全渠道都能得到统一的服务和权益，更有利于提高客户忠诚度，也更能沉淀该客户的全面数据，为其进行更好的服务。例如，在客户生日时，门店都会推出生日专享促销。但是，如果客户在过生日这天没有时间到店呢？那就可能错过生日专享促销。有了钉钉的会员共享服务，客户生日当天没时间到店，同样可以在线享受特别服务。

林清轩公司在接入钉钉的智能导购功能后，实现了钉钉和手机淘宝打通，店员通过钉钉就能发送导购信息到会员的淘宝 App 上，客户打开 App 就能看见消息。通过智能导购功能，林清轩公司打通了线上、线下会员系统。导购在门店招募的会员可以通过钉钉进行后续专属维护。无论会员在天猫下单，还是在线下复购，导购都可以得到佣金提成。相比使用钉钉前，林清轩的会员招募效率提升了 30 倍，以前 3 年共发展了 40 万名会员，现在 3 个月就新增了 100 万名。销售业务数字化让企业的效率提升了 3 倍，导购人均业绩增加了 1 倍。

客户数据是企业的重要资产，为了保证客户数据的安全，企业需要有专门的安全措施。例如，银泰百货建立线上、线下会员系统后，所有会员数据通过钉钉被传输到银泰的工作人员手中，再通过钉钉加密技术和第三方加密技术的双保险确保了银泰所有会员数据的唯一密钥，任何其他外部企业和个体都无法解密，银泰拥有唯一的会员数据使用权。

5.7.2　全渠道融合

渠道是连接品牌和销售端的通路。渠道的大小各不相同，既有沃尔玛等大型超市、银泰等大型百货商场、淘宝等大型线上平台，也有街边的"夫妻店"、支付宝小程序里的小店等。不同渠道的商业合作模式也不同，大超市（也被称为 KA 渠道）采用卖货制的模式，百货商场采用"统一收银、销售抽点"的模式，综合购物中心（Mall）采用房租模式，电商则采用"广告、服务收费"的模式。

传统渠道管理的数字化程度低，品牌商对渠道末端的管控难，除了进货数据和销售数据，其他数据基本缺失。因此，品牌商面临着客户信息掌控难、铺市进度了解难、促销费用把控难、经销商行为管理难等问题，经常出现经销商"在订货会上拍脑袋，在卖不掉时拍桌子"的情况。

数智化新渠道实现了全渠道业务数字化、全触点数字化后，可以通过数智化技术解决很多传统渠道的问题。传统渠道管理和数智化渠道管理的对比如表 5-6 所示。

表 5-6　传统渠道管理和数智化渠道管理的对比

对比维度	传统渠道管理	数智化渠道管理
渠道选择	凭经验、靠人脉选择渠道	数智化人群匹配和选择渠道
渠道融合	渠道并行，线上和线下渠道矛盾重重	全渠道融合，以用户为中心，线上和线下统一
渠道管理	渠道管理靠巡店、手工报表，渠道末端管控难	渠道管理移动化、实时化，渠道末端实时在线
渠道深耕	渠道深耕靠人力扫街，成效低	零售通在线完成渠道深耕
门店选址	门店选址靠经验，存活率低	门店选址靠大数据，存活率高
店铺特色	千店一面，人货匹配率低	千店千面，精准组货

（1）渠道管理数字化协同

云钉一体能充分赋能品牌与渠道的协同。

一方面，组织通过钉钉将线下门店的业务行为数字化，能收集汇聚客户数据并沉淀到云端。经过数据洞察分析后，组织利用数据分析客户需求并向渠道进行反馈，使渠道策略更加精准，渠道资源更高效地匹配。基于钉钉工作台，门店可以与原有的销售代理商管理系统打通，打造渠道商自助平台，实现一站式渠道商服务入口，让信息透明、可管理。渠道商通过自助平台可及时掌握各类业务的实时进展，可分类查询利润、销量、账单、金融贷款、线上返利对账等数据，可随时随地提报订单计划、开票计划、投诉反馈等，提高渠道协作效率。

另一方面，组织通过沟通与管理数字化，使其指令实时传达到位，实现渠道管理行为数字化。组织可在钉钉中搭建渠道商沟通平台，使渠道商信息在线上得到统一管理与维护，方便资料留存和业务开展，实现高效沟通协同。组织可以采用正式公告的形式推送渠道政策和通知，让渠道政策快速传达，有效指导渠道商业务；也可以建立业务员与渠道商的线上沟通渠道，实现便捷交流。

钉钉的群直播功能在全渠道融合方面发挥了很大的作用。它可以一键开通，PC、手机、平板电脑多端同步，可以自动保存直播录像，还可以实时统计和记录观看人数、观看时长，使直播效果清晰可见。例如，立白集团有 1100 多家经销商、1800 多个销售团队，立白集团利用钉钉的群直播召开了多次销售作战部署会议，几步就可以轻松完成千人同时在线的会议的准备工作。以前举行这样规模的会议，会议准备、人员差旅、现场管理可能就要花费至少 1 个月的时间，投入巨大的人力、物力，最后却可能无法评估效果。有了钉钉的群直播，销售部署会的成效立竿见影[1]。

（2）线上线下渠道融合

数智化渠道实现了渠道商在线化，有助于解决线上渠道和线下渠道的矛盾。组织一方面通过钉钉等工具能掌握线下门店的运营情况，另一方面将线上零售与线下门店进行全方位融合，实现全渠道零售。通过数据的连接，线上渠道和线下渠道打通了产品、会员、营销、物流等商业要素，从矛盾对立转向了优势互补，实现了线上、线下双向引流。

以全屋定制行业为例，品牌商可以先在淘宝、小红书、篱笆社区等渠道进行内容"种草"，通过展厅直播、工厂直播、设计师直播的组合让客户对品牌产生认知；然后通过天猫渠道进行产品展示、客服咨询，让客户在天猫上支付定金，通过地理位置路由分配给就近的经销商，或者通过新零售系统让客户选择就近的门店；经销商安排上门测量，沟通装修方案，定制生产和施工交付方案，最后通过在线系统核销；客户先在手机淘宝 App 上支付产品的定金，再在门店云 PoS 或硬件 PoS 上核销并支付尾款。整个链条环环相扣，全过程可以通过钉钉进行协同。对于引流环节，品牌商利用好线上引流成

---

[1] 参考《21世纪商业评论》杂志2021年文章《布局数字化5年，日化巨头立白如何破格出圈？》。

本低、容易触达客户的优势；对于转化环节，品牌商利用好线下体验店、上门服务等优势来完成，转化率高，服务体验好。

线上、线下渠道融合还体现为可以用线下的爆品带线上新产品，快速地完成线上新产品的启动。例如，青岛啤酒、蒙牛酸奶、洽洽香瓜子等每天的全渠道订单量都在百万笔以上，渠道密度大，覆盖率高。新产品启动时，只要有计划地抽取一部分数据做精准营销，就会带来巨大的流量。青岛啤酒推出了面向女性客户的果味精酿啤酒，如果独立在线上为这个产品引流，获取精准流量的成本不低，但通过线下引流就很简单了：可以在青岛纯生啤酒的瓶盖内侧印上抽奖二维码，客户可以用手机进行新产品体验抽奖；可以设置女性客户的获奖概率为高概率，男性客户的获奖概率为低概率，从而获得精准的目标客户；然后让其在天猫等电商渠道领取体验装、抵用券等。这样做既能快速、低成本地触达客户，又能让天猫等渠道的新产品销量快速累积，并通过搜索、猜你喜欢等流量数据分析工具实现更多新客触达。

（3）渠道深耕细作

在数智化时代，新品牌进入市场的渠道策略包括以下几种：先做线上渠道，再做线下渠道；先做数字化触点的渠道沉淀数据，再做数字化程度低的渠道；先做精分渠道沉淀核心客户，再做大型贸易渠道拓展大众市场。例如，三只松鼠先以电商渠道为主要战场，让线上客户快速形成品类认知，并通过线上营销手段打造三只松鼠IP，在获得品牌影响力和会员客户后开设线下自营体验店—松鼠投食店。基于钉钉，三只松鼠将线下零售经验和数据实时上传到云进行积累，并通过数据分析对产品进行调整后再进入商超等大型贸易渠道，最后通过零售通直接渗透到几十万个线下实体店铺，完成深分渠道的快速布局。

我国有 600 多万家街坊小超市，贡献了快消品行业 40% 的出货量，每天服务 12 亿客户，提供 1500 万个就业岗位。这些小店虽然数量庞大，但极度分散，往往是独立经营的"夫妻店"，缺乏稳定、丰富的产品供应。阿里巴巴零售通为这些小店提供了数智化解决方案，帮助小店转型升级为便利店，实现了"六个统一"：统一的产品供应、统一的物流、统一的服务、统一的便利系统设施、统一的管理、统一的标识。

截至 2020 年初，阿里巴巴零售通平台上已有 150 多万家微小店铺。在产品供应方面，零售通已经与 50 多家大客户建立了战略合作关系，活跃在零售通上的品牌商达到 3000 多家。在物流方面，零售通的全国仓配网络的物流供应链覆盖了 193 个城市、13370 个乡镇。零售通在全国建立了 5 个区域仓、超过 30 个城市仓，覆盖全国 21 个省（直辖市、自治区），并且已经下沉到了县城。城市仓在一环内实现了"T+1"的到货时效，在一环和二环间实现了"T+2"的到货时效，在二环和三环间实现了"T+2"和"T+3"的到货时效，能够以 B2B 的物流履单模式服务这些小店。在渠道维护服务和管理方面，零售通在线下拥有超过 10000 人的"城市拍档"，覆盖上百万家小店，帮助品牌商完成对小店的关系管理、货品流通、营销服务等。在数字化能力方面，零售通 App 与 PoS 系统相结合，基本实现了从小店到客户的全链路数字化。而且，使用零售通的小店可以获得高德地图的引流，接入饿了么，还可以连通钉钉，突破了 300 米的服务半径，获得并服务更多的周边客户。

品牌商通过零售通可以快速深耕渠道，小店可以在线订货，应用零售通的合作伙伴进行配货和关系维护，利用菜鸟、饿了么等做离店 3000 米半径的销售覆盖。品牌原来要花很多成本开拓深分渠道，而现在通过业务数字化和网络协同可以快速实现。

（4）海外渠道拓展

随着我国电商产业逐步成熟，竞争越来越激烈，出海成了新的增长点。但是，直接入驻国外电商平台需要引入了解当地市场和文化的专业团队，国内的企业往往"水土不服"。速卖通是阿里巴巴面向国外市场的跨境电商平台，覆盖了美国、日本、俄罗斯、巴西、西班牙等200多个国家和地区，涉及18种语言，海外成交买家数量突破1.5亿个，速卖通App的海外装机量超过6亿次，并入围全球应用榜单前10名。

熟悉淘宝等平台的国内商家能快速上手速卖通，天猫商家可以一键入驻。在支付上，卖家通过国际支付宝进行提款，交易安全快捷，并且可以享受超低的手续费。在物流上，速卖通与菜鸟网络联合推出的官方物流能提供揽收、配送、物流管理、物流纠纷处理、赔付等一站式物流解决方案。品牌商可以借力海外仓备货，出单后直接从海外本地仓库发货，时效更快，服务更好。在营销上，除了关键词竞价排名的直通车，达人任务、联盟（海外版淘宝客）、Flash Deal（秒杀）、橱窗（搜索推荐）、团购、试用、单品折扣宝、店铺满减宝、商家优惠券等丰富的营销工具可以助力流量和转化率提升。在速卖通上，社群和直播营销发展迅速。在2019年6月的年中大促活动中，近100万俄罗斯人在线观看了速卖通直播，西班牙和法国的观看用户数也在快速增加。

通过阿里巴巴的海内外电商平台，原本复杂的渠道拓展工作可以在线一键展开，支付、物流、服务等由平台和本地化服务商网络协同完成。原本只有大型企业才具备的海内外渠道多元化拓展能力，小企业通过平台赋能也能轻松拥有。

5.7.3　新零售重构

传统零售的人、货、场是离线的孤岛，相对割裂并受时空限制。

新零售的人、货、场完全在线化,可以实现 7×24 小时场内外销售,做到千人千面、千店千面,为客户提供各种私人定制的服务。二者的对比如表 5-7 所示。

表 5-7 传统零售与新零售的对比

对比维度	传统零售	新零售
业务员工作	业务员守株待兔,被动等待,上班时间禁用手机	业务员线上线下主动全域获客,对客户实施强运营;没有客户时鼓励业务员用手机联系客户,并设置全域销售+全域客服+网红直播+全员品牌大使
天气影响	业务员靠天吃饭,天气太热、太冷、下雨、下雪等都会影响业绩	业务员可以实现每天24小时场内外销售,较少受天气影响,可主动营销
人、货、场的关系	人、货、场是离线孤岛,相对割裂,受时空限制	在线化和高效精准连接,可识别、可触达、可洞察、可服务
零售理念	渠道为王+产品为王	渠道为王+产品为王+用户为王
店铺的特色	千人一面、千篇一律、千店一面	智能提醒、有温度的服务
客户聆听	口头上客户第一,实际上很难重视客户反馈	重视聆听客户的反馈,倒逼优化内部流程和质量
员工的积极性	员工与零售商是纯粹的雇用关系,员工是打工心态,离职率和流动率极高,没有较好的职业生涯规划	员工是店老板、事业合伙人,与零售商是利益共同体

(1)新零售对"人"的重构

在零售的各个环节中,"人"是一个要素,客户、导购、店长、经销商、品牌商、合作伙伴及投资者等都是"人"的一部分,都需要进行数智化重构。

钉钉与手机淘宝打造的智能导购被称为阿里巴巴新零售的"王炸"产品,帮助品牌商开始真正跨越线上与线下的边界,实现组织化的全域精准营销。利用钉钉新零售工作平台,品牌商可以将到门店的客户、会员数据沉淀在钉钉里，与他们建立长期的互动沟通通道。门店可以实现数据移动化、实时化、可视化，对终端一线店员、店长、督导员进行在线管理。每个渠道、每个商品的销售情况都可以被实时观测，销售数据可以直接被加工为对比数据、考核数据，品牌总部还可在线考核门店运营情况，在线培训、考核、激励员工，实现管理提效。

数智化后的客户不再只是某一类具体的人，而是用性别、喜好习惯等一系列数据描述的客户，这能够深度还原客户的真实状态。"人"与"货"的互动数字化是利用 AR、VR、魔镜等进行导购，让客户更全面地了解货品信息；交易数字化是利用智能 PoS、移动支付提升支付体验，让客户更便捷地完成交易并自动加入会员；运营数据化是利用品牌号、手机淘宝、钉钉等工具对客户进行离店服务及触达。

数智化后的导购不再只是"守株待兔"的导购员，而是集导购、顾问、主播、客服于一体，实时在线全方位精准服务客户的专家。例如，林清轩 300 多家门店中的 2000 多位业务员在新零售转型中摇身变成了 2000 多位主播。在 2020 年春节期间，林清轩的一线员工在线下门店几乎全部关停的情况下全面转向钉钉在线销售。导购成了客户的专属客服，他们在钉钉上发消息，客户在手机淘宝查收，即使客户没有进店，导购和客户之间的"路"也是通的。通过近几年的积累，林清轩已经拥有了几百万名粉丝。由于通过网络平台重建了与客户的连接，2020 年 3 月 1 日至 8 日，林清轩的线上销售额同比提升 400%，线下业绩增幅也超过了 140%。在淘宝网首个直播购物节期间，林清轩还登顶"国货好价榜"[1]。

---

1 肖利华等.数智驱动新增长[M].北京：电子工业出版社，2021.

搭载钉钉之后，立白集团的管理人员和导购统一在立白导购管理平台进行沟通与协作，真正实现了智慧导购管理。日志功能将文本的日报改进为结构化数据，并自动按层级数据积累，节省了信息填报和传递的时间。利用公告、任务分发、群直播功能，总部指令可以直达每一位员工。通过门店人员填报、数据自动回流、输出调研报表等功能，导购扮演了数据采集终端的角色，线下数据的采集问题也得到了解决[1]。

基于云钉一体的新零售管理平台，特步集团利用智能导购进行引流增量，实现了每月招募 150 万名门店会员、1.1 万位导购上钉钉。2018 年的"双十一"期间，智能导购为特步门店引流近 3000人，"双十一"当天的成交额超过 200 万元，为新店带来了 15 万元的销售增量。导购通过钉钉向客户发送新品上线、折扣活动及优惠券等信息，客户打开淘宝 App 就能看到相关的产品和优惠信息，并在淘宝上进行购买。运用钉钉智能导购工作台，导购可以直接与门店的客户建立联系，向客户推送会员专属消息及活动详情等相关信息[2]。

数智化后的店长不再是每天开晨会、统计店员业绩的负责人，而是跨渠道的线上线下全面服务客户的"枢纽"。他们全面掌握客户每天的消费数据并不断完善数据标签，借助各种数据报表精准预测每天的销售额，发现"认知、兴趣、购买、忠诚"客户全链路中出现的问题，提升每一个环节的转化率，为客户创造更好的服务体验，而且可以为后端的新产品创新提供数据支撑。

数智化后的经销商不再是每年参加订货会、下订单的买家。经

1　参考欧界传媒2019年文章《钉钉智能化运营助力立白新发展》。

2　参考新零售世界2019年文章《阿里钉钉智能导购火了，助力品牌新零售转型》。

销商是跟客户接触最紧密的群体,以往品牌商对客户不够了解,最主要的原因就是大多数产品都是通过经销商卖出的,但是经销商的各种数据不会都同步给品牌商,因此品牌商和客户之间存在断层。数智化后的经销商可以通过各种系统全面了解客户群体,实现精准触达,增加销售额。同时,品牌商也可以通过销售的一线数据更好地研发客户需要的产品。

(2)新零售对"货"的重构

在"货"这个层面上,已经出现了数智化新产品打造、个性化定制、柔性供应链等革命性的变化。同时,货物通过 AIoT、扫码等能够实现实时在线化,提升品牌对货品的生产、库存、零售和服务等实时管理。

例如,立白集团可能会遇到产品销售订单异常率高、订单满足率低、订单价差金额高、刷单等异常。通过钉钉,相关管理人员可以随时看到各项产品数据的变化情况,一旦发现异常,可以直接调用 DING 消息及时提醒相关责任人,实现风险点的提醒和预警。一个 300 万元的产品销售目标可以通过数智化的方式实现有效分解,产品销售效率通过库存满足率、发货及时率、费用核销率、物料下发率等核心指标的数字化实现提升。

(3)新零售对"场"的重构

"场"不仅是指商场、门店或网店,还是客户生活、工作等与零售商产生交集的所有场景组成的集合。新零售的"场"既包括消费互联网的"场",也包括供给端产业互联网的"场"。组织需要围绕客户需求的消费场,借助渠道、终端、场景、能力等方面实现更精细化的运营。新零售的"场"正在全面拥抱数智化,以创造全新的体验空间和交易空间,带来更多的增长机会。

例如,红蜻蜓通过钉钉实现了新零售对"场"的数智化。2018 年,红蜻蜓将线下 1000 多家自营门店改造成智慧门店。同时，3000 多家加盟店全部上钉钉，完成了组织的数字化。在一年多的时间里，红蜻蜓线下门店的导购引导客户在店内扫码，积累了 500 多万条线下会员的数据，这是离店销售的基础。红蜻蜓围绕阿里巴巴的客户运营全链路模式将这些会员社群化，再进行一对一的触达、营销、转换拉新。在新冠肺炎疫情期间，红蜻蜓集团的研发、财务、行政甚至数据工程师都加入了卖货的行列。通过全员卖货，红蜻蜓在 2020 年 2 月 14 日的离店销售额首次突破 100 万元，全年离店销售额接近 2 亿元。

以往的巡店等业务具有范围广、区域跨度大、人员需求多、外出时间长、耗费成本高等问题，一些组织采用了钉钉的电子巡店等应用，让巡店效率大幅提升、成本显著下降。

5.7.4　客户体验升级

在数智化的推动下，零售终端的客户体验正在快速升级。

（1）互动体验升级

以往在零售终端，客户与商家是几乎没有互动的，客户选购产品、买单结账，有时候有导购介入，但是体验并不好。云端货架可以完全实现可视化制作交互触控、动画、3D 展示等内容，轻松实现展示及与客户的互动和交流。零售商利用互动大屏、互动导视等方式，可以让客户自行了解产品、选择自己喜欢的款式和型号，从而产生互动的新体验。例如，在买口红时，智能试妆镜可以让客户不必涂到手上看颜色、选色号，而是在试妆镜里随意选择搭配；魔镜可以让客户试衣变得更加方便快捷。

（2）支付体验升级

客户通过扫码、扫脸进行支付方便快捷，省去了现金买单找零的麻烦。现在很多零售终端还可以实现自助收银，这些支付方式都深受年轻人的喜爱。客户选购自己心仪的产品后，在自助收银区扫一扫即可完成支付，整个过程不需要人工参与，也不需要排队等候，十分便捷。

（3）服务体验升级

智能母婴室一改以前狭小空间的设计，不再只是给婴儿喂奶、换尿不湿的地方，客户可以在里面体验、试用各种母婴用品，如果喜欢，扫码就可以完成购买。在机场、火车站和办公楼中，无人售货也变得越来越流行。无感停车让人们开车购物的体验更顺畅，省心又省时。

（4）导购体验升级

以往零售终端的很多导购是非专业人士，主要起到推销的作用。当被问到专业问题时，导购的回答有时无法让客户满意。而现在的零售终端导购更专业，大多采用无扰式客户服务。如果客户有问题，导购就会给出专业回答；如果客户没有问题，则自己选购即可。导购可以兼顾顾问的功能，结合各种专业工具和数据更好地服务客户。导购还可以自己进行直播，多维度服务客户。

5.8 数智化新服务

为了做好客户服务，提升客户体验，实现客户服务价值的最大化，组织需要做到三点：第一，客服要与消费者实时沟通，要想消费者所想，比消费者更懂他们自己；第二，客服触点要和对消费者的洞察结合，提升服务效率和每一次接触的价值；第三，客服要负责任地解决全链路消费者的问题，让消费者对品牌产生信任。

过去的客户关系管理（Customer Relationship Management，CRM）系统与客户服务是割裂的。在数智化新服务中，客服是消费者和商家之间的一个"服务管家"，不仅为产生交易行为的消费者提供全链路管理，也为仅仅发生客户服务触达的用户提供客户服务全生命周期管理（无论是否成交）。

传统服务与数智化新服务的对比如表 5-8 所示。

表 5-8　传统服务与数智化新服务的对比

对比维度	传统服务	数智化服务
服务闭环	线上线下割裂，无法闭环评价	线上线下贯通，形成反馈闭环
客服响应	客服响应不及时，客户体验差	智能客服等及时响应，提升客户体验
客服频率	与客户沟通低频，销售即完成	保持与客户的强连接，销售只是过程，重视客户的终身价值，重视客户分享
反馈改进	针对客户的反馈，内部传递不及时；常止于客服部门；从反馈到改进，环节割裂	重视全域消费者舆情；分类实时反馈到全链路；倒逼优化内部流程和资源配置

数智化新服务的流程主要包括数智化技术赋能的用户倾听、体验洞察、会员全生命周期管理、智能客服关怀等，如图 5-20 所示。基于云钉一体的数智化客服管家对客户关于产品质量、外观和物流的问题反馈、问询、投诉等进行收集和处理，并通过钉钉等协同工具分类汇总给对应的部门，对客户反馈进行实时响应，从而提升客户体验、优化内部流程，使资源配置更加合理，做大、做强品牌口碑。

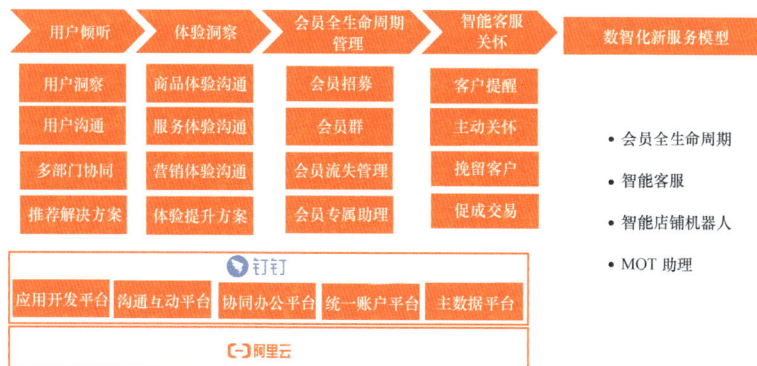

图 5-20　基于云钉一体的数智化新服务流程

5.8.1　用户倾听

在用户和品牌连接及沟通的过程中，数智化客户服务系统会聆听用户的心声，给用户一个"懂他，同时又能够让他信任"的触点，这个触点能让用户跟品牌每一次接触的流量效率和价值最大化。

数智化客服是组织与用户的客服管家。不管是在售前用户有关产品和促销的咨询，还是售后的转化、留存、传播，都有智能客服管家全程协助。在他们的努力下，大量的用户问题被前置解决，而不是等到发生后再被动处理。

客服接待用户售前咨询时，经常会遇到以下情况。第一种情况是用户不知道买什么，而且懒得花时间了解产品的性能、规格等信息，希望客服能在自己提出诉求后推荐合适的产品。第二种情况是现在店铺活动多，规则形式也多种多样，当有满减、打折等优惠活动，用户需要凑单时，往往也会咨询客服，让其推荐合适的产品组合。第三种情况是用户在倾向于购买有优惠或热销的产品时，往往也希望客服提供推荐。第四种情况是当用户感兴趣的产品没货了，用户有流失的可能时，需要客服及时推荐能够满足用户需求的替代品。在这些情况下，客服第一时间为用户推荐准确的、满足需求的产品十分必要。

这对客服的业务能力与素质要求比较高，因为他们只有对用户、店铺产品和活动规则十分了解，才能为用户精准地推荐产品。而具备这种敏锐观察力和判断力的客服往往可遇不可求，他们的销量与转化率都要高于一般客服。阿里巴巴的零售小蜜智能导购是客服的得力智能助手，阿里巴巴开发团队在开发了智能摘要、智能会话、结束预测等提升客服工作效率的功能后，再次从提升客服询单转化的角度入手，开发了智能导购"猜你心意"功能，其在有无库存推荐、主动求购推荐、优惠活动（产品）推荐、默认推荐（兜底推荐）四种应用场景中有效提升了询单转化率。与使用零售小蜜智能导购前的询单转化数据相比，用户的下单欲望变强了，销量增加了近 20%。同时，这也有助于提升用户体验。

5.8.2　体验洞察

数智化客服要学会"察言观色"，敏锐地把握用户体验的变化，从而更好地提升用户体验，让用户对品牌更加信赖。组织基于用户洞察数据，通过钉钉与用户进行互动，聆听用户的声音，观察用户的行为，能构建面向消费端的体验评价，用于反馈用户的体验。

阿里巴巴净推荐值（Net Promoter Score，NPS）体系可以自动生成对产品体验、服务体验及营销体验的洞察，让影响用户购买决策的关键因素从海量数据中脱颖而出，帮助品牌快速改进产品的运营策略。例如，用户下单后可能会由于某种原因未付款，这时商家非常想知道到底是产品、价格、优惠还是活动的原因造成的。NPS用户体验洞察能让品牌发现问题所在，并且提供解决方案帮助品牌提升转化率。系统对用户在所有节点中遇到的问题能做一个快速的洞察，并把这些洞察通过钉钉快速反馈给品牌。仅仅"拍下未付款"这一个场景，数智化客户服务每年在天猫为商家挽回的 GMV 就高达数百亿元。

5.8.3　会员全生命周期管理

会员是组织的长期客户，也是重要资产。会员全生命周期管理旨在实现会员触达、陪伴、留存、转化甚至流失的全程管理。

会员全生命周期管理有三个关键指标，也是决定会员运营体系是否有效和成功的三个核心因素。一是初始流量，会员初始获取量越大，整个会员的基数就越大；二是会员的生命周期，周期越长，会员提供的价值就越大；三是流失率，每个节点的流失率越低，具有黏性和忠诚度的会员的比例就越高。

基于钉钉建立的会员全生命周期的关键时刻（Moments of Truth，MOT）助理方案可以更好地服务会员，做到从关注到注册、从注册到购买、从购买到复购，整个过程都让客户感受到关怀和舒适，提升从关注到注册的转化率。此方案最大限度地引入初始流量，加强与会员沟通，延长会员生命周期，促进更多的会员转化为忠实会员，并对忠实会员进行深度运营。而且，此方案能够在流失率高的节点上减少会员流失。

5.8.4　智能客服关怀

客服队伍很重要，但是组建客服队伍的成本比较高。一些组织把客户服务外包给第三方团队做，但第三方团队不了解客户的偏好，也不熟悉品牌，反而让客户服务缺少了"温度"。

智能客服软件是数智化新客服的一项重要选择。阿里巴巴店小蜜就是一款智能客服软件，已经服务了近140万个商家。店小蜜不仅帮商家做客服，也帮店铺做营销，在客户浏览、收藏、加购、咨询、物流、签收和售后的多个环节主动唤醒、提醒、关怀、挽留客户，直至促成交易。店小蜜的操作很简单，通过智能任务、智能诊断、智能辅助等方式让商家快速上手，为客户带去更好的服务和体验。

某知名电商服饰品牌算了一笔账，一个智能客服机器人相当于30名有经验的人工客服，可以直接为店铺节约50%的人力，大促期间甚至可以节约70%的人力。在新冠肺炎疫情期间，某消毒杀菌日用品牌的咨询量爆增，在人力无法到位的情况下，阿里巴巴店小蜜通过配置关键词、欢迎语卡牌、关联订单场景等数智化的方式解决了 80% 的咨询量。

钉钉与智能客服结合，能够 7×24 小时覆盖客户服务的场景。钉钉 + 智能客服的架构如图 5-21 所示，客户可以通过各种触点与组织进行交互，智能客服和接待组件可以将客户的问询转换成各种接待方式，更好地提升客户的体验。

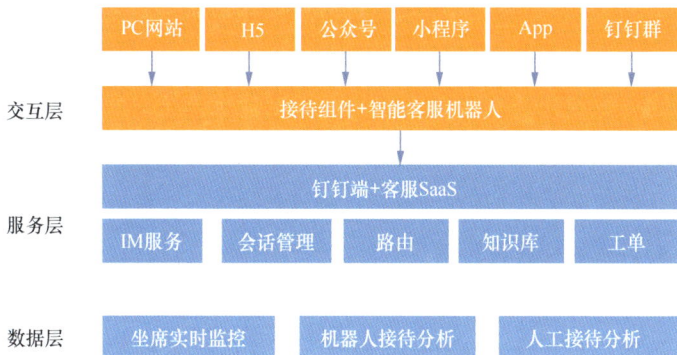

图 5-21　钉钉 + 智能客服的架构

小结

本章主要介绍了数智化敏捷组织的业务体系，这是一个由数智化新品牌、新产品、新制造、新供应链、新营销、新销售、新服务等环节形成的全链路业务数智化体系。

（1）推进业务全链路数智化，是打通人、事、物、财、场之间的壁垒，构建全链路环式价值网和数据智能，实现供给端和消费端的高效协同，以用户为中心进行全链路高效协同创新、实时响应、智能决策。

（2）数智化新品牌是以数据为依据进行市场分析、品牌定位、品牌传播和品牌运营，能极大地提升品牌定位准确性、品牌传播效率、品牌运营效果。

（3）数智化新产品是运用数智化技术和工具进行新产品创造、新产品市场测试和新产品协同创新。在数智化新产品研发中，阿里巴巴的 TMIC 可以帮助企业进行人群研究、市场洞察、爆品创造和协同策略升级；阿里巴巴仿真实验室可以进行新产品测试；数智化新产品创新中心可以进行新产品迭代创新，强调消费者参与创新。

（4）数智化新制造是数智化技术赋能生产全过程，包括客户化定制、柔性化生产、智能工厂、质量管理等环节，发展客户化定制、柔性化生产、网络化协同，建设智能工厂，推动生产、车间、设备和质量管理数智化。

（5）数智化新供应链利用数据和算法驱动采购管理、仓储管理、物流管理、供应链全链路协同管理。云钉一体让制造商、供应商、渠道商和物流商在线化，供应链协同更高效。

（6）数智化新营销是基于数据进行营销人群识别与分析、人群扩容、精准投放、全生态营销效果评估。

（7）数智化新销售是指数智化技术赋能的客户管理、全渠道融合、新零售重构、客户体验升级等。

（8）数智化新服务是指数智化技术赋能的用户倾听、体验洞察、会员全生命周期管理、智能客服关怀。

第 **6** 章

数智化敏捷组织的组织体系与要素

随着组织战略的调整和业务的重构，组织体系也要进行动态变革。在数智化时代，个人与组织的关系在重构。个体的成长与创新让组织更具生命力和创造力。数智化敏捷组织将持续不断地弱化管理边界，拓宽能力边界，跨越沟通边界，打破创新边界，实现组织架构的柔性扁平化、岗位人员的动态成长化、沟通协作的实时高效化、创新模式的开放敏捷化。

推进组织管理的数智化转型，要围绕组织人员、形态、机制和文化四大核心要素构建新的组织体系，借助数智化技术让组织的领导者、管理者和每一位员工都拥有全新的数智化生产工具，解放其生产力，激发其创造力，让优秀被看见；利用数智化技术支持组织的人、财、物、事的数智化，通过组织在线、沟通在线、协同在线等，实现扁平管理、实时沟通、高效协作、精细运营、敏捷创新，提升组织效能，增强组织生命力，如图 6-1所示。

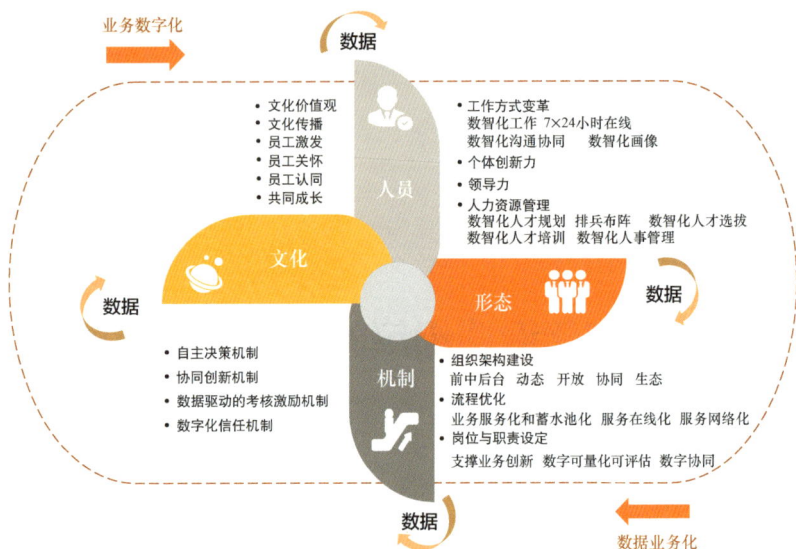

图 6-1　数智化敏捷组织的组织体系与核心要素

6.1　数智化敏捷组织的人员要素

　　人是组织的核心。谷歌公司前 CEO 施密特指出，未来组织的关键职能就是让一群聪明的创新者聚在一起，快速地感知用户需求，愉快地、充满创造力地开发产品和提供服务。在数智化敏捷组织中，业务和组织数字化让业务与组织的知识不断被沉淀、传播，个体的创造力被充分激发出来。因为有了智能化工具及相关技术，组织人才培养与管理模式也发生了巨大的变化，人力资源规划、智能人事工具运用、人力资源制度与流程都不断革新，"让人尽其才""让优秀被看见"成为风向，更多的优秀人才在各自岗位上贡献力量，如图 6-2 所示。

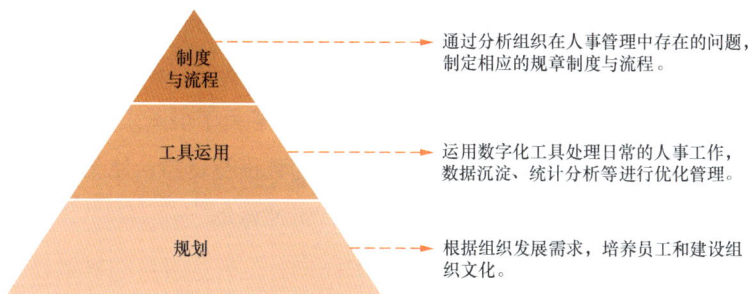

图 6-2　数智化敏捷组织的人才培养与管理模式

6.1.1　工作方式变革

数智化敏捷组织的工作方式将在场所、时间、实时沟通协同、数字化人才画像等方面发生巨大的变革。

（1）在任何场所都可以工作

随着网络、音频、视频、直播等技术的不断应用和普及，人们的工作空间被重新定义，并且得到了极大的丰富。在各种数字化工作空间中，只要提供人们工作所需的数据和内容，人们就可以跨地域进行协同工作，而不再局限于办公室，工作空间被大大扩展。

（2）在任何时间都可以工作

在数智化时代，人们的工作可以在线上进行。因此，人们的工作时间更灵活，可以做到 24 小时在线，随时对用户需求做出反馈；可以及时处理紧急工作，方便随时随地进行协同。利用钉钉可以对工作进行实时的反馈和快速响应，有利于提高组织的工作效率。

（3）任何员工都能及时进行沟通和协同

在数智化敏捷组织中，员工拥有开放的、可用于交流和协作的数字空间。更多的信息交流和思想碰撞激发了员工的沟通、协作、创造能力，组织的创新能力和文化竞争力显著提升。

大润发 20 万员工使用钉钉展开线上沟通和协同，内部员工可以双向了解沟通结果。由于钉钉的"群聊信息永续透明化"，新员工可以通过钉钉翻看历史记录以熟悉工作内容，避免了很多重复性工作。

洛可可通过钉盘和钉文档共享组织的数据及资料，使新项目的设计师能从历史项目中获得有用信息，迅速开展工作。

为了方便员工在工作中快速获取帮助，钉钉为复星在复星通平台上建立了专家库系统。此系统可以方便员工查询组织中核心人员的信息，快速与其沟通相关事务。

（4）数字化人才画像

在数智化时代，人力资源管理正从 eHR 向 iHR 转变，i 代表智能化。组织建立了所有员工的画像。员工在公司里的办公、项目、考核、培训、分享、营销等相关工作都会得到数字化呈现和沉淀。因此，组织可以通过人才的数字画像对其进行分析，了解其职业、专业、业绩、技能、特长等全方位的信息，从而促进组织的人才培养与选拔。

6.1.2　个体创造力

陈春花教授指出："今天管理者的核心工作是确保组织跟上环境的变化，让组织具有驾驭不确定性的能力。要做到这一点，其核心是关注组织成员的成长，并且确保每个成员能够持续地进行价值创造。"建设数智化敏捷组织，能从以下四个方面提升个体创造力。

（1）让个体从低效、重复性的劳动中解放出来，激发个体的创新潜能

通过组织数智化建设，"数据 + 算力 + 算法"成为组织运营的新引擎，业务数字化和组织数字化的"双螺旋"带来了新的工作方式，实现了更高的业务、管理和协作效率。在数智化敏捷组织中，

组织的核心资源可以被高效地分配给每一位一线员工，避免员工陷入体力劳动、重复性脑力劳动，使员工的能力和潜能进一步释放，有更多时间参与针对用户需求的自主决策和创新性活动。因此，个体的创造力被激发，组织的总体产出将大幅度增加。

钉钉赋能的新工作方式是一种激发创新的工作方式，其核心是透明管理，给每一个个体充分授权，让每一个人的优秀可以被大家看到，让每一个想法得到尊重。组织将工作系统迁移到钉钉上，只需一部手机，人员就能轻松实现业务数字化。数智化敏捷组织通过大数据和云计算连接每一个人员，赋能一线员工，发挥一线员工的自驱力与创造力，使每个人的创造创新力爆发，从而推动组织不断创造创新，这是钉钉创新管理的灵魂所在。

（2）个体的创造性活动能够获得源源不断的信息和知识

组织通过数智化建设可以不断沉淀数据、信息和知识，实现业务和组织活动中个人知识的数字化，进而将个人知识组织化、隐性知识显性化、显性知识标准化、标准知识系统化、系统知识智能化，使每个人的知识都能让更多人传承和受益，让每个人在相互沟通、相互协作和知识贡献中不断学习，不断成长，并创造价值，如图 6-3 所示。

图 6-3　数智化敏捷组织中知识的沉淀和利用

知识分享和重用对组织的个体创新非常重要。例如，洛可可公

司的钉钉平台——洛钉钉的钉盘与文档帮助洛可可公司实现了各
类数据、资料的数字化存储与共享。首先，洛可可公司保存了各
类培训资料、设计师心得，新入职员工通过在线学习可以快速成长。
其次，洛可可公司非常重视项目的过程管理，项目执行过程中的
每一项新需求、拆分后的任务详情、每一版设计方案、每一稿设
计文件、各类基础数据和过程数据都可以数字化保存和共享，关
键数据和详细资料全部在云端存档并做标签备注区分。客户、设
计师和客户经理可以随时随地调取相关资料，了解设计方案、阶
段性样稿，因而提高了创作的效率[1]。

（3）提供创新的工具和方法，帮助个体完成创新

组织通过数智化建设，可以利用钉钉应用开发平台进行低代码
开发，降低数智化应用开发的门槛，帮助组织中的个体进行创新
应用，每个业务人员经过简单的培训就可以用低代码开发的方式
搭建自己的应用系统。

（4）营造团队创新的氛围，让个体在团队成员的帮助下共同完成创新

组织可以运用钉钉群的协同能力，将客户的需求迅速转化为创
新的想法，让好的创新想法及时被发现，让创新者随时得到更多
好想法的启发，让团队通过头脑风暴相互激发更多好想法，将个
体的创造力转化为集体的创造力。

6.1.3 领导力

传统组织的管理者往往是由治理机制驱动的，注重计划、指挥

---

1 王吉斌，彭盾，白雪飞等. 在线组织：钉钉赋能28个组织数字化转型的故事和方
法[M]. 北京：机械工业出版社，2021.

和协调，着力管理员工，提升执行力。数智化敏捷组织的领导者是由价值观驱动的，注重愿景、激励和协同，着力成就员工，提升创新力。

从经理人到领导者的转变对组织的领导力提出了更高的要求。阿里巴巴关于领导力的理念是"领导力是一群有情有义的人做一件有价值、有意义的事"。所谓"情"是大情，是组织的愿景使命，是团队成员彼此互相信任、互相理解、一起战斗，有战友情谊。"义"是规则、底线、高压线和价值观。"有价值"是实现客户价值、战略价值，思考为谁创造，追求拿到结果。"有意义"是需要思考团队因为个体的贡献而有什么不同，员工在组织中存在的意义是什么。

要想成为一个好的领导者，既要抓好战略，也要建好文化；既要做好业务，也要带好团队；既要关注人，也要关注事，做到人事合一。在阿里巴巴，领导力梯队建设分为三个层次，基层领导者、中层领导者和高层领导者的责任与使命不同，但都有"三板斧"，如图 6-4 所示。

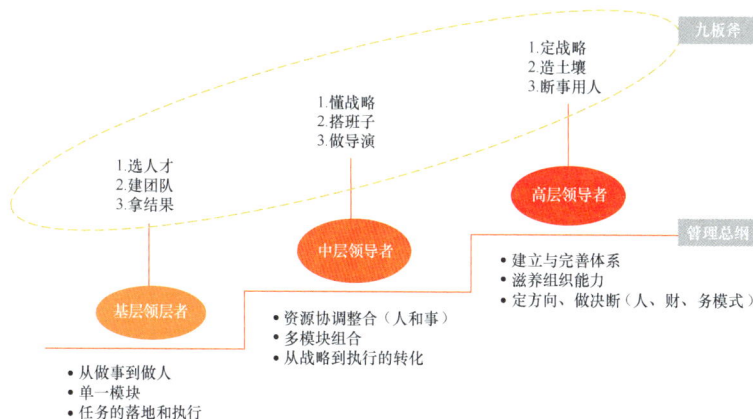

图 6-4　阿里巴巴的领导力梯队建设

通过数智化敏捷组织建设，组织能不断提升领导力，通过"组织大脑""领导驾驶舱"和排兵布阵让领导者能自如地定战略、看数据、作决策,通过"组织图谱""人才盘点"和"全员群"让领导者能轻松地搭班子、选人才、指方向。

对于员工而言,领导者不是高高在上的首长,而是志同道合的引路人。在领导者的带领下,员工都能以主人翁、创业家的精神参与组织的经营和治理。钉钉全员群也拉近了领导者和员工的距离,让员工和领导者可以直接对话。

6.1.4 数智化人才规划

在数智化时代,组织对人才的需求和选拔已发生质变,人才管理需拓展新思维,要用战略愿景和目标驱动人才组合,要做好内外部人才规划,要用数据驱动组织岗位需求与人才的匹配。

在人力资源规划方面,组织通过数据分析可以更好地了解自身的竞争优势及内部人力资源管理的现状,从而进行预测性分析,指引人力资源规划,更有效地吸引和挽留未来的优秀人才。根据组织发展的需求,组织可以建立岗位需求模型和员工能力模型,运用数字化工具辅助人才规划工作,为人才梯队的建设打好基础。

人才规划工作中复杂度最高的是人才盘点。很多组织通过使用钉钉人才盘点进行人才规划。组织要确定业务策略、战役的目标,设计组织结构,分析岗位要求,制定人才盘点标准;根据人员能力模型进行评估,形成人才盘点报告。人才盘点报告可以被应用于组织的排兵布阵、组织治理和人才储备,如图6-5所示。人才盘点的最大价值在于让优秀的人才脱颖而出。组织利用人才盘点建立人才管理的数字化仪表盘,让人才选拔和选用的决策更有依据,并围绕人才设计机制延长人才的职业生命周期。

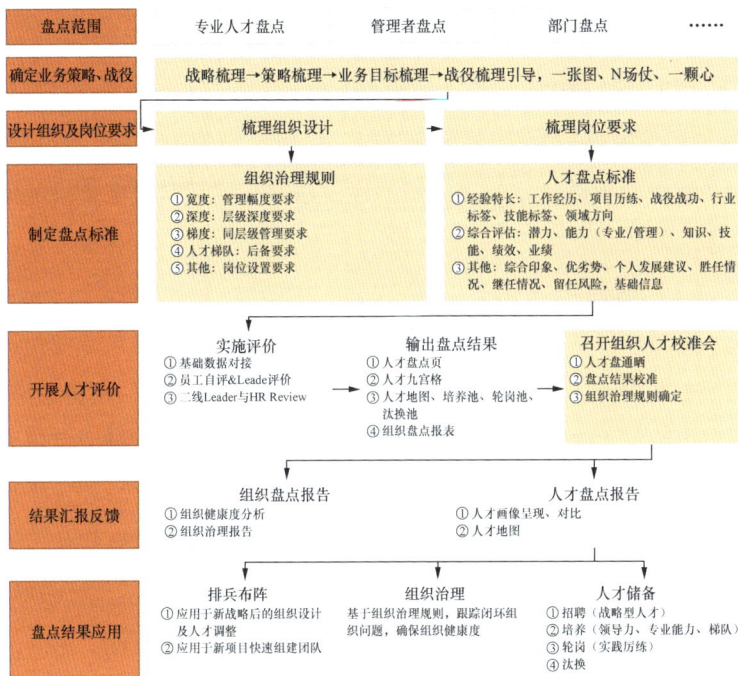

| 盘点范围 | 专业人才盘点 | 管理者盘点 | 部门盘点 | …… |

确定业务策略、战役　战略梳理→策略梳理→业务目标梳理→战役梳理引导，一张图、N场仗、一颗心

设计组织及岗位要求　梳理组织设计　　梳理岗位要求

制定盘点标准

组织治理规则
① 宽度：管理幅度要求
② 深度：层级深度要求
③ 梯度：同层级管理要求
④ 人才梯队：后备要求
⑤ 其他：岗位设置要求

人才盘点标准
① 经验特长：工作经历、项目历练、战役战功、行业标签、技能标签、领域方向
② 综合评估：潜力、能力（专业/管理）、知识、技能、绩效、业绩
③ 其他：综合印象、优劣势、个人发展建议、胜任情况、继任情况、留任风险、基础信息

开展人才评价

实施评价
① 基础数据对接
② 员工自评&Leade评价
③ 二线Leader与HR Review

输出盘点结果
① 人才盘点页
② 人才九宫格
③ 人才地图、培养池、轮岗池、汰换池
④ 组织盘点报表

召开组织人才校准会
① 人才盘晒
② 盘点结果校准
③ 组织治理规则确定

结果汇报反馈

组织盘点报告
① 组织健康度分析
② 组织治理报告

人才盘点报告
① 人才画像呈现、对比
② 人才地图

盘点结果应用

排兵布阵
① 应用于新战略后的组织设计及人才调整
② 应用于新项目快速组建团队

组织治理
基于组织治理规则，跟踪闭环组织问题，确保组织健康度

人才储备
① 招聘（战略型人才）
② 培养（领导力、专业能力、梯队）
③ 轮岗（实践历练）
④ 汰换

图 6-5　阿里巴巴的智能人事排兵布阵解决方案

6.1.5　数智化人才选拔

人才招聘与选拔是过去 HR 中最成熟的领域，效率、质量和体验是人事部门最关注的。随着数智化技术在招聘场景中不断渗透，人才吸引与招聘将实现再升级，组织将通过大数据招聘、直播招聘等新模式更精准、直观、高效地选拔人才，实现组织与人才的长期连接、全面画像、精准匹配。

对于入职员工和离职员工，组织用钉钉能进行很好的管理。钉钉的"群聊信息永续透明化"可以让新员工在入群后便捷地翻阅历史消息，查找工作信息，从而加快熟练工作的速度。钉钉也能够支持自动将钉钉上显示已离职的员工请出群，协助人事部门高效工作。

6.1.6　数智化人才培训

　　培训是数智化人才管理的重要内容。一方面，组织要用数智化的技术手段加强对员工的各种培训，提升员工的职业技能；另一方面，组织要为数智化敏捷组织的建设培养一批具有数字化技能的人才。

（1）培训的数智化

　　面对外部环境变化的不确定性，员工的职业技能和专业知识必须不断更新。人才培训是数智化敏捷组织应对变化的关键举措。结合组织人才培训和知识管理的需求，数智化敏捷组织建立了以人才培养为核心、打造员工个性化职业发展的在线化学习教育平台和知识管理平台，实现了培训过程数智化、培训内容数智化、培训评价数智化。随着视频培训系统的应用与普及，员工培训开始转变为在线培训。尤其是在 2020 年之后，因为不受空间、时间的局限，员工可以随时随地进行学习，在线培训受到广泛欢迎。例如，银泰百货联合钉钉和淘宝大学专门为商场一线导购人员打造了一个线上学习平台——银泰学院，员工可以在钉钉上直接学习培训课程，包括银泰文化价值观、营运管理技巧、新零售技能等 47 门课程，这为银泰培养了一批优秀人才。

　　数智化的培训内容更加贴合员工的工作场景，可以将学习资源灵活地嵌入日常工作，满足个性化需求。例如，员工在需要使用某个产品时，通过手机扫描查询就能立即获取操作指南。

　　员工学习的内容与员工的日常工作越来越息息相关，而且要能帮助员工解决实际问题。员工培训将更多采用碎片化的学习方式，2～6 分钟的短视频课程将逐渐取代 1 小时以上的大课，使学习内容更加精练。同时，视频课程也更有趣，能提高员工学习的积极性。

全职业生涯学习则因数字化技术的发展而加速变革，引领组织从知识学习向能力发展转变。未来，企业将更加关注员工学习动力的激发，利用 AI 等技术构建符合业务需要的学习体系。

（2）培训数字化人才

建设数智化敏捷组织，需要组织培训数字化的人才。数字化人才即拥有数字化技能的人才。一方面，组织需要培养一些懂数字技术、数据分析、应用运营、应用低代码开发的数字化专业人才；另一方面，组织中的业务、管理和领导者需要培养数字化意识，学习数字化知识，掌握数字化业务运营和管理的能力。因此，数字化知识和技能培训是组织数智化转型的重要工作。

经济合作与发展组织将数字经济需要的数字化技能分为以下三类：

- 数字普通技能即组织中绝大多数就业者在工作中使用的基础数字技能，如使用计算机、使用常见的软件、使用网络服务等；

- 数字专业技能即开发数字产品和服务所需要的数字技能，如编程、网页设计、电子商务、大数据分析和云计算等；

- 数字业务技能即利用特定的数字技能或平台辅助解决业务工作中的一些问题，如处理复杂信息、与合作者和客户沟通、提供业务方案等。

数智化敏捷组织建设也催生了新的职业，如数字化管理师，就是组织中掌握数字技能的业务管理人员。钉钉新职业在线学习平台（见图 6-6）提供数字化管理师培训课程，累计培训的数字化管理师已经超过 200 万人。

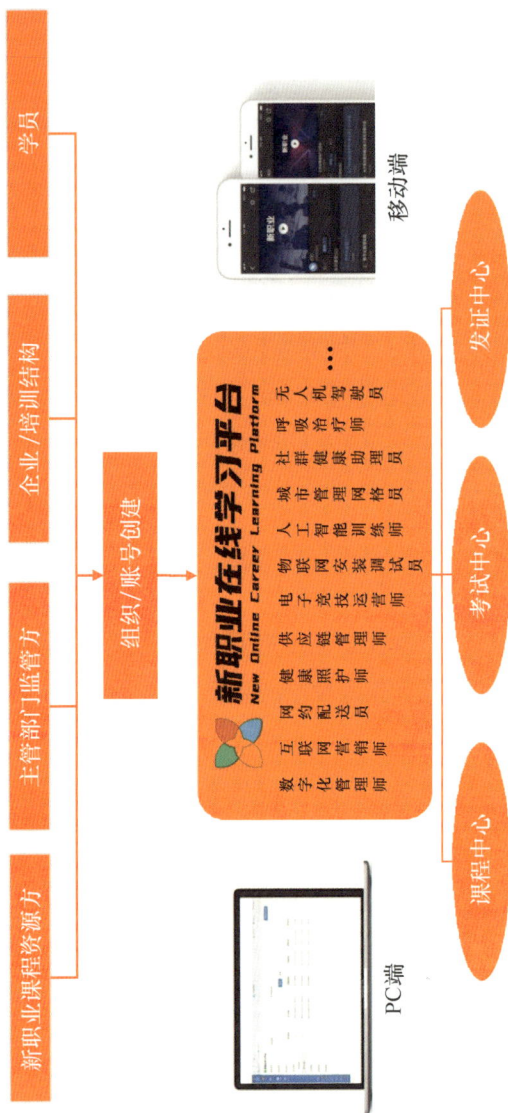

图 6-6 钉钉新职业在线学习平台

6.1.7 数智化人事管理

传统组织的人事专员把 60% 的时间都用在基础人事工作上，而数字化工具可以帮助人事专员把处理琐碎事务的时间所占比例压缩到 5%。例如，组织架构管理、考勤、假期、合同管理、员工异动统计等工作都能通过数字化工具完成，这样人事专员就可以将更多时间花在员工管理、文化建设、招聘和培训上。在人力资源管理方面，组织可以运用钉钉 SaaS 等数字化工具将核心人力资源管理工作和流程线上化，通过线上管理、数据沉淀、统计等方式优化人力资源管理。钉钉智能人事管理的功能如图 6-7 所示。

01 员工入职	02 员工转正	03 岗位变动	04 员工离职
• 员工入职	• 自助申请	• 自助申请	• 员工离职
• 合同签订	• 转正预警	• 岗位调动	• 合同解除
• 协议签订	• 转正考核	• 职位升迁	• 协议终止

图 6-7 智能人事管理功能

考勤是一项基本的人事工作。过去，组织要设置专门的打卡机进行员工考勤。现在，很多组织使用钉钉打卡和考勤，员工打开手机就能自动打卡，即使在外出差，考勤信息也能直接反馈到总部，实现弹性考勤。钉钉考勤简单便捷，统计一目了然，出勤和请假可自动汇总，考勤人员可一键导出考勤结果报表。数字化考勤记录提升了月底统计考勤情况的效率，大大减轻了考勤人员的负担。

组织通过钉钉智能人事、考勤等汇集数据，还能够进行智能算薪，一键推送工资条，生成人力成本报表，从而将 HR 从烦琐的基础性工作中解放出来，使他们可以专注于更核心的事务。

钉钉的智能人事管理可以自动生成待办事项，劳动合同到期会自动提醒，人事异动会自动记入花名册，并自动生成人事异动流水列表。

在人力资源制度和流程建设方面，组织可以通过制度数字化的方式，用数据分析自身在人事管理工作中存在的问题，并制定相应的规章制度和工作流程，如鼓励员工提出合理化建议的制度、鼓励员工主动创新的制度、培训制度、招聘制度、考勤规则、假期制度等，以进一步提升人员竞争力。

6.2　数智化敏捷组织的形态要素

组织形态顶层设计包括三大主线：建架构、明流程、定岗位。在数智化时代，组织架构要对市场变化作出灵活敏捷的响应，组织流程要对各类资源进行动态配置和优化，组织岗位要以用户为中心构建职责，从而建立数智化敏捷组织的独特形态。

6.2.1　组织架构建设

组织架构的设计和调整是根据组织战略目标进行的，是为了将组织战略任务落实到具体责任单元。战略目标是一个完整的目标体系，包括业务目标、管理目标等。这些任务目标会被分配到各个实施主体，通常在业务价值链上落实到不同业务团队的业务工作中，在管理功能上落实到人力、财务、IT 等职能团队。

第 3 章介绍了组织演变和现代化组织架构的三种形态，包括垂直职能式、矩阵式和数智化敏捷组织。在数智化敏捷组织发展过程中，三种架构可能是共存的。垂直职能式架构是适应组织战略需要、相对固定的架构，如管理集团、事业部、业务部门等；矩阵式架构是面对不同的战役要求，在战役期组织起来的战时架构，如项目小组、作战部等；数智化敏捷组织架构是通过组织数字化、网络化和智能化，打破组织部门壁垒而建立的数据共享、信息共享和知识共享的敏捷组织架构，其具有不同于传统组织架构的特点，如表 6-1 所示。

表 6-1　传统组织与数智化敏捷组织的组织架构对比

对比维度	传统组织	数智化敏捷组织
动机	"业务—管理—决策"的治理架构	数据驱动的"小前台—大中台—强后台—富生态"的服务架构
机制	一成不变的僵化架构	战略导向的动态排兵布阵的机动架构
沟通	高墙林立的封闭架构	数据流动的开放架构
协同	员工勾心斗角、相互推诿的内卷架构	鼓励员工共同奋斗、相互学习的协同架构
生态	追求短期利益最大化的高熵架构	资源综合配置效率最优的可持续生态架构

（1）数智化敏捷组织架构是数据驱动的"小前台—大中台—强后台—富生态"的服务架构，而不是传统的"业务—管理—决策"的治理架构

传统组织的架构是金字塔形的。以集团企业为例，顶层是决策层，包括集团董事长、CEO 和 CXO 等，负责领导和决策；中间是职能管理层，包括办公室、企管部、财务部、人力资源部、IT 部等职能管理部门，负责业务统筹、计划、协调和资源调度；底层是各个事业部、子公司或业务部门，负责产、供、销等业务。在这样的架构下，组织更多依靠"计划"进行管理：决策层制定经营目标；管理层落实成具体计划，部署到业务层执行；执行结果自下而上地反馈，决策再自上而下地传达，中间管理层是上传下达的关键。与这样的架构相适应，传统组织的信息化更偏重于管理信息化，主要是为中间管理层服务。从产、供、销收集来的信息，主要服务于管理层的计划、任务调度和绩效考核。

在数智化时代，组织架构将发生巨大的变革，形成"前台—中台—后台"新架构，如图 6-8 所示。

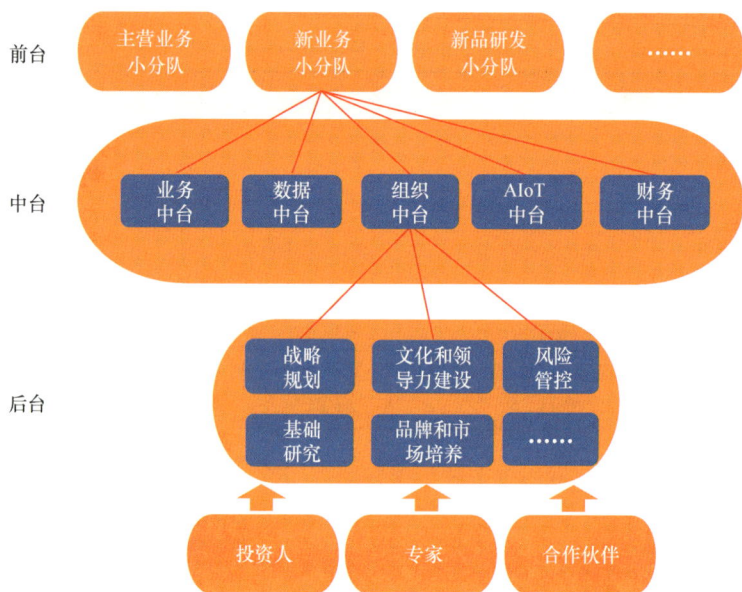

图 6-8　数智化"前台—中台—后台"组织架构

一是原有业务层的前台化。依托数智化操作系统提供的强大的技术工具、海量数据和共享能力服务，组织前台能更敏捷地理解、洞察和响应用户需求，大幅提升用户价值和体验。组织前台的发展趋势是形成若干个专业化、小型化、敏捷化的微型组织，它们是组织内轻装上阵的小分队，更多通过自主决策来更专业地满足用户需求。组织内有大量的小前台，在面对复杂的大协同任务时，它们可以通过协同工具更敏捷、精确地动态组织起来。

二是原有管理层的中台化。随着业务对企业级平台、数据、智能等资源和能力的依赖性增强，业务中台、数据中台、组织中台、AIoT 中台、财务中台等逐步从管理层中分化出来，从管理的角色转换为服务的角色，成了为业务运营和创新提供专业能力的共享服务中心。因此，中台是企业级能力复用平台，能够提供业务能力共享、数据能力共享、协同和应用开发能力共享、智能分析能力共享、财务能力共享等服务。中台的趋势是形成服务化、数智化和开放化的能力中心，为所有业务前台提供各种资源和能力服务，赋能业务创新。

三是原有决策层的后台化。更多的业务决策将前置到组织前台，决策层不再是"拍脑袋"做决策的首长，而是转化成数据驱动的组织后台。组织后台更关注组织战略和可持续发展等重大决策，依托"组织大脑""领导驾驶舱"等数智化工具，做好组织战略决策、基础研发、品牌市场的培养、文化和领导力的培养、风险管控等。组织后台成为一个小型组织单元，在数智赋能、专家团队、业务合作伙伴、投资人等的支持下进行集体决策，实现组织的基业长青。后台有助于形成赋能型领导管理体系，领导和员工的关系将从领导与被领导的关系转变为平等合作的伙伴关系，领导者要从指挥控制者转变为赋能者和价值观倡导者。

面对消费互联网市场的快速变化，阿里巴巴、腾讯、京东、字节跳动等互联网企业纷纷将组织架构调整为"前台—中台—后台"架构，很快就适应了业务的快速发展。随后，零售业、制造业也纷纷采用这种架构推进组织数智化转型。

（2）数智化敏捷组织架构是战略导向的动态排兵布阵的机动架构，而不是一成不变的僵化架构

数智化敏捷组织要围绕战略进行灵活的架构调整和排兵布阵，通过"数据＋算力＋算法"的技术手段模拟演练各种组织阵型，优选业务发展的最优路径，根据业务路径动态排兵布阵，调整组织结构和兵力部署，保证在面对环境的不确定性时始终具备战斗力

和机动性，发挥组织内每个人的作用，保持旺盛的生命力。

随着组织内协同效率不断提升，协同成本不断下降，为了应对市场的快速变化，成立项目型组织成为组织内部的自发行为。这种自发的项目型组织逐步演化为成员自主分工与协同的自组织。自组织能够敏捷应对环境的不确定性，进行自我成长、自我调整、自我适应。阿里巴巴内部的很多新业务开发团队就是这样的自组织。

数智化敏捷组织的动态排兵布阵不仅体现在实体组织的动态调整上，也体现在数字空间中虚拟组织的动态组建和运转上。在钉钉群中，每天都会产生 20 万个以上的新项目群。这些项目群将不同领域的钉钉成员通过项目的方式组织起来，意味着在钉钉的空间中每天都有新的"组织"涌现。这是自组织的新形态，它让一个组织内分裂出成百上千个战斗队，让组织的活力不断被激发。

2018 年，林清轩与阿里巴巴等合作启动数字化转型，上线了业务中台，打通了门店的财务数据和移动数据，但是数字化转型成效并不理想。2019 年，林清轩的线上业绩增长率不到 25%。为什么会这样？阿里巴巴分析发现，林清轩原有的组织架构没能跟上业务转型的步伐。

之后，林清轩根据阿里巴巴的建议，大刀阔斧地进行了组织变革：平行于电商部门成立 O2O 部门，接入"钉钉＋手淘"系统，导购引导顾客用钉钉扫描专属二维码后直接进入林清轩的手淘品牌页面，用钉钉和顾客沟通交流，解决了人员在线和业务在线的问题，线上线下渠道彻底打通。在线组织架构不是线下组织架构的简单映射，它打通了线下组织架构中的数据孤岛，消除了信息阻塞和知识壁垒，并能够通过线上协同对线下组织架构进行动态调整，如图 6-9 所示。

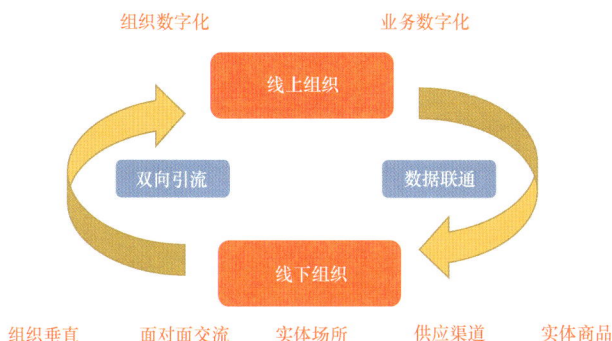

图 6-9　线上组织与线下组织的关系

2020 年，受新冠肺炎疫情冲击，林清轩将业务全面转移到线上，建立了新零售中心。林清轩利用"钉钉＋手淘"等线上渠道与顾客进行沟通、连接、互动，为顾客提供实时、精准服务。2020 年 2 月，林清轩的电商渠道业绩同比增长 500%。顾客利用手淘随时与导购沟通，导购的业绩也被直接记录下来。经过数智化转型组织再造赋能，导购的积极性和生产力被释放，企业的管理效率和顾客的购物体验也有了显著的提升[1]。

在数字经济时代，品牌企业的三大变革主要包括品牌数智化、渠道重塑、重新定义消费体验。但是，这些变革需要组织结构进行调整，以适应业务的变革。组织要让不同的业务部门承担线上、线下跨渠道业务指标，推进整合线上、线下会员数据和服务，重塑分销渠道，重构数智化导购的能力模型和激励体系，培养兼具商业和数智化能力的人才，如图 6-10 所示。

（3）数智化敏捷组织架构是一个数据流动的开放架构，而不是高墙林立的封闭架构

杰克·韦尔奇指出，组织就像一栋房子，当一个组织变大时，

1　参考2021年搜狐网文章《林清轩：从小清新到高端化，数字化驱动国产品牌升级》。

房子中的墙和门就增多，这些墙和门会阻碍部门间的沟通与协调。在全球化时代，很多大型跨国组织是跨国家、跨地区、跨行业的，国籍、语言等隔阂更制造了很多软性的"文化墙"。为了加强沟通和协调，组织必须拆除这些"墙"和"门"。

图 6-10　经营思维与企业组织架构的改变

在数智化时代，钉钉等组织数字化平台就像一面面透明的镜子，你不用拆除物理的墙和门，只需拆除阻碍部门间沟通和协作的"信息墙"，让组织可以更高效地沟通和协作，减少部门间冲突，降低扯皮和推诿的成本。因此，数智化敏捷组织架构设计的第一要务是让数据、信息、知识更快更好地在组织内外部流通，通过钉钉的组织关联让组织与子企业协同，通过钉钉的合作空间让组织与子合作伙伴协同，通过钉钉的服务窗让组织与用户协同，增强组织协同性，提高组织效率，如图 6-11 所示。

数智化敏捷组织能实现"沟通即业务、业务即协同、协同即服务"。专注于办公场景的钉钉，一切创新都是为了让工作中的所有信息协同、透明化，不断打造一个极致透明、公平公正的环境。钉钉有一整套工具促进组织内外的沟通。

钉钉帮助很多大型组织建立了通信录、钉钉群和钉钉会议等系统，促进组织沟通和协调。在通信录里，所有人都是实名的，员工的手机号可以实时更新，解决了组织内部找不到人的问题。个人主页上有更详细的个人信息，包括人员所属部门、职位及个人电话号码等。新员工一入职，就可以直接通过钉钉知道办事该找谁，解决了新员工最大的难题。通过钉钉群，"拉群"谈工作已经成为职场习惯，组织内外可以通过钉钉群连接起来。组织的会议室数量有限，很多会议因为订不到会议室而延迟或取消。有了钉钉会议，组织在任何时候都可以把在不同地方的员工召集起来，随时开会沟通解决问题。

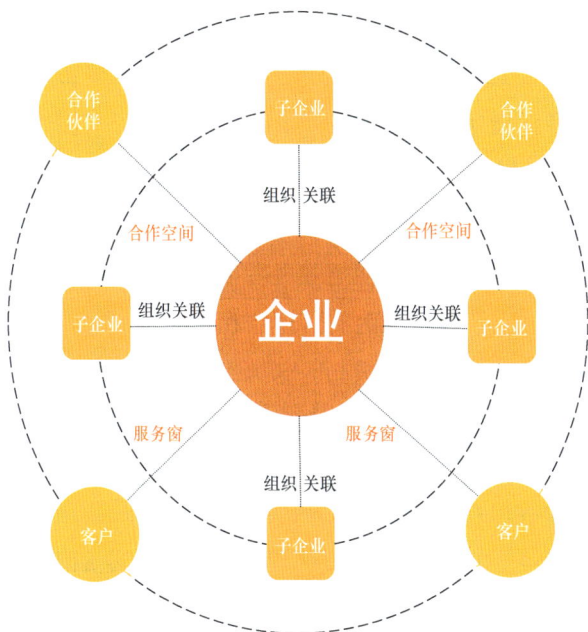

图 6-11　组织内外的协同

钉钉即时通信充分开放，能够提供多维度协同办公能力；钉钉有着丰富而实用的群管理能力，包括群消息、群机器人、群插件等功能；钉钉可通过应用程序接口（Application Programming Interface，API）编程建群，进行群成员管理，灵活配置机器人与群插件，群内机器人可以进行互动式应答、AI 对话服务和意图识别，提供智能化个性服务；互动消息卡片支持插入图文、色彩、链接等多样化的排版方式；钉钉群还提供数据服务，基于 API 获取群消息量，对活跃情况进行数据统计。

（4）数智化敏捷组织架构是一个鼓励员工共同奋斗、相互学习的协同架构，而不是一个导致员工勾心斗角、相互推诿的内卷架构

数智化敏捷组织的架构是动态的，边界并不清晰，呈现一种相互连接、网状交融的格局。组织仍然存在部门，但是部门之间的界限较模糊。组织成员长期处于"共同创业"的状态，随着目标的变化而发生变动。为了一个共同的目标，一个员工日常归其部门领导考核，但他可能同时参加了多场战役，很多时间被抽调到了战斗队，受项目组长指挥，但这不影响部门对他的业绩评价。

面对工作中存在的问题，员工可以建一个钉钉群，把相关人员都拉到群里。基层员工也能把管理者拉进群里指导工作。很多在以前会引发争吵的事情因为有管理者在群里也就迎刃而解了，这有效避免了责任推诿。

对于不同的工作场景，钉钉既可以帮助组织建立项目空间，也可以帮助组织自建应用以满足团队协作的需求。中国一汽就基于钉钉搭建了以 Teambition（缩写"TB"）为基础的任务中台，全面连接人、知识、业务和设备，实现了敏捷化、移动化、共享化、弹性化、社交化的智慧办公。

会议是组织解决各种问题的有效协同手段，钉闪会为组织提供了完整的会议协同工具。会前、会中、会后的资料准备、演示和记录对于会议的成效非常重要。在会议中，大家相互出主意、头脑风暴，更容易相互激发，让会议更有成效。但是，如果大家准备不充分、应付差事，会议效果就会大打折扣。钉盘、钉群功能支持会议资料分发，这些会议资料都会被打上个人专属的水印，组织不用担心资料被截屏、分发、拍照，在很大程度上保证了资料的保密性。通过钉盘和钉钉智能语音系统，所有会议都可以被录播并存储在钉盘中，语音可以直接转换为文字。

数智化敏捷组织还注重打造学习型组织，让个体不断在组织中学习和成长，鼓励个体为组织进行创新，使个人价值得以快速、多元地体现。

（5）数智化敏捷组织架构应是一个资源综合配置效率最优的可持续生态架构，而不是追求短期利益最大化的高熵架构

数智化敏捷组织生态是数据互联的。在组织间相互连接建立的数据驱动的生态中，组织间的边界也不再清晰。基于生态内共同的数智化平台，组织间的信息流是畅通的。分布在生态中的不同组织和成员通过数字的流动及交换实现信息透明，做到数据、信息和知识全员共享。通过数据要素，土地、劳动力、资本、技术、管理等生产要素被有效协同和动态配置，整个生态的供需精准匹配，协同效率大幅提升，组织实现了基于数据的全员共治。

数智化敏捷组织生态是资源共享的。数智化共享平台让资产的所有权和使用权实现了分离，那种界限分明、基于资产专用的组织边界发生了很大的松动。上下游合作伙伴可以共享核心品牌企业的资产，生态组织间成员的协同关系是类似球状的网络，网络由多中心驱动，实现了全员共创、全员共享、全员共生。阿里巴巴生态、小米生态都是这样的数智化生态体系。

数智化敏捷组织生态是开放包容的。新加入生态的组织能快速建立与生态内其他组织间的联系，适应生态的氛围和环境。数智化敏捷组织将边界外的各种资源整合起来，个人创业者、自媒体、零工、自由职业者都可以为组织所用，按照项目结束、成员即退出的模式，可以适应零工经济的短期性与临时性。钉钉的统一移动门户和沟通协作工具像一个管理黏结剂，将众多来自不同文化背景及管理体系的企业、个人创业者快速整合到生态中。例如，复星集团通过钉钉搭建了整个复星集团投后产业链的资源共享平台，不仅实现了企业内外的人际关系资源共享、IT 资源共享、服务资源共享，更为集团成功孵化出新公司。山东能源集团是由兖矿集团和山东能源集团重组成立的，兖矿集团原有的钉钉应用成了两家集团组织协同和文化整合的利器，帮助山东能源集团迅速完成集团生态构建。

数智化敏捷组织生态是社会化协同的。数智化敏捷组织建立的相互连接的生态具有网络外部性，使用者数量的增长将会带动使用者总所得效用的巨大增长。数智化技术使组织间的关系遵循"离散程度越高，价值集中越快"的逻辑，促进组织的大范围、高效率协同，同时呈现了惊人的价值创造力[1]。组织有能力通过数智化平台快速开展社会化协同，阿里巴巴就通过社会化协同创造了"双十一"奇迹。

6.2.2　流程优化

数智化敏捷组织是数据驱动的柔性组织，也要求组织业务流程优化和重构的灵活化，以促进组织业务创新和增长。

（1）业务流程服务化和"蓄水池化"

在扁平、开放、灵活的组织形态下，业务和管理服务实现了标准化、精细化和微服务化，形成了一个微服务的"蓄水池"。业务流程能够适应环境的变化，动态地组合"蓄水池"中的各种微服务，灵活服务于用户的多样化需求。因此，业务流程具有敏捷和高效性。

数智化敏捷组织的业务中台支持从大系统的集成到微服务的

1　陈春花. 协同：数字化时代组织效率的本质[M]. 北京：机械工业出版社，2019.

集成，加速创新，化解不确定性。以飞鹤奶粉为例，传统 IT 架构包括 SCM 系统、CAx 系统、ERP 系统、MES 系统、设备系统。飞鹤奶粉基于业务中台对上下游业务进行深度运营与整合，推进业务服务化，形成会员、产品、订单、库存、结算、营销等共享业务服务能力中心，为常温奶、婴幼儿辅食、零食、有机食品、大健康等业务提供支撑，进一步实现业务的数据化、智能化，并进行业务运营支撑、数据洞察和智能算法。

（2）业务全流程数字化和透明化

过去的业务流程中，有很多中间环节是在线下进行的，线上只有业务输入信息和业务结果信息，对于员工之间怎么协同、如何完成结果产出，组织并不知情。通过组织数字化，各种线下进行的环节被数字化、数据化和场景化，实现了业务流程的闭环，一线的经营数据和反馈可以得到实时回流和分析总结，协同效率大幅度提高。

洛可可设计公司基于钉钉平台实现了沟通数字化，每一个项目的团队沟通都从线下搬到了线上，设计师和客户经理的沟通更便捷、灵活。借助钉钉，隶属于全国各区域、各行业"细胞组织"的设计师都可以即时沟通，用户的设计建议和沟通过程都会完整地保留在线上和云端，方便后期调阅和参考。这种贯穿终端用户的沟通机制，让洛可可的设计师在为用户提出方案时更有针对性、更高效。

（3）业务流程网络化和扁平化

过去的业务流程是要从最底层到最高层经过逐级审批的。在钉钉协同平台的帮助下，组织形态从传统的以流程为中心的链式结构升级到以用户为中心的扁平化的网状协同结构。

立白集团基于钉钉实现了组织业务流程的网络化和扁平化升级。以配送场景为例，立白集团可以通过钉钉专属平台组建钉钉配送群，让与配送相关的角色全部入群，对于交通事故、道路拥堵等突发情况及时通知，整个配送过程动态随时同步，最终实现配送记录的数字化沉淀和呈现。

业务流程网络化也会带来网络中核心节点的信息过载。例如，在全员群中的企业领导者可能一天之内就收到成千上万条信息。群中的人数越多，群中有价值的信息就可能被成千上万条"收到"的重复信息覆盖，这可能造成组织业务协作的低效。钉钉的"已读""未读"功能和消息折叠很好地解决了这个问题。钉钉会为每一位群成员自动标记"已读"或"未读"状态，对群消息中重复出现的"收到"等消息进行折叠。针对未读消息的成员，DING 消息可以更有效地发出通知。

6.2.3 岗位与职责设定

数智化敏捷组织中岗位与职责设定应注重可量化、可展现、可评估，注重支撑业务创新及组织协同。

（1）注重可量化、可展现、可评估

数智化敏捷组织的岗位与职责设定是数据驱动的，也是透明化、可量化、可分析、可展现、可考核的。新业务岗位和职责设定有灵活的数智化系统作为支撑，基于员工画像、智能人事、绩效考核等系统的优化，员工的岗位职责内容很清晰，岗位需求与人才的匹配情况一目了然。所设置的岗位职责与组织战略目标相适应，对具体工作有相应的要求和量化标准，能够用数字化绩效考评结果进行激励和奖惩。

传统组织的流程制度是一个岗位设置一个或几个人，职责固定，只对自己岗位内的事情负责，较为机械。一线岗位的工作经验不容易反映出来，工作指令只是机械地从上到下执行，不能及时将好的

做法反映出来，不利于组织更好地优化工作流程。而数智化敏捷组织的岗位设置有利于吸收一线的大量经验。在工作中，一线岗位人员因为有大量的实践经验往往对工作更了解，吸收一线人员的经验，有助于优化组织的工作流程及内容。钉钉等组织数字化平台能够发现和直接反映一线岗位人员的实践经验。钉钉赋能的数智化敏捷组织能够直接触达一线人员，及时发现一线岗位人员的工作改进，并对其改进经验进行推广，让每个细微的改进转变成整个组织的优化。

苏州稻香村集团总部的一位员工发现有几位同事在钉钉上的运动步数每天都高于4万步，远超热爱跑步的自己。这些同事都是成品库提货组的成员，为了保证将新鲜的糕点以最快的速度送到消费者手中，他们每天都奔波在为消费者提货、发货的途中，用自己的工作拉近了稻香村与消费者间的距离。通过钉钉，这样一个不起眼的细节让提货组员工的行为表现透明化，让吃苦耐劳的优秀员工脱颖而出，组织也因为个体的优秀而变得更优秀。

数智化敏捷组织运用数字化赋能岗位，员工实时的贡献能够被数字化、颗粒化，每个岗位的工作成果都能被量化、看得见，有利于组织不断创新升级，公平公正地开展工作。洛可可设计公司将钉钉作为组织管理平台，把设计师的设计流程搬运到钉钉上，把设计行业的"商业秘密"数字化、透明化。洛可可设计公司使用钉钉之后，管理的核心概念和员工评价体系会发生变化，员工的实时贡献会被数字化、颗粒化，因此不是仅仅靠年终考评来决定绩效。钉钉使员工的工作行为全面透明化后，写在文件里的规章制度变成了"数据规范"，这增强了员工工作的自驱性，提高了工作效率。

（2）注重支撑业务创新

为了实现组织战略，部门需要设置哪些岗位，组织内哪些员工符合这些岗位需求，都能通过数据进行智能分析和展现，从而快速支撑业务创新所需岗位的人才选聘。例如，组织内新成立的数据智能部门需要数据分析师、数据算法工程师等岗位，哪些员工具备这些岗位要求的能力都可以通过数据进行分析。

有了钉钉的岗位职责和流程管理的功能，新岗位和职责设定更快捷，能够更好地支撑业务开展。例如，苏州稻香村集团管理层梳理出具体的岗位和职责，制定好应遵守的规范流程，再利用钉钉设置，最后对岗位执行过的流程进行优化，重新梳理岗位职责，在此基础上制定一整套优化后的新店开设流程、制度和岗位说明。有了钉钉，设立新门店成了一件简单的事情，苏州稻香村集团的线下门店以每年近百家的速度快速增长。

不同的岗位可以通过钉钉设置不同的工作台。洛可可设计公司建立了数智化敏捷组织平台——洛客共享设计平台，如图 6-12 所示。洛客共享设计平台把钉钉作为组织的交流中台，运用钉钉、阿里云、数据、人工智能等技术打通消费端，实现成员与组织之间的智能协同。客户经理、项目经理、设计师、客服经理都有自己的工作台，都有各种业务运营系统、财务系统、营销系统等支撑其工作，都可以用钉钉实现业务协同和组织协同。

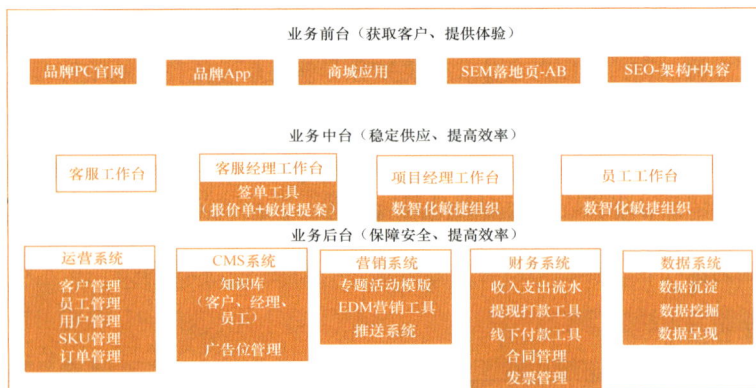

图 6-12　洛可可设计公司数智化敏捷组织平台的结构

（3）注重组织协同

在数智化敏捷组织中，每个岗位都会设定人员协同、业务协同、用户协同、伙伴协同的职责，因为每个岗位的协同责任和角色认知将为组织贡献更多的价值。立白集团通过钉钉对 35000 多位导购员、1100 多家经销商、1800 多个销售团队、5800 多个配送司机进行协同。一些岗位并不是企业内部的岗位，却能与企业有效地协同，大幅度提升了组织的作业能力，形成了内外协同的生态系统。

6.3 数智化敏捷组织的机制要素

数智化敏捷组织的关键机制包括自主决策、协同创新、数据驱动的考核激励和数字化信任。

6.3.1 自主决策机制

传统组织往往是采用垂直管理法，要求按计划和流程行事，处理任何突发情况或变更任何环节都必须经上级批准后才能进行。而且，传统组织的管理层级多，面对各种要求决策的事项，每一个管理层级的负责人不能也不敢自主决策，往往需要向上汇报请示，在得到上一层级的核准后才会采取行动。这就造成了层层请示、层层审批。所以，传统组织的决策周期很长，即使不是重大决策，往往也需要走 4 个层级以上的审批流程。

面对外部环境的变化，组织要建立适应变化、拥抱变化的决策机制。随着信息技术的不断发展，管理学界提出了敏捷组织决策、自动化决策等理论。数智化敏捷组织的决策机制是在快速动态变化的环境下实现快速而准确决策的机制，是一个灵活的扁平化、自动化决策框架，提供了一套清晰的经营规则，可以根据不同的环境和响应时间有一系列不同的决策路径，决策层级明显减少，决策周期大幅缩短。

传统组织的决策机制与数智化敏捷组织的自主决策机制的对比如表 6-2 所示。

表 6-2　传统组织的决策机制与数智化敏捷组织的自主决策机制的对比

对比维度	传统组织的决策	数智化敏捷组织的自主决策
决策层级	4～8级	2～3级
决策模式	60%是最高领导决策	所有决策中20%是自动化自主决策，80%是各级人员的决策；人员决策中，60%是基层依靠决策机制自主决策，30%是中层决策，10%是高层领导决策
决策周期	数周	微秒～数小时
决策工具	OA审批	决策群组+智能算法+数据分析

数智化敏捷组织的自动化决策必须由实时数据驱动进行，分为五个步骤：第一步是将物质世界数据化；第二步是将每项业务数字化，对决策链进行编码；第三步是让数据流动起来；第四步是完整记录实时数据；第五步是应用智能算法，进行自动化决策，并对决策行动进行协调和优化[1]。在阿里巴巴等数智化敏捷组织的实践中，20% 的决策已经是由数智化决策机制完成的自动化自主决策，80%的决策是由数智化决策机制辅助完成的。

组织通过数智化赋能，可以激发每一位成员的创造力、行动力和决断力，让一线的员工敢于负责任，让每一个层级的管理者敢于做决策并承担决策的后果。很多组织通过钉钉将工作系统数字化、移动化，只需一部手机，组织就能轻松实现业务数字化和组织数字化，扁平化地连接每一个层级的员工，建立管理者与各级员工直接沟通的通道，发挥一线员工的自驱力与决断力。例如，

1　曾鸣. 智能战略[M]. 北京：中信出版集团，2019.

苏州稻香村集团通过钉钉实现了异地实时审批，6 个阶段的审批流程最快只需 3 分钟就可以完成，审批效率是传统审批流程的 10 倍。

很多组织利用钉钉的沟通能力提升了决策效率。以立白集团审批环节改革为例，以往很多员工提交了审批资料之后，一旦出现需要补充或修改资料的情况，往往会在现有办公系统中流转很长时间，还不知道具体原因，不仅流程复杂、等待时间长，而且审批权限和责任也不透明。在钉钉的帮助下，员工可以在办公系统审批流程中调用钉钉的相关功能，让业务和消息互相穿透，大幅度提升了审批效率。

从提出问题到做出决策的数智化敏捷组织决策的全过程都是数据驱动，如图 6-13 所示。

图 6-13　数智化敏捷组织决策机制

钉钉通过智能协同工具连接了企业管理层、员工、供应商、客户、合作伙伴等，使沟通交流无处不在；让每一个业务人员在线，实现了业务全链路数字化管理，积累了各类业务数据。通过钉钉，组织可以将用户和合作伙伴动态纳入决策流程，及时听取各方意见，提高解决问题和快速应变的能力，提前评估决策的效果，提高决策的精准性。钉钉为组织的业务决策提供了实时可靠的数据分析图表，经过先进的算法计算得出最优的决策结果，最后可对决策结果进行综合评价。

6.3.2　协同创新机制

组织的发展是一个规范性增长与创新性增长相互拉动、螺旋上升的过程。一个是规范性增长，即如何让主营业务更高效、更敏捷；另一个是创新性增长，即如何让创新成为组织发展的"永动机"，不断创造新的增长点，这正是众多百年老店的组织发展之道。

数智化敏捷组织的创新机制是由用户需求导向的、"数据＋算法＋算力"驱动的、个体创造力充分激发的、组织内外协同创新的机制。阿里巴巴提出了（C2B2M2B2C）^{n} 的产业链端到端闭环协同创新方程式，即用户（C）需求驱动组织（B）创新，组织（B）创新驱动产业链（M）创新，再由产业链（M）创新推动组织（B）创新，组织（B）创新推动用户（C）创新，形成闭环，并通过 n 次迭代让创新成果不断涌现。

建设数智化敏捷组织，有助于组织从四个方面完善协同创新机制：一是打造基于"数据＋算法＋算力"的智能创新能力；二是增强自主创新能力，构建自主创新体系；三是整合内外部创新资源，激发创新活力，建立协同创新的循环；四是完善基础保障机制，保证创新工作高效开展，如图 6-14 所示。

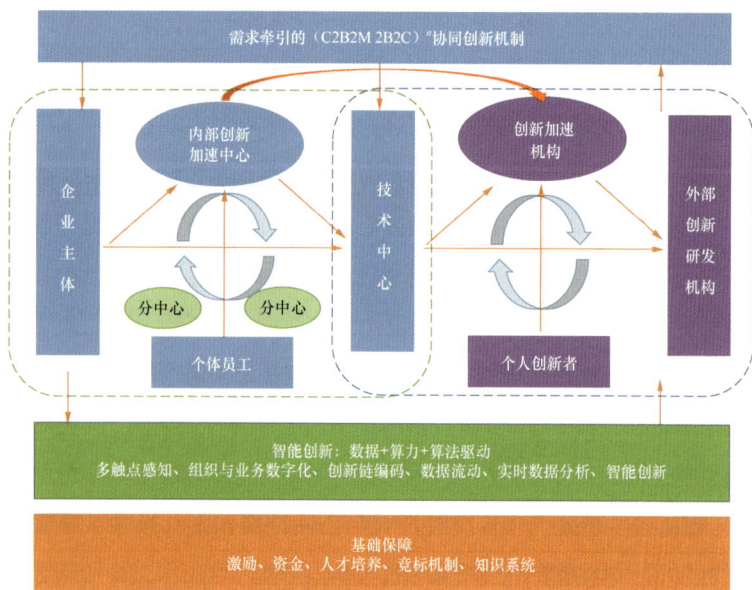

图 6-14　数智化敏捷组织的协同创新机制

基于"数据＋算法＋算力"的智能创新能力是数智化敏捷组织独有的创新能力，它是通过多触点感知、组织与业务数字化、创新链编码、数据流动、实时数据分析和智能创新的闭环形成的组织创新能力。

构建数智化的内部创新加速中心是组织提升自主创新能力的关键。内部创新加速中心是一个连接内部事业单元、技术研发单元及具有创新动力和能力的员工的创新共同体。很多组织使用钉钉后，前台业务部门可以在需求池提出一个新的任务，后台项目群围绕需求进行创新人才"揭榜挂帅"，开展创新活动。业务人员成了创新的主体，钉钉的低代码开发工具可以帮助业务人员用技术手段参与业务创新。组织通过钉钉可以发起内部创新创意大赛，引导内部创新的深入发展；通过钉钉生态与外部创新加速机构建立战略合作关系，开展日常项目协作。

组织要整合外部创新资源，建立与外部创新加速机构的合作机制，提升创新创意转化为产品的能力。钉钉专门设立了创新孵化中心，吸引众多生态伙伴入驻，扶持外部小企业，激励开发者自主研发；通过建立创新孵化能力群，为创新团队提供项目、创新团队、创新方法和技术。

完善创新激励、资金、人才、知识系统等基础保障也是组织创新力提升的关键。组织要建立创新基金，完善创新基金使用制度，强化技术创新收益与个人收益的关联关系，不断激励内外部创新，推动创新力提升。组织也要为创新团队和个人提供开展创新的工作环境，包括云计算平台、钉钉业务协同平台和知识库等。

6.3.3　数据驱动的考核激励机制

管理学有一个基本共识，即大多数员工不一定会做你期望的事，但一定会做你考核和奖惩的事。绩效考核和激励机制是组织现代化管理中的重要机制。

绩效考核是指对照工作目标和绩效标准，采取一定的考核方式评定员工的工作任务完成情况、职责履行程度和发展情况，并将评定结果反馈给员工的过程。当前组织中常用的绩效考核工具是 KPI、OKR。

KPI 是常用的组织绩效考核方法，通过把组织的战略目标分解为可操作的工作目标，指明实现这些目标的关键实践，并对目标达成进行衡量和考核。组织、部门和个人都有自己的 KPI，这些业绩指标是在组织内部自上而下地对战略目标进行层层分解而产生的，通常会参考上一年度的 KPI 完成情况。KPI 包括财务指标和非财务指标，兼顾组织的效益实现和可持续发展。建立明确的、切实可行的 KPI 体系是做好绩效管理的关键。但是，传统组织的 KPI 考核往往是手工进行的，数据收集难，考核周期长、效率低。

OKR 是组织从指标管理转向目标管理的重要管理工具，它明确了组织的目标及每个目标达成的可衡量的关键结果。OKR 设定了一段时间内的组织目标、部门目标和个人目标，并将关键结果由量化指标形式呈现，用于衡量在这段时间结束时组织、部门和个人是否达到了目标。这样整个组织可以明确目标，确保员工围绕目标共同工作，并协调和集中精力做出可衡量的贡献。

建设数智化敏捷组织，有助于实现 OKR 和 KPI 相结合的绩效管理机制。组织确定战略目标后，通过钉钉组织沟通工具对战略目标进行广泛宣贯，员工自发组成群组对目标进行讨论，对团队或个人的 OKR 和 KPI 达成共识。利用数智化敏捷组织高效协同的功能，员工既能明确自身的目标，也能清楚团队的目标，协同推动团队和个人的目标达成。

　　建设数智化敏捷组织要建立数据驱动的绩效考核机制，组织从内部业务和管理数字化系统、钉钉、电子商务、社交媒体等收集了各种类型的数据，通过这些数据能够分析和计算组织 KPI 和 OKR。这些数据主要分为业务运营数据、财务数据、客户数据和面向组织未来发展的数据。组织对内外部数据进行采集和分析，能够实时掌握战略目标的推进情况，以及部门和员工绩效。过去的组织绩效考核主要由内部因素决定，现在数智化敏捷组织的绩效考核已经纳入了外部因素，例如，将用户和合作伙伴的反馈作为考核的重要依据。通过建立用户社群、合作伙伴交流群，组织能对用户评价、用户满意度、合作伙伴评价等数据进行汇总和分析，并纳入考核。例如，某品牌的经营考核指标包括对渠道客户、对门店、对用户等的多层次考核指标，反映了数智化时代组织经营线上线下融合的特点，如表 6-3 所示。

表 6-3　数智化时代经营考核指标

1. 渠道客户	2. 门店		3. 用户	
• 进货（Sell in）	零售店	数字化	基于大数据、细分用户群	
• 销售流通（Sell through）	• 卖出（Sell out）	• 卖出（Sell out）	• 直播时长	• 直播员工
• 卖出（Sell out）	• 客流	• 独立访客数（UV）	• 新用户数量	• 老用户数量
• 网格化	• 有效陈列	• 点击量（PV）	• 转化率	• 复购率
• 长：铺货率	• 提袋率	• 转化率	• 客单价	• 客龄
• 宽：商品款数（SKU）	• 客单价	• 客单价	• 购买频次	• 连接用户数
• 高：单品效率	• 开店数	• 页面资源效率	• 互动用户数	• 活动反馈率
• 终端陈列	• 单店产出/坪效	• 活动投入产出	• 用户状态	• 用户价值
• 活动参与	• 活动投入产出	• 库存周转	• 流失率/保有率	• 投入产出
• 回款/应收账款			• 客群精准活动	

　　数智化敏捷组织绩效考核全过程围绕目标制定、同步进展、共

享资料、创作内容、沉淀成果、优化工作流程等核心协作场景展开，建立了目标与工作任务的联系。通过项目管理、待办事项、日志、提醒等，组织的流程管理更加清晰、流畅，流程之间能够无缝连动，全面支持 OKR、KPI 等不同考核工具对任务执行的考核。通过钉钉日志，组织对日常工作的统计会变得简单方便。不同层级都通过钉钉日志汇报日常工作，管理层直接掌握一线销售、服务、生产及员工动态，员工的努力和取得的成果都会得到认可。一线的绩效数据和反馈能够得到实时回流和分析总结，进一步激发团队成员的自主性。钉钉工作台的绩效考核功能可以设定考核内容、考核指标，通过汇集工作成果生成绩效考核表。通过钉钉的实时动态考核，组织能够建立更加灵活的绩效管理机制。通过钉钉的定期复盘和会议沟通，组织可以根据目标或关键结果对相关责任人进行及时提醒，设定关键行动，确保重点目标及时管理、优化、调整，主管定期辅导员工或及时反馈绩效达成情况。

6.3.4　数字化信任机制

员工之间如果相互不了解、不信任，工作中就可能相互推诿、扯皮，造成很高的协作成本，员工的工作积极性会降低，组织的制度、指令也不能很好地贯彻执行。

美国学者福山认为，信任产生于那些基于共识性准则、成员行为规律、诚信且相互协助的社群中，是社群成员对其他成员的期望[1]。信任是一种组织财富，是组织内外有效协同的基础，是个人间彼此认同和共同实现群体价值的重要黏结剂，能让组织群体更

1　弗朗西斯·福山. 信任: 社会美德与创造经济繁荣[M]. 郭华译. 南宁: 广西师范大学出版社, 2016.

好地协作而付出更少的成本。因此，阿里巴巴的企业文化中有一条是"因为信任，所以简单"。

信任对团队协同和组织绩效有重要的促进作用。无论在外部还是内部，信任均可以作为组织绩效的有效预测指标。当组织有较高的信任水平时，可以预见组织拥有较高水平的员工、团队和优秀的组织绩效。组织之间具有更好的信任关系，也能预见组织间的协同更有效。因此，组织协同的内核是信任。

凯文·凯利曾指出，"新经济始于技术，终于信任"[1]。组织要想建立信任机制，就要在组织内外开放信息，加强沟通交流，做到信息对称。员工在拥有对称的信息时才会感受到安全和被信任，才会发挥主动性和创造性。很多企业通过钉钉工作群、钉钉会议、钉钉沟通等，实现了组织内外沟通的在线化和常态化，以及组织信息沟通无障碍。

在经济社会的发展中，信任和契约总是相辅相成的。经济学家阿罗认为，信任是控制契约的最有效机制，因为信任，契约的执行更有效。数智化敏捷组织的信任机制建立在柔性的信任和刚性契约相结合的基础之上，基于信任建立经济契约、心理契约、社会契约和个性契约，并通过契约保证了信任的可持续。基于信任和契约，数智化敏捷组织不断突破组织边界，在高度连接的网络中实现高效可信的协同。很多组织通过钉钉实现组织的数字化协同，打通了企业各个部门与用户、供应链伙伴，实现了市场、销售、技术、运营、客服等各业务全部数字化；运用钉钉沟通建立信任，运用钉钉审批和区块链技术实现契约数字化，提

1　[美]凯文·凯利. 新经济，新规则[M]. 刘仲涛，康欣叶，侯煜译. 北京：电子工业出版社，2014.

升了组织内部、组织与用户、组织与组织之间的信任和高效协同。

6.4　数智化敏捷组织的文化要素

组织文化建设是形成组织的凝聚力和向心力的关键。数智化敏捷组织要塑造正确的文化价值观，并推动文化建设。组织的文化建设包括数智化技术赋能的文化传播、员工激发、员工关怀、员工认同和共同成长，如图 6-15 所示。

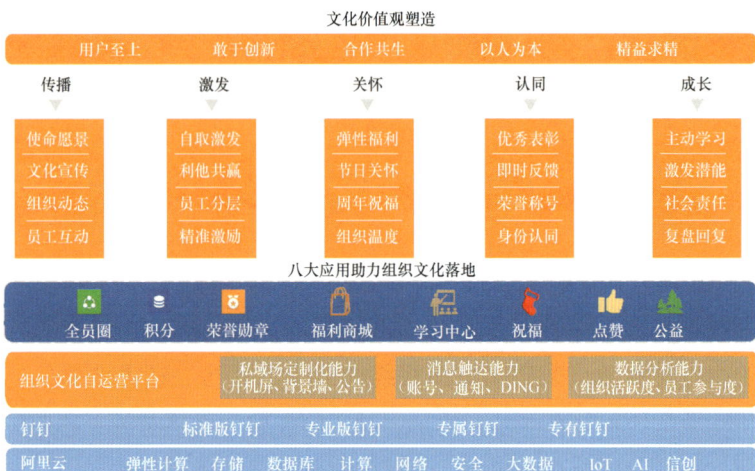

图 6-15　数智化敏捷组织文化建设

6.4.1　文化价值观塑造

文化价值观塑造的主要内容是建立组织的使命、愿景和价值观。推进数智化转型，有助于组织打造用户至上、敢于创新、合作共生、以人为本、精益求精的文化价值观，如图 6-16 所示。

用户至上	敢于创新	合作共生	以人为本	精益求精
满足用户需求	鼓励员工创新	完整生态系统	赋能一线员工	用数据说话
业务动态组合	数智化赋能创新	有效协同	员工自我驱动	用数据做业务
为用户服务	提升创造力	共同生长	激发员工价值感	用数据管理
柔性发展演变	包容多元	相互合作	员工产生归属感	用数据决策

图 6-16　数智化敏捷组织的文化价值观

（1）用户至上

数智化转型能帮助组织树立用户至上的价值观。很多组织通过用户数据画像了解用户，增强组织成员对用户的服务意识和服务能力；通过钉钉会员群，增强组织成员与用户的交流和沟通，洞察用户需求；通过智能客户服务管家，增强组织以满足用户需求为目的的业务协同。用户至上的理念体现在钉钉的所有业务流程都是以满足用户需求为导向的，都是为了帮助组织敏捷地响应用户的需求。例如，对于任何用户的需求，组织都会在第一时间发 DING 消息给相关员工，让员工主动服务用户成为自觉的第一要务。

（2）敢于创新

数智化转型能帮助组织树立敢于创新的价值观。组织能通过数字化技术沉淀和传播知识，赋能每一位员工，提升个体创新力；通过数字化协同技术激发创新灵感，提升自身的协同创新力。例如，很多企业通过钉钉的学习中心应用，鼓励员工不断学习新知识，提升员工主动学习的意愿，营造包容多元的轻松氛围，从而激发员工潜能，让员工乐于创新、敢于创新。一批创新型企业用钉钉建立新产品研发群，将项目组成员凝聚在一起，群策群力，协同开发创新的产品。

（3）合作共生

数智化转型能帮助组织树立合作共生的价值观。很多组织用钉钉生态建立了一个实时沟通和协同的生态系统,鼓励管理层与员工有效协同,员工与外部合作伙伴、客户有效协同。生态系统内的利益相关人彼此信任,相互合作,建设"合作主体的共生系统",建立协同创造、合作共生的价值观。

(4)以人为本

数智化转型能帮助组织树立以人为本的价值观。数智化敏捷组织不是通过硬性考核和严厉的纪律约束员工,而是认可"以人为本""自我驱动"的理念,让一线员工与用户直接接触,激发员工的责任感,使员工从"被动"工作转变为"主动"工作。钉钉"让优秀被看见",员工在扁平化、敏捷化流程中会因为工作成绩能被公司所有同事看到和认可,从而体会到工作的成就感。组织通过调动员工的信心和积极性,使他们产生归属感、胜任感,从内心认为自己是组织的一分子。

(5)精益求精

数智化转型能帮助组织树立精益求精的价值观,让"用数据说话"在组织内部蔚然成风。精准营销、精益制造、准时物流、量化考核、领导驾驶舱等体现的是"用数据做业务""用数据做管理""用数据做决策"的组织文化。

6.4.2 文化传播

润物细无声的价值观宣贯是企业文化建设的关键。数智化敏捷组织通过组织数字化、文化数字化、员工互动等,推进线下文化宣传的线上化,提高文化触达效率,鼓励员工深度参与文化落地。组织可以用钉钉中丰富的应用进行文化传播。一些组织使用钉钉的"传播在线"应用,在钉钉私域进行组织文宣定制。文化理念和标识也会悄然无声地体现在员工的手机开机屏、弹窗消息、定制化工作台中,随时随地传递组织的文化理念。钉钉的全员群为企业政策和企业文化的上传下达提供了一个很好的场所，企业内部所有通知、公告等都可以在全员群中发布，文化传播一步到位。

企业年会是企业文化宣传的一个主战场，钉钉能成为企业年会管理的重要工具。例如，钉钉为大润发创建了一个可容纳 2000 人在线的"大润发年会"线上组织，提供了年会线上扫码和签到功能。在年会的暖场阶段和休息期间，员工可以用钉钉进行线上互动，如发送弹幕等。利用钉钉群直播功能，大润发为全国几万名未能到现场参与年会的员工进行了全程直播。

6.4.3　员工激发

企业文化建设要激发员工的工作热情，让员工有职业荣誉感，提高员工的职业素养。洛可可等公司通过钉钉建立了设计师、客服经理、项目经理等不同岗位的定制化工作台，能够为员工提供有针对性的职业服务，如工作宝典等便捷功能，让员工在工作中随时得到提升，激发员工的工作积极性。

让员工到最擅长的岗位上发挥才能是对员工最好的激励。数智化的员工画像能帮助组织基于员工的行为模型做出职业提升的推荐。一些组织使用钉钉人才盘点系统，用员工招聘、学习、项目群、绩效等系统积累的数据对员工能力进行交叉分析，得出整合的数据模型，从而将人才推荐到最适合的项目和部门，助力员工的职业发展。

员工彼此的鼓励也能有效提升组织战斗力。一些组织通过积分、点赞、祝福等应用激发员工的积极性和创造性，在组织中形成利他共赢的氛围。一些组织充分利用钉钉推动多人在线协同工作，通过授权机制定义每个人的工作权限，激发员工的责任感和团队精神。

成熟而落地的企业文化和价值观会对员工的工作意愿产生强

大的影响，员工激发也要落实到组织的绩效考核体系中，让企业文化外化于行、内化于心。阿里巴巴的企业文化被称为"新六脉神剑"，阿里巴巴把企业文化细化成具体的行为准则，并将员工对这些行为准则的执行情况纳入绩效考核体系。通过这种方式，阿里巴巴最终把文化内化到每个人身上，不仅解决了员工的意愿问题，也提升了组织的创新力、自驱力。

一些组织利用钉钉的公益时、公益树等应用，鼓励员工参加公益事业，如公益捐赠或环保公益等，激发了员工的社会责任感。

6.4.4 员工关怀

员工关怀能让员工产生归属感、舒适感，是组织文化建设的重要内容。在日常工作中，很多组织用钉钉辅助建立亲密无间的同事关系。大至公司业务通报、新人报道，小至行政报修、办公室零食、办公建议，都可以在钉钉上完成。企业管理者 24 小时在线，可以及时响应、处理各种工作。管理者和员工之间、员工和员工之间的距离感消失了，员工对企业的归属感也更强烈，企业更有家的味道。

很多组织都喜欢使用钉钉中的入职关怀、生日提醒、周年纪念等应用，把问候无微不至地传递给员工，让员工感到更舒心、温暖。员工关怀体现在对员工服务组织的尊重和认可。在阿里巴巴，每一位员工都会过两个生日，一个是出生的日子，另一个是进入阿里巴巴的纪念日。在纪念日，员工会收到公司的礼物，满一周年的员工被称为"一年香"，获得一枚徽章；满三周年的员工被称为"三年醇"，获得代表新商业文明崛起且具有历史纪念意义的"阿里真棒"；满五周年的员工被称为"五年陈"，获得一枚戒指。这种员工关怀让阿里巴巴的员工因爱而成长，让阿里精神代代传递。即使员工离职，钉钉系统也会支持无声无息地将离职的员工请出群，化解了员工离职后到底是该自己离群还是由相关负责人请出群的尴尬难题。

针对员工周围的数字化场景覆盖点，如办公室、茶水间、巡检点，钉钉提供了微服务、聊天机器人、智能助理等功能。钉钉群也可以设置群机器人，提供定制的信息流，实现自动化的信息同步，让员工第一时间获得信息，体现其作为组织一员的知情权和参与感。

员工关怀还要注重提高员工的获得感。一些企业以员工关怀和激励为核心，用钉钉搭建专属员工福利平台，基于员工行为数据推测员工的喜好，并作出相关福利推荐，由员工在福利商城中选择自己喜欢的福利。这样既帮助企业优化了福利采购流程，也能让员工对福利产品满意，因而提升了福利发放的效果，促进了团队凝聚力和组织文化的和谐。

6.4.5　员工认同

员工认同是组织文化建设的关键环节。"让优秀被看见"能增强员工的成就感和荣誉感，推进组织迈向卓越。建设数智化敏捷组织，能够完善员工体验的场景，获取员工的行为数据，丰富数据模型，开展人才盘点，进而提升组织对员工的知人善任，让员工在最适合的岗位上发挥才能，让员工的优秀表现得到组织的认同，以提升员工的成就感及团队战斗力。

在身份认同上，组织通过钉钉通信录、全员群接纳和认同员工，使其对组织产生归属感。钉钉全员群可以让员工和企业创始人直接对话。钉钉项目群可以让部门领导直接看到新员工的与众不同，给员工更多展现才华的机会。

很多组织利用钉钉记录和考核员工的工作行为，对员工的工作成效进行即时反馈，针对不同的成就授予多样化的荣誉称号。通过钉钉的荣誉勋章应用，组织可以授予优秀团队和员工荣誉勋章，对其工作成就进行表彰，以鼓励员工的优秀工作成绩。

6.4.6 共同成长

组织文化建设注重打造学习型组织，培养员工主动学习的能力，促进员工共同成长。很多组织使用钉钉学习中心的职场学堂等应用，帮助员工掌握工作技能、学习前沿知识等。通过钉钉的复盘、工作日志、项目管理等工具，组织可以复盘员工的工作成效，激发员工不断进取。很多组织借助钉钉减少了员工烦琐、低效的工作，让员工有更多时间自主学习和从事创造性的工作，并营造出轻松愉快的工作环境，把主人公意识融入每一位员工的心中，员工的自驱性和主动性得到很大的提升。管理者能借助钉钉平台减少对员工工作积极性的担忧，从而把更多精力用于赋予员工价值、激发员工的创造力。组织通过创造员工职业上升通道、给予员工充分授权，赋予岗位更多职责等措施，调动员工的主观能动性，充分发挥员工的潜能，提升员工的责任感和使命感。

小结

本章主要介绍了数智化敏捷组织的组织体系包括人员、形态、机制和文化四大核心要素，通过组织数字化和业务数字化等实现扁平化管理、提升组织效能。

（1）数智化敏捷组织人员的工作方式发生变革，人员可以在线上进行工作，工作方式向在任何场所、任何时间、实时沟通协作、数字化人才画像等方向发生转变。数智化敏捷组织更加注重个体创造力，可以将资源高效地分配给每一位人员。数智化敏捷组织的领导者是由价值观驱动的，注重愿景、激励和协同。数智化人才规划、选拔、培训和人事管理将推动数据驱动组织岗位需求与人才的匹配，提升组织的人才竞争力。

（2）数智化敏捷组织的形态要素包括组织架构建设、流程优化、岗位与职责设定。数智化敏捷组织的架构是数据驱动的"小前台—大中台—强后台—富生态"的服务架构，是战略导向的、动态排兵布阵的机动架构，是数据流动的开放架构，是鼓励员工共同奋斗的协同架构，是资源综合配置、效率最优的可持续生态架构。数智化敏捷组织的业务流程服务化和蓄水池化、业务全流程数字化和透明化、业务流程网络化和扁平化。岗位与职责设定包括注重可量化、可展现、可评估，注重支撑业务创新，注重组织协同。

（3）数智化敏捷组织的机制要素包括自主决策机制、协同创新机制、考核激励机制、数字化信任机制。自主决策机制是在快速动态变化的环境下实现快速而准确自动化智能决策的机制，协同创新机制是基于"数据＋算法＋算力"的智能创新能力。数智化敏捷组织可以通过数据驱动 OKR、KPI 等工具对任务执行进行考核。数智化敏捷组织的信任机制是以数字化信任和刚性契约相结合的机制。

（4）数智化敏捷组织的文化价值观是用户至上、敢于创新、合作共生、以人为本、精益求精。组织的文化建设包括数智化技术赋能的文化传播、员工激发、员工关怀、员工认同和共同成长。钉钉的入职关怀、生日提醒、周年纪念等应用能够把问候和温暖无微不至地传递给员工，增强员工对组织的归属感。

第 7 章

数智化敏捷组织的技术体系与架构

在数智化时代，组织需要具备全局感知、在线协同、智能洞察、实时响应、敏捷创新的机制，需要对内外部的商流、物流、资金流进行跨组织、跨系统、跨终端的数据同步与共享，快速实现全局性的数据分析、趋势洞察、智能决策。因此，数智化敏捷组织需要更加先进的具备弹性拓展、快速响应、高度共享特性的数智化技术、架构与平台进行全方位、多维度的支撑，即一个全新的数智化操作系统。

数智化操作系统是业务和组织数智化应用的技术载体，是支撑战略落地、业务重构、组织升级的技术驱动力，是通过云技术基座、组织能力共享中台、数字化应用生态、多端跨场景商业服务的一体化的数智化操作系统支撑打造灵动的数智化敏捷组织，如图 7-1 所示。

新一代云计算体系是将新的数字化与智能化要素统筹于一体的新架构体系。组织在新一代云计算体系的强大算力的支撑下，以平台化、生态化的方式实现跨组织、跨终端、多场景的互联感知，充分发挥网络协同的"中枢"效应和数据智能的"大脑"价值，加速数据流动共享，实现业务全链路在线，驱动协同创新。数智化操作系统将打造"计算、连接、协同、数据、智能"一体化的组织数智化能力,它不仅是一种技术的能力,也是一种系统的能力,更是一种组织的能力。

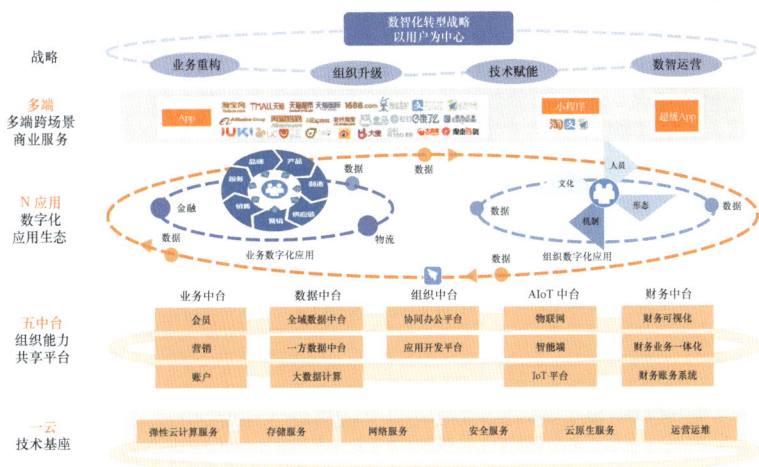

图 7-1　支撑数智化敏捷组织的技术体系

7.1　操作系统的发展

操作系统提供了业务运行的底层计算能力,以及服务于业务和组织数智化运行的人机交互接口,驱动了业务和组织数智化应用。

操作系统的发展经历了四个阶段,如表 7-1 所示。

表 7-1　操作系统的演进

时代	1.0时代	2.0时代	3.0时代	4.0时代
技术	命令行主机操作系统	视窗化服务器操作系统	移动互联网操作系统	数智化操作系统
阶段	20世纪80年代—90年代	20世纪90年代—21世纪10年代	21世纪10年代—20年代	21世纪20年代

时代	1.0时代	2.0时代	3.0时代	4.0时代
内容管理	磁盘管理	操作系统管理文件	移动应用管理内容	云、网、端融合的内容管理
部署	本地	本地	网络	云
典型应用	PC Dos应用	PC桌面应用	移动App应用	智能应用
代表企业	IBM	微软	谷歌、苹果	阿里巴巴及生态合作伙伴

　　当前，操作系统的发展已进入 4.0 时代，以阿里巴巴的云钉一体数智化操作系统为代表，其架构可归纳为"多端、应用、中台、一云"。其中，"多端"是用户到应用的接口，"应用"是为用户提供业务和组织能力的服务，"中台"是聚合了终端、数据、业务、协同的能力中枢，"一云"是所有计算和应用的基础支撑。

　　云钉一体正是基于数智化敏捷组织的构建目标、体系架构与关键能力，依托云计算能力及中台的数据智能能力，以钉钉作为统一的组织协同和能力中枢及入口，提供基于"计算、连接、协同、数据、智能"一体化的数智化操作系统，它可以有力地支撑业务和组织发展。从某种意义来说，云钉一体数智化操作系统既是人和组织的连接器，也是业务和创新的赋能器，它集办公协同、业务智能、创新开发和生态赋能等功能于一体，推动组织、业务、能力、产业的全面协同，将成为未来组织管理变革的原生力、效能提升的驱动力、模式创新的加速器。因此，阿里巴巴集团董事局主席兼 CEO 张勇认为，阿里巴巴的云钉一体数智化操作系统是一种理念和方法论，在操作系统的基础上实现组织能力互相激发，产生新的火花。

7.2 多端：承载跨端多场景的业务服务

7.2.1 多端的定义

多端是指开发者开发一个程序，然后不做任何改动地将程序的代码通过各种接口发布到各个端使用。多端不仅能使程序触达更多的用户群体，还能节约程序开发成本。

2020 年 12 月，阿里巴巴提出跨多端技术的四类场景，分别是跨设备平台（如跨 Web 端和移动端）、跨操作系统（如跨 Android 和 iOS）、跨 App 应用、跨渲染容器。这意味着支持多端的阿里巴巴应用 App 和小程序可以直接部署到不同的设备、不同的操作系统、不同的应用程序和不同的渲染容器。

实现多端的关键在于不同的端有统一的标准，在端的开发标准、组件、API 定义、领域特定语言（Domain Specific Language，DSL）、跨端的开发框架、小程序的运行环境、渲染引擎等方面都实现统一，就能做到"做一次前端程序，全网都可以跑"。例如，开发一个阿里巴巴小程序，程序员写的前端代码不但能在支付宝上运行，还能在高德、百度、微博等平台上运行。

7.2.2 多端的价值

随着技术和业务的融合发展，组织各种 App、小程序、线下门店设备、智能终端、会议室设备、工厂设备等企业服务的载体，都能为用户提供多场景、大流量、跨业务、高黏性的业务服务。

（1）多场景：多端能覆盖越来越多的业务场景，包括社交、支付、出行、本地生活、企业服务等。钉钉的多端连接服务可以帮助员工及其客户连接终端 App、钉钉、小程序、第三方生态平台等多种端。

（2）大流量：多端流量的价值在于让组织的流量由单一的生态流量逐渐扩大为全网流量，越来越多的 App 加入小程序的战场，互为流量。

（3）跨业务：组织需要通过多端为用户提供丰富的跨业务支撑能力，如金融支付、企业服务、物流服务等，为组织赋能，也让组织更好、更快地发展其核心业务。

（4）高黏性：通过单一渠道或社交渠道获得的流量，黏性一般都不高。但如果是在特定应用场景下获得的流量，黏性就高得多。例如，麦当劳与阿里巴巴合作的跨端轻店铺"官方会员店"接入了很多阿里巴巴的应用场景，用户黏性就很高。

通过阿里巴巴小程序，组织可以让用户使用阿里巴巴内部的所有业务能力，如支付宝、钉钉、高德、淘宝等平台的能力，如图 7-2 所示。

图 7-2　阿里巴巴多端小程序接入的阿里巴巴业务能力

7.3　应用：打造开放创新的应用生态

7.3.1　应用的定义

应用是指架构在云和平台上的组织数字化应用和业务数字化应用等各类应用，如表 7-2 所示。

表 7-2　各类应用

分类		各类应用
N个行业应用	组织数字化应用	战略管理：智能报表、动态排兵布阵、组织大脑
		协同办公：音视频、日历、云盘、邮箱、会议、文档、审批、待办
		智能财务：费用、报销、应收、应付、记账、凭证、报税
		智能人事：入职、转正、调岗、离职、考勤、签到、招聘、培训、绩效、薪酬
		智能资产管理：会议室、智能投影仪、智能考勤机、智能大屏
	业务数字化应用	新品牌：定位、传播、测试、运营
		新产品：需求、PDM、CAx、数字孪生产品
		新制造：计划、排产、车间、设备、质量
		新供应链：采购、供应商、库存、物流
		新营销：市场、活动、投放、效果评估
		新销售：渠道、客户、零售、会员
		新服务：服务、体验、评价、客服机器人

　　云钉一体数智化操作系统夯实了以云计算为代表的基础设施，打通了业务、数据、组织、智能、财务等共享能力，支撑了组织数字化应用、业务数字化应用等多种场景，并以工具化和产品化的能力实现数字化应用，极大地提升了应用开发效率，推动了组织和业务数字化转型。针对不同的行业，阿里巴巴会与行业生态伙伴共建面向新商业的 SaaS 应用，赋能品牌商、零售商、制造商，实现全链路、全要素的数智化。

7.3.2　组织数字化应用

　　组织数字化应用主要服务组织管理和协同，包括协同办公应用、生态合作应用、管理应用、低代码应用等，如图 7-3 所示。

图 7-3　阿里巴巴的云钉一体组织数字化应用

组织数字化应用不仅要涵盖组织内部，还要支持向生态开放。越来越多的组织会与上下游合作伙伴协同，共同推进项目。组织的轻量化的跨边界团队会越来越多。一个跨边界团队可能集合了营销方、销售渠道方、物流服务方、生产方、原料保障方、设计方、咨询培训方等生态合作伙伴，横跨不同的部门和企业，这要求组织将能力和资源开放给合作伙伴，实现生态在线协同，推进共同目标的实现。

7.3.3　业务数字化应用

在数智化时代，更多的业务工作和产业分工需要实现数字化协同，甚至实时协同，以响应前端快速变化的用户需求。未来的产品设计、生产、供应、销售、服务等环节都应该实现数字化，并围绕用户需求进行动态调整。不同业务环节的人都要在线获得各类信息、在线沟通对接并快速响应。业务的数字化协同需要具有很强的移动能力、关系连接能力，以及内容和应用的配套集成能力。于是，很多业务数字化应用应运而生，如供应链全链路协同管理、会员全生命周期管理、智能客服、全生态营销效果评估、数字化车间、犀牛工厂等。阿里巴巴提供了丰富的云钉一体业务数字化应用解决方案，支持了各个行业的业务数字化应用，如图 7-4 所示。

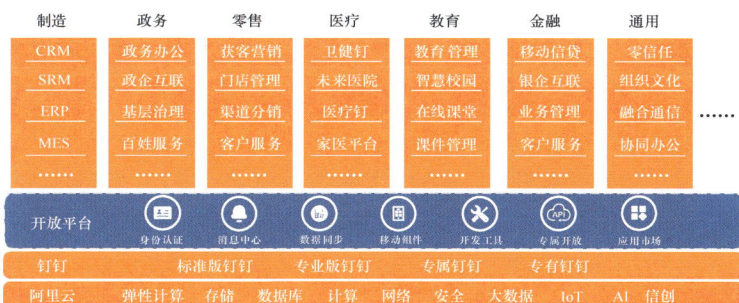

图 7-4　阿里巴巴的云钉一体业务数字化应用

7.3.4　低代码应用

低代码应用即无需编码或只需少量代码就可以快速生成的应用程序。在钉钉上，组织的低代码应用通过拖拉拽的方式即可完成。这是基于钉钉搭平台上的宜搭等低代码工具实现的，如图 7-5 所示。

图 7-5　钉钉搭平台

2019—2021 年，阿里巴巴通过钉钉搭平台上的宜搭构建了 12700 个应用，其中大部分是由 HR、财务等岗位不具备应用开发经验的员工搭建的。这些应用通过钉钉集成后形成了支持阿里巴巴十几万人的工作平台。中国一汽、复星集团、东方希望、西部机场等大型企业均已采用低代码平台开发应用。

例如，西部机场通过钉钉低代码开发平台建立了敏捷的业务创新平台，通过拖拉拽即可快速搭建应用，成员企业已建好的成熟应用可以快速复用推广。西部机场已经建立了通用的班组建设、值班管理、荣誉管理等应用，以及专用的在线安检预约、航延管理等应用，如图 7-6 所示。

	班组建设	工作日报	绩效测评	信访问政	身体素质与心理健康	低值易耗品管理	企业大事记
通用化	7S管理	值班管理	荣誉管理	智慧云党建	传帮带	公车管理	会议管理
	任务管理	人员动态档案	兴趣组管理	掌上公文	资产管理	审批定制	督察督办管理
专用化	智能化电子台账	服务导你行	机场公司会议活动	经营管理分析模型	特服管理系统		物联网提高设备运行效率
	无人值守仓库	在线安检预约	航延管理	装卸队行李破损分析模型	停车场数据分析模型		联动信息交互
	知识库管理	登机桥状态监测	物业管理	货邮统计分析系统	智慧中转传输系统		集采信息化管理平台

图 7-6　西部机场的低代码应用

截至 2021 年 8 月，入驻钉钉开放平台的开发者已经超过 90 万人，基于钉钉平台开发的"钉应用"超过 150 万个。

7.4　中台：聚合终端、数据、业务、协同的能力中枢

中台是指围绕"基于全域数据驱动的需求实时响应与资源实时优化"这条主线搭建的开放、互信、安全的数智化平台，具有跨组织连接能力、多业务协同能力、多应用集成能力、数据

开放共享能力、智能决策能力、生态支撑能力。中台不只是单纯的技术平台或应用能力的集成系统，还是集业务重构与组织变革的方法论、架构和工具的组合。中台的落地与组织转型、业务流程优化密切相关，中台是组织开展数智化转型与运营的中枢系统。

中台包括业务中台、数据中台、组织中台、AIoT 中台、财务中台等。中台是基于统一的技术平台实现组织内部数据资源的汇聚和业务共性需求的沉淀，能通过数据业务化和服务共享化支撑组织决策智能化、创新敏捷化，进而驱动业务重构和组织升级。各行各业的领先企业如阿里巴巴、安踏、万科、国家电网、蒙牛、西门子等，已纷纷制定中台战略并向打造具有自身特色的中台方向迈进[1]。

7.4.1　业务中台

（1）业务中台的定义

业务中台是指把业务的公共部分分离出来，抽象和标准化成通用的业务模块以提高业务模块利用率，优化资源配置并优化组织业务流程的中台系统。业务中台能为组织的所有业务提供用户、会员、商品、交易、营销、库存、支付结算等共享服务，如图 7-7所示。

业务中台能够帮助组织实现各业务板块之间的连接和协同，持续提升业务创新效率，确保关键业务链路的稳定高效和经济性。业务中台是由技术与业务融合而成的，蕴含着业务创新的思想体系，应通过"业务理解 + 中台方法 + 技术工具"的组合加以实现。

1　参考2020年阿里研究院等发布的报告《中台战略：高频竞争时代的蝶变之道》。

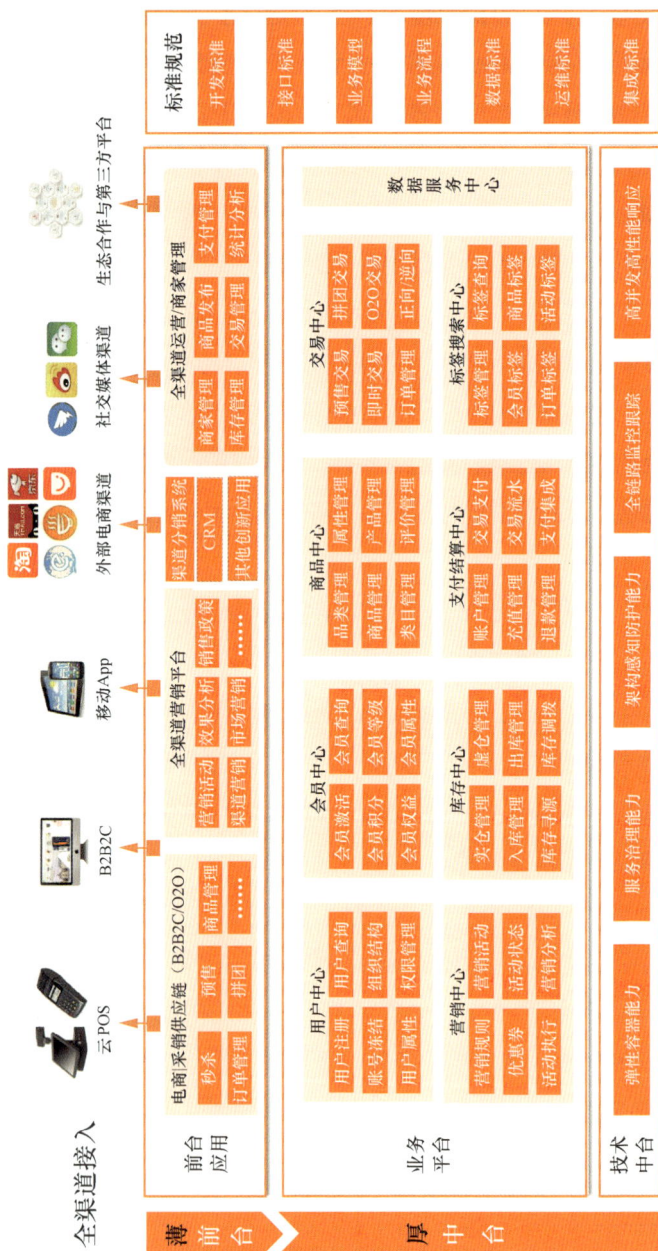

图 7-7 业务中台架构

例如，阿里巴巴多个业务单元（如天猫、淘宝、聚划算、1688 等）都不是独立构建在阿里云之上的，它们在后端阿里云技术平台和前端业务之间有共享业务事业部，也就是业务中台。例如，阿里巴巴将多个业务单元的订单、交易、商品管理、购物车等共性模块沉淀出来，形成了专门为电商领域服务的业务中台。业务中台将各个业务中的通用业务沉淀下来，形成了包括用户中心、商品中心、交易中心、评价中心等十几个共享单元。业务中台虽然不直接为终端用户提供服务，但是可以大幅提高面向终端用户的前台业务的构建效率。在业务中台模式下，前端业务部门可以按需调取共享能力，从而快速搭建新业务场景。

此外，阿里巴巴进一步加强了业务中台对外服务的能力。以阿里巴巴新零售业务中台解决方案为例，中台不仅包括行业实践沉淀、基础商业能力、核心要素模型三大能力组件，还在此基础上面向全域营销和会员、全渠道销售、触点数字化、智慧供应链及智能财务五大场景提供了解决方案，由此形成了构建在云计算基础之上的 PaaS 级业务能力，供用户与已有的自建系统和应用集成，帮助新零售企业实现多业态、多渠道的融合，快速完成业务创新，加速实现数智化转型目标。

（2）业务中台能解决的问题

业务中台能解决组织面临的以下问题。

- **业务系统重复建设**：内部多个业务系统重复建设，缺乏业务核心的、共享部分的固化沉淀，业务系统服役到期只能推倒重建。

- **业务具有不确定性**：业务系统无法适应市场快速变化和业务的不确定性，自我革新难，难以实现扁平化管理、会员营销和全渠道运营等业务创新。

- **业务没有实现全过程数字化**：组织信息化程度不高，还存在大量人工统计的情况，很多核心业务没有实现数字化，如会员订单不完整、经销商进销数据不在线等。

- **业务不能适应互联网线上用户的发展**：业务数字化程度高，用户变化大，但现有业务系统的灵活性不足以支撑互联网上不确定的用户数量变化。

（3）业务中台对组织的价值

业务中台将组织的核心业务能力沉淀和凝聚在一起，对组织的业务创新、人员提升、用户体验提升、营销变现和实现商业智能发挥了重要的作用。业务中台可以打通"烟囱林立"的系统，提高业务创新和协同能力。

- **沉淀和凝聚业务能力**：让组织可以沉淀用户、会员、商品、交易、营销、库存、支付结算等核心业务能力，形成业务凝聚力。

- **赋能业务创新**："大中台，小前台"模式用中台的共享业务能力支撑前台的业务快速创新，把一个"点"上的创新想法快速转变为一个"面"和"体"上创新的产品，缩短创新周期，降低试错成本。

- **增强人员能力**：共享业务能力沉淀到中台，能增强业务和IT 人员的业务运营能力和全局意识，有利于培养既懂业务又懂技术的骨干人才。

- **提升用户体验**：业务中台驱动的业务全链路、全渠道协作提升了用户的体验。

- **促进营销变现**：通过业务中台将会员资产化，完善用户洞察，为新业务导入初始用户，提升精准营销的效率和新业务变现能力。

- **实现商业智能**：业务中台的架构打破了烟囱式的业务系统架构，有效地实现了核心业务数据的实时、在线、统一，通过业务数据化和数据业务化的闭环形成了组织的商业智能。

业务中台无论对组织战略发展、商业模式创新，还是对内部高效协同、营销增量创造、人员能力提升，都带来了诸多益处。

（4）业务中台的适用范围

对于处在不同发展阶段的组织来说，业务中台模式有着不同层级的应用价值。对于初创企业而言，业务中台模式能通过用户洞察、精准营销等举措加速初创企业的自身定位及商业价值验证。对于发展中的企业而言，业务中台模式能够驱动业务创新，提供增值服务，从而扩大企业规模。对于大型企业而言，业务中台模式能够在各个要素的精益运营上实现决策智能化，从而提升组织的产业生态驱动力。

（5）建设业务中台的步骤

建设业务中台，要在战略的指引下梳理业务、找出痛点，构建能力、推进协同，不断尝试、反复迭代，逐步建立支撑业务创新的共享服务能力。

第一步，决心变革，精心谋划。组织内达成共识，由"一把手"牵头，业务和技术等团队共同推动；制定业务中台总体战略，并按计划分步实施；实施中找准切入点，解决业务中的具体问题。例如，针对会员营销、经销商门店、全渠道、采购供应链等共享能力切入，切入点不同，相应的策略也不同。

第二步，业务理解，最佳实践。通过对业务现状和现有业务系统的分析调研，明确业务中台目标和范围，开展业务中台建设方法论宣导，并选择验证过的技术平台和实施团队。组织建设业务中台的目标是解决复杂业务的连接和协同，整合并重塑业务能力，化繁为简。通过业务理解，组织要将成百上千个业务功能归纳成数十个核心业务能力；要推进业务的网络协同，将业务数据化，提升业务协同效率；要通过核心业务能力的共享，支持前端业务团队快速构建新的业务场景落地。组织建设业务中台要遵循科学的方法论，按照业务需求调研与评审、业务中台架构设计与评审、业务微服务架构设计、中台开发规范设计、中台编码规范设计、全链路压力测试、中台持续治理与演进、业务中台驱动的组织演进等步骤不断迭代，形成最佳实践。组织建设业务中台要利用好技术工具，通过统一的应用托管及微服务管理 PaaS 平台支撑业务中台建设的全生命周期管理，提升技术运维效率，缩短业务共享能力发布周期。

第三步，成功试点，示范推广。开展业务中台建设试点，梳理标杆实践，积累建设经验；或者从新的业务系统尝试，或者改造现有系统，步步为营，保证试点成功；在试点成功的基础上，再向整个组织推广。

第四步，持续融合，反复迭代。总结出适合组织自身的业务中台建设理念和方法，优化组织架构和业务模式，提升业务中台效率，并通过全面迭代构建组织核心业务能力的生态。

7.4.2　数据中台

（1）数据中台的定义

数据中台是从业务视角对数据资产建立的通用运营平台，以促进数据流动、提升数据资产价值、促进组织与业务发展。数据中台建立在组织的数据库、数据仓库、数据湖等技术的基础上，但不只是对数据存储、管理和控制技术的升级，还是从业务视角出发、梳理组织全生命周期数据、实现数据业务化而建立的数据资产运营平台，是从业务的角度看数据怎么查询、挖掘、应用、治理的运营平台。

阿里云智能在统一数据构建与治理、统一数据萃取、统一数据服务的方法论基础上，提供了一系列数据中台产品来服务组织的数据资产运营，如图 7-8 所示。阿里巴巴数据中台以 Dataphin 作为基座，通过 Qucik 系列产品为业务数据应用提供场景化服务。

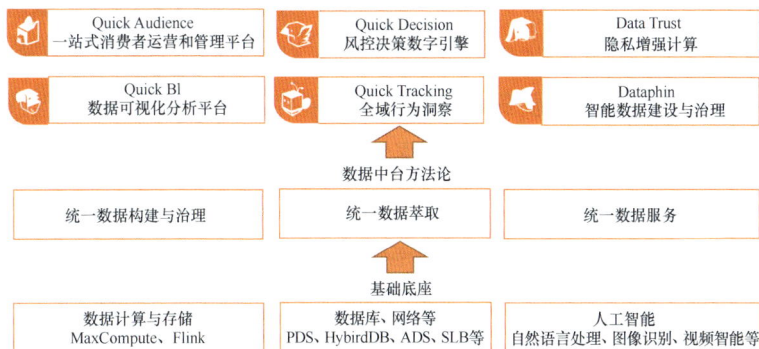

Quick Audience 一站式消费者运营和管理平台	Quick Decision 风控决策数字引擎	Data Trust 隐私增强计算
Quick BI 数据可视化分析平台	Quick Tracking 全域行为洞察	Dataphin 智能数据建设与治理

数据中台方法论

统一数据构建与治理	统一数据萃取	统一数据服务

基础底座

数据计算与存储 MaxCompute、Flink	数据库、网络等 PDS、HybirdDB、ADS、SLB等	人工智能 自然语言处理、图像识别、视频智能等

图 7-8　阿里巴巴数据中台产品

（2）数据中台能解决的问题

数据中台能解决组织面临的以下问题。

- **数据孤岛**：不同部门的数据独立存储，独立维护，造成了物理上的相互孤立。

- **数据标准不统一**：烟囱式开发业务系统及对局部业务服务的支撑，导致相同对象属性编码不一致、同名数据指标有不同口径等问题频发。

- **数据质量差**：重复建设导致多个历史系统共存，数据质量管理与系统开发脱节，源应用系统或业务变更不能及时反映到数据上，数据时效性差，数据准确性低。

- **数据分析自相矛盾**：不同业务部门做数据分析时的依据都是数据，但是经常得出完全相反的结论。例如，某白酒企业在每年6月都会召开"双十一"启动会，制定"双十一"活动的目标、产品策略、营销策略和实施时间表。该企业的参会人员对"双十一"期间主打产品应该选择高端的瓷瓶装还是低端的玻璃瓶装进行了激烈的讨论，双方各执一词。财务经理通过数据分析得出上半年由于主推低端产品造成毛利大跌的结果，所以建议下半年主推高端产品。而电商经理通过前一年的市场数据和竞品数据得出本企业高端产品的价格竞争力不强的结果，认为主推高端产品将无法实现销售目标。这就是数据分析自相矛盾的现象，它反映了企业内部数据没有联通，不同部门有不同的分析结果，导致数据不能有效地创造价值。

- **成本资源高**：烟囱式的应用开发容易造成重复建设，导致数据服务开发成本高，大量无用计算和数据存储造成资源浪费。

- **数据安全威胁严重**：员工恶意盗取、无意识的数据泄密、勒索病毒软件侵犯、系统漏洞、访问弱口令等随时可能引发数据安全问题，严重危害组织安全。

（3）数据中台对组织的价值

数据中台就像一座灯塔，照亮了组织的整个运营过程，让营销、研发、生产、仓储、物流、渠道、终端管理等企业运营的各个环节透明可视。

- **实现基于数据的精准运营与智能决策**：数据中台能够完成组织内外数据的汇集与统一管理，使组织上下对业务经营能够有全面的认知；能够帮助业务部门实现精准运营与服务，提升运营效率、生产效率、营销效率；能提供实时的数据呈现，支持快速智能的业务决策。例如，某电信运营商基于 Dataphin 完成阶段性的数据中台建设，在 Hadoop 大数据平台上采用 Dataphin 和 Quick BI 产品，汇聚用户网络管理域、业务支撑域及信息管理域的全域数据，完成了用户分析和业务服务分析，有效地支撑省及地市分公司数据建设和消费，同时在大数据中心的数据加工效率和资产管理能力方面也明显提升。

- **基于数据融合降低全组织全链路的经营成本**：数据分析能为组织降低运营成本，同时在数据计算、存储和分析等方面，数据中台每年能为组织节省大量的成本。例如，蒙牛借助阿里巴巴建立数据中台，实现产品供应链与价值链、资产运营链、业务履约链之间的数据融合，供应链运营成本下降了 9%。

- **通过数据业务化和价值化促进业务创新**：数据中台能从数据中发现价值，赋能业务；能通过数据识别新的业务模式，实现数据业务化，为业务团队贡献新价值。例如，立白集团携手阿里巴巴打造全域数据中台，赋能新产品创新流程、工具、平台，爆款产品研发周期从 16 个月缩短至 3 个月，爆款销量暴增 537%。

- **通过数据流通推动组织升级**：数据中台通过数据流带动组织人才通、文化通、业务通，能够有效指导组织的经营与管理。

（4）数据中台的适用范围

通过数据中台，组织可以量化业务和用户的行为，沉淀数据资产，并通过数据分析洞察用户需求，开展精细运营，实现更多的业务模式创新。因此，数据中台适用于大、中、小型组织，也适用于政府和零售、金融、旅游、传媒、地产、电信、互联网等各个行业。

（5）建设数据中台的步骤

建设数据中台，就要建立为数据全生命周期的数据产生、数据采集、数据流通、数据分析、数据应用和数据治理服务的支撑能力。

第一步，梳理组织的数据资产和流程：做好数据资产的梳理，对各类数据资产进行分类分级，并进行数据资产目录管理；对全生命周期的数据流程进行梳理，从数据采集、处理、分析到应用流程，搞清楚数据生态的整个闭环。

第二步，引入数据中台：通过数据中台的引入实现数据管理的自动化，夯实数据基础，并提供持续数据运营能力，实现数据资产化。

第三步，打通数据流：连接智能终端、关键业务和组织协同能力，实现数据汇聚和萃取，加速数据的流动和共享，打通人、财、事、物的闭环。

第四步，推动数据智能应用：用"指标＋报表＋可视化"实现对数据的应用，把数据智能等服务能力嵌入业务流程中，赋能组织和员工，进而实现业务增长和创新，让数据资产发挥价值。阿里巴巴的 Qucik 系列产品能根据不同的业务场景提供不同的数据应用服务能力，帮助组织实现数据价值化。在数据中台的基础上，阿里巴巴也能帮助组织建设"组织大脑"。

第五步，加强数据治理：组织要通过数据中台加强数据战略规划、数据组织建设、数据架构、数据标准、数据质量、数据安全审计等数据治理工作。

7.4.3 组织中台

（1）组织中台的定义

数智化转型是"一把手"工程，是组织的战略、机制、形态、流程、人事、文化的全方位变革。组织中台是数智化组织的线上引擎，是实现组织、业务和生态协同的数智化平台，以钉钉为代表的组织中台包括组织的协同办公平台和应用开发平台。

首先，通过钉钉协同办公平台，组织可以根据自身内外的不同业务协同流，灵活地配置协同资源和工具，支持跨部门、跨组织、跨产业链的沟通、协同和综合集成。钉钉协同办公平台的功能如

图 7-9 所示。

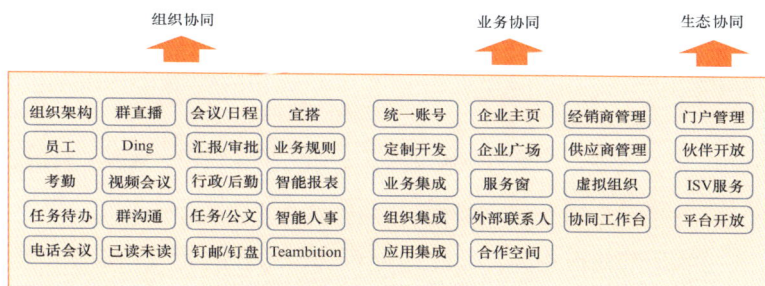

图 7-9 钉钉协同办公平台的功能

钉钉组织中台与生态合作伙伴一起为各细分领域用户打造了丰富的行业模板，提供了办公协同、行政、沟通、项目协同、知识、企业文化、市场营销、供应链、财务管理等领域的各种应用场景，如表 7-3 所示。

表 7-3 钉钉组织中台的应用场景

细分领域	应用场景
办公协同	早/晚报、外勤工作日志、日工作总结、工作分享、管理工作总结、工作审批等
行政	外勤报备、快递寄送、总务保修、会议记录、行程安排等
沟通	工作沟通、全员年会、用户大会、重要事项通知、音视频会议、直播等
项目协同	用户定制、任务管理、多团队协同、项目组合管理、项目会议等
知识	员工知识沉淀、文档分享、文档存储、产品数据管理、知识管理等
企业文化	每日分享、新人成长日志、读书感悟、团建通知、活动策划案等
市场营销	销售业绩日报、市场营销日报、渠道拓展日报、零售单、合同审批等
供应链	每周库存统计、订货审批、库存日报、验收差异处理、项目报备等
财务管理	出纳现金记账、汇款凭证、现金核对表、资产调动申请、价格申请等

其次，钉钉应用开发平台提供了钉钉搭低代码应用广场、全代码开发能力中心、SaaS 应用中心、钉原生能力升级、云原生能力

开放等。

第一，钉钉应用开发平台支持各种低代码开发产品，能让应用开发变得更简单。钉钉搭低代码应用广场通过构建我国首个"低代码行业联盟"，聚合行业一、二线全部低代码厂商的产品，如宜搭、氚云、简道云等，让更多非研发人员，如人事、销售、运营、行政、财务、法务等部门人员，能像搭乐高玩具一样轻松搭建应用。

第二，钉钉应用开发平台的全代码开发能力中心支持组织自建应用或委托定制应用。组织能通过钉钉开放丰富的 API 接口、组件、产品场景，并借助云底座整合阿里云智能、达摩院、阿里巴巴集团其他业务单元丰富的开发能力，实现全面的基于钉钉的应用开发能力，满足自身自建应用需求。同时，钉钉的系统集成定制服务商生态和部署服务商生态，还可通过商业化定制方式帮助组织完成定制开发。

第三，钉钉应用开发平台的 SaaS 应用中心支持组织选择钉钉支持的各类第三方 SaaS 应用，这里有 1000 款以上由独立软件开发商（Independent Software Vendors，ISV）生态提供的标准化通用 SaaS 产品，未来也会有越来越多的丰富行业应用和产品驱动增长（Product Led Growth，PLG）的产品，满足行业细分需求。

第四，钉钉应用开发平台推进钉原生能力升级，推出连接器，连接钉钉、钉钉生态应用、用户自建应用和组织原有 IT 系统，打破信息孤岛，主要产品就是钉钉连接器。钉钉连接器通过开放 API 接口，开放了钉钉群、智能人事、客户管理等基础产品能力，总计开放了 1300 多个 API 接口。

第五，钉钉应用开发平台推进云原生能力开放，推出了云原生 API、计算、存储、安全、飞天专有云、Serverless 等服务。钉钉应用开发平台架构如图 7-10 所示。

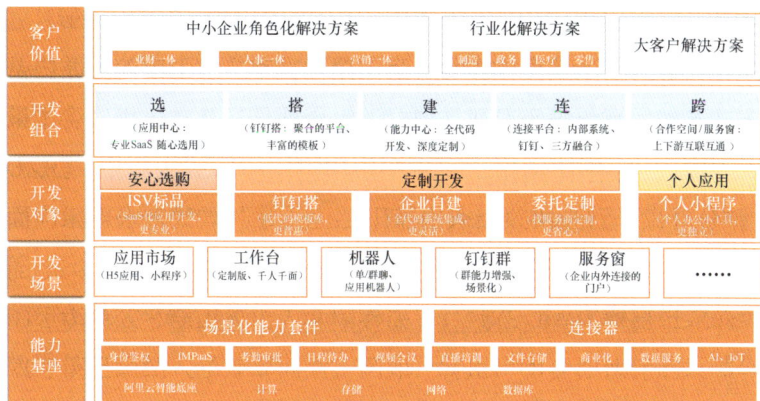

图 7-10　钉钉应用开发平台架构

通过组织中台中的应用开发平台，组织可以通过"选、搭、建、连、跨"的开发组合建设组织和业务数字化应用。对于行业 SaaS 应用，组织可以"选"，让更专业的 SaaS 服务商来开发，并自动实现与钉钉的集成。对于创新小应用，组织可以"搭"，通过低代码开发平台自主搭建应用，使用易理解的可视化工具制作自己的应用程序，而不是传统的编写代码开发应用程序。用户只需要完成业务流程、业务逻辑和业务功能构建，必要时添加自己的代码，就能一键交付应用并进行自动更新，自动管理所有应用更改并处理数据库脚本和部署流程。对于专业应用或深度应用，组织可以"建"，通过全代码能力中心，组织自建或委托建设应用。对于组织的现有应用，组织可以"连"，通过钉钉连接器将现有应用集成在一起，通过钉钉实现统一入口。对于组织与生态合作伙伴、用户的应用，组织可以"跨"，通过钉钉合作空间、服务窗等实现与生态合作伙伴、用户的跨组织连接和协同。截至 2021 年 8 月，钉钉平台的"钉应用"总数超过 150 万个。

钉钉平台可以为不同类型的组织提供不同的套件：专业版钉钉

部署在公有云上，可以满足中小型企业基本的办公需求；专属钉钉部署在混合云上，可以满足中大型企业、市（县）政府的办公需求，成本低且能满足专属品牌标识等个性化设计和应用安全的诉求，如图 7-11 所示；专有钉部署在私有云上，可以满足部委、省（直辖市、自治区）政府、大型国企、大型金融机构的办公需求，满足私有化部署、涉密等安全诉求。

专属价值	专属数字化平台	专属安全管控	专属品牌形象	专属能力开放	强大生态平台
专属方案	专属网络	统一认证	音视频混部	ABM打包	中间件
专属开放	专属API	SDK集成	第三方加密	自定义工作台	互动服务窗

	专属设计	专属安全	专属存储	专属App	消息审计	专属账号	三色管控
专属能力	▸专属启动页 ▸移动端消息页 　Logo ▸自定义导航栏 ▸推送兜关闭 ▸应用入口隐藏	▸登录管理 ▸组织管理 ▸群管理 ▸文件管理 ▸水印管理 ▸离职数据管理	▸文件存储 ▸钉盘文件 ▸聊天过程文件 ▸DING及表单附件 ▸消息存储 ▸聊天文本	▸Windows端 ▸Mac端 ▸iOS端 ▸Android端 ▸自定义App名 ▸自定义Logo	▸文本消息审计 ▸分权审计管理 ▸关键词、账号 　期间、单聊、群 　聊审计 ▸查看聊天详情	▸企业账号体系集 　成接入 ▸专属账号全生命 　周期管理 ▸业务数据归属明 　确	▸发送策略管控配置 ▸禁止 ▸允许 ▸需要审批 ▸支持对发送和接收对 　象的配置

钉钉底座	组织数字化	业务数字化	智能智联

阿里云底座

图 7-11　钉钉专属版实现大中型企业的个性化需求

（2）组织中台能解决的问题

组织中台可以解决组织面临的以下问题。

- **组织协同差**：组织内外部协同机制无法灵活应对快速变化的市场需求，缺少数字化和移动化工具，信息共享程度低，协同效率低下。

- **知识传承难**：组织内部缺少有效的知识沉淀的方法和工具，缺乏知识互动和共享。

- **行为洞察弱**：组织缺乏对员工行为和团队行为的全面洞察，被动应对绩效考核结果，缺乏提前预警机制。

- **应用开发技术门槛高**：组织往往依靠技术供应商的技术人员开发，开发时间长，浪费技术资源，性价比不高。

- **组织变革与创新需求响应不及时**：组织对应用使用频次较

低的需求往往响应不及时，降低了用户的体验。

（3）组织中台对组织的价值

组织中台是组织管理一体化的统一入口，能实现组织、业务、能力、产业生态的全面协同，并通过它的应用开发平台支持应用自定制。

- **统一入口**：组织中台是业务数字化、组织数字化、应用开发平台的统一入口，可以实现统一登录、统一沟通、统一应用接入等。

- **组织协同**：组织中台能够实现组织协同，建立全员组织架构"一张网"，建立全组织人员的统一通信录，实现组织内快速找人、高效协同，让组织内部公开透明、即时沟通，让生产经营数据快速、安全触达全员，并能留存沟通信息。

- **业务协同**：组织中台能够通过单点登录、统一认证、系统集成与应用连接实现业务协同，让业务链路数字化，同时将业务数据运营化、智能化和业务化。

- **能力协同**：组织中台通过在线协同激活和赋能每个员工和小团队的创新，构建自组织新机制，让员工和小团队全方位实时感知和响应外部需求，实现业务全链条的价值创造。

- **产业生态协同**：组织中台能在生态合作伙伴之间实现数字化连接，提升生态伙伴体验和协作效率。

- **应用自定制**：应用开发平台能让组织的业务人员自己"开发"业务应用，按需自助开发业务应用系统，能够为中小企业提供业务特色解决方案，也能为行业大客户提供自建或委托定制的服务，具有更普惠、更广泛、更灵活、更经济的价值。

（4）组织中台的适用范围

对于处在不同发展阶段的组织而言，组织中台模式有着不同层级的应用价值。对于中小型组织而言,组织中台模式能通过组织数字化提升组织的协同能力。对于大型组织而言,组织中台模式能够协同各个要素,实现资源高效配置,进而实现组织数据化运营。应用开发平台也适用于大、中、小各类组织,能为每个创新主体提供便捷、快速的应用开发平台,让应用开发变得非常简单。即使不会写代码的人也能用低代码平台搭建自己需要的应用,快速实现数智化应用的构建和部署。

(5)建设组织中台的步骤

建设组织中台,对于组织数智化转型具有重大的意义。组织中台是一个统一入口,它将员工、用户、生态合作伙伴连接起来,将现有业务、管理系统集成在一起,打通了数据中台、业务中台、AIoT中台、财务中台。因此,建设组织中台时要营造组织变革的文化,围绕组织战略,按照组织数字化的步骤循序渐进地推进。

第一步,营造组织变革的文化。建设组织中台是要推进组织变革,构建与组织中台相适应的开放、扁平、灵活的数智化敏捷组织体系。组织需要具备开放、协同和变革的意识。推动组织中台建设,离不开组织文化、价值观、管理模式和激励体系的综合保障。组织领导者要主动尝试对原有的组织架构进行调整,对人员重新定位。

第二步,建设协同办公平台,实现组织数字化。组织要依次推进行政人事管理等行为活动数字化、组织要素在线化、数据应用场景化、组织决策智能化和业财人一体化,建成组织管理数字化平台,如图7-12所示。平台能根据积累的全组织行为数据进行动态排兵布阵,并将组织中台能力延伸到业务、财务的整合分析,构建"组织大脑",支持组织智能决策,创新组织场景应用。

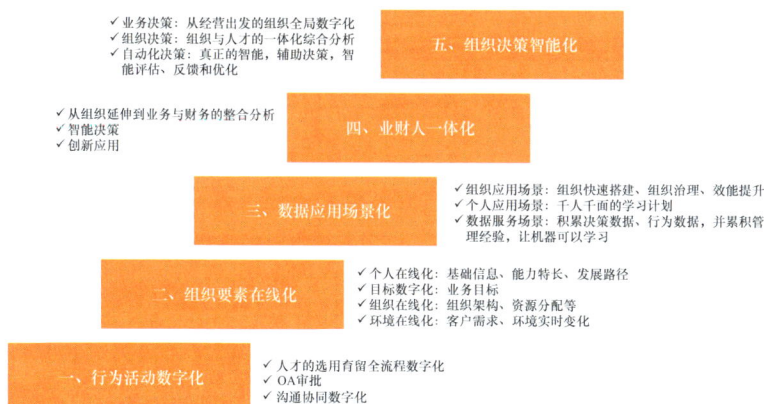

✓业务决策：从经营出发的组织全局数字化
✓组织决策：组织与人才的一体化综合分析
✓自动化决策：真正的智能，辅助决策，智能评估、反馈和优化

五、组织决策智能化

✓从组织延伸到业务与财务的整合分析
✓智能决策
✓创新应用

四、业财人一体化

三、数据应用场景化

✓组织应用场景：组织快速搭建、组织治理、效能提升
✓个人应用场景：千人千面的学习计划
✓数据服务场景：积累决策数据、行为数据，并累积管理经验，让机器可以学习

二、组织要素在线化

✓个人在线化：基础信息、能力特长、发展路径
✓目标数字化：业务目标
✓组织在线化：组织架构、资源分配等
✓环境在线化：客户需求、环境实时变化

一、行为活动数字化

✓人才的选用育留全流程数字化
✓OA审批
✓沟通协同数字化

图 7-12　组织管理数字化平台建设

阿里巴巴组织中台能够提供"组织大脑"、排兵布阵、组织效能、人才画像等产品，支撑组织行政人事、组织管理、个体创造力和领导力建设、组织变革、组织决策等，如图 7-13 所示。

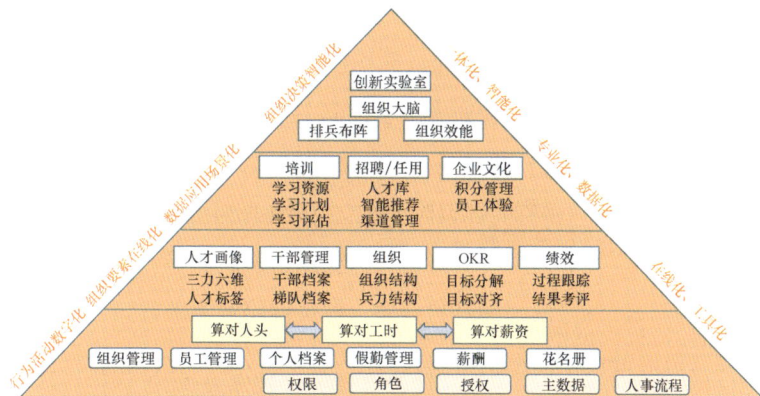

图 7-13　阿里巴巴组织中台产品

第三步，利用应用开发平台实现业务数字化与应用创新。组织要利用应用开发平台通过"选、搭、建、连、跨"的步骤实现新应用开发。通过低代码应用开发，业务人员可上手搭建业务系统，并利用连接器集成现有业务系统，将品牌、研发、生产、供应、营销、

销售、服务等全链路的核心系统与业务应用进行整合打通。此外，定向应用分发能力开放，可通过开放平台分发能力，定量定向分发应用到多组织，帮助解决关联企业、县域、银企等多组织应用中的重复开发问题，降低成本，实现一次开发、多组织使用。

第四步，推进产业与生态协同的数字化。推动组织关联，为大中型组织提供强大的组织架构管理能力，实现跨组织通信录、应用的互联互通，帮助上下级组织无缝沟通、协同；建设合作空间，为产业链上下游合作伙伴提供实时可信的沟通、协同平台，帮助产业链上下游伙伴高效开展工作；建设组织对外的综合业务服务窗口，实现以用户为中心的一站式展示、沟通、管理平台，帮助连接组织内外，打通组织内外部的沟通流和业务流。

通过这些步骤，组织将打造出服务于组织和业务数字化的组织中台，形成数智化敏捷组织的能力中枢。组织中台还能提供业务协同、用户协同、产业链协同、低代码应用创新等，支撑组织实现全链路业务创新。

7.4.4　AIoT 中台

（1）AIoT中台的定义

AIoT 中台是将智能端、物联网、互联网、人工智能等技术彼此融合而构造的实现万物智能互联、云边端一体的技术平台。AIoT 中台的结构分为三层，即物联网智能设备及解决方案、AIoT 操作系统、AIoT 基础设施，并最终以 AIoT 集成服务的形式进行交付。

（2）AIoT中台能解决的问题

AIoT 中台可以解决组织面临的以下问题。

- **物联网终端与平台的异构**：物联网终端功能千差万别，导致物联网终端异构、网络通信方式与物联网平台异构，对物联网互联互通造成了较大的挑战。

- **物联网应用场景利用度不足**：在碎片化的场景下，物联网数据未被有效利用，应用价值较低。

（3）AIoT中台对组织的价值

AIoT 中台不仅能够支撑海量设备数据采集上云，还能通过云端 API 将指令下发至智能设备端，实现远程控制。AIoT 中台可以通过设备管理、规则引擎等方式为各类 AIoT 场景和行业开发者赋能。

（4）AIoT中台的适用范围

AIoT 中台可以面向设备厂商提供云端一体的设备智能化服务，面向行业和政府提供数智化 AIoT 基础设施，主要应用于智慧城市、智能制造、智慧商业、智慧文旅、智慧园区、智慧社区等领域，适用于大、中、小组织。

（5）建设 AIoT中台的步骤

建设 AIoT 中台，要建立各种智能设备的数据采集、汇聚和分析应用的能力。

第一步，推进设备智能化。智能化设备是 AIoT 的"五官"与"手脚"，将多种智能化设备连接到物联网平台，可以完成音频、视频、温度、压力等多种数据的收集，并执行分类、清洗、打标签等操作，助力数据采集与处理。

第二步，推进智能设备上云。基于阿里云 Cloud AIoT Native 云边端一体架构，快速开发出智能设备并连接到云平台。

第三步，构建边缘 AIoT 智能应用。通过软硬一体的现场计算节点，打造更实时的场景智能应用。

7.4.5　财务中台

（1）财务中台的定义

财务中台是通过业财一体化融合，在获取业务交易及明细数据的基础上对财务处理工作中共性的、通用的服务进行抽象所形成的财务自动化处理平台。

（2）财务中台能解决的问题

财务中台能解决组织面临的以下问题。

- 业务系统和财务系统分离，造成系统间"数据打架"，将分离的业务和财务系统整合起来十分困难，财务系统不能适应业务的快速变革。

- 财务部门的职能偏重基础操作，未能发挥管理会计、价值分析、经营决策支持等现代财务的职能。

- 业财"两张皮"导致预测的业绩不能按承诺达成，但无法及时找到原因。财务对下级公司的信息掌握不全面，难以及时反映经营状况，进行合理的风险管控。

- 业务领域的战略投资效果无法评估。

（3）财务中台对组织的价值

财务中台的本质是在财务共享能力上加一层数智化能力，实现从账务处理到业财一体化的转型。

一方面，财务中台能够释放财务数据价值，通过对组织内外部的全量、异构、多类型数据进行统一的采集、处理与挖掘；借助人工智能、大数据等技术的应用，帮助组织对业务进行精细化的分析、预测，并利用财务数据进行管理、决策、创新。

另一方面，财务中台能够赋能财务转型。业务需求越来越个性化和少量多频，客观上要求组织的业务和财务都要可伸缩、可调整。

财务中台将财务管理人员从烦琐的财务工作中解放出来，使其聚焦于组织经营分析领域，加强了对组织决策的支持作用，财务管理人员的职能转变为组织管理的参谋。财务工作的性质从单纯的"后视镜"转变成组织的"导航仪"，能够为组织的发展提供强有力的支撑。

（4）财务中台的适用范围

财务中台适用于多业务、多板块经营，以及正在推动传统业务数智化转型的组织。

（5）建设财务中台的步骤

建设财务中台，组织要建立业财一体化的数据融合和分析应用的能力，并实现与组织和业务数字化的其他应用系统的实时连接，支撑全面预算管理、关键绩效指标等财务相关的战略指标的实现。

第一步，制定业财一体化的数据标准。组织要结合数据中台，对于与财务相关的客户分类表、客户表、产品分类表、产品品牌表、产品表、仓库分类表、仓库表、销售订单表、收款单表等，制定统一的数据标准。组织要围绕会计科目、固定资产、供应商、财务客户、利润中心、成本中心、成本要素、作业类型、统计指标等，形成新的业财一体化的财务主数据。

第二步，打通数据。基于统一的数据标准，实现不同应用软件之间的业务、财务数据互通。

第三步，加强财务中台能力建设，推进业财一体化。打通业务系统和财务系统，加强应收应付、总账管理、资金管理、费用控制、投融资管理、供应商管理、财税联动、管理报表、制度管理、全面预算管理等财务中台关键能力建设，使财务中台赋能业务。例如，组织可以利用财务中台中全面预算管理的能力推动资源的分配，以及做好 KPI、优化短中期现金流管理等，从而使财务在组织战略层面发挥作用。

第四步，实现智能的业务财务一体化分析优化。基于业务和财务一体化，在战略决策层面，组织能推进数据驱动的全面预算管理和关键绩效考核，开展基于数据的自动化的预算编制、预算滚动、预算平衡等，并对预算执行情况进行自动考核，实现智能决策；在财务中台的共享能力层面，组织可通过业务财务一体化自动实现应收、应付、总账等财务流程，并通过机器人流程自动化（Robotic Process Automation，RPA）等自动化技术统一完成财务制度流程优化、资金管理智能化等功能；在风险管控层面，组织可采用阿里云费控等产品，通过统一员工的报销标准、出差补贴、借款额度等指标，结合报销流程数字化，对费用进行管控；在财税管理方面，组织通过 RPA、光学字符识别（Optical Character Recognition，OCR）等自动化技术实现发票查验、开票管理、税务申报、增值税抵扣等一系列系自动化操作，提升发票管理自动化能力；在业务执行层面，组织可通过自然语言处理（Natural Language Processing，NLP）和 RPA 等技术进行合同分析、数据报表统计，实现智能风险管控。组织通过业务和财务一体化的数据采集和分析，可以实现对各业务板块进行主题数据分析，如财务分析、销售分析、生产分析等；可以自动生成合并的利润表、资产负债表、现金流量表，利润分配变动表、资产变动表等各种相关报表；可以实现实时动态分析、诊断、归因分析、预警、优化、持续监控的智能财务管理的闭环，如图 7-14 所示。

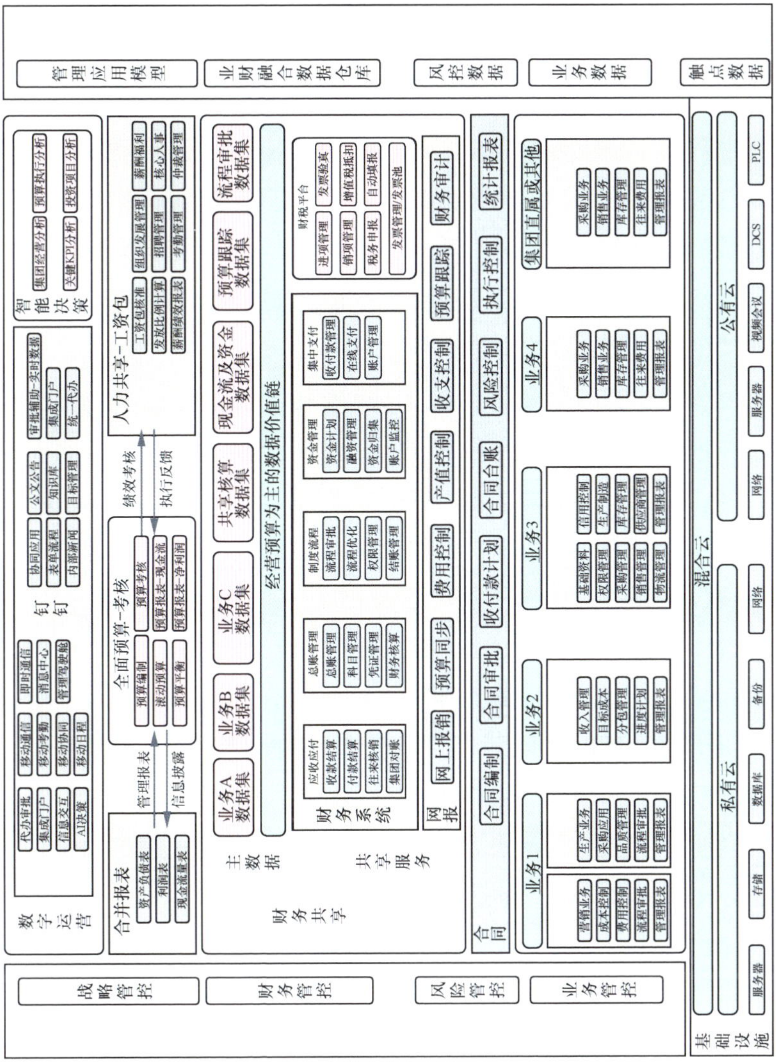

图 7-14　阿里巴巴财务中台解决方案

7.5 一云：集成计算资源的技术基座

7.5.1 一云的定义

一云是指通过整体的云计算基础设施支持所有的计算和应用。从架构上看，一云在基础设施即服务（Infrastructure as a Service，IaaS）层，通过虚拟化、动态化等技术将 IT 基础资源（计算、网络、存储等）聚合形成资源池，形成计算能力的集合。用户无须自建这类基础设施，而是以服务付费的方式，通过云计算服务商提供的资源服务运行自己的业务系统。

云计算的基础性和公共性使其成为便捷、低成本且普惠的生产力。未来各类应用都将运行在云上，包括组织数字化应用、业务数字化应用等。云计算能够大幅降低组织的应用开发门槛，帮助组织实现云上的各类数字化应用创新，构建多行业、跨领域的应用生态。

为什么组织正在全面上云？主要是由于上云能够为组织解决很多问题。组织的业务数据不断增多，需要的服务器和技术工程师不断增加，导致成本不断上升；组织购买的套装软件无法适应业务；组织烟囱式的孤岛系统难以整合，等等。这些问题都是组织面临的挑战。因此，组织需要一种弹性、安全、稳定、创新、成本低的一揽子解决方案，而云计算就是答案。

在组织上云之前，单个技术体系结构支撑单个应用，但应用和应用之间的资源没有打通，无法满足业务需求突发变化或数据爆炸式增长的挑战。例如，在"双十一"这样的活动中，业务的瞬时流量暴涨，传统技术体系结构无法支撑。组织上云的核心是实现计算、存储等资源的打通和统一调度，让分布在不同物理地点的数十万台服务器协同工作，资源按需获取、弹性扩展，使利用率、灵活性极大提升，成本极大节约。两种架构的对比如表 7-4 所示。

表 7-4　传统 IT 架构与云计算架构的对比

对比维度	传统IT架构	云计算架构
理念	以流程自动化为中心	以云服务化和数据在线化为中心
技术架构	技术架构不统一，维护成本高	技术架构统一，运维成本低
运营主体	对系统供应商的依赖程度高，自有团队能力升级难	自有团队能力提升，数字化运营组织建设
数据共享	烟囱式系统建设，数据共享困难	数据在线，实时共享，业务热启动
业务响应	业务响应周期长，无法持续能力沉淀	能力沉淀，持续运营，敏捷响应
用户运营	以内部为主，无法满足外延用户运营	弹性扩展，以用户运营为导向

7.5.2　云原生架构

传统 IT 架构向云原生架构转型是大势所趋。云原生架构是指基于云原生技术的一组架构原则和设计模式的集合，主要将云应用中的非业务代码部分进行最大化的剥离，以便云设施接管应用中原有的大量非功能特性（如韧性、弹性、安全、可观测性、灰度等），使业务不再被非功能性事务的中断所干扰，同时还能具备轻量、敏捷、高度自动化的特点。云原生架构进一步降低了应用对运行操作环境的依赖，提高了应用的可移植性和交付效率。

阿里云平台不仅是云计算基础设施，也是云计算、大数据、物联网等新技术基础设施的综合，可以提供更强大的云服务。阿里云平台的资源是动态扩展且虚拟化的，可以通过互联网提供，它充分封装了云底座强大的计算能力，并能够连接海量的终端，扩展出智能计算能力。用户既不需要了解云计算底层基础设施的具体细节，也无须具备专业的云计算技术知识，更无须直接进行操作，只要了解自身需要什么样的服务及如何获得即可。阿里云平台让组织一步就迈入了云原生架构。

（1）云原生架构的技术价值

云原生架构在技术上可以带来以下三个好处。

第一，能够使组织的应用更加稳定可靠。云原生最大程度地继承了云的强大功能和设计思想，并在资源编排机制、分布式部署、高可用架构等方面得到了更好的支撑，使应用系统变得更加健壮。云原生自动化程度高、自愈性高，使应用本身具有"韧性"，即面对强大压力的缓解能力及压力过后的恢复能力。

第二，能够使组织具备极致的弹性能力。云原生可以有效解决异构环境下的部署一致性问题，便于资源服务实现标准化和自动化。

第三，能够使组织更好地兼容不同业务的不同技术路线。云原生架构下的应用在业务域划分上是相互独立的，业务团队能够根据实际需求灵活地选择最佳技术路线。

（2）云原生架构的企业运营价值

云原生架构在运营上可以带来以下三个好处。

第一，能够使组织的 IT 成本大幅减少。云原生减少了组织应对峰值业务所产生的预留资源浪费，提高了资源的复合利用率，降低了资源成本；减少了传统 IT 重复"造轮子"的现象，大幅度降低了 IT 开发成本。

第二，能够使组织的业务交付速度更快。云原生采用微服务化开发，服务之间使用标准接口进行通信，实现了应用的敏捷开发，降低了业务试错成本，大幅度提升了交付速度，提升了用户体验。

第三，能够使组织的使用体验更好。基于公共云搭建的云原生架构，基础设施层烦琐的运维工作大部分由云服务商承担，用户可一键部署云原生集群，搭配平台提供的各种标准化中间件服务，实现应用的快速上线部署，从而减少了用户的使用负担，使用户聚焦于价值更高的业务逻辑。

7.5.3　云原生操作系统

云原生操作系统是云计算的核心，对内管理数据中心的服务器等物理资源，对外提供统一的公共服务和对应的编程接口。云原生操作系统包括内核、系统级别服务、原生级别服务、开放接口等关键模块，如图 7-15 所示。

图 7-15　云原生操作系统总体框架

阿里飞天云平台是一个为组织云原生需求服务的云原生操作系统，在解决算力等云需求的基础上对 AI、移动协同、IoT、数据与业务流程管理、应用开发等新能力进行承接，实现上层应用直接调用各类能力，普惠每个组织，进一步释放全社会数智化的创新能力，如图 7-16 所示。特别是让中小微企业实现数智化转型，让原来用不起云服务的用户都能得到即开即用的云。

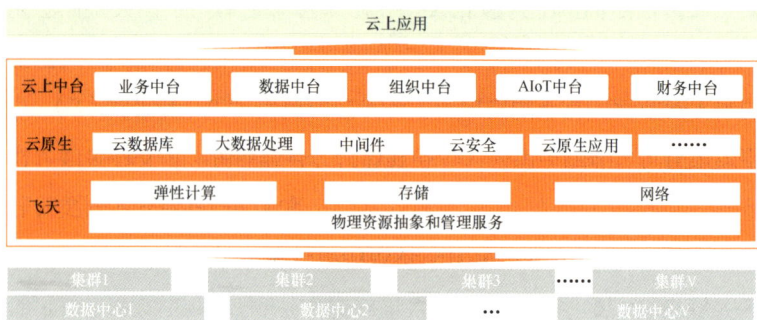

图 7-16　阿里飞天云原生操作系统

云原生架构提供的云系统服务主要有弹性计算服务、网络服务、存储服务、原生服务及云安全等。

（1）弹性计算服务

弹性计算服务是通过云上虚拟化的服务器、分布式计算集群等，提供给用户海量数据的计算能力。云上提供弹性计算的能力将计算机物理资源（如 CPU、内存、计算集群等）予以抽象、转换后通过虚拟化的形式呈现出来，使用户能够以比原本的组态更好的方式应用这些计算资源。弹性计算是指将工作量灵活地分配给不同的虚拟机（云服务器）以实现资源共享，并通过交换设备的虚拟化及内存灵活动态的交换管理，提高系统性能和内存的有效利用率，达到资源利用率最大化。

阿里云的云服务器提供的虚拟计算环境包含 CPU、内存等基础的计算组件，提供处理能力可弹性伸缩的计算服务。阿里云通过自研芯片、自研 Hypervisor 系统及重新定义服务器硬件架构等软硬件技术，设计了适用于云原生服务的神龙服务器。阿里云通过极致算力支撑组织的数据智能计算，主要的计算服务由全球规模最大、国内唯一全栈自研的大数据平台 MAX Compute，以及全球首个为云而生的服务器计算架构神龙、全球首个自研的云原生数据库 PolarDB 和全球领先的 AI 推理芯片含光 800 共同组成的强大的智能计算引擎提供。

（2）网络服务

网络服务是云原生架构的基础服务，它能使终端和云紧密地连接起来。由于网络带宽的不断增长，网络服务基本满足了大多数连接的需求，包括视频等多媒体网络访问。云计算的网络环境需要具备以下网络服务能力：

- 灵活的可软件定义的网络架构，以适应大规模网络的管理；
- 网络服务快速提供，以加快用户对各种应用的访问速度；
- 强大的虚拟网络支持，以满足用户对于自身网络设计的需求；
- 强大的流量应对策略，以应对云平台下复杂的流量模式。

阿里云的飞天洛神云网络平台提供了完善的云上网络，包括跨地域网络、混合云网络产品体系和可满足不同场景需求的网络解决方案，具备了超大规模、超高性能、弹性开放能力，已服务上百万用户，如图 7-17 所示。

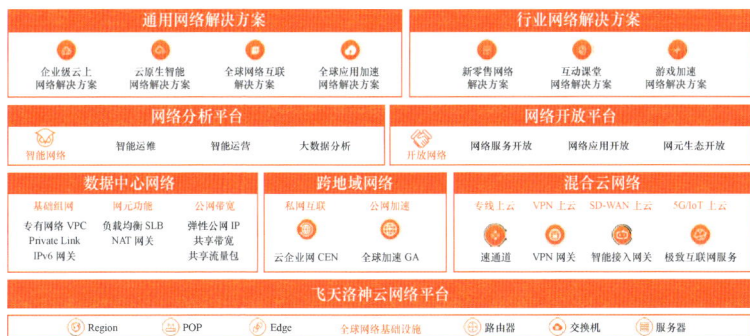

图 7-17　阿里云网络产品和解决方案

（3）存储服务

存储服务是通过集群应用、网络技术或分布式文件系统等功能，将网络中大量不同类型的存储设备通过应用软件集成起来协同工作，对外提供数据存储业务和管理能力。存储虚拟化采用计算和存储分离的架构，把多个存储服务器上的存储介质整合成一个巨大的存储资源池，以池化的存储服务器提供虚拟的云盘，把每个云盘需要存储的数据切分成小块，并按照映射规则分散、冗余存储到资源池中独立的物理存储介质中，提升访问性能。存储形态可为块、对象、文件、键值存储等。存储服务需要极致的稳定性、弹性，并具备完善的多租户管理、可靠的数据灾备、高度安全等能力。

盘古 2.0 是阿里云智能一体化基础设施的稳定基石和性能引擎，拥有自研分布式存储技术、软件重新定义存储、完善的多租户管理、多种数据灾备及加密方式，如图 7-18 所示。

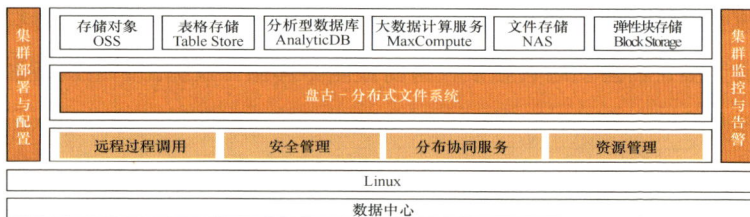

图 7-18　阿里云存储服务

（4）原生服务

云原生操作系统的原生服务是云原生操作系统的最上层，是云原生操作系统"开箱自带"的、广大用户大概率需要的服务。这些服务既可以直接提供给云计算用户，也可以作为组件构建更多的上层应用。云原生操作系统的原生服务类型众多，包括原生数据库、大数据计算引擎服务、容器、云原生、Serverless、AI 计算等服务。

（5）云安全

随着云计算日益增加的业务需求，各种云计算相关的安全威胁也不断增加，如 DoS 攻击、僵尸网络、数据泄露等。在云原生架构中，安全服务包括网络安全、硬件安全、软件安全、系统安全、数据安全等服务。

阿里云安全架构采用"五横两纵"七个维度的安全架构设计，包括"五横"——云平台安全、用户基础安全、用户数据安全、用户应用安全、用户业务安全，以及为用户账户安全提供的"两纵"——安全监控、运营管理，如图 7-19 所示。

图 7-19　阿里云安全架构

7.5.4　组织上云、用云的路径

上云是组织数智化转型的基础，是将现有 IT 架构全面转向云原生架构、将现有信息系统全面转变为云原生操作系统支撑的数智化系统的起点。组织上云、用云不仅是对数字基础设施的迭代更新，也是实现组织数智化转型的过程，其包括以下四个步骤。

（1）基础设施全面上云

组织不需要改造自己原有的基础设施架构，直接采用阿里巴巴的云服务，变成基于云的基础设施。基础设施全面上云包括五个方面的上云，即计算、存储、网络、安全防护和办公桌面的上云。基础设施上云后，组织不再需要采购硬件基础设施，而是直接使用云原生服务。

（2）大数据上云

组织即使将基础设施全面上云，应用系统也可能是烟囱式的，数据孤岛仍可能存在。过去是在各自的地盘上建"烟囱"和"孤岛"，而现在是所有的"烟囱"和"孤岛"被建在同一个地方。组织进一步应将大数据上云，让不同应用系统的数据连通起来，在云上实现数据"聚通用"。

（3）中台上云

应用系统上云后，组织需要把所有的应用系统打通，在云上建立数据中台、业务中台、组织中台、AIoT 中台和财务中台，把集约化的核心能力统一打包并提供共享能力服务。

（4）实现云上智能

在云上的算力和数据积累的基础上，组织可以在云上推进智能化应用，实现云上智能。云上智能可以将智能算法、数据与算力封装，结合协同办公平台、应用开发平台等，为组织提供智能化应用能力。

小结

操作系统的发展经历了四个阶段，当前是 4.0 时代——云钉一体数智化操作系统。

（1）在云钉一体数智化操作系统中，多端承载着跨端多场景的业务服务。组织的各种 App、小程序、线下门店设备、智能终端、会议室设备、工厂设备等多端，都能为用户提供多场景、大流量、跨业务、高黏性的商业服务。

（2）在云钉一体数智化操作系统中，组织与业务数字化应用构成了开放创新的应用生态。组织数字化应用为组织提供了战略、人、财、事、物等方面的应用，包括战略管理、协同办公、智能财务、智能人事、智能资产管理等。业务数字化应用为组织提供了围绕新品牌、新产品、新制造、新供应链、新营销、新销售及新服务的全链路数字化应用。低代码应用则为组织提供了随需而得的创新应用。

（3）在云钉一体数智化操作系统中，中台聚合了数据、业务、协同、AIoT 智能终端、财务的能力中枢。平台包括数据中台、业务中台、组织中台、AIoT 中台、财务中台，为组织提供了跨组织连接能力、多业务协同能力、多应用集成能力、数据开放共享能力、智能决策能力及生态支撑能力。

（4）在云钉一体数智化操作系统中，一云集成了计算资源的技术基座。云计算就像电力一样，能够为组织提供弹性、安全、稳定、创新、低成本的服务，帮助组织使用云、在云端开发和部署应用。

第 **8** 章

数智化敏捷组织的建设、运营与评价

数智化敏捷组织的建设是对业务全链路进行价值重构和赋能，实现组织与生态全要素的价值共振。同时，数智化敏捷组织的建设是组织的一项战略行动，离不开业务、组织、技术等多维的统筹和推动。组织需要确立建设框架，遵循既定的建设原则，建立目标与问题导向、决心变革、团队搭建、建设路径、优化迭代、持续运营、能力成熟度评价与改进七大议题的闭环，如图 8-1 所示。

在建设路径中，组织要通过基础设施云化、触点数字化、组织与业务数字化、运营数据化、决策智能化的"五部曲"实现从感知到决策的智能化闭环。不同的组织采取的路径组合不一定相同，但最终要完成"五部曲"的齐奏！

对于组织而言，任何时候数智化敏捷组织的建设都不是一个"完成时"，而是一个"进行时"。组织不仅要实施数智化业务重构、组织变革、技术体系建设等，还要不断进行优化迭代，持续运营，并进行数智化能力成熟度评价，实现持续创新发展。

图 8-1　数智化敏捷组织建设的闭环

8.1　数智化敏捷组织的建设框架与原则

数智化敏捷组织的建设框架是以业务重构七大环节、组织升级四大要素、技术体系四层架构为主要建设内容，按照目标与问题导向、决心变革、团队搭建、建设路径、优化迭代、持续运营、能力成熟度评价与改进七个环节进行建设，并不断循环升级，如图 8-2 所示。

数智化敏捷组织建设（即组织数智化转型）要遵循以下四项原则。

（1）总体规划，分步实施

组织数智化转型是一个战略变革工程，是自上而下的战略升

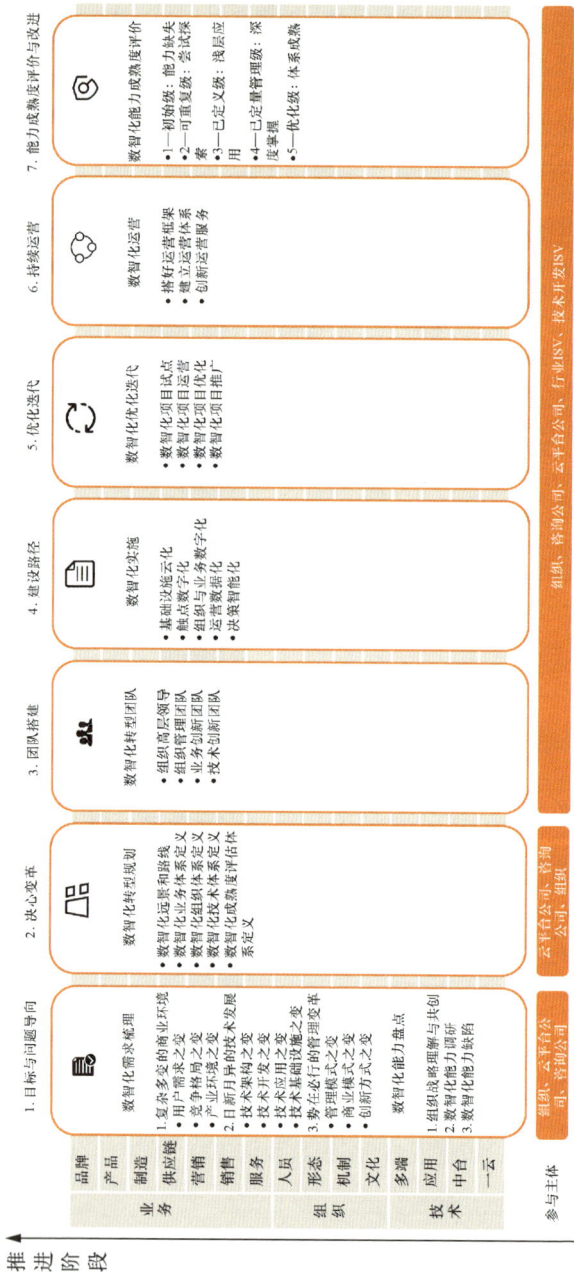

图 8-2　数智化敏捷组织建设全过程框架

级，具有全局性和复杂性。这决定了推进组织数智化转型需要坚定决心，统筹全局，做好总体规划和顶层设计。同时，数智化转型具有长期性和探索性，意味着这是一个需要多方参与、持续迭代的过程。组织在数智化转型过程的不同阶段，转型的任务不同，需要分步实施。

（2）业务导向，数据驱动

组织数智化转型是一个业务创新工程。业务是推动商业进步的核心力量，组织数智化转型要以业务为导向，推进业务协同、组织协同和生态协同，实现对用户需求、市场竞争和产业环境的敏捷洞察和智能决策。组织数智化转型的关键是通过数字技术让一切业务数据化，使组织基于数据驱动进行业务创新，从而实现更好的用户体验、更优的业务模式、更高的组织效能，打造数智化敏捷组织新价值。

（3）聚焦重点，循序渐进

敏捷组织数智化转型是一个系统工程，"不能胡子、眉毛一把抓，要找到牛鼻子，抓好关键场景"。敏捷组织数智化转型是一个循序渐进的过程，要按照"点、线、面、体"的路径逐步推进，不断利用数字技术重新定义组织，从而实现业务模式的全面变革，进而找到业务创新的机会。

（4）领导挂帅，保障有力

敏捷组织数智化转型是"一把手"工程。"一把手"负责引导全体员工树立数智化的理念和思维，让管理人员、业务人员、技术人员、运营人员全面了解实施数智化转型背后的战略意图，从而使组织内部形成数智化转型的文化氛围，使组织成员在数智化转型过程中坚决贯彻战略意图，履行责任。组织数智化转型要做好制度、标准、人才、资金等各方面的保障。

8.2　数智化敏捷组织的建设步骤

数智化敏捷组织建设包括目标与问题导向、决心变革、团队搭建、建设路径、优化迭代、持续运营、能力成熟度评价与改进七个步骤。

8.2.1　目标与问题导向

组织进行数智化转型要突出目标与问题导向，以战略目标为指引，思考现有的业务体系能否支撑业务敏捷创新、组织体系能否满足组织结构扁平化的变革需求、技术体系能否解决组织的数据孤岛和烟囱式应用。当现有的组织不能满足高频、个性化需求的敏捷响应，以及多业务、多场景的协同管理需求时，组织数智化转型就变得十分紧迫和必要了，其紧迫程度如表 8-1 所示。

表 8-1　数智化转型的紧迫程度

		多业务、多场景的协同管理需求		
		高	中	低
高频、个性化需求的敏捷响应	高	业务体系●●●●● 组织体系●●●●● 技术体系●●●●●	业务体系●●●○○ 组织体系●●●●○ 技术体系●●●●●	业务体系●○○○○ 组织体系●○○○○ 技术体系●●●●●
	中	业务体系●●●●● 组织体系●●●●● 技术体系●●●○○	业务体系●●●●○ 组织体系●●●●○ 技术体系●●●●○	业务体系●●●●● 组织体系●●●●○ 技术体系●●●●●
	低	业务体系●●●●● 组织体系●●●●● 技术体系●○○○○	业务体系●●●●● 组织体系●●●●● 技术体系●○○○○	业务体系●●●●● 组织体系●●●●● 技术体系●○○○○

8.2.2　决心变革

组织数智化转型是一次自上而下的战略升级，是对业务体系、组织体系、技术体系的颠覆性变革，由"一把手"牵头，要在业务、管理、技术等团队中达成全面共识。在组织数智化转型中，领导者要先做好组织数智化的总体战略规划，按照计划分步实施，找准组织数智化转型切入点，能着力解决组织具体的业务、管理和技术问题，如图 8-3 所示。

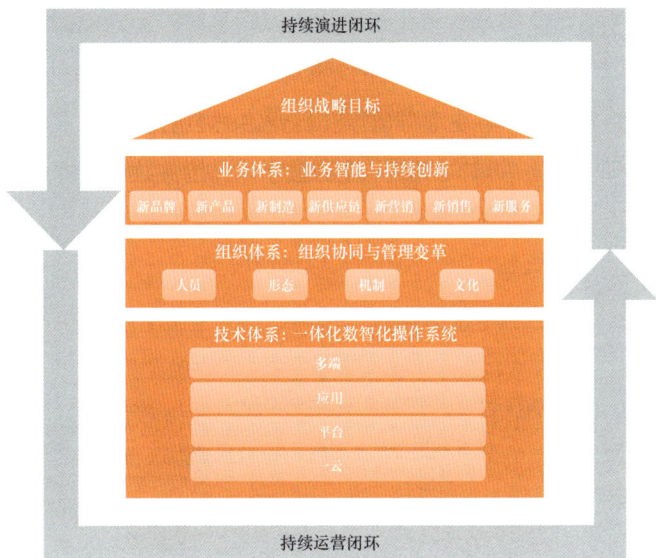

图 8-3 决心变革

8.2.3 团队搭建

组织数智化转型是一个多方参与、持续迭代的过程，如图 8-4 所示。

在建设运营过程中，不同的团队需要承担不同的角色，不仅要有高层领导团队，还要有组织管理团队、业务创新团队、技术创新团队，也要让外部资源参与进来，使各方通过紧密沟通、协调管理、岗位轮换、持续沉淀、能力共建等过程相互配合。

对于市场分散度高、竞争激烈的行业，如零售行业，组织数智化转型较强依赖于阿里巴巴云钉一体团队的支持。行业大型组织的业务、管理和技术体系复杂，组织通常需要联合管理团队、业务创新团队、技术创新团队及外部团队共同参与，对组织的数智化转型的路径进行全面构思、搭建，进而推进组织整体竞争力的提升。而行业中的中等规模组织，可以先围绕组织数字化搭建组织管理团队，并联合外部团队搭建数智化组织体系，满足组织的管理需求；再进一步围绕业务数字化需求搭建业务创新团队，并联合外部团队搭建数智化业务体系，解决业务痛点。行业中的小规模组织，产品相对单一，一般可以一步实现组织与业务数字化，抢占数字先机。

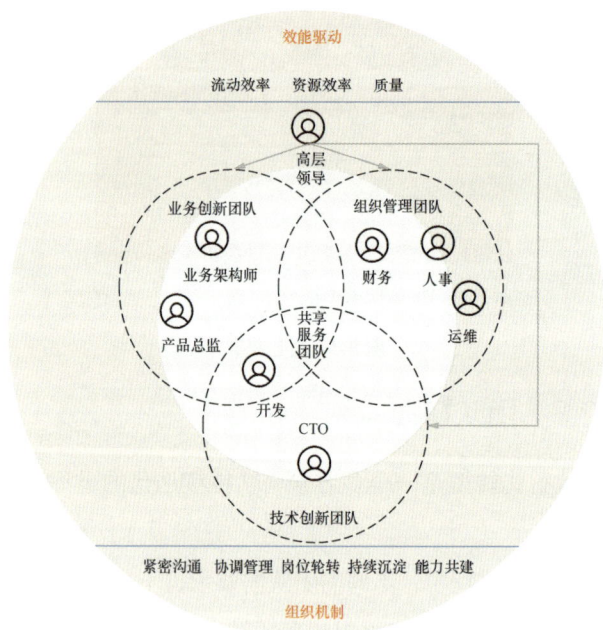

图 8-4　典型的数智化转型团队

对于市场集中度高、竞争格局相对稳定的行业，如制造、能源等行业，组织数智化转型较强依赖于自身团队与阿里巴巴云钉一体团队的合作。行业大型组织的各分支机构业务复杂、架构复杂、系统繁多。大型组织可以搭建组织管理团队、业务创新团队、技术创新团队，并联合外部团队对组织进行全面的数智化转型。而行业中的中等规模组织可以先围绕组织数字化搭建组织管理团队，并联合外部团队搭建数智化组织体系，满足组织的管理需求，实现降本增效；再围绕业务数字化，利用低代码开发、数据中台、业务中台等手段实现价值提升。

对于市场集中度高、竞争格局不稳定的行业，如金融等行业，金融组织在应对竞争对手之间的同质化竞争时通常高度重视用户的黏性，因此对于组织和业务数字化的需求迫切。大、中型的组织可以通过搭建组织管理团队、业务创新团队并联合外部团队推进组织与业务数字化，通过组织优化、业务运营对前台业务形成强力支撑，实现价值增长。

8.2.4　建设路径

组织基于敏捷组织全链路数智化转型的思路，以端到端的视角对业务各环节、组织各领域、技术各层次进行价值重构，打通商流、物流、资金流、数据流，推进数字技术与组织协同进行深入融合，形成业务、组织、技术在全生态的价值共振，实现增量式创新发展。围绕业务体系、组织体系、技术体系三个角度进行数智化转型的具体路径分为五步，包括基础设施云化、触点数字化、组织与业务数字化、运营数据化、决策智能化，具体内容请见 8.3 节。

8.2.5　优化迭代

面向不确定性环境的组织数智化转型是一个不断试验的过程，很难一步到位，需要小步快跑。组织要根据实际情况统筹规划、分步实施、迭代优化，从局部试点、小步快跑到大规模普及，一步一步地建立适合自身当前发展需要的业务体系、组织体系和技术体系，如图 8-5 所示。

图 8-5　优化迭代过程

（1）局部试点

在建设初期，组织应当针对业务痛点，推动数智化解决方案的局部试点，通过局部环节解决方案的成功为整体战略的实现奠定基础。

（2）小步快跑

在局部试点数智化的基础上，组织将数智化理念逐步渗透进更多的业务场景、管理场景，通过多业务场景、多管理场景实践培养组织数智化转型的能力。

（3）大规模推广

经过局部试点中问题的解决和多场景应用的能力沉淀，组织开始大规模、全范围推进数智化转型，实现业务环节和管理环节的实时协同、数据创新和决策智能。

8.2.6　持续运营

组织推进数智化转型，"三分靠建设，七分靠运营"。数智化转型做得成功与否，很大程度是看运营做得如何。数智化运营就是通过数智化技术，帮助组织实现数据驱动的高效、快捷、智能的运营，具体内容请见 8.4 节。

8.2.7　能力成熟度评价与改进

组织推进数智化转型，无论是建设之初、实施、运营过程中，还是后续的持续演进，评价数智化转型做得好与不好都是一项很重要的工作，组织需要通过能力成熟度评价体系对数智化转型的成果进行评价，具体内容请见 8.5 节。

8.3　数智化敏捷组织的建设路径与策略

数智化敏捷组织的建设路径可以归纳为"五部曲"——基础设施云化、触点数字化、组织与业务数字化、运营数据化和决策智能化，它们构成了组织从感知到行动的智能化闭环。"五部曲"的主要内容及其相互关系如表 8-2 所示。

表 8-2　数智化敏捷组织建设路径 "五部曲"

五部曲	主要内容与关系解释
1. 基础设施云化	数智化敏捷组织建设的基础，通过全面上云支撑弹性和高算力需求
2. 触点数字化	数智化敏捷组织建设的前提条件，反映数智化敏捷组织与各方交互触点数字化水平及获取数据能力的成熟度
3. 组织与业务数字化	数智化敏捷组织建设的重点，真正支撑组织的业务敏捷创新和高效协同
4. 运营数据化	数智化敏捷组织建设的核心，将组织数据汇集、流通和共享，形成数据中台，让组织实现数据驱动
5. 决策智能化	数智化敏捷组织建设的目标，帮助组织实现高效敏捷智能决策

8.3.1　基础设施云化

基础设施云化程度反映了组织数智化转型的基本技术能力。云计算为组织数智化转型提供了算力基础，并涵盖支撑组织智能运算的数据存储能力、数据之间传输的网络连通能力、敏感数据的安全能力，以及对数据实时和离线处理的能力、算法与模型服务能力等。此外，组织也需要一个敏捷的、连续稳定的、成本优化的、安全和风险可控的智能运算环境。

（1）基础设施云化的策略

基础设施云化即组织全面上云。组织需要综合考虑技术愿景、业务需求和数智化战略的要求，制定全面上云的目标，找到主要价值点，评估投资回报，分析组织财务情况和财务模型的影响，制定组织全面上云的策略。

组织全面上云需要避免以下误区。

- **误区 1：上云在任何情况下价格都是最优的**

上云是为了更高的经济性。在制定全面上云的策略时，财务总监可能会要求组织的 IT 部门在上云各个环节中争取最优的价格。但事实上可能并非如此，尤其是在上云迁移、转换和应用初期，有些隐性成本很容易被忽略，导致价格看起来似乎最优，但结果是总体拥有成本可能更高，因而得不偿失。

- **误区 2：全面上云就是一次全部上云**

全面上云不是要一次性全部上云，而是一个渐进的过程。组织全面上云是为了实现核心技术的互联网化和应用的数智化。但是，由于影响组织的因素有很多，某些组织可能更适合采用私有云、混合云或分批次上云的方式。

- **误区 3：忽略数字资产规划**

上云是从物理设备到（虚拟）服务的转变。在制定全面上云策略的过程中，很多组织只重视服务，而忽略了对数字资产（虚拟机、容器、应用程序、算法和数据）的盘点与规划。在云服务计费分账机制尚未建立前，组织的 IT 部门应当利用数字资产将业务成果反映到技术工作上，以此建立数字资产与业务成果的关联性。

（2）基础设施云化的路径

基础设施全面上云包括计算资源上云、存储资源上云、网络资源上云、安全防护上云及办公桌面上云五个方面。

阿里巴巴推出了云原生架构，组织不需要改造自己现有的基础设施架构，直接采用阿里巴巴的云服务，变成基于云的基础设施，后续可以更容易地使用云原生服务。

8.3.2　触点数字化

触点数字化是组织与用户、员工、合作伙伴、场所等接触点的数字化，主要包含用户触点数字化、交易触点数字化、产品触点数字化、物流触点数字化、生产触点数字化等。轻量和敏捷的数字化触点是数智化敏捷组织的"神经末梢"。

（1）触点数字化的策略

- **全接触**

利用物联网、移动互联网等技术，组织可以实现与用户、员工、产品、合作伙伴等的全链路泛在连接。通过各个触点的数字化、移动化、智能化，组织可以对用户行为、产品状态、员工及合作伙伴进行多维度的感知，从而保障组织在全链路触点的数据获取能力。

- **全数据**

触点采集的数据及其质量直接决定了数据的价值。如何利用数字化触点采集全量、安全、高质量的数据是组织进行数智化转型时需要关注的重点问题。

（2）触点数字化的五个路径

触点数字化是实现组织竞争力的前提，其路径如下。

- **用户触点数字化**

通过数字化会员的形式，组织对用户及其行为路径进行触达，在用户发现、研究、购买、付款、配送、售后每个行为环节都有触点；还可以对用户属性、地区、习惯、行为等多维度数据进行统计、建模和分析。通过手机淘宝App、钉钉等即时沟通工具,组织能与线上、线下的用户进行实时在线沟通,确保服务直接触达;组织用数据能培养和区分优质用户,让用户数据产生价值,提升组织的盈利能力。

- **交易触点数字化**

组织通过将交易行为数字化,摆脱时间和空间的限制,让交易随时随地进行;通过记录用户的交易行为,对交易数据进行全面的分析和预测,能够优化营销、销售、制造、服务等环节。

- **产品触点数字化**

产品触点数字化的意义不仅是实现产品线上销售,更是为数据驱动人、货、场的重构提供坚实的基础。产品触点数字化带来的数据增量可以构建以用户为中心的场景化的产品知识图谱,反向促进产品线下购物场景的优化,进而更好地完善供应链、产业链。更完整的产品数据维度能产生更精准的用户洞察,将其与数字化会员体系结合,就能为用户带来更好的购物体验;也能将其与产品生命周期体系结合,推动新产品的研发。

- **物流触点数字化**

物流触点数字化包含三个层次的要求。

第一,物流触点数字化要求"所有设备配置传感器"。以菜鸟物流为例,其智能物流园区通过传感器使整个物流产业链上的设备、设施连接在一起,完成了对水电表、温度、湿度及仓内堆高等情况的实时感知,一旦出现异常可立即报警,因而减少了传统的人工抄表、巡查的工作量,并且更加可靠。

第二,物流触点数字化要求"所有智能终端自主运算"。在智能物流产业链上,智能摄像头对捕捉的影像进行实时计算和分析,进而在车辆调度、备货管理等领域实现智能预警,大大降低了监督成本。边缘计算很好地解决了计算瓶颈问题,摄像头具备计算能力,所有事件都可以在本地识别和判断，结果被上传到云端，极大地节省了带宽。另外，由于摄像头是在本地计算的，不用经过公网，因此可以针对本地的异常事件达到毫秒级的响应速度。

第三，物流触点数字化要求"智能机器学会思考"。智能化仓储及分拣中心是智能物流园区的重要组成部分，包括智能存储、智能拣货、智能分拣等模块，自动化流水线、AGV 机器人和机械臂的使用大大提升了仓储拣选和分拨效率。

- **生产触点数字化**

生产触点数字化是指生产设备、车间和工厂的数字化、网络化及智能化。在生产制造过程中，工单数据处理、生产、发货、安装等业务环节都有关联，每个业务环节都可以实现数字化。所有的生产环节都有触点数据，组织可以对各个环节进行控制。例如，索菲亚 4.0 车间配置了智能仓储设备、智能制造设备、智能物流设备及智能质量检测设备等，将车间的传统生产线转型成智能生产线，大大缩短了每批次板件的生产周期，减少了工序之间的等待时间，实现了全智能化生产。

触点数字化是实现全域数据采集、计算和数据智能的基础。通过触点数字化，组织能建立人、物、场的数字化空间。例如，越秀地产的悦工作通过阿里巴巴的 AIoT 中台连接了更多的智能硬件，实现了各种触点数字化，以及各种未来场景的构建，如图 8-6 所示。

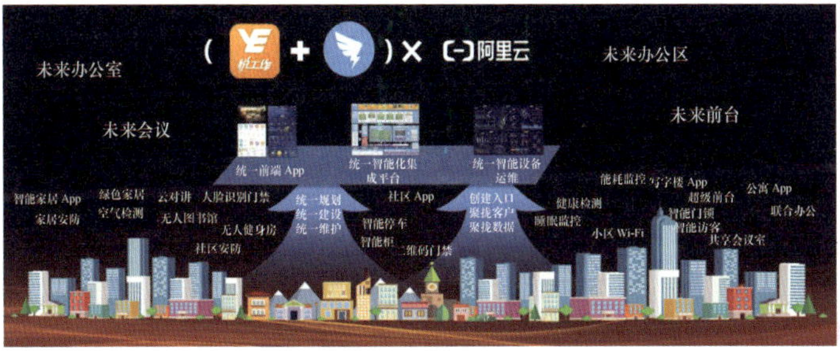

图 8-6　悦工作的触点数字化和未来场景

8.3.3 组织与业务数字化

组织与业务数字化的重点是实现组织管理的数字化、业务流程的数字化、业务协同的数字化。一方面，组织需要快速响应来自各触点的信息，对业务流程进行优化，实现组织沟通与协同的效率提升；另一方面，为了应对日益复杂的业务场景与需求，组织需要对全链路的业务应用进行升级，通过不断的业务服务、组织服务重构实现业务创新和组织变革，促进生态的开放与协同。

（1）组织与业务数字化的策略

* **组织与业务中台化**

数据驱动业务创新和组织变革的前提是实现共性能力的组件化。组织管理模型、基础商业要素模型与业务数据融合，形成了可以灵活调用的共性能力中间件。这些中间件支撑着面向产品创新、库存调配、支付交易等各类业务的高效协同和业务创新，支撑组织沟通、协同、管理和动态排兵布阵。同时，组织管理和业务实践中不断积累的数据反哺中台的数据工具，使其能力持续提升。

* **组织与业务数字化**

组织要推进组织架构的在线化，使组织中权责清晰，意味着任何一个人都能在组织中找到相关的人或资源；推进员工数字化能力的提升，让每一个员工拥有一套称手的新生产力工具；推进沟通数字化，实现信息交互的高效、平等、安全、互信；推进任务的在线协同，使每个任务管理之间能相互支持；推进业务数字化，通过数字技术记录业务数据和流程数据，让业务数据流动并全面连接，全面实现数字化运营和敏捷决策；通过人与人、人与组织、组织与组织的数字化，实现不同业务系统的数据打通、业务跨场景和跨组织的连接，进而推进数字化管理和决策；通过对产业链上下游和服务对象进行在线化连接，利用大数据优化整个生态用户的体验，让每个个体都成为推动生态进步的发动机。

组织要通过对员工、组织架构、沟通及协同等组织数据的采集和分析，通过对品牌、产品、制造、供应链、营销、销售、服务等业务数据的充分感知和挖掘，建立需求感知、运营分析、智能决策、精准调度的数字化工具，能更直接地通过数据洞察用户的行为，建立数据驱动的业务和组织流程。

（2）组织与业务数字化的步骤

第一步，建设组织与业务中台。组织中台能对组织沟通、协同等环节进行抽象建模，整理出组织的功能需求，驱动组织协同、应用开发，实现组织智能化提升。业务中台能对业务进行抽象建模，整理出业务的功能需求，驱动新品敏捷研发、智能生产、全链路供应链优化、品牌全域营销、产品精准销售等环节，提升低成本创新的能力。

第二步，开发组织与业务数字化应用。开发组织与业务数字化应用的五字口诀就是"选、搭、建、连、跨"。"选"是指在钉钉工具集中选择业务数字化和组织数字化应用。"搭"是指用钉钉低代码开发平台搭应用。"建"是指业务应用的搭建，钉钉提供了应用广场、低代码和全代码开发等多种应用搭建能力。"连"是指业务数据的打通，钉钉发布的连接平台产品可以实现不同业务系统的数据打通。"跨"是指业务跨场景和跨组织的连接，钉钉进一步开放的底层能力可以实现业务场景与沟通协同的打通，以群插件、互动卡片、应用机器人的形式呈现在聊天消息、群和工作台。业务系统还可以实现跨组织连接，通过钉钉服务窗、小程序、合作空间等产品打通组织上下游和产业链。

第三步，推进组织数字化应用。一是组织管理全链路数字化，在 OA 审批、沟通协同等领域实现行为活动数字化；二是在组织形态、人员要素、机制要素上实时变化，实现组织要素数字化，建立智能人事、智能考核、文化管理等；三是在组织治理和个人成长方面积累决策数据、行为数据，实现组织管理的数据应用场景化；四是通过组织全局数字化实现辅助决策、智能评估、实时反馈和迭代优化，实现组织决策智能化。

第四步，推进业务数字化应用。对产品、品牌、制造、供应链、营销、销售、服务等环节进行数字化，产生各种业务数据和流程数据，让业务资源得到更合适的匹配，更好地推动业务创新。

8.3.4 运营数据化

在数智化时代，组织需要充分挖掘自身内部高价值的小数据，并结合生态的大数据，用数据驱动业务，进一步形成分析和洞察驱动型的组织文化。组织利用数据洞察赋能全价值链，不仅可以指导运营，实现降本增效，还可以提高合作伙伴间的协同效率。

（1）运营数据化的策略

- **业务全链路数据运营**

运营数据化的关键是构建数据化的运营逻辑。数据既是起点，也是终点，更是在运营过程中控制运营结果的关键因素。从企业级的运营行为到部门级的运营行为都要以数据为核心来展开，组织要通过分析数据找到运营的问题，分析问题的成因，制定相应的策略和行动方案。新的行为产生新的数据，再针对新的数据发现问题，这样快速循环迭代业务流程、资源配置和管理方式，就能形成数据时代组织的基本运营逻辑。运营数据化是让业务全链路的环节和流程以数据的方式运行。

- **数据可视化**

数据应用最常见的一种形式是数据可视化，即通过数据分析形成可视化的业务看板，让管理者清晰、高效地监测业务情况，如销售业绩的实时监控大屏。数据可视化免去了原来大量的人工统计数据并输出数据表格的工作，把原来进行输入并整合数据的人们解放出来，让他们去做更有价值的创新工作。管理者不需要听下属汇报就能了解业务情况，直接看数据大屏即可。

- **数据业务化**

收集数据的目的是将其应用于业务本身。数据业务化即把数据作为应用服务来赋能旧业务和创新新业务。用数据算法监测广告效果、用预估的行业数据进行新品开发、用加购数据预警库存等都是数据对原有业务的赋能。数据创新也可以表现为数据服务能力的向外输出，对产业链上下游和生态合作者进行数据赋能。品牌商可以向代工厂开放销售数据服务，帮助代工厂提升供应链管理效率，代工厂原材料和生产线的准备工作就会更及时。多个品牌方也可以共享一个厂方数据服务，数据经过汇总能够产生集约效率。例如，两个品牌的两款男鞋需要使用同一款鞋底，这款鞋底就可以被集约生产。多个品牌的订单如何拆解、合并、协同？这就变成了一个数据业务化的问题。

数据业务化可以赋能创新业务，如视频直播业务。组织采用运营数据服务可以对新业务的宣传效果进行最小试错成本的评估。具体做法是组织对目标用户进行标签分类，针对旧媒体上投放有效的具有某类属性的用户样本，在新媒体上进行相应投放，经过一段时间的测试和优化后就可以拿到新旧媒体的对照数据。数据可以反映新媒体人群的内容偏好、行为偏好，以便组织快速做出调整来适应新业务。如果没有老用户数据沉淀，就没有数据效果的反馈能力，要不要开展新媒体业务会成为一家企业内部旷日持久的讨论话题。

（2）运营数据化的步骤

第一步，业务数据化：让组织的每个业务行为既有数字触点，又有数据记录；通过数据的采集、记录，形成数据源。

第二步，数据资产化：对采集到的数据进行管理，通过数据清洗、归类和目录管理，把原始数据变为可用的数据资产。

第三步，资产服务化：对数据资产进行 API 封装，形成数据产品和工具，让数据具备服务业务的能力。

第四步，服务业务化：根据业务需要随时通过工具调取数据服务，对数据进行分析，支撑业务的发展。

8.3.5　决策智能化

美国经济学家西蒙提出，管理的本质是决策。决策就是让合适的人在合适的时间以合适的方式做出决定，这是一种主观与客观、理性与感性相互融合的过程。由于影响决策的因素非常多，决策者需要具备甄别和提取有效信息的能力，还要具备推理和假设的能力。因此，决策智能化仍然是一个世界级的难题。

决策智能化是组织数智化转型的终极目标，也是组织从业务驱动转向数据驱动的实现过程。随着大数据分析技术的应用不断发展，组织智能化场景不断丰富，智能化决策经过不断训练与学习，可能作出更加合理的决策，并形成良性的学习反馈闭环，最终帮助组织实现智能决策。

（1）决策智能化的策略

- **数据驱动**

数据驱动决策就是让决策者通过分析有效的相关数据，挖掘数据中隐含的信息，并根据信息作出决策的过程。决策智能化依赖大数据分析能力，使数据转化为洞察，进而由洞察产生行动。

- **算法驱动**

算法驱动决策就是通过对深度学习、优化技术、预测技术等进行算法设计，实现顺利运作"感知—洞察—评估—响应"闭环，在人力调度、货物分配、资源优化等场景，对精确营销、计算资源、收益管理、风险控制、智慧物流、派送调度、工业制造调度、航空、电力市场等实现自动化智能决策或辅助人工决策。

- **敏捷实时**

在智能决策的场景中，数智化系统需要支持组织做出实时敏捷决策，甚至要求高并发决策。例如，互联网行业要求给用户的推荐结果必须在毫秒级的时间内提供。

（2）决策智能化的步骤

第一步，打造"组织大脑"。组织可以通过业务上云，整合数据中台、业务中台、组织中台、AIoT 中台和财务中台的数据，打造"组织大脑"。"组织大脑"能够打通组织内部数据，消除信息孤岛，实现数据流通和共享。

第二步，训练模型。"组织大脑"通过不断地对大数据进行训练与学习，基于复杂智能算法的推荐、预测等分析结果，在系统层级直接做出决策并采取相应的行动。"组织大脑"是"能学习的决策机器"，不仅能实现自动决策，而且可以通过学习的闭环不断优化和改进决策的效率及效果，并形成良性的学习反馈闭环，最终帮助组织实现全链路的智能决策。例如，大润发全面启用智能系统预测线上订单，能够预测每家门店的日订单，准确率已经达到 90% 以上。

第三步，赋能场景应用。组织可以将"组织大脑"应用到各个行业，通过"行业 +AI"的方式推动组织的智能化场景日益丰富。

在组织数智化转型"五部曲"中，阿里巴巴云钉一体提供了全生命周期的解决方案，如图 8-7 所示。

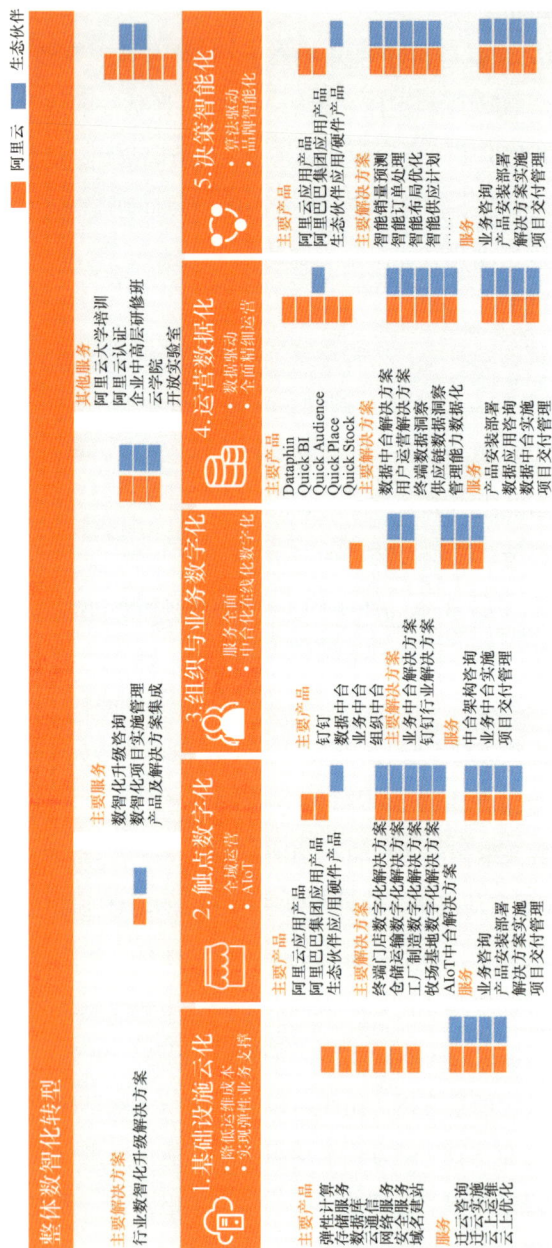

图 8-7　阿里巴巴云钉一体解决方案支持组织数智化转型"五部曲"

8.4　数智化敏捷组织的运营体系

打造数智化敏捷组织，"三分靠建设，七分靠运营"。数智化运营包括业务运营、组织运营和技术运营。

8.4.1　数智化业务运营

数智化业务运营包括数智化品牌运营、产品运营、用户运营、营销运营等。数智化敏捷组织业务运营底层以数智化操作系统的平台资源和技术为基础，业务运营的重点是针对各种核心运营场景进行运营内容输出，从而实现运营目标。核心运营场景主要包括新品研发及上市、全媒体触达提效、全域消费者运营、泛线上渠道销售、线下零售激活、运营能力赋能、B2B 渠道赋能等，如图 8-8 所示。

图 8-8　数智化业务运营

8.4.2　数智化组织运营

为了真正实现从高速增长向创新型、可持续、高质量发展的转变，组织需要匹配规模与发展速度，系统化、前瞻性地优化人才、组织、管理机制，同时进一步夯实文化根基。数智化敏捷组织运营要以战略与生态建设为指引，分析行业周期发展特征、业务目标与挑战；关注与战略的匹配度，兼顾创新突破和组织建设的前瞻性，加强数智化人才、形态、机制、文化的综合运营和有效协同，增强组织生产力。数智化组织运营的目标是实现业绩提升、组织竞争力提高、管理体系灵活，以及组织运营的成就与影响力，如图 8-9 所示。

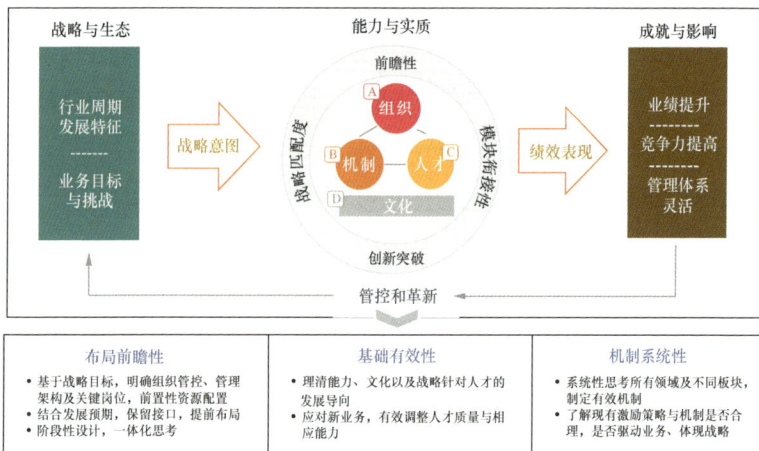

图 8-9　数智化组织运营

8.4.3　数智化技术运营

技术运营贯穿"多端、应用、中台和一云"各层的监控、运营和运维工作。例如，在云原生操作系统的内核层面的技术运营，对"一云"的运营进行分布式管理，需要提供便捷的云配置部署；在中台的技术运营，对应用开发平台的组件要进行技术的维护；在应用层面，对应用的日志进行监控，对应用进行安全维护。云计算需要提供便捷的配置部署。SaaS 应用可采用共享桌面、基于虚拟机的托管桌面、基于虚拟机的本地桌面等不同的部署方式，既可以通过镜像的方式一键部署，也可以通过书写配置脚本的方式部署。DevOps 作为一种面向运营的软件研发理念，可以提高软件研发效率，快速响应变化，推动持续部署和持续交付价值。DevOps可以在软件开发、集成、测试、发布、部署和运营等各个环节中提倡自动化维护和管理，用户可通过完整的工具箱，包括深度集成代码仓库、制品仓库、项目管理、自动化测试等类别中的各种工具，实现零成本迁移。

8.4.4　数智化运营流程

在数智化运营的第一阶段，要搭好运营框架，做好样板间。阿里巴巴基于自身数智化运营的最佳实践，并根据不同用户的具体目标和场景，总结出了阿里巴巴的数字化运营框架。组织做数智化运营时，可以参考阿里巴巴的成熟框架，搭建适合自己的运营框架，让运营策略更好落地。在这个阶段，组织数智化运营的主要工作包括：建立数字化运营顶层设计思维和方法论；实施用户存量激活和承接运营策略与流程。

在数智化运营的第二阶段，要建好运营团队，建立运营体系。组织要成立内部的数智化运营团队，配置适当的岗位和人员，履行好数据驱动的战略规划、运营决策与产品优化的职责。数字化运营人才的能力要从意识培养、方法论输出、实际工具运用等多方面进行提升。数智化运营团队要建立和完善数字化运营体系，工作内容主要包括三个方面：一是关注市场，坚定数字化运营的方向和愿景；二是搭建并完善数字化运营工具和能力；三是借助数字化运营工具和能力，搭建数字化运营架构，并持续优化和调整。

在数智化运营的第三阶段，要用运营创新，加速行业变革。组织要突出数智化运营体系对于组织数智化转型的重要性和价值，在组织范围内全面推广数智化运营体系，持续丰富数据资产，打通线上线下，将数智化运营体系贯彻到更多业务场景中。

8.5　数智化敏捷组织的能力成熟度评价

组织在进行数智化转型的过程中，需要对自身的数智化发展水平进行评价，并与业界的标准进行比较，了解自身处于什么样的发展阶段，以进一步提升数智化发展水平。

8.5.1　数智化能力成熟度模型

能力成熟度模型（Capability Maturity Model，CMM）是一个非常流行的发展能力评价模型，被广泛应用于软件企业的能力成熟度评价。CMM 分为 5 个等级，包括初始级、可重复级、已定义级、已定量管理级、优化级，如图 8-10 所示。

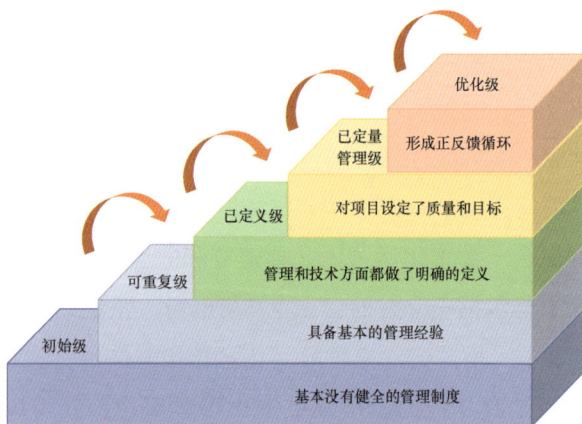

图 8-10　能力成熟度模型

在 CMM 的基础上，陆续发展出了数据能力成熟度模型（Data Capability Maturity Model，DCMM）、数据安全能力成熟度模型（Data Security Capability Maturity Model，DSMM）、数智化能力成熟度模型（DigIntelligence Capability Maturity Model，DIMM）等。

DIMM 是用于衡量组织的数智化发展水平的评价模型，也分为 1—初始级、2—可重复级、3—已定义级、4—已定量管理级、5—优化级五个等级，分别代表组织数智化的能力缺失、尝试探索、浅层应用、深度掌握、体系成熟。

DIMM 是组织数智化转型的综合性能力评价模型，横向考虑了组织战略、业务体系、组织体系、技术体系方面的能力，纵向考虑了基础设施云化、触点数字化、组织与业务数字化、运营数据化、决策智能化各个阶段的能力。DIMM 可以帮助组织快速了解自身的数智化能力水平，对照业界标准梳理自身所需的能力，明确数智化转型的重点方向。

8.5.2　DIMM 评价体系

（1）DIMM 评分标准

DIMM 评分标准有 5 个级别，从 1 级逐级提高，如表 8-3 所示。级别越高，表示组织的数智化能力成熟度越高。

表 8-3　DIMM 评分标准

级别	特征	内容
1—初始级	能力缺失	完全不具备或缺少大部分数智化敏捷组织需要的核心能力
2—可重复级	尝试探索	积极寻找数智化转型路径，但努力是孤立随机和一次性的
3—已定义级	浅层应用	在某个业务或组织管理领域进行数智化场景的浅层次应用

续表

级别	特征	内容
4—已定量管理级	深度掌握	熟练掌握数智化技术驱动业务创新、协同和组织管理转型量化方法
5—优化级	体系成熟	从组织整体层面将数智化技术与业务、组织、生态融合，驱动商业模式迭代创新、组织管理变革升级

（2）基于"5部曲"的DIMM评价体系

数智化敏捷组织的建设路径包括五个阶段，阿里巴巴称其为"5部曲"，即基础设施云化、触点数字化、组织与业务数字化、运营数据化、决策智能化。将这5个阶段和DIMM的5个等级组合成一个矩阵，就可以更全面地对组织的数智化发展能力进行评价，如表8-4所示。

表8-4 基于"5部曲"的DIMM评价体系

	1—能力缺失	2—尝试探索	3—浅层应用	4—深度掌握	5—体系成熟
1. 基础设施云化	完全没有采用基础设施云	完成一些基础设施云的尝试	基础设施云的浅层应用	基础设施云的深度掌握	基础设施云化的体系成熟
2. 触点数字化	完全没有实现触点数字化	完成一些触点数字化的尝试	触点数字化的浅层应用	触点数字化的深度掌握	触点数字化的体系成熟
3. 组织与业务数字化	完全没有实现组织与业务数字化	完成一些组织与业务数字化的尝试	组织与业务数字化的浅层应用	组织与业务数字化的深度掌握	织与业务数字化的体系成熟
4. 运营数据化	没有实现运营数据化	完成一些运营数据化的尝试	运营数据化的浅层应用	运营数据化的深度掌握	运营数据化的体系成熟
5. 决策智能化	完全没有实现决策智能化	完成一些决策智能化的尝试	决策智能化的浅层应用	决策智能化的深度掌握	决策智能化的体系成熟

8.6 基于"5部曲"的DIMM评价体系和标准

对数智化敏捷组织建设路径"5部曲"的5个一级指标继续进行分解，即将基础设施云化、触点数字化、组织与业务数字化、运营数据化和决策智能化继续分解形成25个二级指标，就构成了"5部曲"的一、二级指标体系，如表8-5所示。

表8-5 数智化敏捷组织建设路径"5部曲"能力指标体系

一级指标	二级指标				
1. 基础设施云化	1.1 集成与存储	1.2 网络与计算	1.3 安全与风险	1.4 持续集成与敏捷交付	1.5 业务连续性
2. 触点数字化	2.1 覆盖与布局	2.2 在线与连通	2.3 数据与质量	2.4 扩展与移植	2.5 成本与收效
3. 组织与业务数字化	3.1 业务完整与闭环	3.2 流程数字化与重构	3.3 沟通与协同	3.4 系统与架构	3.5 创新与共享
4. 运营数据化	4.1 构建与连通	4.2 运营与优化	4.3 治理与管控	4.4 工具与技术	4.5 开放与合作
5. 决策智能化	5.1 洞察与可视化	5.2 业务场景赋能	5.3 知识构架与迭代	5.4 模型构建与优化	5.5 技术平台支撑

将这25个指标和DIMM的5个等级组合成一个矩阵，就可以更细粒度地对组织的数智化发展水平进行评价。

8.6.1 基础设施云化能力成熟度评价

基础设施云化能力成熟度评价体系如表8-6所示。

表 8-6　基础设施云化能力

二级指标	二级指标解释	1—能力缺失	2—尝试探索	
1.1 集成与存储	具备支撑组织业务数据集成的能力，应满足支持组织发展所必须的数据存储需求，能够根据业务情况灵活地对存储空间容量进行调整，并对数据存储的生命周期有明确的规划与管控	组织对数据的存储和集成缺少统一的管理和控制，存在严重的数据丢失和数据安全威胁，存储能力不足，而选择性放弃存储重要数据	组织少数系统实现集成，核心业务系统之间存在数据交换接口，并具有统一的存储接口，核心业务具备存储的冗余能力，非核心业务系统不具备冗余能力	
1.2 网络与计算	网络层面应具备满足组织网络连接能力，包括实时低延迟、外网多运营商接入、满足跨区连接的组织内部专线接入、满足移动办公的VPN接入等。支撑计算的系统应具备系统虚拟化能力、应用虚拟化能力、弹性扩展能力、自动化运维能力及海量数据运算的支撑能力，支持离线和实时计算	组织的网络连通能力和底层计算能力无法有效地支撑和保障业务发展	组织的网络具备子网划分、网络隔离等能力，并具有一定的网络管理监控能力；计算能力可基本满足核心业务需求，缺少虚拟化管理的能力	
1.3 安全与风险	组织应具备完善的信息安全与风险体系和工具以预防信息安全攻击带来的潜在威胁，应采用整体化、平衡性的思路进行信息安全风险管理，通过数字化技术识别和评估潜在隐私及安全事项，并为更新安全政策和标准提供合理的依据	组织整体的信息安全意识低下，缺少技术和组织层面的信息安全防护，系统中存在大量的潜在风险和漏洞	组织有基本的外部攻击防范能力，但缺少对组织内部信息安全问题的防范能力，缺少信息安全级别划分和信息安全审计系统	
1.4 持续集成与敏捷交付	组织应在没有业务中断风险的情况下进行系统测试，并快速响应。组织的业务系统具备频繁部署的能力，快速生成可部署的软件。组织能够实现敏捷交付，能保障交付的产品按照正确的预期运行并能够根据变化作出快速调整	组织不具备业务不中断的系统交付和响应能力，技术和基础设施层面的变动对组织的影响严重	组织开发系统与业务系统隔离，具有版本管理能力，但不具备模块化单独迭代能力	
1.5 业务连续性	组织应具备业务连续性的相关策略和保障机制，可以保障包括生产、销售、市场、财务、管理及其他各种重要的功能在内的运营状况百分之百可用，并在技术层面具有高可用性，以主机漂移、灾备、备份等机制作为保障，保证组织信息流在任何时候及任何需要的状况下都能保持业务的连续运行	组织缺少对业务连续性的认识和规划，内部没有方法和工具可以保障业务功能的持续可用性	组织探索构建业务连续性能力，例如，技术上通过备份与冗余的机制对业务系统进行保障，但组织尚不具备高可用机制，缺乏灾备配套的体系保障	

成熟度评价体系

能力成熟度评分参考		
3—浅层应用	4—深度掌握	5—体系成熟
组织的主要系统实现部分集成，组织具备核心业务数据存储能力，对数据存储有一定的生命周期管理和安全考量，对海量大数据有选择性地进行存储	组织内部业务系统数据完全集成，组织具有统一的数据存储和冗余能力，但缺乏对外部业务的协同支撑能力	组织系统高度集成，组织具备成熟的数据存储体系，并具备成本可控的存储生命周期管控手段，支持海量异构数据的高持久性和可用性的存储
组织的网络和计算能力能够支撑平时正常业务的发展，并对未来的网络要求和算力增长有一定的前瞻和预估	组织熟悉网络和计算情况，有一定的灵活调整能力，具有所有终端设备的在线接入能力，计算支持虚拟化，可支持弹性配置升级、系统水平扩展等能力	组织的网络和计算可以灵活地应对组织的业务变化，能够从容地应对短时大流量等非常规业务，可以满足特殊业务的高频、低延时的网络要求及海量计算要求
组织拥有一定的信息安全意识，能够通过信息安全工具的应用应对大部分的信息安全攻击和网络威胁，并对信息安全威胁保持一定的感知和应对能力	组织具备完备的信息安全体系，涵盖网络安全、数据安全、审计安全，并按安全等级进行管理	组织具有完善的体系预防和保障自身的信息安全，拥有业内的最佳实践和工具；组织通过定义和更新风险库来评估自身的信息安全风险，对信息安全威胁有完善的预防和应急策略
组织具备自动化的运维和系统管理的能力，新的系统迭代可以通过敏捷的方式实现，但尚未形成企业级的方法和实践	组织具有支撑敏捷迭代开发的能力，实现自动化的版本管理与发布，并且具有业务相关性的全链路压力测试能力	组织拥有完善的体系和机制保障自身具备充分的运维和技术能力支持系统的频繁部署和迭代，并能够通过敏捷的方式不断发布和更新系统
组织制定了与业务连续性相关的功能和机制，但受限于技术层面或管理层面的限制，无法对业务连续性做到可衡量和完全受控	组织能够设计和应用相对完善的业务连续性保障，在技术层面保障业务的可用性，并且有灾备体系。灾备系统的切换可能会在一定程度上影响正常业务	组织建立了完善的业务连续性策略和机制，无论从业务层面还是技术层面对业务持续的可用性、异地多活、灾备恢复等都有完善的方案和应对机制

8.6.2 触点数字化能力成熟度评价

触点数字化能力成熟度评价体系如表 8-7 所示。

表 8-7 触点数字化能力

二级指标	二级指标解释	1—能力缺失	2—尝试探索
2.1 覆盖与布局	触点在全产业链布局的完整程度可以用于衡量组织触点数字化的程度，同时是否能够通过平台工具管理好规模庞大的触点设备是衡量触点数字化成熟度的重要维度	数字化触点很少；组织缺乏整体触点布局意识，各个触点处于单兵作战的状态	组织在局部业务中尝试应用数字化触点，对没有数据反馈的触点进行了数字化改造的尝试，组织产生了对触点进行统一管理的意识
2.2 在线与连通	组织与数字化触点之间的连接方式、承载能力、连接效率、连接安全及在网络连接质量面临考验时触点的自治和自愈能力是组织构建数字化触点时需要思考的核心能力	所有或绝大部分触点是离线的，组织不支持或仅能承载个别触点的连接，触点与组织间通过人工或低效的连接方式进行信息收集与传递	组织在业务中尝试应用数字化触点，对数字化触点的连接能力、连接效率和连接安全进行探索性的测试，没有形成企业级实践的方法
2.3 数据与质量	数据数量与质量是组织利用数字化触点对采集的数据进行多维度衡量的能力。数据是组织的重要资产之一，数据的质量和数据产生的价值有着重要的关联关系，如何利用数字化触点采集大量的、丰富的、安全的、高质量的数据是当下组织需要思考的核心议题	整体触点的数据采集量少，格式单一，数据质量差，数据维度和品类匮乏，缺少数据采集安全与合规的考虑	组织的整体触点可以采集到少量的业务数据，数据的主要内容来自个别业务场景，数据品类和维度相对单一，数据质量无法保证
2.4 扩展与移植	组织在新兴触点的接入和原有触点能力扩展上表现出来的高度敏捷和弹性是适应数智化时代技术高速迭代背景下不可缺少的进化能力。组织保持数字化触点的轻量和敏捷，促进组织业务小前台的灵活性	大部分触点向全局推广时不具备扩展和移植能力，单个触点的替换成本高，接入新触点的技术或其他阻力较高	组织正在积极探索和尝试对数字化触点的轻量级建设和推广，并对试点的数字化触点进行其他业务场景的移植测验
2.5 成本与收效	组织有在数字化触点上投入的成本与收效能力，能够根据自身的业务特征和诉求进行成本可控和可产生回报的数字化触点部署，做出有效的规划并带来正向的效果	组织无法衡量对数字化触点的投入及其产生的效果，或者大部分触点的有效性无法衡量	组织在局部的业务部门具有可衡量的投入和产出，但尚不能形成组织层面的投入和产出分析

成熟度评价体系

能力成熟度评分参考		
3—浅层应用	4—深度掌握	5—体系成熟
数字化触点在组织部分业务场景中实现了应用，并体现出重要价值；数字化触点的硬件与软件的维护管理不成体系，缺少统一管理的入口	组织大范围推广数字化触点的建设和改造工作，数字化触点在核心业务中不可获缺；组织着手构建统一的触点管理平台来改善分散管理的局面	组织具有与业务需求匹配的全局性数字化触点布局，可以根据不同类型对触点进行分门别类的入口管理，具备统一的平台维护和管理软件及硬件等
组织有能力支持一定数量的触点连接，连接与传输的方式采用业内普遍的实践，对数据传输过程中的安全有一定意识；在网络连接不好或断网的情况下，部分触点的数据可能会丢失	组织在大部分的业务场中应用了数字化触点，对如何提升触点的连接效率、确保连接的网络安全等有比较好的实践，并在内部被广泛地使用和推广	组织有能力承载大量的触点连接，具备明确的安全保障策略，确保数据传输安全。组织可以策略性地使用最适合的协议和传输方式提升传输效率。在网络连接不好和断网的情况下，触点具备自治和自愈能力
组织触点采集的数据具有一定规模，数据相对完整并具备一定的商业价值，数据品类覆盖基本场景，组织对数据的隐私保护有基本的认识	组织触点可以采集到非常丰富的业务数据，数据的来源和品类相对丰富，数据的标准质量能遵循组织制定的标准	组织触点可以采集到海量的实时或离线的、异构的、定义清楚的、完整的高价值数据，数据品类丰富，组织对数据采集过程有完善的安全和合规的体系
组织的部分触点具备基本的扩展能力和移植复制能力，触点具备一定的可替换性，组织愿意尝试新的数字化触点并具备接入的技术条件	组织的绝大部分触点是轻量的、容易扩展、复制和替换的。组织积极拓展新的数字化触点，并能迅速地将其和其他触点进行整合与协同	组织在新兴触点的接入和原有触点能力扩展上表现出高度敏捷和弹性。数字化触点已见成效，组织以小前台作为核心的未来发展方向
局部性地对数字化触点布局，在公司层面数字化触点的成本与收效缺少量化的统计方法和工具	组织在投入新的数字化触点时，拥有一套标准的流程对投入和产出的效应进行衡量，对数字化触点投资的有效性能够给出判断依据	组织的数字化触点部署是完全结合组织的业务需求和特征的，部署的触点已经为组织带来了较大的回报。组织具备数字化触点有效性的判断依据，具备成熟的指导方法

8.6.3　组织与业务数字化能力成熟度评价

组织与业务数字化能力成熟度评价体系如表 8-8 所示。

表 8-8　组织与业务数字化

二级指标	二级指标解释	1—能力缺失	2—尝试探索
3.1 业务完整与闭环	组织通过在线化的方式开展业务，具备与全链路中的伙伴、客户、消费者等进行深度连接的能力。在线业务在全产业链布局的完整性和业务自身的闭环能力是组织在万物互联时代提升业务能力和价值的核心抓手	组织的核心业务通过离线的方式进行运营，无法和互联网上的客户进行任何连接	组织的大部分业务仍然通过离线的方式进行，只有业务中的极少环节（如支付）能以数字化的方式进行，不能独立形成业务闭环
3.2 流程数字化与重构	组织实现高效率、低风险的流程自动化，通过流程不断沉淀数据，推动业务流程数字化和智能化的流转与重构，不断提升业务效率	组织的主要业务流程通过线下的方式开展，业务节点缺少数据沉淀，流程效率存在较大问题	组织对横跨多个信息化系统的业务数字化的流程进行尝试性的重构，打通不同部门的信息化孤岛，对部分业务流程效率进行提升
3.3 沟通与协同	业务数字化给组织金字塔式的管理模式带来了一定的冲击，组织的协同和效率面临着更高的要求和挑战。组织需要构建敏捷的业务沟通与协同机制，应用和掌握数字化运营模式下的快速决策、快速反应、人机结合等能力	组织内部和外部的协同主要依靠人的线下沟通。组织在组织信息、门户内容管理和组织协同等领域普遍缺少数字化的工具	组织内部和外部的协同工作使用数字化的或相对低效的沟通工具。组织的信息、门户内容、协同工具等通过PC端发挥效应
3.4 系统与架构	组织拥有数智化企业级架构，具备业务驱动、能力协同、模块化构建和快速部署能力。业务系统能够应对快速的业务需求变化，支持以服务化、松耦合、共享化的方式构建数智化平台	组织缺少业务系统对核心业务进行完整的、统一的支持	组织围绕最基本的运营支撑体系建设核心业务系统，主要包括财务系统、人力资源系统、CRM、OA等
3.5 创新与共享	组织在战略和文化层面对创新的支持力度是组织创新的重要保障，技术和资金对组织创新的支持至关重要。组织通过开放和共享的方式在生态层面获得更多的创新赋能	组织缺少业务创新和业务服务共享的意识，创新仅仅停留在口号阶段，缺乏实质性的系统和工具支持组织的创新与共享策略	组织开辟个别业务场景进行创新试点，业务上的创新在技术或资金层面会遇到较大阻力，创新业务只能共享原有业务能力很少的部分

能力成熟度评价体系

成熟度评分参考		
3—浅层应用	4—深度掌握	5—体系成熟
组织将部分业务通过数字化和移动化的方式开展，核心业务可以通过在线化的方式形成闭环	组织在产业链中的大部分业务已经通过移动化、数字化的方式开展。组织内外部的业务数据可以进行高效的流通，大部分在线业务在产业链上可以形成闭环	组织的所有业务都能通过在线的方式和互联网上的客户、合作伙伴、组织员工等进行连接和交互，形成在整个产业链上业务的闭环
组织正在进行流程管理体系的搭建和完善工作，数据的缺失和集成能力的不足使流程整体的效率有较大的提升空间	组织的业务流程可以基于数字服务（包括移动、社交、云和机器人的使用）进行重构，从而推动形成共享服务能力，保证组织内部和外部客户的参与度、忠诚度，保障服务交付和效率	组织实现以数据沉淀和业务效率提升为导向的业务流程优化与重构，重点对无法取得数据沉淀的关键节点进行优化，实现业务流程全链路高效数字化
组织内部和外部的主要沟通和协同是支持移动化的，组织数字化的人、财、物可以通过移动化的方式进行管理	组织利用数字和移动能力灵活地实现组织内外部的协同，组织内部的人、财、物是相对流动和数字化的，员工可以通过在线的方式获取必要的工作技能	组织推进内部数字化和移动化的管理与协同，借助移动即时通信、智能前台、智能会议室等为组织内的协作提效，实现动态组织调整和技能提升、改善组织内部甚至生态的协同
组织的业务系统繁杂，存在大量的烟囱式应用。业务系统庞大而臃肿，需要大量的资源进行维护和升级	组织技术架构能力是敏捷和精益的，包括定制的方法与框架、业务系统贴合组织的业务形态，支持松耦合、共享化的方式对现有系统的能力进行迭代和升级	组织的业务系统高度贴合组织的业务形态，系统支持模块化构建、共享和快速部署，能够灵活应对业务变化，弹性地应对业务流量的增加和减少
组织支持业务创新，但在资金、技术等各层面无法快速回应前端业务创新，新业务往往容易另起炉灶，很难充分利用原有业务体系中的优势和价值	组织大力支持业务创新。组织的业务系统能够快速、敏捷地支撑业务创新，新业务可以重用和共享原有业务中的核心能力	建设创新驱动型组织。组织通过不断的开放和共享服务化的业务"原子"能力，与合作伙伴形成业务的生态协同，与生态不断地共同孵化出创新型业务

8.6.4 运营数据化能力成熟度评价

运营数据化能力成熟度评价体系如表 8-9 所示。

表 8-9 运营数据化能力

二级指标	二级指标解释		1—能力缺失	2—尝试探索
4.1 构建与连通	基于业务视角，组织需要具备采集、整合不同内外部数据的能力，从组织层面对数据进行持续性构建与连通，组织的数据中台需要保证构建数据的性能、稳定性、数据质量和准确性		组织没有明确的数据规划和策略，缺乏对自身数据的价值的明确认知，不清楚有什么数据及数据存储在何处	组织尝试在部门级别建立数据体系。数据在不同部门独立存储、独立维护，形成了数据孤岛
4.2 运营与优化	组织需要制定服务于业务目标的数据运营策略，需要制定、识别与衡量数据分析的目标，包括数据分析的准确性、数据的质量、数据价值等。组织以建设数据驱动型组织为发展方向，能根据业务目标的达成情况动态、持续地优化数据运营策略		组织积累的用户数据维度很少，无法形成洞察，不具备指导运营的能力	组织积累的客户数据和客户洞察数据经过初步的数据处理所形成的数据价值较小，数据分析的准确性较低
4.3 治理与管控	组织能够集中管理数据资产，在不同的业务系统间可以保证主数据的完整性、一致性和规范性，并能保证数据资产结构能灵活地适应业务需求的变化		组织缺少对数据进行治理与管控的整体能力，组织的数据普遍存在命名不规范、定义和指标不统一、计算逻辑冲突、数据质量低等问题	组织各部门内存在数据规范化、定义和指标统一化、改善数据质量等措施的尝试与探索
4.4 工具与技术	组织通过使用优秀的数据管理工具及配套技术栈，实现大数据的采集集成、加工处理、资产管理及数据服务，实现组织数据资产化，完成大数据的智能构建及管理		组织没有统一的数据开发和管理工具，数据引用混乱，数据开发成本和数据资源成本高	组织尝试使用了不同的工具和技术栈对数据进行管理，但尚未形成完整的组织级实践，对工具的理解和使用是片面的
4.5 开放与合作	组织通过数据的开放与合作能够获取来自行业及合作伙伴的多维度数据洞察，并能通过数据联合建模等方式与生态伙伴进行深度的数据合作，共同打造基于数据的行业生态圈来共同服务消费者		组织对数据缺少资产化管理手段，数据受限于标准、规范及组织的策略，无法通过开放接口的方式和其他组织的数据实现资源共享	组织积极推进数据规范和行业标准的对齐，并尝试与合作伙伴实现粗粒度的洞察分享；组织正在建设开放的接口平台对接行业标准与合作伙伴

成熟度评价体系

能力成熟度评分参考		
3—浅层应用	4—深度掌握	5—体系成熟
组织层面有基本的数据规划，具备初步的数据管理和分析能力，存在数据孤岛情况，但具备一定的数据集成和连通能力	组织具备收集与整合来自不同部门、不同业务系统的数据的能力，跨部门使用的数据是准确、一致的	组织内部有具备数据构建和分析能力的职能机构（包括部门、团队等）为组织提供服务。组织能够准备、处理和分析来自各种异构源的数据，数据可以被统一地整合、挖掘与利用
组织基于客户数据和客户洞察构建了用于指导业务运营的大数据应用，应用在整体的准确性、质量和指导价值上仍有较大的提升空间	组织具备建立指导数据运营所需要的核心业务数据，并能够根据这些数据形成较高质量的分析结果，对组织的运营有重要的指导意义	组织多维度的数据源积累能够支撑运营的需求，组织参照运营KPI指导数据洞察和模型，并定期对模型价值做出评估。组织最大限度地借助自动分析来提高分析的准确性和运营效率
组织在各业务部门内建立了基本的数据规范和标准，部门间仍存在数据定义和计算逻辑的冲突。组织内部数据缺少相应的权限管理和使用控制	组织使用了统一的数据规范、指标和计算逻辑，通过集成多个系统形成了统一数据体系，对多源客户数据可以创立唯一实体标识符	组织在数据统一、高质量、强规范的基础上对数据相应的权限和配套使用建立了审批流程，采用数据治理政策和流程等手段确保客户隐私数据的合规与安全
组织具备基本的ETL数据开发工具和基本流程，但工具和流程缺少统一的标准和使用规范	组织具备数据仓库规划、数据引入、数据规范定义、数据建模研发、数据连接萃取、数据资产管理、数据主题式服务的全链路数据开发和管理工具	组织具备全链路数据开发和管理工具，具备专门的工具及流程管理和存储数据，具备提交数据用例和资源的流程及完整的配套制度体系
组织内部做了一定的数据开放的尝试，并能够与有较强依赖关系的合作伙伴形成数据接口层面的数据互通，对敏感数据等具备初步的保护处理，尚未形成数据的商业中台	组织积极参与行业数据标准的制定，并在一定规模的合作伙伴中进行数据接口级别的共享，对敏感类数据的共享提供完善的数据合规和保护策略	形成数据商业中台，努力协调整合网络中的各种资源，并以合作共赢为宗旨吸引更多的组织和资源参与进来，最终形成一个高效共赢的组织生态系统

8.6.5 决策智能化能力成熟度评价

决策智能化能力成熟度评价体系如表 8-10 所示。

表 8-10 决策智能化能力

二级指标	二级指标解释	1—能力缺失	2—尝试探索	
5.1 洞察与可视化	通过数据分析使组织对行业、市场竞争、产品、消费者及合作伙伴具备深入的洞察;通过数据可视化工具的运用,对员工和合作伙伴进行洞察赋能,帮助员工和合作伙伴提升决策的效率和质量	组织不具备数据分析的能力,核心业务数据是分散、不成体系的,不具备数据分析的技术和数据基础	组织在个别业务场景开展了基于数据洞察和可视化的试点工作,但大部分的数据洞察尚不能形成很高的商业价值	
5.2 业务场景赋能	组织能结合自身的业务能力和未来的业务模式与场景发展智能应用。组织将智能化的能力结合到具体业务场景中,实现业务场景赋能	组织的业务场景少,业务开展形式单一。组织对智能缺少认知,无法找到适合自身业务的智能化切入点	组织在个别的业务场景中进行了针对性较强的智能化建设的试点或尝试工作。例如,在服务环节引入了智能客服作为试点	
5.3 知识构架与迭代	组织在加速构建人工智能应用时重视知识图谱的应用,采用沉淀的行业数据构建知识架构,打造数智化时代的核心优势	组织不具备业务知识建模、抽取、融合和挖掘相关技术能力,知识架构不成体系,组织的业务经验与知识散落在各个系统和员工之中	组织尝试梳理业务知识架构,并尝试使用系统和工具对业务知识进行收集和管理	
5.4 模型构建与优化	组织在重要或垂直领域拥有大量的数据源头、训练样本和应用场景;基于丰富的场景大数据构建智能应用,通过AI技术赋能场景,不断丰富数据,使智能模型在业务上形成反馈和迭代	组织不具备算法模型构建能力,缺少算法构建的相关技术人才和足够的数据支撑	通过在少数业务场景进行概念验证的方式,组织对基于智能算法的推荐、预测、决策等模型进行尝试和探索。组织开始积累相关的建模技术人才和数据	
5.5 技术平台支撑	通过最大限度地利用和发挥技术平台的优势,组织可以获得算法和技术保障支持,弥补自身在算法开发、分享、模型训练、部署和监控等过程中的能力缺失和不足	组织缺少技术平台的支持,模型研发主要依靠人与人之间的协作完成,存在因重复"造轮子"带来的效率和成本问题	组织尝试性地选择和试用不同的技术工具构建算法模型。研发智能模型的生命周期管理高度依赖研发人员之间的协同	

成熟度评价体系

能力成熟度评分参考		
3—浅层应用	4—深度掌握	5—体系成熟
组织具备通过数据分析获得业务洞察的能力，对业务应用尝试性地进行数据分析，数据分析的结果需要人工制作数据分析报表，缺少自动化的可视化展现手段	组织具备丰富的数据分析方法（含描述性、诊断性、预测性和规定性）和严格的分析流程，部署了可视化工具帮助各层级员工更好地理解分析结果。数据分析结果对业务产生重要价值	组织具有完善的数据分析方法、数据洞察和可视化工具，支撑组织形成数据洞察能力，赋能全链路的员工和合作伙伴，使其具备基于洞察的智能决策能力
组织在部分核心业务中开展和尝试了人工智能技术，但是相关技术与业务场景的贴合度有待提高，智能元素在场景应用中体现的价值有限，如送货机器人在物流中的应用	组织将人工智能应用在大部分业务场景中，人工智能在整个业务流程和场景中发挥积极的作用，如智能选品和组货在零售中的应用	组织有丰富的业务场景支持组织进行智能化的建设，业务场景具备一定的复杂性。组织在大量不同的业务场景下进行人工智能应用，智能应用在业务场景发挥了不可或缺的作用
组织各业务部门对业务知识进行了一定的积累，初步形成了组织的业务知识架构。组织缺少对知识进一步挖掘、建模和推理的能力。组织的整体知识无法形成共享体系	组织熟练掌握完整的业务知识建模、抽取、融合、挖掘等关键技术的能力；组织能够充分利用内外部的大数据源统一构建知识图谱	组织构建了视图完整和统一的知识图谱，并通过不断构建知识应用来获取和生产新的知识，对知识架构进行长期持续的调整和完善
组织在局部垂直领域拥有一定的数据积累，并具备一定的建模人才储备。研发的部分智能算法已经投入生产和应用，并为组织带来了价值增量	组织将智能推荐、预测、决策等智能模型应用在核心业务上。构建模型的流程和体系有待完善，模型尚不能在业务场景实现自闭环的优化	组织以业务需求为导向构建智能模型，模型可以在业务场景中实现优化迭代的闭环。构建模型的流程是被组织完整定义的
组织通过局部性地采用技术平台和工具对智能算法进行研发与迭代，技术工具的应用尚不能完整覆盖模型研发的整个链路	组织熟练地使用和运用技术平台进行智能模型的研发，平台覆盖了数据处理、特征工程、模型训练、模型预测和评估等一整套的模型研发链路	组织掌握了端到端的技术平台工具，并形成指导和协助模型不断迭代的最佳实践，平台覆盖大量的常规机器算法，同时兼容主流的人工智能框架

小结

数智化敏捷组织的建设、运营与评价都遵循科学的方法论。

（1）数智化敏捷组织的建设步骤包括目标与问题导向、决心变革、团队搭建、建设路径、优化迭代、持续运营、能力成熟度评价与改进。

（2）数智化敏捷组织的建设路径"五部曲"包括基础设施云化、触点数字化、组织与业务数字化、运营数据化和决策智能化，达到组织从感知到行动的智能化闭环。

（3）数智化敏捷组织的运营体系包括业务运营、组织运营、技术运营和运营流程。通过数智化技术，组织能够实现数据驱动的高效、快捷、智能的运营。

（4）数智化敏捷组织的数智化能力成熟度评价模型包括 5 个级别，可以帮助组织快速了解自身数智化的发展水平，对照业界标准梳理所需能力，明确数智化转型的重点改进方向。

下 篇

云钉一体赋能
组织转型的实践案例

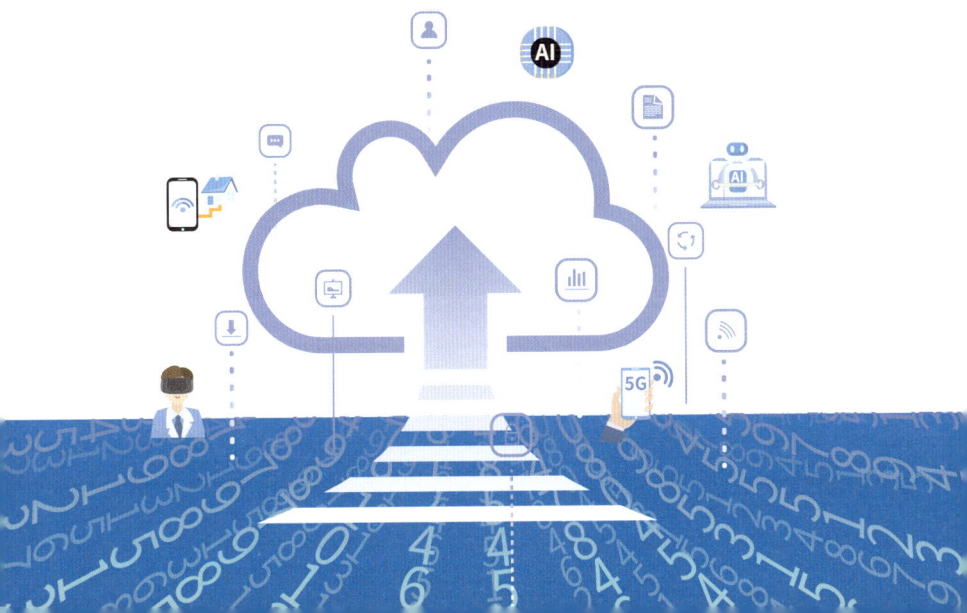

第 **9** 章

云钉一体的经济社会价值与发展水平评估

　　组织数智化转型是一场由数智化技术引发的组织业务创新和管理变革，微观上会影响每个组织的经营绩效和发展，中观上会影响地区经济的发展和各个行业的转型升级，宏观上会对整个经济社会发展产生深远的影响。组织需要了解，当前以云计算和组织数字化为基础的数智化转型对全社会、各个地区、各个行业的发展究竟产生了什么样的价值，全社会、各个地区、各个行业的数智化究竟处于什么样的发展水平。

　　阿里云与钉钉联合第三方研究机构，从宏观的 GDP 与就业、中观的行业与地区、微观的组织等维度，对云计算和组织数字化的价值与发展水平分别进行了量化评估研究。研究发现，云钉一体对经济社会发展具有积极的带动作用，云作为数字经济的基础设施，不仅降低了数字化系统的使用门槛，也能够赋能组织的各环节和行业的各领域；钉钉作为协同办公平台和应用开发平台，能够让组织的工作、协同、创新更便捷，让更多组织能够加速进入数智化时代，提升组织业务效益和价值。研究还发现，云钉一体代表的云计算和组织数字化的发展，与经济社会的发展水平呈正相关关系，各地区、各行业、不同规模组织的云计算和数字化发展水平也不尽相同，如图 9-1 所示。

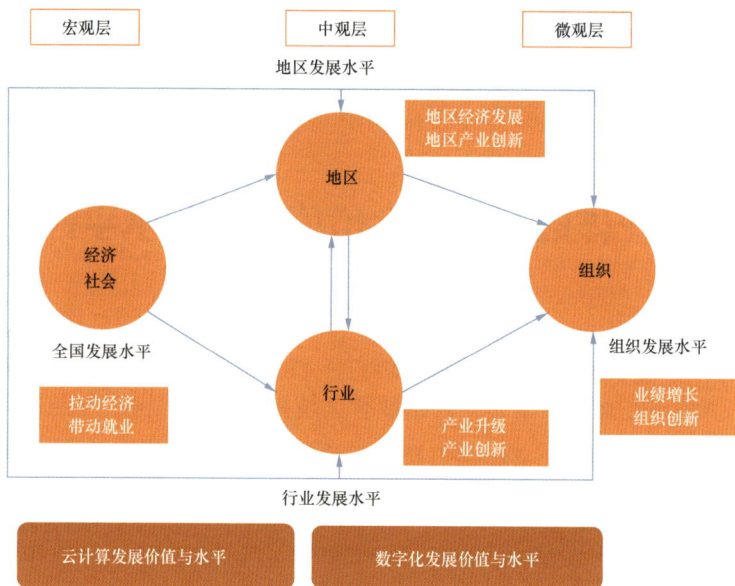

图 9-1　云钉一体的经济社会价值与发展水平评估

9.1　云钉一体的经济社会价值

　　云钉一体在宏观的经济社会层面、中观的产业层面、微观的组织层面，都具有巨大的经济社会价值。阿里云与钉钉联合研究机构，开展了云钉一体的经济社会价值的量化研究。

9.1.1　云钉一体经济社会价值分析

　　云钉一体的经济社会价值从微观、中观、宏观三个维度进行传递，不仅提高组织工作效率，降低组织交易成本，加强组织能力，还促进产业转型升级、产业生态发展和新兴产业培育,更有力推动经济高质量发展、社会就业、民生服务、社会治理、教育创新、医疗健康和疫情防控、绿色发展,多维度、多层次推动经济社会的新发展,如图 9-2 所示。

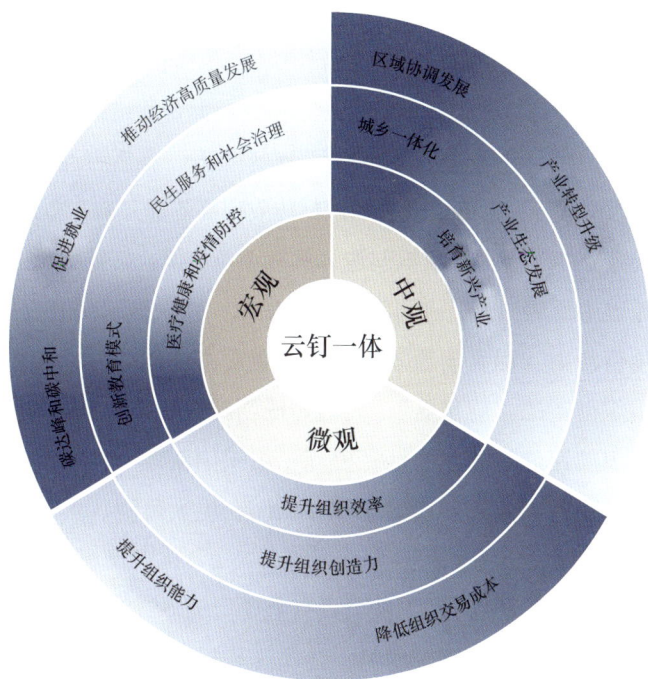

图 9-2   云钉一体的经济社会价值

(1)微观价值

云钉一体对于提升组织效率具有重要价值。组织的工作效率可分成个人工作效率、部门内效率、跨部门效率、跨组织效率等。工作效率的提升可通过减少时间、节约空间、降低成本、提升业绩等方式实现。钉钉能帮助员工减少低效的流程审批、线下会议、线下打卡等活动,帮助员工及时获得工作所需的各类数据,促进个人工作效率提升。钉钉能帮助部门员工通过项目群、部门群等进行高效协同，帮助部门领导及时获得部门内外各种经营数据并进行决策，提升部门内效率。钉钉能促使组织流程优化，整合人、财、物、事等，打破部门墙，促进部门之间的沟通、协作和数据共享，灵活敏捷构建跨部门的项目团队，并在任务完成后动态解散项目团队，提升跨部门效率。钉钉能提供与用户、合作伙伴等协同的工具，提升了跨组织的效率。钉钉能提升运营管理效率，在前台通过运营驱动流量高效转化，在中台通过技术驱动运营效率提升，在后台通过组织驱动管理效率提升，最终实现了组织整体效率高效提升。

云钉一体对于提升组织创造力具有重要价值。钉钉将员工从冗杂的流程中解放出来，通过沉淀组织知识、提供低代码开发工具、激发创新活力、提高创新效率等不断激发个体创造力。钉钉已经成为组织创新的"孵化器"，大幅降低创新门槛，提高创新效率，助力组织加速创新革新。钉钉提高了组织创新效率，使组织能够基于钉钉平台高效开展研发工作，从而在更大范围、更高层次和更深程度上助力组织实现创新。

云钉一体对于提升组织能力具有重要价值。钉钉帮助组织实现内部管理变革，打破层级僵局，让员工积极向上沟通，提升了组织自身活力。钉钉帮助组织培训、沟通和管理临时雇用、外包和委培人员，在不增加更多成本的基础上快速将组织的能力进行扩充，提升了组织的整体竞争力。

云钉一体对于降低组织交易成本具有重要价值。借助钉钉提供的高效网络技术和智能匹配能力，经济社会的信息不对称得以降低，无论企业内部管理还是市场中交易达成和履行的成本都会下降。例如，通过钉钉，企业能随时随地实时查看各类数据，降低信息获得的成本。钉钉能有效促进组织协同，提升组织内外的信任，降低经济社会的交易成本。

（2）中观价值

云钉一体对于产业转型升级具有重要价值。云钉一体作为高集成的企业数智化操作系统，能发挥跨部门、跨企业、多场景、多业务的协同优势，与不同产业深度融合创新，有助于提升产业链和供应链的运作效率，有效促进了产业转型升级的进程，促进区域协调发展。例如，钉钉的"新零售普惠计划"，通过智能办公、智能硬件、数字化人才体系建设、"新零售 100 人"等方面，从软件、硬件、人才、经验分享等维度，助力更多的企业成为数字化增长型组织。服装、家居、食品、饮料、商超零售、日用化妆品、3C 数码等行业的品牌商都在用钉钉实现增长型组织升级。

云钉一体对于产业生态发展具有重要价值。云钉一体帮助企业构筑数智化操作系统，帮助产业链上下游构筑产业互联网平台，通过消费互联网和产业互联网的双轮驱动，推动了产业全链路全要素资源配置优化，让更多消费侧和供给侧的创新主体获得数据、人才、资金、技术等创新要素，推进创新链、产业链、供应链高效协同，形成高价值产业生态。

云钉一体对于培育新兴产业具有重要价值。例如，云钉一体提供的应用开发平台，能帮助培育各行各业的 SaaS 服务商、应用集成服务商和低代码开发服务商，截至 2021 年 8 月，入驻钉钉开放平台的开发者已经超过 90 万人，基于钉钉平台开发的"钉应用"超过 150 万个。

（3）宏观价值

云钉一体对于推动经济高质量发展具有重要价值。云钉一体已经融合到各行各业，持续赋能企业发展，激发企业活力，推动企业提速增效、升级优化，加快新旧发展动能的接续转换，不断打造新产业、新业态。钉钉带来了产业链条的优化，多方位保障企业内部协同、外部拓展的能力，催生出价值延伸、规模扩张的动力，推动经济高质量的发展。

云钉一体对于促进就业具有重要价值。钉钉平台通过众创平台建设、帮助企业高效管理外协外勤人员、创造新岗位、提升员工综合素质、培养数字化管理师等多种方式，不断增加全社会的就业数量，提升就业质量，改善就业形态。例如，洛可可公司基于钉钉打造的洛客众创平台，实现平台化就业，汇聚了近4万名注册设计师，让更多人才获得就业机会。通过钉钉赋能的企业外协员工管理和培训能力，大量人员获得了保险销售员、快递小哥、专车司机等就业机会。截至2021年8月，钉钉新职业在线学习平台累计培训的数字化管理师已经超过200万人，入驻钉钉开放平台的开发者已经超过90万人。钉钉有助于改变当前社会就业形态，例如从合同制员工向自由职业者转变，从线下就业到线上就业转变，从全职向兼职转变，从低专业化向高专业化要求转变等。

云钉一体对于民生服务和社会治理具有重要价值。政务钉钉助力推动政府数字化转型和数字化改革，切实打通政务服务"最后一公里"，让百姓"最多跑一次"，助力保障和改善民生，惠及广大人民群众。政务钉钉可实现跨地域、跨层级沟通和扁平化管理，使各类政策、指令及时传达到一线，并随时掌握工作进展，全面提升面向公众的便捷服务能力，精细化的社会治理能力，科学化的决策能力，从而提高人民群众幸福感和获得感。

云钉一体对于创新教育模式具有重要价值。钉钉助力很多学校实现了人事、教务、课堂教学、科研、师资培养、家校沟通、绩效考核等流程的数字化，为老师和老师之间、老师和学生之间、老师与家长之间提供了高效的沟通协同手段。钉钉助力教育行业打造互联网＋教育新模式，发展在线教学，促进优质教育资源共享。2020年疫情期间，钉钉支持了全国 14 万所学校、300 万个班级、1.3 亿学生的在线上课，有 600 万教师在钉钉上累计上课超过 6000 万小时。

云钉一体对于医疗健康和疫情防控具有重要价值。钉钉助力打造智慧医疗，助推医院系统的全面数字化，缓解看病就医难题，提升人民健康水平。钉钉通过数字防疫系统、健康码、复工复产系统等，在疫情防控中发挥了巨大价值。健康码是 2020 年我国在抗击新冠肺炎疫情期间最成功的移动应用，为政府加强疫情管控、企业复工复产、人民健康做出了巨大的贡献，首款健康码就是钉钉团队打造的。疫情期间，钉钉为助力企业复工复产，研发了企业疫情日志、健康打卡、防疫精灵等员工健康管理产品，一个月内就有超过 1 亿人通过钉钉健康打卡"报平安"。

云钉一体对于碳达峰和碳中和具有重要价值。云计算通过计算资源的虚拟化，减少了组织对 IT 基础设施的重复建设。钉钉通过提供绿色低碳办公工具和服务应用，有助于促进组织的绿色低碳发展。截至 2021 年 8 月，1900 万家组织通过钉钉实现了无纸化办公，节约大量纸张，而钉钉高效的审批、远程协同、音视频会议、直播等也省去了大量员工差旅、实物耗材，节省了会议室占用，为双碳目标的实现做出了实实在在的贡献。依据《钉钉企业碳账户碳减排量计算方法和模型研究报告》中的计算模型，从 2016 年 6 月至 2018 年 5 月，钉钉无纸化办公节省 1.98 亿千克碳排放，相当于种植了 1106 万棵树，固化了 110 平方公里的荒漠。

9.1.2　云钉一体的经济社会价值量化评估

2021 年，阿里云研究院联合中国社会科学院财经战略研究院，量化分析了云计算对经济社会、地区的影响，能够为国家数字经济及云计算发展提供研判依据和决策参考。同期，两家研究机构采用计量经济学方法对我国各地区和行业的组织数字化的价值进行了研究。

（1）云计算对经济的贡献度

在数智化时代，企业开拓新业务、进入新市场的主要障碍之一就是高昂的前期投入成本，特别是昂贵的 ICT 资本支出。云计算的引入能够显著降低企业的 ICT 成本，有助于企业更早、更好地享受 ICT 带来的生产力提升。同时，云计算的普及将提升企业竞争力，促进企业提高产量并降低加价幅度，从而对消费产生积极影响。

云计算作为新型基础设施，对经济的拉动作用明显。研究发现，每 100 万元的云计算基础设施投入，可在传统基建对 GDP 的拉动效果的基础上额外产生 6.46 万元的 GDP，即以云计算为代表的新基建对 GDP 的拉动效果是传统基建的 1.2 倍，如图 9-3 所示。

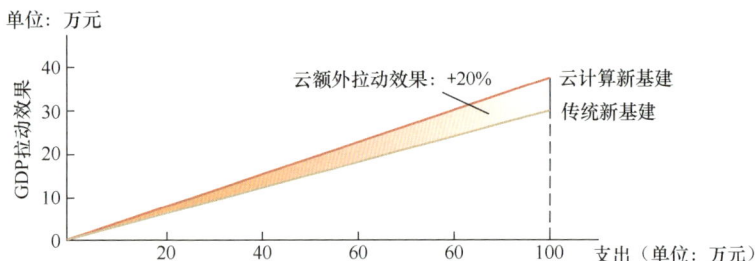

图 9-3　云计算对 GDP 的拉动作用

研究发现，上云企业的数量翻倍，可拉动 GDP 增加 9.52%。采购云的企业数平均每增加 1%，GDP 增加 0.0952%。当云上的数据积累达到一定规模后，云计算对 GDP 的额外拉动作用可再提升73%。目前，北京、上海、浙江、广东 4 个省（直辖市）已越过"门槛"；江苏接近"门槛"；而其他省（直辖市、自治区）则距离"门槛"仍有距离，需继续加大云计算投入，如图 9-4 所示。

图 9-4　云计算对经济拉动的加速效应

（2）云计算对就业的价值

云计算降低了创业成本，为新业态、新模式及中小企业的发展提供了基础资源，从而推动了就业增长。从总体上看，云计算对就业产生的是正影响，云计算支出每增加 1%，第三产业就业增加 0.009%。未来 5 年，云计算将至少创造 260 万个就业机会。

（3）组织数字化对创新的价值

组织数字化提升了组织的自主创新能力，也促进了地方创新能力的增强。数据表明，组织自主创新度与地方创新水平呈正相关。研究中使用地级市月度发明专利申请量作为城市创新水平的衡量指标，通过回归分析发现，专利申请量与组织自主创新（主要包括组织自建应用、开发应用、低代码应用等子指标）存在显著的正相关性，自主创新平均增加 1 个单位，城市发明申请量平均增加 0.5543 个单位，如图 9-5 所示。

（4）组织数字化对组织业绩提升的价值

第三方研究数据表明，组织数字化发展水平与组织业绩提升有明显的正相关性。该项研究分析了组织数字化发展对组织总资产收益率、净资产收益率、销售毛利率、成本费用率、资产周转率、创新产出等企业业绩的影响程度，认为组织数字化发展水平高的企业也呈现高业绩、高运营效率、高创新产出、低成本损耗的特点[1]。

1　参考何帆、刘红霞的文章《数字经济视角下实体企业数字化变革的业绩提升效应评估》。

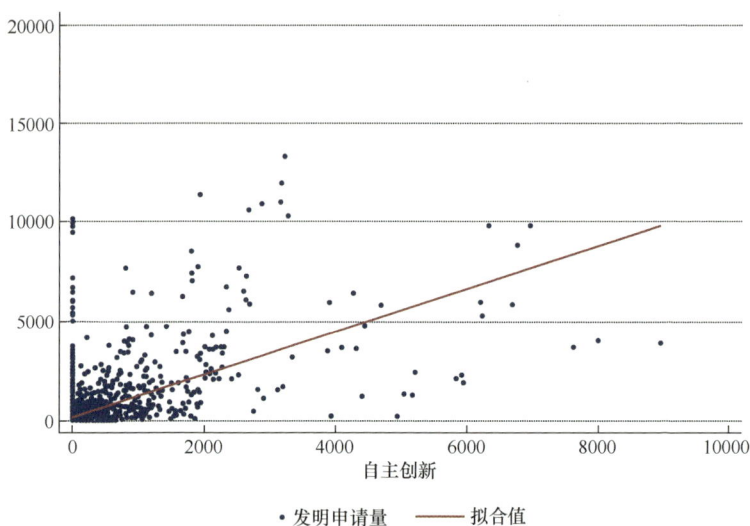

图 9-5　组织自主创新度与地方创新水平呈正相关

9.2　云钉一体赋能经济社会发展水平评估

9.2.1　云计算的发展水平评估

2021 年，阿里云研究院联合中国社会科学院财经战略研究院，采用计量经济学方法对我国各地区的云计算发展水平进行了研究。该项研究构建了一套反映我国云计算的地区和行业发展水平的指数，也称为云栖指数。

（1）云栖指数研究

云栖指数由云投资指数、云计算指数、云存储指数、云普及指数和云活跃指数 5 个二级指数构成，分别表示购买云产品和服务的资金投入、云计算资源的使用规模、云存储的空间、使用云服务的用户数量、使用云服务的活跃程度，如表 9-1 所示。

表 9-1　云栖指数的构成

一级指数	二级指数	二级指数说明	权重
云栖指数	云投资指数	某地区（或某行业）的云计算产业投资情况	20%
	云计算指数	某地区（或某行业）的云计算能力	20%
	云存储指数	某地区（或某行业）的云计算的存储空间，反映数据资源大小	20%
	云普及指数	某地区（或某行业）的云服务调用情况和用户规模，反映云计算普及程度	20%
	云活跃指数	某地区（或某行业）的云服务的流入/流出流量、带宽和应用调用次数等，反映云计算服务活跃程度	20%

（2）全国各地区云计算发展水平总体评估

我国各地区云计算发展水平整体上呈现"东高西低、南强北弱"的特点，各地区的云计算发展水平与地区经济发展水平密切相关。云计算发展的地区集聚特征明显，形成了云计算发展的三大高地——长三角、京津冀和粤港澳。云栖指数排名前 30 位的城市有半数位于长三角、京津冀和粤港澳地区，如图 9-6 所示。

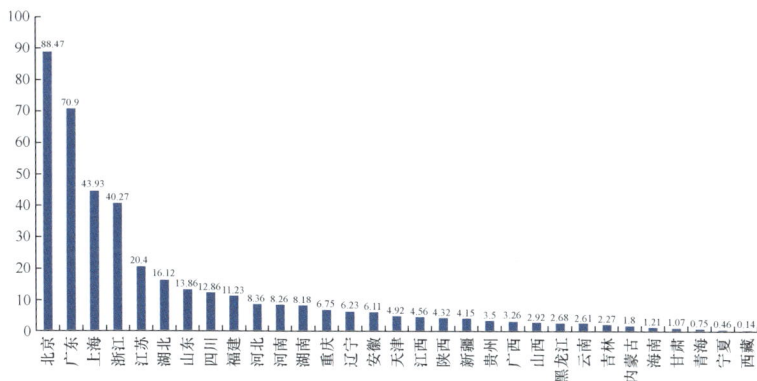

图 9-6　2021 年各省级行政区的云栖指数

（3）云栖指数各二级指数的地区发展水平评估

在云服务资源资金投入、云计算使用规模、云存储空间、云服务用户数量、云活跃程度方面，我国经济发达地区的发展水平都高于其他地区，如图9-7所示。

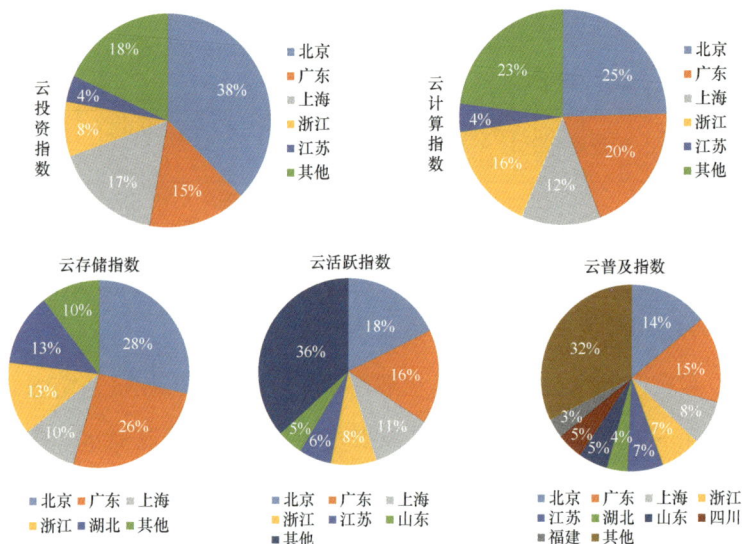

图 9-7　2021 年云栖指数二级指数

（4）不同地区云计算发展水平差距的主要影响因素评估

我国各地区云计算发展水平的差距主要体现在云计算的规模、共创度上，在云计算的广度、创新性和增速上差别较小，如图9-8所示。

（5）云计算发展水平与地区经济发展水平的相关度评估

从总体趋势来看，经济发展水平高的城市，其云计算发展水平也相对较高。但是，与自身经济规模相比，一些城市（如杭州、厦门、珠海和贵阳等）的云计算发展水平呈现出超前发展的态势，另一些城市的云计算发展水平与其经济发展水平不相称。在云计算发展水平相对较高的城市中，科技类企业数量较多；在云计算发展水平较低的城市中，产业结构仍以传统行业为主，且数字化转型处于初级阶段，如图 9-9 所示。

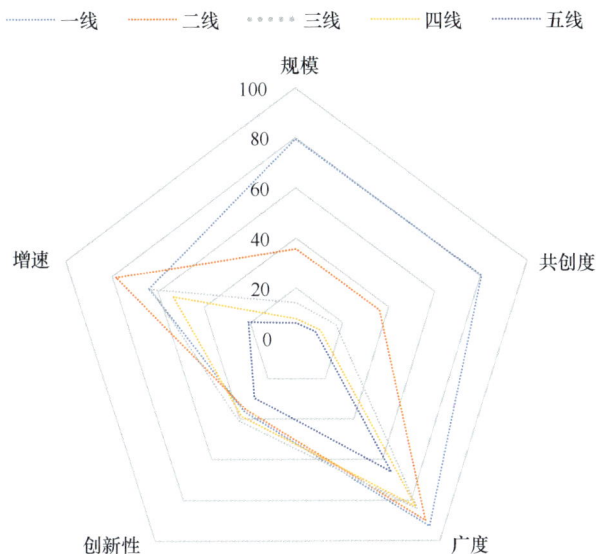

图 9-8　2021 年不同地区云计算影响因素雷达图

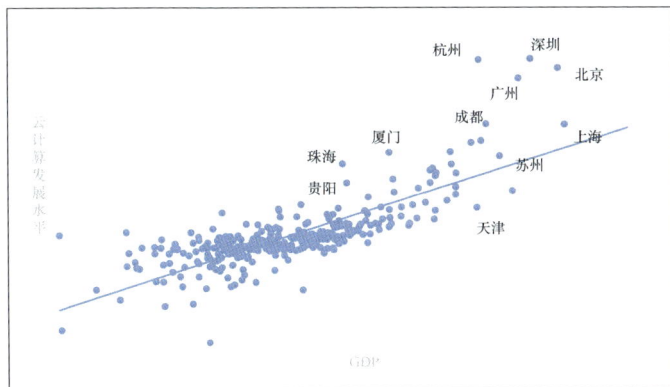

图 9-9　各城市云计算发展水平与 GDP 的正相关关系

9.2.2　组织数字化的发展水平评估

2021 年，阿里云研究院联合中国社会科学院财经战略研究院，采用计量经济学方法对我国各地区和行业的组织数字化发展水平进行了研究。

（1）组织数字化发展水平评估指标体系

组织数字化发展水平评估指标体系由 3 个一级指标、5 个二级指标和 113 个三级指标组成，如表 9-2 所示。

表 9-2　组织数字化发展水平评估指标体系[1]

一级指标	二级指标	具体说明
人	沟通实时性	使用丰富多样、实时高效的智能化沟通方式与工具
		打破边界与壁垒，实现零距离、无边界的即时沟通、高效传播与及时处理
	协同高效性	以用户为中心，建立平行化、分布式的协同机制
		采用数字化与移动化的任务协同、文档协作、待办审批、项目管理、知识管理等方式及工具
		人与人、人与事、人与物的高效智能协同
组织	组织敏捷度	构建扁平化、柔性化、网络化的数智化架构
		设计数字化、灵活弹性的工作方式与环境
		数字化人事管理方式，重塑组织文化
		提供个性化的员工技能培训与职业发展
业务	业务数字化	业务流程数字化：以数据沉淀和业务效率提升为导向的业务流程优化与重构，实现研、产、供、销、服全链路高效数字化
		业务洞察可视化：通过数据可视化工具，对行业、竞争、产品、消费者及合作伙伴进行深入洞察
		业务场景智能化：结合自身的业务能力和未来的业务模式与场景开发智能应用
		产业生态协同化：通过数字化的方式与客户、合作伙伴、员工发生连接和交互，实现产业链全生态的网络化协同

1　因三级指标数量过多，此处表格中不列出。

续表

一级指标	二级指标	具体说明
业务	自主创新度	弹性的架构与平台：实现业务驱动、能力协同、数据共享、模块化构建和快速部署
		敏捷的业务应用开发：快速应对业务需求变化，以服务化、低耦合、共享化、灵活性、低代码的方式开发自建
		创新开放与共享：可以开放和共享业务能力，与合作伙伴共同孵化与培育创新型业务

（2）总体发展水平评估

该项研究对我国省级行政区的组织数字化发展水平进行了评估，如图 9-10 所示。

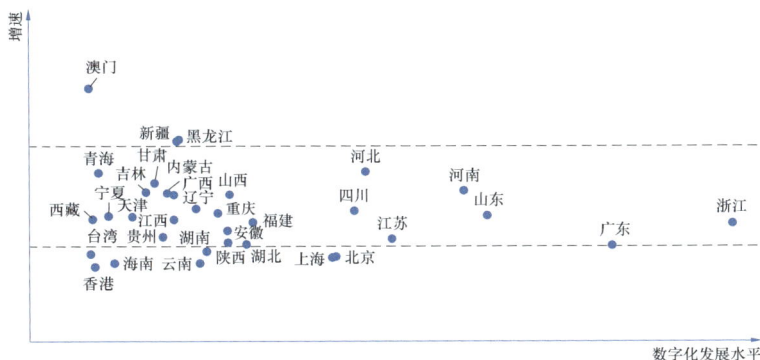

注：增速反映 2019 年 5 月到 2021 年 5 月数字化水平增速

图 9-10　2021 年我国省级行政区的组织数字化发展水平与增速分析

从总体上看，组织数字化发展水平呈现"东高西低、南高北低"的格局。从增速看，组织数字化发展水平呈现"西升东稳、北升南稳"的态势，西部省份和北方地区后起直追，未来各地区的组织数字化差距有望缩小。组织数字化发展为河南、山东、河北等传统制造业大省提供了弯道超车的机会。

（3）我国主要城市的组织数字化发展水平分析

该项研究对我国325个地级城市的组织数字化发展水平进行了评估。研究发现，京津冀城市群、长三角城市群、成渝城市群、粤港澳城市群已经发展成为组织数字化的四大高地。这四大城市群的组织数字化发展水平位于全国前列，而且中心城市的辐射带动效果突出，都形成了两大中心城市辐射带动区域内其他城市的发展态势。

研究发现，城市的组织数字化应用规模与其渗透率呈正比，组织数字化应用规模的提高会相应带动组织数字化渗透率的提升，如图9-11所示。杭州、北京、上海、成都、深圳、广州、郑州、重庆等城市在组织数字化应用规模和渗透率方面均表现亮眼。不同城市的组织数字化应用规模与渗透率呈梯队式分布，不同梯队间存在跃迁效应。

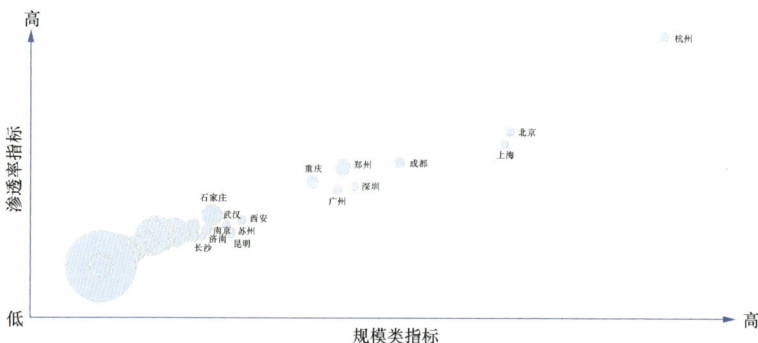

注：圆圈大小代表2019年5月到2021年5月数字化水平增速大小

图9-11　城市的组织数字化规模与渗透率正相关

（4）全国主要行业的组织数字化发展水平分析

该项研究对政府及19个行业的组织数字化发展水平进行了评估分析，如图9-12所示。政府及不同行业的组织数字化发展水平呈梯度分布，制造、教育、互联网、零售位于第一梯队，政府、服务、建筑、医疗医药及房地产位于第二梯队。

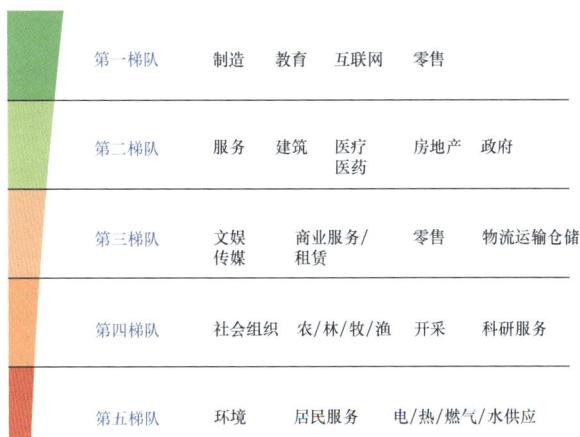

图 9-12　政府及各行业的组织数字化发展水平

在第一梯队中，我国制造业企业数字化发展水平有较大提高，生产设备数字化率、数字化生产设备联网率、数字化研发设计工具普及率等都达到了较高的水平。但是，企业智能制造就绪率及实现产业链协同的企业比例仍较低[1]，如图 9-13 所示。

水平高　　　水平低		智能制造就绪率	生产设备数字化率	数字化生产设备联网率	数字化研发设计工具普及率	实现产业链协同的企业比例
消费品行业	轻工	5.1%	43.9%	37.5%	48.59%	9.2%
	食品	5.7%	45.6%	37.4%	59.2%	5.7%
	纺织	5.9%	46.5%	35.5%	55.3%	9.1%
	医药	2.8%	38.79%	29.7%	77.3%	5.5%
装备行业	机械	9.2%	47.5%	——	83.5%	6.9%
	汽车	4.3%	44.1%	39.2%	50.0%	5.9%
原材料行业	建材	5.5%	47.7%		47.6%	3.3%
	钢铁	7.4%	53.7%	52.8%	55.5%	8.2%
	石化	4.4%	39.7%	32.1%	61.2%	5.8%

图 9-13　我国制造业企业的数字化发展水平

1　参考2019年中国信息化百人会发布的《2018中国数字经济发展报告》。

教育行业推行的线上办公、线上教学、智慧校园等，促进了学校教师、学生、家长、教育管理人员等在线实时高效沟通，实现了教学、科研、管理等信息资源的集成共享。互联网企业的组织和业务数字化程度较高，形成了以用户为中心、场景驱动流程的经营理念，并初步形成了智慧、敏捷、高效和柔性的组织能力。零售业企业积极推进数字化转型，通过数字技术赋能人、货、场重构，发展新零售，数字化水平显著提升。

在第二梯队中，各级政府大力推动数字政府的建设，开展"一网通办"，公共服务、行政办公等领域数字化转型持续深化。在新冠肺炎疫情发生以来，"互联网＋医疗"模式进一步升级，云医疗、在线挂号、远程问诊、医药电商等应用极大普及。建筑、服务、房地产等是劳动密集型行业，相对于第一梯队，企业数字化水平较低，但也加大了通过数字化降本增效的力度。

环境、居民服务、水电燃气供应等传统依赖线下沟通工作方式的行业，目前组织数字化水平相对较低。

（5）各行业在不同城市的组织数字化发展水平分析

各行业在不同城市的组织数字化发展水平如图 9-14 所示。

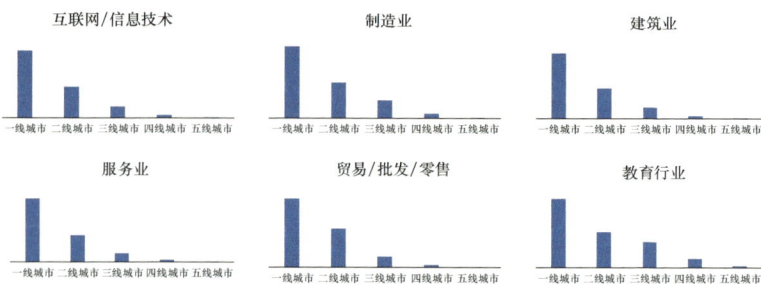

图 9-14　各行业在不同城市的组织数字化发展水平

由于互联网大企业集中在一线城市，一线城市的互联网行业组织数字化发展水平远高于其他城市，集聚效应明显。由于制造、建筑、服务、贸易/批发/零售等传统行业的区域布局主要集中在一、二线城市，其组织数字化整体发展水平也高于三、四、五线城市。教育行业在一、二、三、四、五线城市的数字化发展水平相对均衡，促进了教育的普及。

小结

云钉一体体现了全社会数智化转型的实践经验的积累与沉淀，对经济社会发展产生了积极的影响。

（1）云钉一体对经济社会发展、地区经济发展、行业转型升级和企业绩效提升均有重要作用，与经济发展、地区经济增长、企业效益增长均呈现正相关。

（2）云计算是重要的数字经济基础设施。从地区发展的角度看，我国各地区的云计算发展水平整体上呈现"东高西低、南强北弱"的特点。云计算对经济社会发展的拉动作用明显。每 100 万元的云计算基础设施投入，可在传统基建对 GDP 的拉动效果的基础上额外产生 6.46 万元的 GDP。

（3）组织数字化是大势所趋，从区域角度看，我国的组织数字化发展水平呈现"东高西低、南高北低"的态势。经济发展较好的地区，组织数字化发展水平相对较高；经济发展水平落后的地区，组织数字化发展的潜力较大。从行业角度看，组织数字化发展水平与组织所处行业相关。互联网、零售、制造、教育等行业的组织数字化发展水平相对较高，更多行业的转型升级需要依靠组织数字化建设。

第 **10** 章

互联网行业

随着消费互联网向产业互联网的延伸与融合，互联网行业在业务、组织、技术领域都面临着新一轮的机遇和挑战。

10.1 行业现状与痛点

10.1.1 行业现状

回顾我国互联网行业 20 多年的发展历程，信息、搜索、电商、社交、共享经济、本地生活等消费互联网领域取得了举世瞩目的成就，我国互联网的用户数量和渗透率全球领先。互联网在很大程度上发挥了连接的作用，包括人与人的连接、人与商品和服务的连接，从而在一定程度上解决了人与人、人与组织、组织与组织间信息不对称的问题。

2018 年以来，互联网行业的发展开始从消费互联网逐步延伸到产业互联网。阿里巴巴、腾讯、百度等互联网领军企业纷纷强化 to B 业务，发力产业互联网领域。一是消费互联网领域的流量红利正在逐步降低；二是随着数字技术的发展，产业层面的商业模式和商业价值被创造出来。因此，互联网技术与实体经济各领域的深度融合带来的生产效率提升及生产模式改变将成为产业转型升级的重要驱动力，这也与经济从高速发展向高质量发展转变的国家战略互相契合。

（1）业务：消费互联网与产业互联网的融合

消费互联网是过去 20 多年最成功的创新方向之一，它快速渗透进了人们生活消费的各个领域，也极大地影响了人们的生活和消费习惯。

面对快速变化的国内外经济环境及越来越难以捕捉的消费需求，互联网企业真切地感受到了业务运营的压力和数智化转型的迫切性。而产业互联网又是互联网要对产业的生产、交易、融资、流通等全链路的转型升级。这就要求互联网企业积极推动自身业务的转型升级。例如，阿里巴巴就正在积极地向一家多元、多样、多业态的综合性互联网企业转型，业务覆盖消费互联网和产业互联网，包括商业、金融、物流、云计算、组织数智化、AIoT 等多个领域。

（2）组织形态：走向数智化敏捷组织

在多变的市场环境下，唯一不变的只有变化。互联网企业只有拥抱和适应变化，才能长足发展。因此，组织变革成为互联网企业的常态。同时，组织变革也是互联网企业之间的一种竞争方式，其重要程度和激烈程度不低于业务层面的竞争。

在数智化时代，互联网企业的组织演进更加快速。组织单元从线性控制的单中心向网络协同多中心转变，组织特征从集中化向生态化转变，任务来源从上级组织安排向员工自驱动转变，决策法则从制度导向向文化导向转变，决策过程从流程导向、程序优先向效率导向、用户优先转变。

例如，阿里巴巴是一个在全球拥有 20 万以上员工的集团，其组织形态大致分为三层，如图 10-1 所示。在 3 年内调整了 19 次架构的阿里巴巴聚焦于组织能力的发展，其内核就是主动拥抱变化、适应市场。

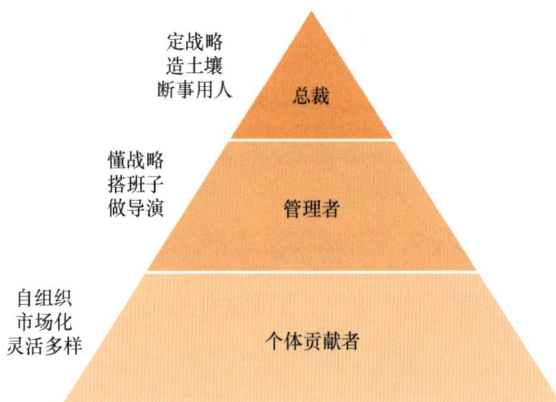

图 10-1　阿里巴巴的组织形态

（3）技术：打造数智化平台

一直以来，"创新"和"颠覆"都是互联网产业的标签。依靠源源不断的技术创新和应用创新，互联网产品得以快速迭代，新模式、新业态层出不穷。移动互联网、云计算、人工智能等数字技术的深入发展与应用，极大地提升了互联网企业的效率，互联网企业对数智化技术的依赖度越来越高。

10.1.2　行业痛点

随着"互联网 +"的推进，互联网行业涉及的领域越来越广，互联网企业也面临越来越多的痛点问题。

互联网企业的"大企业病"愈发突出。随着规模的扩大，互联网企业往往存在组织体系日益复杂、决策链条长、人与组织连接复杂、人员之间难以有效沟通和管理等问题。

互联网企业多元化的文化矛盾日益突出。随着互联网企业不断拓展市场和并购业务，员工来自天南海北，爱好、习惯、年龄、学历等差距很大，增加了组织协同的难度。而生态内并购企业的工作效率低与融入难也是互联网企业要面对的现实问题。

互联网企业的业务和技术鸿沟日益突出。互联网企业的数智化转型也面临信息孤岛多、大量定制化管理需求响应速度慢、内部服务规模化增长等现实问题。

10.2 典型应用场景

互联网行业依托云钉一体数字化操作系统架构，支持企业组织和业务的数字化转型，以及产业链数字化，提高组织和业务的效率，其应用场景解决方案如图 10-2 所示。

10.2.1 组织数字化

互联网企业的组织架构通常比较复杂，有些企业选择垂直职能式架构，有些企业选择矩阵式架构。而钉钉支持互联网行业组织数字化的很多场景，如图 10-3 所示。

在绩效考核的应用场景中，OKR、KPI、积分制等管理工具能够让员工明确目标和职责，还能让管理者查看任务实时进度，帮助企业提升管理效率。

在组织文化与激励场景中，企业的大事小事都可沉淀在"全员圈"中，方便员工随时查看。例如，积分可作为团队荣誉奖励，及时发放给团队或员工；组织可设置专属荣誉勋章发给员工，见证员工的成长。

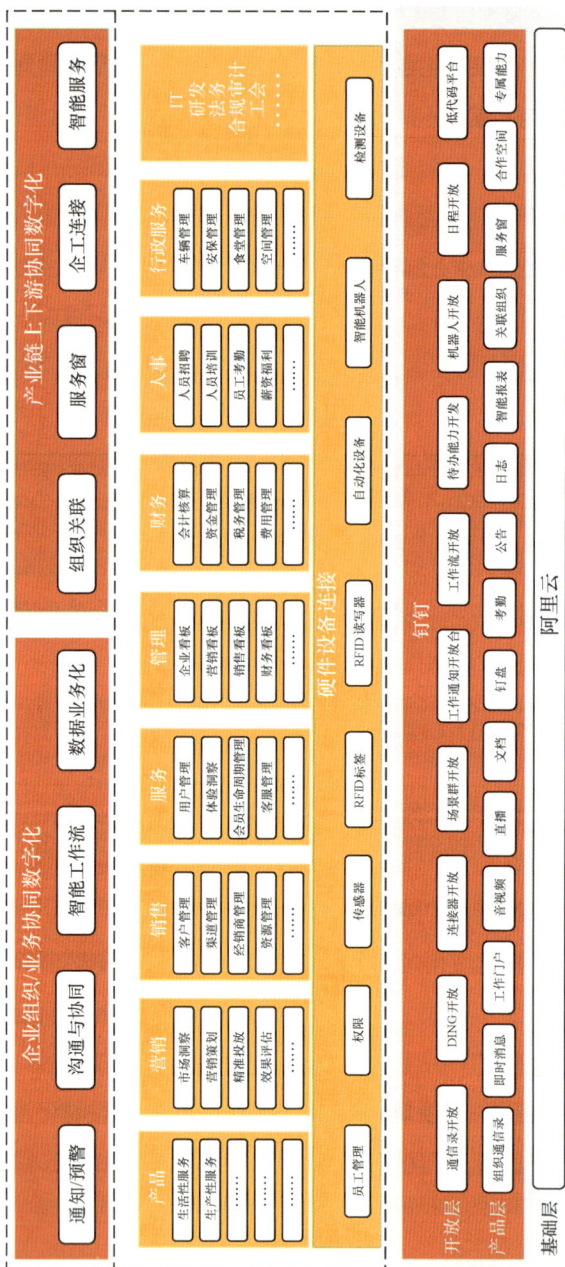

图10-2　互联网行业的云钉一体应用场景解决方案

企业组织业务协同数字化

- 通知/预警
- 沟通与协同
- 智能工作流
- 数据业务化

营销：市场洞察、营销策划、精准投放、效果评估……

销售：客户管理、渠道管理、经销商管理、资源管理……

服务：用户管理、体验洞察、会员生命周期管理、客服务管理……

管理：企业看板、营销看板、销售看板、财务看板……

产业链上下游协同数字化

- 服务窗
- 组织关联
- 企工连接
- 智能服务

财务：会计核算、资金管理、税务管理、费用管理……

人事：人员招聘、人员培训、员工考勤、薪资福利……

行政服务：车辆管理、安保管理、食堂管理、空间管理……

IT、研发、法务、合规审计、工会……

产品：生活性服务、生产性服务……

硬件设备连接

传感器、RFID标签、RFID读写器、智能机器人、自动化设备、检测设备

钉钉

员工管理、即时消息、工作门户、音视频、直播、文档、钉盘、考勤、公告、日志、智能表、服务窗、专属能力

权限、DING开放、连接器开放、场景群开放、工作流开放、传小能力开发、机器人开放、关联组织、低代码平台

组织通信录、通信录开放、工作通知整合、合作空间、服务窗、专属能力

开放层　产品层　基础层

阿里云

图 10-3　钉钉支持的互联网行业组织数字化场景

10.2.2　业务数字化

创新和变化是互联网企业永恒的主题。互联网行业的业务涵盖范围广泛，包括面向消费者的业务、面向企业的业务和面向政府的业务。互联网主要提供信息、搜索、电商、社交、共享经济、本地生活、企业服务等生活性或生产性服务，满足互联网用户的各种需求。

针对互联网行业的业务发展，钉钉满足了很多业务场景的需求。在智能客户管理的场景中，组织可以通过建立客户通信录，集中规范管理企业级客户资源；通过客户群内的智能客服，让客户获得 24 小时在线的自动答疑服务，使客户服务更高效。客户经理可以自由创建客户信息表单，如订单、合同等，让客户资料管理清晰有条理；可以创建 1 对 1 客户服务群，实现客户负责人的专属配对。

10.2.3　产业链数字化

互联网行业建立了不同的平台，通过钉钉协同工具能更好地实现产业链数字化。例如，互联网创新中心场景为创业者提供一站式、多维度、高品质的互联网创新创业服务，包括线上创业大赛、线上投融资对接、线上生态资源对接等。在新职业数字化场景中，钉钉新职业在线学习平台提供了更广阔的职业发展空间，也为组织发展提供了更好的人才支撑。

10.3 案例：阿里巴巴

阿里巴巴是全球知名的互联网和电子商务集团，"双十一"是其 20 多年业务发展的一个缩影。2008 年，阿里巴巴上线了淘宝商城（也就是后来的天猫），时任淘宝商城总经理张勇和团队一起讨论，琢磨做一个网上的购物节，为商城造势。11 月没有大的节日，他们就选了 11 月 11 日，筹备了第一届"双十一"，结果一炮而红。从 2009 年 11 月 11 日到 2020 年 11 月 11 日，成交量从 5000 万元增长到 4982 亿元，如图 10-4 所示。

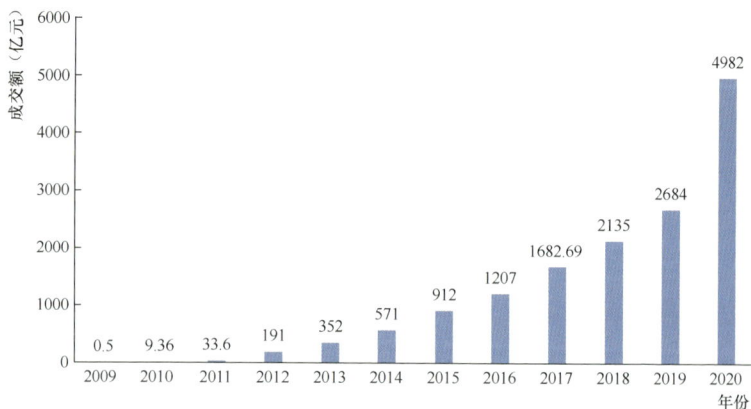

数据来源：阿里巴巴数据

图 10-4 2009—2020 年天猫"双十一"的成交额

随着业务的快速发展，阿里巴巴经历了从信息化、数字化到数智化的演变过程，技术架构也经历了多次变化。

10.3.1　数据打通项目：促进业务能力整合

2008 年前后，淘宝业务快速发展，但原有的集中式计算架构遇到了很多问题，成为制约业务快速发展的瓶颈。大量研发人员专注于开发集中式的大型系统，造成了程序发布和代码合并的冲突，导致研发效率下降，业务推进缓慢。为了解决这个痛点，2008 年淘宝完成了服务化的拆分，形成了几个核心的中间件，技术架构逐步转向分布式系统，如图 10-5 所示。

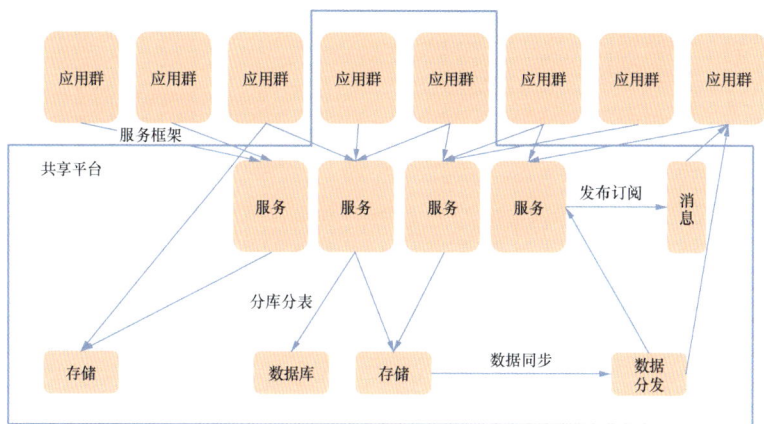

图 10-5　分布式中间件的大规模使用

2008 年 5 月 10 日，阿里巴巴上线了淘宝商城。但是，当时的淘宝商城和淘宝网是互相独立的两套系统，有各自独立的会员、商品、交易、库存、营销、店铺等子系统。这就使淘宝商城很难方便、快速地利用淘宝网的庞大流量，各个业务部门也做了许多重复的工作，数据不能共享。这成了制约淘宝商城业务快速发展的一个痛点。2008 年 10 月，淘宝网和淘宝商城以年初"会员体系打通"项目为基础，在业务方的主导下启动了数据打通项目（代号"五彩石"）。这个项目分为三期实施。一期进行了两个业务商品体系的整合，二期进行了两个业务交易体系的整合，三期打通了两个业务的店铺，如图 10-6 所示。

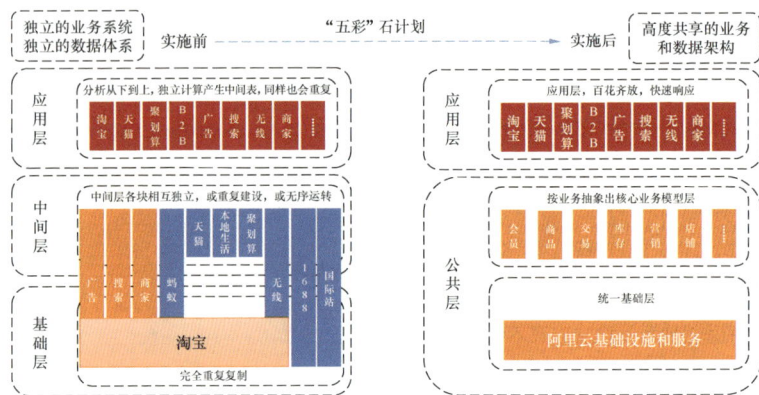

图 10-6　淘宝网和淘宝商城数据打通项目（代号"五彩石"）

　　数据打通项目是以业务目标为驱动的架构演进方式，在技术架构上进行了重构，通过不断抽取两个系统的共享服务形成了服务化架构的电商平台。这为后续聚划算等新业务的上线做出了巨大的贡献，也是阿里巴巴数字化发展的一个里程碑。早在 2009 年，阿里巴巴就成立了共享业务事业部。这个事业部负责实现和运营共享服务，为后来阿里巴巴整个集团搭建业务中台奠定了基础，如图 10-7 所示。随后，1688、飞猪、优酷、饿了么、口碑等新业务借助共享服务体系快速地接入了阿里巴巴生态。

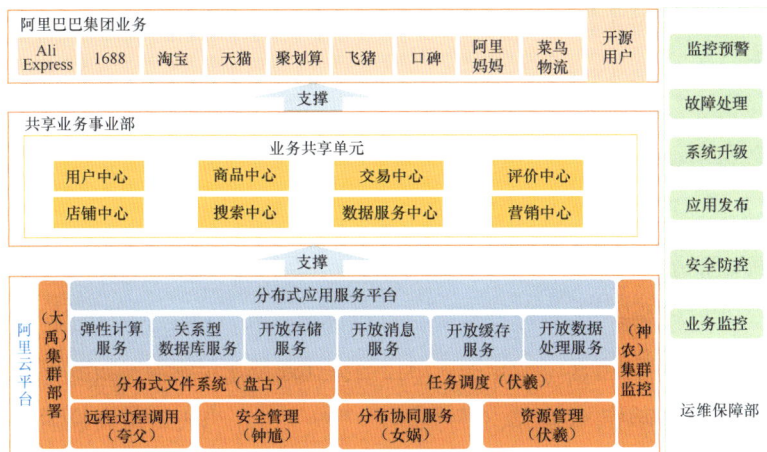

图 10-7　阿里巴巴共享业务事业部架构

10.3.2　云计算战略:灵活应对"双十一"业务挑战

2009 年 9 月,阿里云正式成立,随后启动阿里云计算战略。2013 年 8 月 15 日,阿里云正式运营服务器规模达到 5000 台的"飞天"集群,成为我国第一个独立研发并拥有大规模通用计算平台的公司。这一年底,阿里巴巴内部最后一台小型机下线,标志着阿里巴巴全面采用云计算架构代替了传统架构。"飞天"是阿里云开发的一个大规模分布式计算系统,它帮助阿里巴巴沉着应对了 2013 年"双十一"的峰值压力。

过去,"加机器"是应对"双十一"峰值的常规动作。在 2013 年"双十一"的准备阶段,阿里巴巴发现尽管加了机器,但是整个分布式计算集群中仍有个别系统出现了系统瓶颈,通过紧急改造才勉强支撑住峰值压力。同时,系统发展也严重受限于数据中心只能部署在一个城市。而且,随着规模的增大,单个机房的不稳定性也明显增加。这就产生了把系统部署在异地机房的需求。

2013 年，阿里巴巴启动了"异地多活"项目，将阿里巴巴电商交易的水平伸缩能力再次提升为单元粒度级，整体上将技术架构升级为单元粒度的分布式架构体系。这次架构升级从 2013 年开始，到 2015 年的"双十一"时已形成"三地四单元"架构。从 2015 年开始，阿里云开始全面支持"双十一"，帮助阿里巴巴通过云平台实现了资源池化后带来的极致弹性能力。

"双十一"的发展也是阿里巴巴大数据和 AI 能力的发展。从 2015 年到 2020 年"双十一"单日数据处理量逐年剧增，如图 10-8 所示。实际上，每年从 9 月下旬到"双十一"当天，每天都需要处理海量数据。

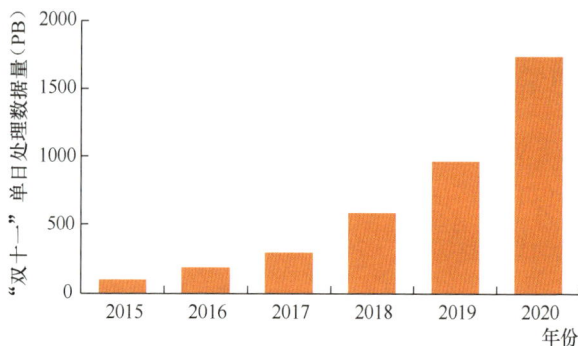

数据来源：阿里巴巴数据

图 10-8　2015—2020 年"双十一"单日数据处理量

从 2002 年开始，阿里巴巴的数据存储和计算平台先后使用了 Oracle 数据库、Greenplum 分布式数据库、Hadoop 分布式计算集群、阿里巴巴自研的"盘古 +MaxCompute"计算体系。2013 年，阿里巴巴内部启动了"登月"项目，将阿里巴巴所有的数据都集中到"盘古 +MaxCompute"体系，实现了数据存储和计算平台统一。2014 年，阿里巴巴开展数据公共层建设，开启了集团数据建设与管理的体系统一。2015 年，阿里巴巴基于 MaxCompute 和 DataWorks

构建了完整的阿里巴巴数据中台，全面实现全域数据统一和数据
服务规范化。

10.3.3　中台战略：提升多元化发展中的业务能力和敏捷性

2015 年，阿里巴巴正式提出中台战略，推动"大中台，小前台"
的组织和业务架构变革，如图 10-9 所示。

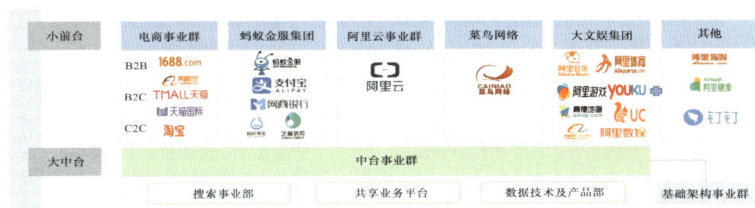

图 10-9　"大中台，小前台"

阿里巴巴建设整合自身产品技术和数据能力的强大中台，并成
立中台事业部。在大中台的支撑下，阿里巴巴的前线业务更加灵动、
敏捷，能够更快地应对未来新商业环境带来的机遇和挑战。例如，
阿里巴巴电商事业群打破树状结构，转变为一批快速决策、敏捷
行动的业务小前台。其中，天猫、淘宝和手机淘宝三大核心业务
实施"班委会"集体负责制度，由阿里巴巴的一批年轻业务骨干
担当"班委"。

阿里巴巴在 2015 年还成立了数据平台部，这是阿里巴巴数据
中台的雏形。为了满足多个业务前台的数据需求，应对"双十一"
业务高峰、大规模数据的线性可扩展问题、复杂活动场景业务
系统的解耦问题等，阿里巴巴提出了数据中台战略，在数据技
术、组织架构等方面采取了一系列变革。阿里巴巴数据中台让
各个业务共享同一套数据技术和资产，这个数据体系被称为

"OneData"，包括统一数据构建和管理的 OneModel、实现核心商业要素资产化的 OneID、统一数据服务的 OneService 等。在 OneData 体系下，不断扩大的业务版图内的各种业务数据都将按统一的方式接入中台系统，之后通过统一化的数据服务反哺业务。数据中台为阿里巴巴及商家提供数据洞察，支撑业务高速发展，如图 10-10 所示。

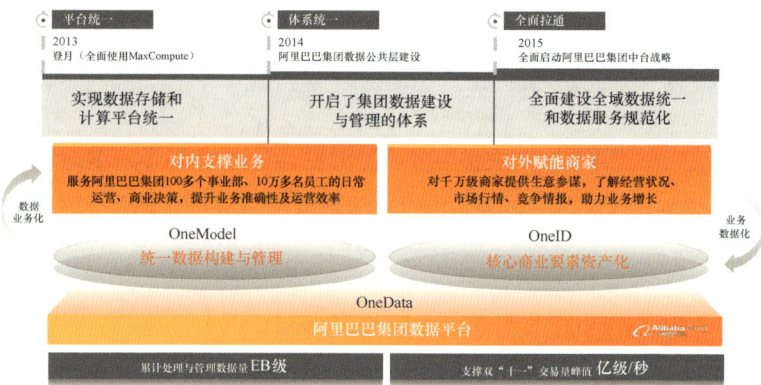

图 10-10　阿里巴巴数据中台

自 2016 年开始，阿里巴巴深入实施中台战略，陆续启动了阿里钉钉、低代码平台、AIoT 中台、智能应用和阿里大脑等项目，全面推进组织数智化转型。

数据中台是阿里云上实现数据智能的最佳实践。2016 年后，阿里巴巴依靠数据中台实现了越来越多业务的自动化运营和智能化决策，如淘宝首页的千人千面、支持天猫"双十一"70% 的 GMV 的智能个性化推荐、阿里小贷的秒级审批、诚信用户在退款退货时的先退款再退货、为了解决"双十一"后客服人力弹性问题的阿里智能客服技术等。

10.3.4　云钉一体战略：数智化操作系统促进组织内外部协同

钉钉是阿里巴巴在 2014 年 1 月筹划启动的企业协同应用，先在阿里巴巴内部广泛应用，成熟后对外推出钉钉产品和服务。钉钉的发展历程大致分为以下三个阶段。

第一阶段，钉钉被定位为沟通工具。2015 年 1 月，阿里巴巴发布了钉钉 1.0 版，主推"让消息更安全"的企业群。随后，钉钉推出了 DING、创建和管理团队、团队二维码等企业群服务功能。

第二阶段，钉钉被定位为协同办公平台。2015 年 5 月，阿里巴巴正式发布钉钉 2.0 版，新版本整合了邮件、OA 和共享存储，被打造为全新移动协同平台。随后，钉钉推出了诸多移动办公功能，如语音发送、微应用、日志、红包、小视频、企业主页、智能考勤打卡等，让团队管理更加移动化和智能化。2016 年 9 日，阿里巴巴推出钉钉 3.0 版。3.0 版本增强了组织的外部客户拓展和服务，推出了外部联系人、服务窗、业务往来、智能报表等功能，实现了组织与外部的更好连接，帮助组织提升了沟通、协同和服务能力。2016 年 10 月，阿里巴巴内部启动了低代码开发平台项目，并将其命名为"宜搭"，其主要任务是服务于阿里巴巴内部，满足阿里巴巴业务需求的应用搭建。随后几年，阿里巴巴在宜搭构建了上万个应用，包括 HR、财务、法务、行政等多场景，其中 99% 的应用是由没有开发经验的员工搭建的。2017 年 11 月，钉钉宣布进入软硬件智能化融合的 4.0 时代，推出了与智能前台、打印机、复印件、投影仪、门禁、空调、电灯等智能设备的连接功能。2018 年 12 月，钉钉在北京公布了基于办公场景的人、财、物、事全链路数字化解决方案，如图 10-11 所示。

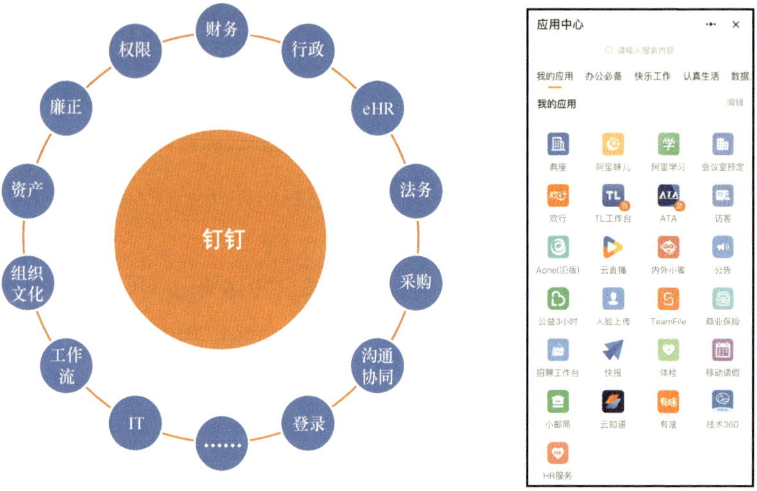

图 10-11　钉钉——协同办公平台

第三阶段，钉钉被定位为云钉一体平台，如图 10-12 所示。

图 10-12　云钉一体平台

2020 年，阿里云和钉钉宣布云钉一体战略。阿里巴巴将钉钉升级为大钉钉事业部，原来的钉钉事业部、企业智能事业部宜搭团队、阿里云视频云团队、阿里云 TB 团队、政企云事业部、数字政务中台事业部、乌鸫科技部分团队一起加入了新的大钉钉事业部。2020年 2 月，阿里巴巴发布钉钉 5.0 版，新增在线办公室功能，提供文档空间、钉钉项目、数字化办公空间等多款高效协作套件，让在线办公协作实现零距离。2021 年 1 月,阿里巴巴发布全新的钉钉 6.0 版,向企业协同办公和应用开发平台进化,提供了低代码开发工具、角色工作台、钉钉服务窗、合作空间、钉钉连接器、协同办公套件等新功能。截至 2021 年 8 月,钉钉的用户超过 5 亿个,其中的企业和组织超过 1900 万家。

云钉一体战略实施依赖于阿里巴巴内部研发体系的建设。在阿里巴巴,开发人员有五六万人,其中技术专家和高级专家人员最多。一开始,阿里巴巴并没有形成规模化的研发管理体系。在云钉一体战略实施中,阿里巴巴提出了利用 Teambition 进行研发项目协作管理,取得了很大的成效。研发是项目化、组织化程度很高的活动,首先要进行研发项目立项,其次要准确地评估研发项目到底要花多少时间、人力和成本。在研发项目的实施过程中要进行标准化的系统管理,理清楚什么时候应该由研发人员介入,什么时候由测试人员介入,什么时候提交测试,以及提交测试的标准是什么等。引入云钉一体战略后,研发管理更加透明化了,资源全部清晰可见。结合低代码开发平台,研发项目更加高效率和高产出。

云钉一体是阿里巴巴自身数智化转型的实践,也是阿里巴巴进军产业数字化转型市场的业务战略。通过云钉一体,阿里巴巴的数智化转型全面驶入快车道:在 IaaS 层,计算、存储、网络、安全等服务全面采用阿里云提供的云计算服务;在 PaaS 层,全面采用业务中台、数据中台、AIoT 中台等;在 SaaS 层,全面上钉,打造组织协同办公和应用开发平台双平台的底座能力,赋能数智化敏捷组织。

10.3.5　阿里巴巴智能化战略:支撑组织智能决策

在云钉一体的基础上,面向组织领导决策的阿里大脑应用浮出水面，如图 10-13 所示。

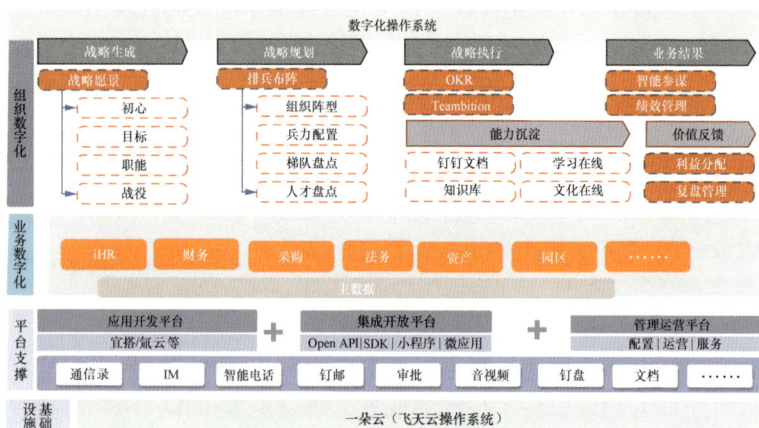

图 10-13　阿里大脑应用

阿里大脑应用的底层有云计算、数据中台和钉钉的支持，实现了数据的打通。中间层的业务服务系统通过建模型、做智能、做风控、做卡片式数据输出、运营效果分析等模块，形成了一个反馈系统。最上面是决策中枢，它可以从战略制定、财务报表、策略调整和述职考核等协调一整套的管理闭环。这些数据管理闭环形成以后，最终还是要 CEO 在日常工作中落实管理动作，如人事、财务、法务、技术、采购等。

阿里巴巴在每一次解决自身业务痛点的同时，都为产业界带来了一场技术革命，并形成了一个巨大的蓝海市场。面对"双十一"的业务挑战，阿里巴巴提出了云计算战略。阿里云应运而生，成为全球领先的云计算服务商。为了应对集团多元化发展的业务挑战，阿里巴巴提出了"大中台、小前台"的战略。面对组织内外部协同的管理挑战，阿里巴巴提出了云钉一体战略。面对组织智能化发展需求，阿里巴巴提出了智能化战略。阿里巴巴数智化转型的实施流程如图 10-14 所示。

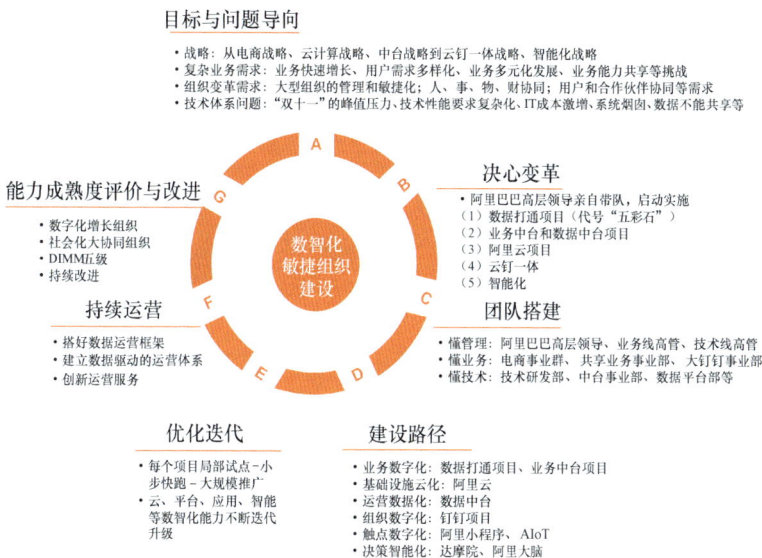

目标与问题导向
- 战略：从电商战略、云计算战略、中台战略到云钉一体战略、智能化战略
- 复杂业务需求：业务快速增长、用户需求多样化、业务多元化发展、业务能力共享等挑战
- 组织变革需求：大型组织的管理和敏捷化；人、事、物、财协同；用户和合作伙伴协同等需求
- 技术体系问题："双十一"的峰值压力、技术性能要求复杂化、IT 成本激增、系统烟囱、数据不能共享等

能力成熟度评价与改进
- 数字化增长组织
- 社会化大协同组织
- DIMM 五级
- 持续改进

持续运营
- 搭好数据运营框架
- 建立数据驱动的运营体系
- 创新运营服务

优化迭代
- 每个项目局部试点-小步快跑-大规模推广
- 云、平台、应用、智能等数智化能力不断迭代升级

建设路径
- 业务数字化：数据打通项目、业务中台项目
- 基础设施云化：阿里云
- 运营数据化：数据中台
- 组织数字化：钉钉项目
- 触点数字化：阿里小程序、AIoT
- 决策智能化：达摩院、阿里大脑

决心变革
- 阿里巴巴高层领导亲自带队，启动实施
  - （1）数据打通项目（代号"五彩石"）
  - （2）业务中台和数据中台项目
  - （3）阿里云项目
  - （4）云钉一体
  - （5）智能化

团队搭建
- 懂管理：阿里巴巴高层领导、业务线高管、技术线高管
- 懂业务：电商事业群、共享业务事业部、大钉钉事业部
- 懂技术：技术研发部、中台事业部、数据平台部等

（数智化敏捷组织建设）

图 10-14　阿里巴巴数智化转型的实施流程

目前，阿里巴巴通过钉钉实现人、事、物全在线管理。集团 70 多个 HR 系统和 10 万个以上的设备全部在线，线上有日均 1500 万的消息数，能够同时处理 5000 万次以上的事件，年总审批实例达 1.5 亿件。而且，钉钉已经成为让阿里巴巴成功进入产业数字化市场的入口。淘宝上有 1000 多万个卖家，相当于阿里巴巴帮助 1000 多万个品牌实现了电子化。而钉钉上有 1900 万个组织，相当于阿里巴巴帮助 1900 万个组织实现了组织数字化。无疑，钉钉已成为我国数字经济的重要基础平台，推动数字经济从消费侧进入供给侧。

第 **11** 章

品牌零售行业

数智化赋能品牌零售行业，标志着新零售时代的到来。品牌零售行业的数智化变革重构了人、货、场，帮助品牌零售企业提升了经营效率。

11.1　行业现状与痛点

11.1.1　行业现状

20 世纪 90 年代，百货商场在品牌渠道中占据主导地位。随着品牌的兴起，百货商场已经无法满足更多品牌开设专柜的需求。随后，品牌专卖店凭借更灵活的开店和经营方式、更快的资金周转速度及距离社区更近的优势，迅速与百货商场渠道形成互补。自 2000 年以来，以淘宝为代表的电商平台不断涌现，并冲击着实体零售企业。电商成为品牌的主战场，也开启了品牌零售行业数字化变革的上半场。

2017 年以后，品牌零售行业发生了一个显著的变化，即以阿里巴巴、腾讯、京东为代表的互联网领军企业通过投资收购、参股合作等方式深度参与到为品牌零售行业赋能的阵列中。基于此，品牌零售行业的数字化变革进入了下半场。

（1）业务：人、货、场的要素流动

过去，品牌零售行业的要素流动路径为"货—场—人"，生产者与消费者中间隔着渠道，生产者往往不知道消费者是谁、消费者的需求是什么。

品牌零售行业的数字化变革是基于消费场景重构，要素流动路径为"人—货—场"。首先，品牌商依托大数据分析洞察消费者，满足消费者需求，增加连带率，提高客单价，提升人的效率。其次，品牌商通过数据赋能，借助智慧供应链减少附加的交易成本，提升货的效率。最后，品牌商发挥线下门店的功能，实现商品、会员、服务一体化，赋能零售体验的场景，提升场的效率。品牌零售行业的数字化变革有助于实现需求提升和效率改进。

（2）组织：数字化与扁平化

过去，品牌零售行业的供应商、渠道商、品牌零售商、门店、业务员都是割裂的，而品牌零售商与门店、业务员的组织形态是离线并受时空限制的。品牌零售商对门店的管理通常是千人一面、千篇一律、千店一面的标准式。传统品牌零售商的基层员工很少，通常是纯粹的雇用关系。员工也大多抱着打工者的心态，离职率和流动性都很高。

通过组织数字化，品牌零售商实现了对门店、店长、督导员、店员的在线实时管理。同时，品牌零售商可以对每个渠道、每个商品的销售情况进行实时观测，提升运营效率；还可以将到门店的顾客、会员数据沉淀在系统，与顾客、会员建立长期的互动沟通渠道。

（3）技术：智能化

过去，品牌零售商对商品、卖场的管理技术有限。而随着品牌零售行业数字化的进程不断加快，人工智能客服等数智化技术让消费者、商品、卖场的连接变得更紧密。

11.1.2　行业痛点

消费者的多元化需求难以被满足。消费侧有强大的需求，但由于供给侧与需求侧没有打通，导致人货不匹配，难以精准满足消费者需求。

消费者对品牌的忠诚度低。消费者触点众多，企业也秉持"消费者在哪里，品牌在哪里"的理念在多个媒体触点、多个电商平台进行品牌投放。但是，媒体投放无法分析和沉淀，跨媒体投放的人群也不能相互应用，导致消费者与品牌的连接是单点的，没有很好地结合当下全渠道的优势进行连接。

企业对线上退货的关注较少。例如，网络购物的便捷性让消费者更容易购买转化，但同时也带来了退货、退款的比例比线下高出不少的问题。其原因之一是企业在售前阶段与消费者的沟通有偏差，没有及时关注退货、退款的原因并做出有针对性的改善，导致长期来看退货、退款对企业的经营造成了较大的困扰。

11.2　典型应用场景

品牌零售行业依托云钉一体数字化操作系统架构，支持企业开展组织和业务的数字化转型，实现组织和业务的数字化及产业链上下游的协同，其应用场景解决方案如图 11-1 所示。

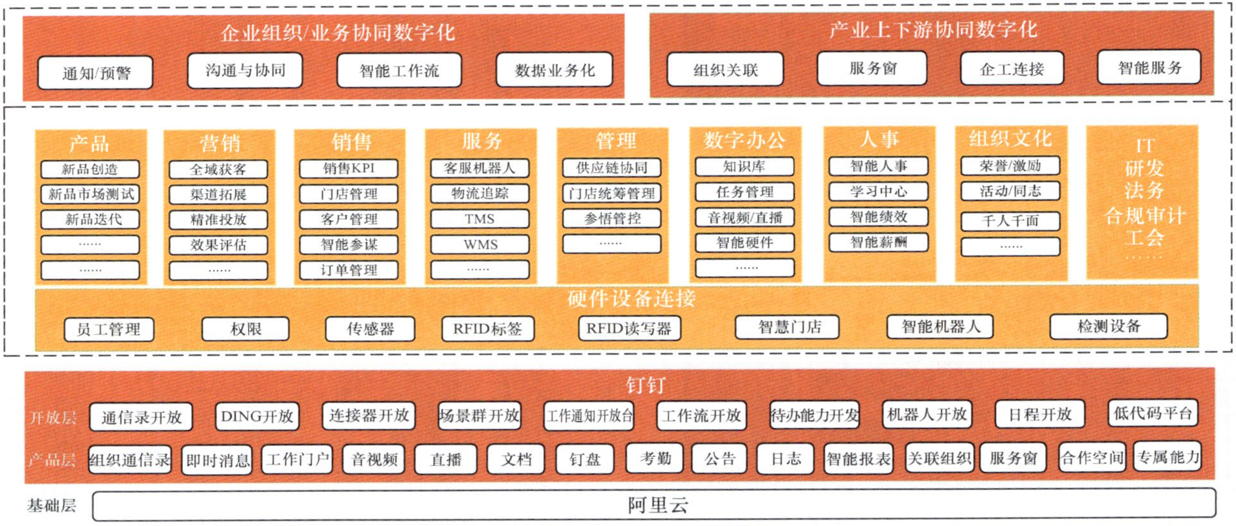

图 11-1 品牌零售行业的云钉一体应用场景解决方案

11.2.1　组织数字化

针对品牌零售行业的组织协同，钉钉支持了很多业务场景，能实现品牌零售企业的总部团队、供应团队、渠道终端等全部在线协同，如图 11-2 所示。

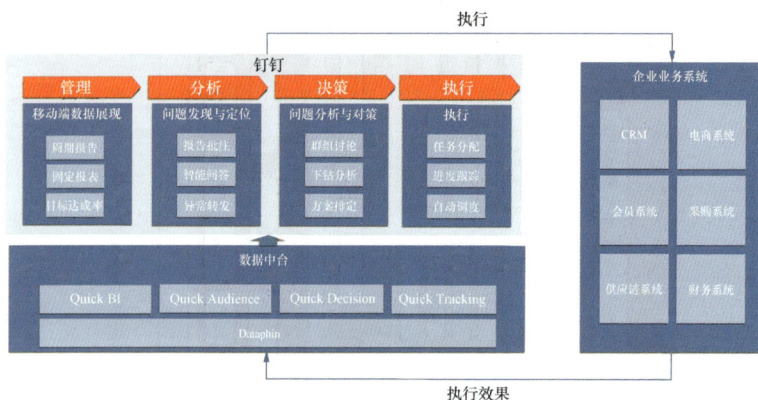

图 11-2　组织协同框架

在通信录管理场景中，品牌零售行业由于部门多、门店多、导购员流动性大，可将人员信息导入通信录进行统一管理。借助通信录，员工能快速找到同事，不用加好友即可发起聊天的功能帮助实现跨部门沟通协同。部门管理还能将员工入离职随时同步到通信录，让人员管理变得简单轻松。

在员工培训场景，新员工入职可以通过云课堂等线上培训的方式，以最佳实践为标准培训每一位员工并提升其销售能力，实现业绩转化。在促销活动中，企业通过钉钉日程将每个明细任务指派到个人，确保每个细节都执行到位，让团队拿到业绩。

11.2.2　业务数字化

钉钉支持了很多品牌零售行业的业务场景。在全域消费者洞察与精准匹配场景中，品牌零售商可以利用自有数据、媒体投放数据、渠道数据等多种数据，对消费者进行从认知到忠诚的全周期洞察，从而匹配相关商品，如图 11-3 所示。

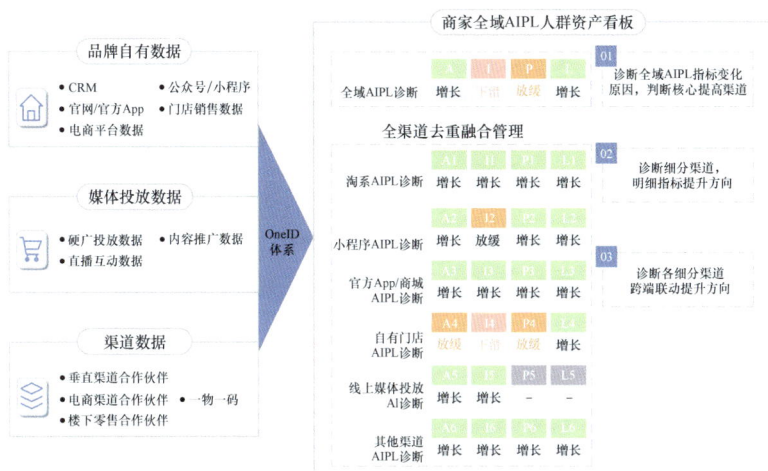

图 11-3　全域消费者洞察

在精准营销场景中，品牌零售商通过在线策划营销内容、分配营销任务、投放会员权益等应用，能实现门店引流，打造会员主动营销管理的完整闭环。

在业绩考核场景中，零售门店将收集到的移动端数据形成周期报告并分析存在的问题，再通过群组讨论排定方案并执行方案。这种方式能够将 CRM、会员系统、采购系统、供应链系统、财务系统有效连通，实现零售门店业绩的考核。

在智能客服场景中，零售企业依托智能客服平台、智能客服机器人等工具，能构建涵盖电话客服、在线客服、工单客服、机器人客服和智能客服的客服体系，减少人工服务量及客户接入排队积压，从而提升客户体验。

11.2.3　产业链数字化

针对零售行业的生态协同，钉钉帮助零售企业在内部各品牌矩阵业务和零售、物流、会务等方面进行全面深度协同，大大提升了商业运行效率和价值。

在合作空间场景中，零售企业能搭建产业链上下游伙伴专属的沟通协同平台和共享业务流程应用，实现在线协同。例如，卡宾服饰供应链端任何一件衣服的生产工艺、手法、尺寸、报价都可以在钉钉上进行协同，查款、报打样、询报价、交合同、货款对账单、物料清单、设计图稿、尺寸表和评款意见等都能与供应商进行协同。通过零售助手，零售企业能够实现导购、零售经理、区域经理的组织协同。

11.3　案例1：老板电器

创立于 1979 年的杭州老板电器股份有限公司（简称"老板电器"）经过 40 多年的发展与壮大，现已成为我国厨房电器行业的知名品牌。

11.3.1　数智化转型的背景

老板电器一直非常重视信息化建设。2004 年，老板电器就采用了 ERP 系统，经过十多年陆续建立了 PDM、MES、SRM、CRM 等业务和管理系统，搭建了集团 ERP 整合管理平台，实现了生产、供应链、财务一体化，形成了完整的管理循环，全方位提升了集团化管控效率。

在办公自动化方面，老板电器的第一代协同办公系统于 2005

年就已经上线，实现了线上协同办公。2013 年，老板电器上线业务流程管理系统（Business Process Management，BPM），强化了企业流程管理的功能，将门户、自定义表单、流程引擎、文档管理作为核心建立了第二代协同办公系统，如图 11-4 所示。

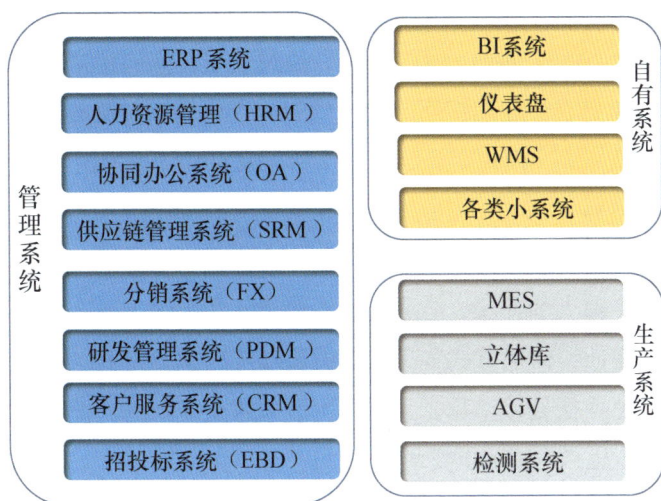

图 11-4　老板电器数智化转型前的信息化系统

与此同时，老板电器在长期的信息化建设中也产生了很多问题。第一，系统繁多，应用复杂，各个系统相互独立，企业级的系统综合集成和业务协同困难很大。第二，系统开发迭代周期长，无法及时根据管理思路调整变更。一些业务部门提出的小需求，老系统根本无法实现。历史系统多，老软件不能支持新的业务场景，更新升级较难。第三，移动办公需求迫切，原有系统不能很好地支持。公司还有很多纯人工的工作方式，例如，花名册、用车申请、外协件检验单都采用纸质方式，工作人员通过 Excel 做工作周报，考勤只能通过 PC 进行查询，考勤打卡使用的是传统打卡机。第四，智能工厂发展面临数据挑战，企业设备上传给系统的数据不全面，数据采集不及时，原有设备控制系统使用不畅，设备之间没有打通。

2016 年，老板电器仍处在高速发展阶段，但信息化建设已经不能很好地支撑业务发展。于是，老板电器决心实施组织数智化转型，进行自我颠覆和业务变革。为什么要进行数智化转型？老板电器有五个方面的考虑。第一，用户变了。面向用户的个性化生产不仅要求快速捕捉用户的需求变化，还要求敏捷的定制化生产。第二，管理模式变了。经过改革开放 40 年，我国市场快速发展的红利即将消失，企业需要由粗放运营转向精细运营，用数据赋能企业经营。第三，销售渠道变了。线上经济的繁荣使线下渠道受到了很大的冲击，企业迫切需要建立线上线下融合的新零售渠道。第四，沟通方式变了。随着移动互联网的发展，组织内外的沟通协作需要移动化。第五，生活方式变了。用户把厨房变成了创造新生活方式的重要场所。

11.3.2 钉钉驱动的组织数智化转型

2016 年底，老板电器开始全面推进业务流程移动化。2017 年，集团将钉钉作为统一协同办公平台。在数智化转型中，老板电器把钉钉定位为"企业操作系统"，发挥的是企业基础设施的作用。除了视频会议、人员沟通、流程审批、订单处理等办公系统功能，钉钉还为老板电器提供了一个强大的开放接口，使销售、HR、OA、CRM、ERP 等系统都能接入钉钉。钉钉能够将这些系统进行集成，帮助老板电器实现数据的连续性、透明性和可视化，如图 11-5 所示。

通过钉钉，老板电器告别了传统的 PC 办公，实现了移动化办公，信息获取、沟通、会议、考勤、协同效率大幅度提升。借助钉钉，老板电器很快实现了组织信息透明。集团的 1.2 万名以上总部员工与代理公司员工上线钉钉，70% ～ 80% 的业务和管理系统都通过钉钉完成接入，实现了信息精准推送、透明高效。通过钉钉，员工能够实现快速找人办事。钉钉还为高层管理人员设置了高管模式，进行权限保护。

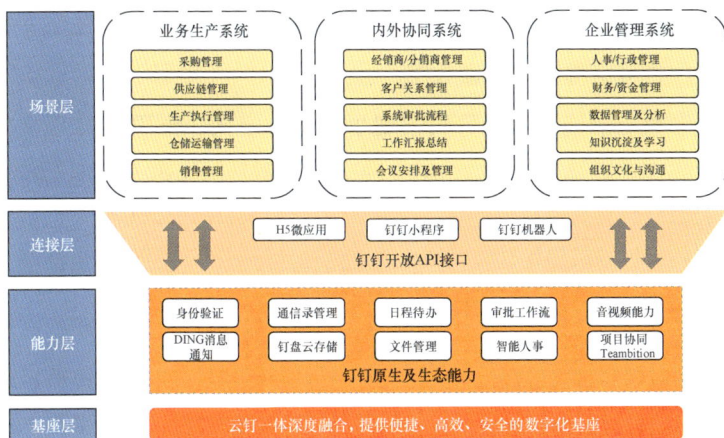

图 11-5　老板电器基于云钉一体的数智化转型架构

老板电器通过使用钉钉音视频会议、群直播，实现了沟通数字化，以及开放、透明、智能的触达方式，如图 11-6 所示。钉钉音视频会议融合打通了通信各系统，会议效率得到了极大的提升，节省了 40% 以上的建设成本，降低了 55% 以上的运维成本，提升了 50% 以上的协作效率。

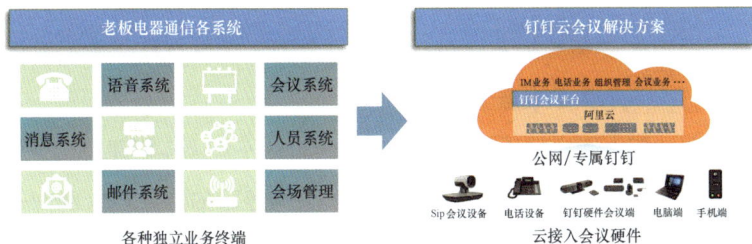

图 11-6　老板电器的钉钉云会议

　　通过钉钉，老板电器实现了便捷的考勤打卡，行程自动推送。例如，在新冠肺炎疫情爆发后，老板电器全员使用钉钉考勤，实现无接触、免排队快速打卡；通过钉钉健康打卡智能填报疫情情况，实现员工健康的精准管控，防疫、复工两不误。老板电器借助钉钉的群信息推送功能，实现了在同一时间向团队所有成员统一推送工作进度，提高了沟通效率。

　　老板电器通过使用钉钉实现了协同数字化，集团 92% 以上的流程实现了移动化审批，审批时长从 PC 审批的 1 天变成移动审批的 1 分钟。

　　钉钉应用加速推进了老板电器的组织扁平化。在数智化转型之前，老板电器总部有 6 个部门，包括生产制造、财务管控、营销等。在数智化转型阶段，老板电器借助钉钉高效的协同功能，果断地将 6 个部门拆分成 23 个部门，实现了组织结构的扁平化。在管理方式上，转型前 6 个部门的负责人均是高管，共同决策公司事务，但没有人对部门事务负责；转型后，总部实施部长负责制，23 个部门负责人被高度授权，管理指令直达基层员工。例如，在一个中央吸油烟机项目中，由一个新事业部负责制造、研发、销售、服务等多方面的职能，这样可以为孵化新项目提供便利，还可以使所需资源得到快速匹配。除了事业部，23 个部门中还包含职能、产品、平台等部门。总部还组建了一个经营决策管理委员会，辅助管理者做决策。经营决策管理委员会不直接参与具体的经营管理事务，而是在重难点项目上参与决策。

　　在老板电器实现组织扁平化后，部门、经营决策管理委员会与 CEO 之间的信息交互大量增加。为了保障经营的有效性，部门管理层需要通过钉钉将运营结果以数字化的形式及时报告给公司决策层。借助钉钉，组织架构的任何新变化都能实时同步，有效地支持了组织的动态调整和敏捷变化。

另外，老板电器在总部贯彻执行项目负责制，A 既是 A 项目的经理，还是 B 项目的成员。钉钉能够帮助项目团队实现便捷的沟通，大大增加了项目制团队的效能。

通过组织数字化，老板电器的每一位员工的活力都被激发出来。老板电器九天中枢数字平台总架构师葛皓认为，钉钉的核心作用在于帮助企业解决数字化过程中人的心智问题。基于钉钉日志，所有员工的工作成绩能被共同看见。主管级全员进行日志提报，主管级日均填报 600 个以上日志。中高层的管理日志能让全员都看到，代理公司的服务日志也能共享到 50 家代理公司。通过钉钉日志，员工同步工作的进度和各种思考，不仅不会浪费时间，反而能节省大量时间。日志被相关员工传阅、讨论，形成了各种观点的碰撞，实现了集团员工在思想上的统一。过去，老板电器传达集团的思想及共识很困难，需要 84 个分公司定期到杭州开会才能传达到位。现在，集团的思想及共识基本是通过钉钉日志形成的，大大提高了传达效率，节省了沟通成本。

11.3.3　基于低代码开发的业务场景敏捷协同

老板电器选用宜搭低代码平台构建了业务场景敏捷协同，如图 11-7 所示。

通过低代码开发，老板电器在协同工作领域的能力有了较大的提升，集团自主梳理了 150 余条流程，搭建了 133 个表单，集成了 6 个应用系统，服务了 1.2 万以上的员工。在一个月内，老板电器移动端的使用人数就由宜搭上线前的日均 3000 多人增长到上线后的日均 7000 多人，日活跃人数增长 240%，如图 11-8 所示。

钉钉协同平台	宜搭应用能力

高效协同办公

组织架构	通信录
沟通	内部协同
考勤管理	外勤管理
办公流程	信息公告
会议预订	日程管理

进阶办公

跨企业协同	群组管理
DING任务	业务流程

HR 系统信息同步

组织/个人信息	考勤信息

宜搭平台

员工效率

办公流程效率

协同效率

人力

财务

市场营销

供应链

企业仪表盘

导购新零售

图 11-7　老板电器基于宜搭低代码平台的业务场景敏捷协同

图 11-8　老板电器的钉钉使用人数

11.3.4　全链路业务数字化转型

钉钉让老板电器实现了全链路的业务数字化。在使用钉钉前，老板电器的各种管理软件尚未实现数据打通，数据碎片化，很难指导企业经营管理。现在，已有业务系统与钉钉实现了对接，并自主建立了人事自助、板栗学堂、移动资产、MES 报表、BI 报表等应用系统，实现业务从 PC 端到移动端的跨越，如图 11-9 所示。

图 11-9　老板电器的钉钉业务应用

2017 年底，老板电器成立独立的新零售部门，融合线上线下打造新零售体系。钉钉则帮助老板电器打通零售端和制造端，推动了 C2M 新制造体系的建设，实现了消费互联网和产业互联网双轮驱动。为了应对个性化定制的需求，老板电器将制造端分为大规模定制和小规模定制两个板块，将前端分成面向大 B、小 B 和 C 端客户三个模块。其中，大规模定制生产与大 B 需求相对应。

过去的老板电器在制造过程中通常采用"人盯人"的方式进行品质管控。如果出现产品质量问题，前端人员需要向品控人员出具分析报表，品控人员需要与设计或采购沟通质量问题情况，再向上汇报。因此，老板电器建立了 6 个收集点收集品控信息，并统一反馈到总部进行分析。现在的老板电器通过使用钉钉实现了品控数据在线化。品控人员利用钉钉将来料检验信息无纸化录入，并积累测量数据，再通过动态调整抽样形成线上审核检验报告。检验数据录入从原来的 3 小时手动录入变成了自动采集，因而大大降低了办公成本，如图 11-10 所示。品控流程集成到钉钉上后，生产的任何环节出现问题都会立刻点对点反馈出来，并将情况同一时间通知全流程。数字技术不仅提高了品控的工作效率，还简化了组织流程，老板电器的 6 个品控信息收集点变得不再需要。

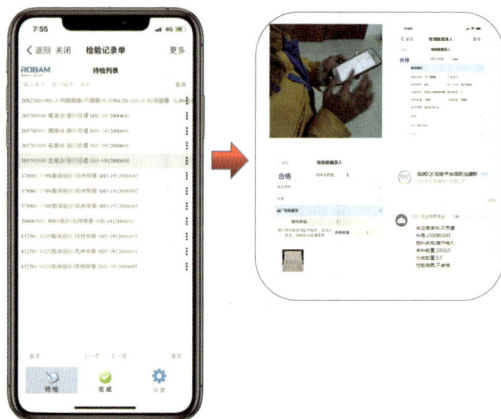

图 11-10　老板电器的品控数据在线化

以前，分销商每月、每周提供各个企业的销售订单、开票、发货和库存数据。老板电器做了"钉钉＋分销"系统后，经营模式产生了很大的变化。例如，消费者在家电卖场买了一件老板电器的产品后，导购在手机终端输入产品的型号、货号、发货时间等信息，这些信息会被发送到老板电器的分销系统后台。老板电器就能知道全国的销售情况，并通过这些数据对人、货、场进行分析和预测。例如，通过分析 A 型号产品的销售现状并预测未来各地的需求，老板电器可以实现精准生产，按需求进行物料下单并快速发货。随着品类和货品不断增长，老板电器要求在采购、生产、发货、库存等环节既不能爆仓，也不能断货。从 2020 年开始，老板电器对数据进行深层次改造，要求供应链全链路的对接更准确、效率更高。

老板电器借助钉钉，实现了生产、销售、渠道、品类、客户、财务等数据的集中呈现和实时更新。管理者可以通过"钉钉销售看板"及时获得分类销售排行、价格变动等数据，对销售状况一目了然，还能利用数据图表作出决策。未来，老板电器期望借助钉钉连接到潜在客户，进行针对性的营销和个性化的定制。

11.3.5 智能化的未来工厂

人工成本高是老板电器推行工厂智能化的一个原因。工人的税前工资都是平均每年 10 万元以上，而且在逐年增长，这是一个很大的成本。杭州的制造业都在外流，生活花销、房租等都是工人的成本。工人也有了更多的职业选择，以前是企业选工人，现在是工人选企业。所以，对于一些重复的、简单的劳动岗位，企业尽量让机器来做。

在工厂智能化建设方面，2016 年，老板电器投资 7.5 亿元建设了厨电行业的首个数字化智能制造基地，打造了行业内数字化、智能化、自动化程度最高的制造基地，打通了智能生产、智能仓储、智能物流的全链路，生产效率直接提升了 30% 以上，多个环节的不良率下降了 50% 左右，并且产品的一次优良率达到 96% 以上，人工规模大幅精简，生产成本大幅下降。2018 年，老板电器投资 15 亿元启动智能制造二期项目，将智能工厂升级为智慧工厂，升级了"六个全"生产链，即调度指挥全统一、计划执行全精确、物流准时全配送、制造状态全透明、质量管理全流程、能源利用全高效。老板电器通过构建智能化生产系统，全面实施网络化分布式生产系统，建立应用信息物理系统，打造数字化全价值链，实现横向集成，以及客户市场、内部结构、供应商等多方面的数字化互联，全力提高生产效率。

2019年，老板电器建立了中式烹饪曲线数据库，收集了3000多道中式经典菜品的曲线，建立了行业首个智慧无人工厂，实现了"机器换人"，构筑了未来工厂的数字平台。

从2020年开始，未来工厂项目立项和交付一共用了8个月，目前已经成为全省领先的未来工厂。未来工厂将实现全链路数字化、机械化和智能化，其核心是柔性定制，对所有产品都通用。对于企业来说，未来工厂已经不是一条生产线生产一个产品了，而是对各种产品共性的生产环节做自动化和无人化的改造设计，在共性生产部分建设好的基础上用AGV小车送到喷涂车间、组装车间、装配车间和包装车间，这些是不同的流水线。

在未来工厂的生产过程中，老板电器能实时观察到设备和生产线的变化，能看到生产线的产量、产品入库和原来计划是否匹配，分析是否出现异常，让生产过程透明化和可视化。未来工厂能真正实现制造智能化，实现制造流程的重构。数字孪生技术可以将生产流程和状况动态呈现，促进生产优化和巡检自动化等。例如，通过数字化模拟快速聚焦现场问题，迅速分析解决问题。离散制造的传统模式很难快速聚焦哪个生产环节出了问题，以前需要一个环节一个环节地找，但现在通过数字孪生技术模拟，管理者可以快速找到A线体和B线体之间的关系，进行快速衔接。而且，工厂管理者通过移动应用App可以反向控制线体，让更多的线体能联动和反向互动。通过数字建模，工厂管理者也可以快速发现哪些指标、哪个环节出现了异常，做到提前预警，避免模具报废，实现数字化巡检。

老板电器在未来工厂中引入边缘计算，推进了工厂无人化。例如，在冲压环节，运行过程中电压不稳定，导致数据通过互联网传送到服务器时会丢失一些，这时就需要采用边缘计算。边缘计算能实现实时快速的处理和响应，以前这些情况只能做到大约70% 的响应，现在是 100% 的响应；以前整体业务数据存储和处理至少需要 5 秒，现在通过边缘计算则是毫秒级。

依托数智化平台把消费互联网和工业互联网融合到一起，老板电器的经营与管理模式发生了巨大变革。基于未来工厂的"总裁驾驶舱"，董事长可以实时掌握生产经营情况，销售端每天实时的发货、开票、回款等，生产端每天的产量、进度、物料变化等，都形成了可视化图表。而且，数据真实可靠，哪些地方有什么异常可以随时报警，防止一些小问题被忽略，造成更大的损失。数字化经营管理实现了价值链透明化、可视化，过程中的经营分析和决策也是可视化的。

借助未来工厂，老板电器的生产效率提升了 45%。原来的工厂是两班制，需要 238 人，工厂改造完后只有 20 多人。这 20 多人的岗位发生了变化，运维和设备保养工程师变成了技术开发工程师，其他工人都转岗了。

数智化建设对老板电器的人才结构提出了更高的要求。工厂越来越有技术含量，要求工人提升职业能力。高技能专业的知识型工人越来越多，重复劳动的低技术含量工人越来越少。老板电器对数字化人才有了需求。生产设备是纯数控化设备，且设备之间是联动的，操作较复杂，设备工艺、模具工艺、系统分析等岗位都需要专业人员。数字化建模与仿真需要懂工业控制、大数据、互联网、网络安全的人才。开发和运维人员变成了全才，运维人员要负责硬件设备保养、系统的诊断分析。此外，数字化人才也越来越多，2003 年是 2 个人，2016 年是 7 个人，2021 年变成了 50 个人。

组织数智化转型也需要与之适应的新的组织架构。老板电器成立了一个数字化经营委员会，是公司的 3 个委员会之一，也是总裁牵头的最高领导机构。此外，老板电器还成立了运营管理部，专门做数据分析和运营，为经营做支撑。运营管理部是公司级运营管理部门，统筹管理和分析全盘数据，找出问题的原因和改进计划，为总裁决策提供支撑。例如，营销部门发现回款数据很差，过去的做法通常是内部处理或向上汇报，现在是由运营管理部牵头发现问题，统一汇报给数字化经营委员会，各部门协同解决问题。

老板电器数智化转型的实施流程如图 11-11 所示。

目标与问题导向
- 战略：专注厨电，创造中国新厨房
- 复杂业务需求：新零售转型，快速捕捉用户需求变化、定制化生产、适应新生活方式等需求
- 组织变革需求：移动办公、精细运营管理、业务协同等需求
- 技术体系问题：内部系统繁多、应用复杂、系统开发迭代周期长、数据未全面打通等问题

能力成熟度评价与改进
- 探索评价效果与成熟度，预估DIMM4 级
- 不断改进与提升

决心变革
- 公司总裁亲自推动数智化转型
  （1）全面推进业务流程移动化
  （2）全链路业务数字化转型
  （3）建设未来工厂
  （4）"创造中国新厨房"

持续运营
- 借助阿里巴巴搭好运营框架
- 成立运营管理部，建立数据驱动的运营体系
- 创新运营服务

团队搭建
- 懂管理：经营决策管理委员会、运营管理部、数字化经营委员会
- 懂业务：新零售、生产、供应链等部门
- 懂技术：与阿里云、钉钉全面合作

优化迭代
- 每个项目局部试点 - 小步快跑 - 大规模推广
- 从组织数字化、业务数字化、运营数据到智能化逐步迭代

建设路径
- 组织数字化：钉钉企业操作系统，办公移动化、组织扁平化、沟通和协同数字化
- 低代码开发：协同工作能力提升
- 业务数字化："钉钉＋分销"系统实现了人、货、场精准匹配
- 运营数字化：设立运营管理部，统筹监控和分析全盘数据
- 业务智能化："钉钉销售看板"、领导驾驶舱
- 触点智能化：AIoT未来工厂建设、边缘计算等
- 工厂智能化：未来工厂

中央圆圈：**数智化敏捷组织建设**

图中字母环：A B C D E F G

图 11-11 老板电器数智化转型的实施流程

基于数智化系统提供的能力，老板电器发布"创造中国新厨房"的全新品牌理念，启动了"中国新厨房计划"，提出了以烟机、灶具、

蒸烤一体机、洗碗机为核心的"中国新厨房，老板4件套"，推动数智化驱动的业务转型，着力打造消费者的新生活方式。这意味着老板电器实现从传统品牌零售商向新零售商的转型。

11.4 案例2：特步集团

特步集团创立于 1987 年，是我国领先的体育用品企业之一，主要业务是运动鞋和服装的设计、开发、制造与销售。它在全国拥有 6000 多家门店，业务网络遍及全球。

11.4.1 数智化转型的背景

特步集团是全国知名的体育用品企业，业务持续多年保持高速增长。但是，2012 年后，特步集团的业务增长放缓，在 2013 年更是出现了业绩下滑。业绩下滑是当时我国服装行业发展中存在的共性问题，根本原因是传统服装企业仍重度依赖传统线下渠道，无法快速直接了解消费者对产品的反馈，对市场变化和消费者需求的反应迟缓。随着消费水平的提升，消费者需求日益多元且多变，传统服装企业的产品和消费者需求之间脱节就进一步放大。

当时，特步集团的业务应用系统是烟囱式的，每个业务都有一个独立的应用系统，一共有 80 多个应用系统。这些垂直独立的应用系统无法满足特步集团直接面向消费者营销的新需求，线上和线下渠道的订单、商品、库存、物流、会员等数据都无法共享。这些老系统也无法给业务部门提供实时的数据，业务部门看到的都是一两天前的数据，根本无法完成时效性很强的业务分析。

面对传统业务模式的弊端和国际快时尚品牌的挑战，2015 年特步集团决定进行战略转型，提出"3+"新战略，即让产品升级换代的"产品 +"战略、将产品和服务融为一体的"体育 +"战略，以及线上和线下数智化赋能的"互联网 +"战略。

自 2016 年开始，特步集团将集团总部、全球分支机构及上下游合作伙伴共约 1.9 万人接入钉钉，并用 2 个月的时间通过钉钉低代码平台搭建了数字化知识、经营计划、审计管理、人事管理、流程审批等 100 多个钉应用，通过集成 ERP、BI、eHR、MES 等内外部信息系统搭建了统一的集团移动办公平台，覆盖了集团日常办公和管理运营的各个方面。

2017 年，特步集团与阿里巴巴合作打造的业务中台——全渠道零售平台正式上线，标志着特步集团完成了从批发模式向零售模式的转变。特步集团开始从流量和会员的视角审视自己的零售业务，又启动了新零售项目，与阿里巴巴合作引入了智能导购、智慧门店、云店、钉钉等新零售工具和方案，在钉钉端实现了"六个在线"，即组织在线、店员在线、服务在线、支付在线、店铺在线、商品在线。2019 年，特步集团把整个中台系统，包括所有中间件、应用服务器、数据库等都迁到了阿里巴巴的公有云上。

2021 年，特步集团从生产线、顾客线和供应链三个方面全面推进数据业务化。生产线数据业务化是指完善 ERP 系统，实时反映每个店铺不同的运营数据，定制更有效的产品销售及库存管理策略等。顾客线数据业务化是指根据对顾客喜好数据的分析，优化产品结构与营销策略。供应链数据业务化是指在大数据的引导下加强柔性供应链建设，以消费者需求引导生产、采购和物流计划。

通过钉钉，特步集团打通了生产线、顾客线、供应链数据业务化的"最后一公里"。

通过数智化赋能，特步集团的新零售转型取得了显著的成效。2019 年，特步集团全年营收达到 81.83 亿元，净利润达到 7.28 亿元，同比增长 11%。2020 年，特步集团的主品牌业绩在下半年显著复苏，整体营收达到 81.72 亿元，净利润为 5.13 亿元。尽管新冠肺炎疫情对特步集团的实体零售造成了巨大的冲击，但线上零售的强劲表现让特步集团保持了营收的稳健，业绩稳居体育用品行业前三位。

11.4.3 组织数字化实现降本增效

特步集团将钉钉作为移动办公平台，大力推动组织数字化转型，有效实现了降本增效。自运用钉钉以来，特步集团的整体经营效率提升了 20%，纸张、人力等各项成本支出缩减了 10%。

特步集团有 6000 多家门店，分属于 40 多家分公司。特步集团用钉钉实现了对近 2 万名门店员工的高效管理，门店管理成本大幅降低，业务绩效明显提升。为了实现新零售模式，特步集团既要掌握门店的运营情况，也要帮助所有店员提升他们的工作经验、业务能力和执行效率。以前，特步集团每次有政策、活动安排或指令，都是从总部逐级下发到分公司、区长和门店。很多时候因为不同层级对事情的理解和认识不太一样，信息在传递过程中会发生断流，根本到不了基层店员那里。一些事情就变成了上面没人指挥，下面没人执行，结果不了了之。特步集团通过钉钉把近 2 万名店员连在一起，实现了组织与员工的快速沟通，彻底解决了信息断流的问题，如图 11-12 所示。在 2020 年新冠肺炎疫情期间，线下门店无法营业，特步集团通过钉钉对全体员工进行了为期一周的培训，在 2 周内就开设了 3000 家线上门店，实现了线上全员营销，保证了集团业绩的稳定。

图 11-12　特步基于钉钉的 HR 管理系统

借助钉钉，特步集团的组织架构调整更加灵活、动态和敏捷。2018 年，特步集团决定将处于快速成长中的童装业务与成人服饰业务进行重组。这项重组涉及 1200 个销售点、18 家分公司，特步集团只用一周时间就成功完成了重组。这要得益于钉钉的业务协同、数据沉淀和低代码开发等多种组织数字化能力的整合优势。特步集团 CIO 林俊表示："原本开发一个平台耗时少则半年，多则一年，且要耗费巨大的人力、物力，犯错成本极高。而钉钉低代码平台可以通过拖拉拽的方式，很快地搭建一套适合自己的系统。钉钉平台具有极大的开放能力，能很快集成各类应用和系统。"

11.4.4　业务数字化驱动高增长

在进行业务数字化转型时，特步集团决定要做业务中台。基于阿里巴巴的业务中台技术，特步集团将自身具有相同属性、稳定不变的业务流程抽取出来，建立了商品、渠道、库存、会员、支付等共享能力中心，供各种业务前端调用，让业务中台做到以不变应万变。通过专属钉钉，特步集团实现了业务中台的共享能力和人员的连接，不仅能够安全可靠地高效业务协同，而且能够将数智化能力赋予员工和生态伙伴。

在业务前端的所有门店，特步集团使用了统一的 POS 系统，能够实时掌握门店的运营数据。通过钉钉端的移动看板，特步集团可以实时监测门店的商品、销售、流水等运营数据，可以指导门店实现精准销售，如图 11-13 所示。特别是在国庆节这样的重要营销节点，特步集团需要关注大促销活动是否有效、销售目标是否达成。特步集团如果没有门店的实时数据，就无法做出即时指导；现在能实时看到数据，就可以随时调整促销策略。

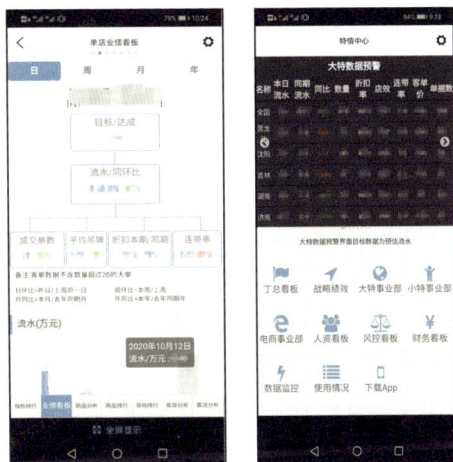

图 11-13　特步集团的钉钉端移动数据看板

有了门店的运营数据，特步集团还可以指导分公司及时进行货品调拨或促销。现在，特步集团可以精准管理到每一款货品的销售速率，了解在单位时间内一款货品卖出了多少。如果发现某款货品的销售速率高了，特步集团可以及时提醒分公司补货；如果货品的销售速率低了，特步集团就建议区域之间或门店之间进行调拨，需要时还可打折促销。当然，特步集团不会实际精准管理每一款货品，一般只精准管理销量排在前 20 位的货品，因为它们能占特步集团40% ～ 50% 的销售额。

调拨、促销的建议或指令会从特步集团发出，下达给相应的分公司。例如，有几款鞋出现滞销的迹象，特步集团的产品部门就会制定促销方案，零售部门会针对这几款鞋确定在门店的陈列方式及卖点广告设计方案，培训部门会设计促销话术，通过钉钉移动端对门店的店员进行在线培训。等所有方案和物料都到位了，特步集团就分发给各分公司开始执行。在执行过程中，门店还需要对促销情况进行拍照记录和信息回传。也就是说，产品促销链路的每一个环节都可以通过钉钉串接起来。

11.4.5　智能化推进特步集团国际化

2019 年，特步集团启动实施全球化、多品牌战略，收购了 4 个国际品牌。因此，特步集团要在 3 大洲、4 个地域，建立一套支持多地区、多品牌、多业态的全球统一的 ERP 系统。以往，特步集团是依靠各区域的当地供应商驻场进行系统建设。因为 2020 年新冠肺炎疫情的原因，当地供应商无法驻场，只能靠特步集团进行远程指导。由于海外区域的时差、语言、文化都不同，整个项目的人工沟通很不容易。在远程指导的过程中，特步集团利用钉钉的 AI 翻译实现了有效的沟通。通过钉钉的 AI 翻译功能，中国人员输入中文，在法国、美国等国家的人员沟通页面上会自动出现法文、英文，实现了顺畅的实时跨国沟通。

在全球各区域分部 ERP 系统建设上线过程中，项目实施事项很繁杂。为了更好地指导项目实施，特步集团将总部 ERP 系统搭建和运营管理经验，通过钉钉音视频及团队空间等功能进行沉淀，并输出给到各区域分部。

在 2020 年新冠肺炎疫情期间，特步集团借助钉钉完成了全球各分部的 ERP 系统上线，并在中国总部建立了全球化、多品牌的供应链中心、财务中心和数据中心，实现了"全球一盘棋"。

特步集团的数智化转型实施流程如图 11-14 所示。

图 11-14　特步集团数智化转型的实施流程

第 **12** 章

制造行业

制造行业利用数智化技术构建了数据驱动的工业生产制造体系，不断加速产业转型升级，跨入了智能制造的新时代。

12.1 行业现状与痛点

12.1.1 行业现状

"十三五"期间，我国制造业增加值达到 31.3 万亿元，连续 11 年成为世界最大的制造业国家。制造业的持续健康发展对于提高国民生活水平、促进经济发展、维护国家安全具有重大作用。

（1）业务

从业务价值链看，制造业涉及产品研发、物资采购、生产制造、库存、物流、渠道、营销、服务等全链路。制造业追求规模化生产，但也面临用户需求反馈慢、产品研发周期长、生产制造对定制化需求响应慢、库存压力大、渠道管理不透明等挑战。

与传统规模化、标准化制造相比，未来的制造业将向智慧化、个性化和定制化发展。制造业企业将通过数智化技术赋能业务全链路，连通产业链上下游，不断提高生产经营效率，满足客户对产品的个性化、定制化需求。

（2）组织

传统制造业企业往往采用垂直职能式组织结构。这样的组织结构有利于规模化发展，但也存在组织结构臃肿、管理链条过长、信息传递效率较低等问题。

垂直职能式组织结构是自上而下的，层级较多，决策者难以了解一线的真实情况，不利于根据市场需求调整生产计划；组织的敏捷性较弱，对生产一线及市场情况不够敏感，时常面临库存积压的问题。有些制造业企业采用封闭管理体制，不能针对市场需求开展产品研发活动，对市场情况了解不足，研究成果不易转化为有竞争力的市场产品。

（3）技术

制造业信息化经历了早期的 CAD/CAM 单项应用、中期的 ERP/MES/CRM/SCM 集成应用，正在进入工业互联网和智能制造的时代。

"十四五"时期，我国提出将继续推进制造业向智能制造方向发展。制造业加快建设智能工厂、数字化车间和工业互联网平台，构建数据驱动的工业生产制造体系和服务体系，发展智能化生产、网络化协同、个性化定制、服务化延伸等新制造模式。

制造业企业正加快建设工业互联网平台，实现制造资源的泛在连接，连通生产环节的数据，打通产业链和价值链。同时，制造业企业利用移动端应用将用户和产业链上下游连接起来，在实现批量生产的同时，也能满足用户的个性化定制需求。

12.1.2　行业痛点

我国制造业存在大而不强的问题，企业缺少核心技术，产品利润低，高端管理人才和技术人才不足。

传统制造业企业的生产环节仍很低效。产品生产以多品种、小批量为主，插单操作频繁，生产计划经常被打乱；产品种类多、料号混乱，物料乱放，查找费时费力；生产数据采集难度大，管理者无法实时掌握生态进度，排产难，生产不透明。

很多工厂人员管理仍很粗放。工厂的人员考勤和排班复杂，生产绩效统计难，劳动力耗费较大。企业每月花费大量时间核对考勤、计件，月底工资核算矛盾多，统计效率低且易出错，报表制作难度也大。

制造业企业的跨部门信息协同效率低。很多制造企业的纸质单据流转多、效率低；部门间数据不联动，车间生产信息传递滞后，影响经营决策；运营指标统计难，缺少可视化分析。

产业链供需两端匹配不足，企业库存成本较高，个性化产品定制生产成本较高。

多年的制造业企业信息化造成了很多信息孤岛。企业存在多个App，工厂的不同业务有不同的App，一个人可能需要下载多个App才能完成业务处理，缺乏统一入口。企业信息化孤岛也造成不同业务数据不能共享的问题。商业数据散落在各个工具中，容易造成商业机密泄露。产业链上下游企业沟通协同需要随时切换多个平台，协同效率降低。

12.2 典型应用场景

依托云钉一体数智化操作系统架构，制造业企业能够实现组织与业务协同数字化、产业链上下游协同数字化，其应用场景解决方案如图12-1所示。

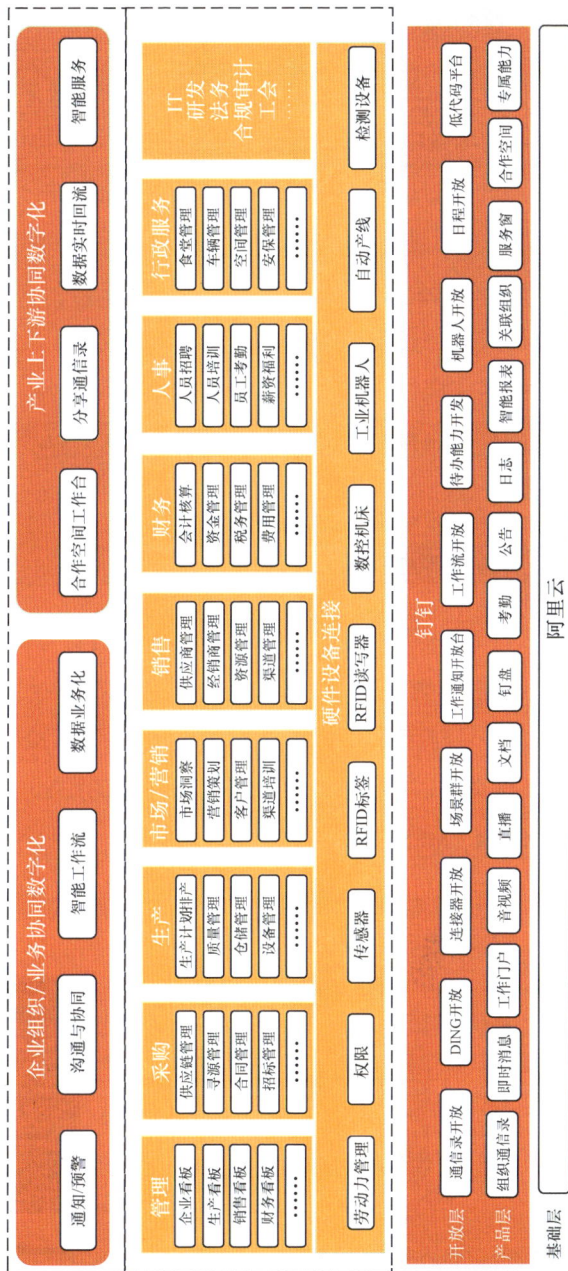

图 12-1　制造业的云钉一体应用场景解决方案

12.2.1　组织数字化

针对制造行业的组织协同，钉钉支持了很多业务场景。在制造业企业远程协同场景中，组织成员在钉钉上可以远程协同办公，连接合作伙伴，进行信息沟通、音视频会议、云盘文件分享、撰写工作日报，甚至可以进行出差考勤打卡，形成数字化组织协同。

钉钉的音视频在线会议可以支持跨地区协同办公。云通信录可批量或单独添加成员信息，同步到钉钉云端，企业员工能快速找到组织成员的姓名、职位、业务、联系方式等，不存号码也能轻松联系到企业同事，快捷发起各种对话、群、多人会议等，高效打通内部沟通渠道。

12.2.2　业务数字化

制造业的云钉一体应用场景解决方案以阿里云、钉钉为支撑，实现采购、生产、销售、财务等业务环节的数字化，在企业组织内实施协同数字化，并且与产业链上下游协同数字化。各业务域通过专业信息化系统沉淀数据，并通过系统集成实现与钉钉的数据连接。钉钉帮助打通了 CRM、MES、ERP、SRM 等业务系统，让业务数据及时回流。组织在钉钉上可以实时获取业务数据，快速建立算法模型，实时分析数据，发现业务问题，进行便捷的业务协同，如图 12-2 所示。

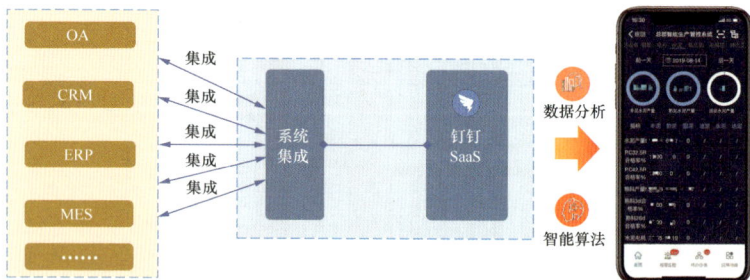

图 12-2　业务数据协同

在钉钉数字车间场景中，如图 12-3 所示，生产制造环节的人员、任务、设备、数据在线化，在钉钉上操作，实现生产业务协同数字化，科学规划生产情况。在钉钉上可以进行生产计划排程、生产工艺、物料清单、生产派工、生产领料、生产报工等线上管理。生产过程中的产品质检、质量分析可以在钉钉上进行，生成业务数据报表、生产综合报表。车间人员在钉钉上可以实时查看车间看板，对设备状态进行监控。钉钉的生产大屏可以实时地呈现生产数据、设备数据。

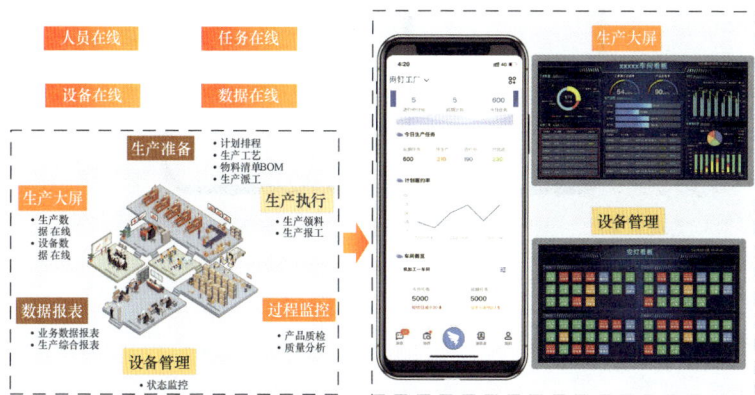

图 12-3　钉钉数字车间

以前生产车间多运用纸质工单、手工录入，但纸质工单存在难保存、难追溯、难分析等问题，工作计件数量难统计，容易出现绩效工资发错、工人意见大的情况。现在车间运用钉钉可以生成管理者看板和工人任务清单，如图 12-4 所示。企业人员选择合适的模版，系统自动实时汇总生成生产数据。

在钉钉数字化设备点检场景中，设备点检人员能处理好"人""事""物"的问题。钉钉日历能及时提醒当天任务数；钉钉任务推送任务的状态和进度，让设备点检人员实时掌握任务状态；设备点检人员在点检考核点现场扫码拍照、图片上传即刻生成时间水印，规避假巡检；在考核点完成情况巡检后，在钉钉上进行录入，随即输出任务统计分析数据。

图 12-4　管理者看板和工人任务清单

钉钉智能物联让厂区更安全。在厂区的位置安装传感器设备，传感器的数据传输到钉钉。如果出现异常事件，将在钉钉群内进行消息通知，群消息全流程通知，紧急事件 DING 消息强触达。在钉钉上可以查看事件现场实时视频。发生紧急事件后，在钉钉上可以把相关人士一键拉群，及时进行沟通。钉钉上可以开启视频会议，进行应急研判。在钉钉上可以进行事件复盘，全流程记录，并且所有记录可追溯，生成每周事件高发地点一览表。

12.2.3　产业链数字化

针对产业链上下游，钉钉打造了数字化空间，使组织能够与供应链上下游进行协同联动，如图 12-5 所示。产业链协同数字化的价值体现在跨组织高效沟通，组织与供应链上游协同，在钉钉上进行订货、询价、下订单、查询物流等；与供应链下游协同，进行公告、业绩上报、寻店、查询物流等。

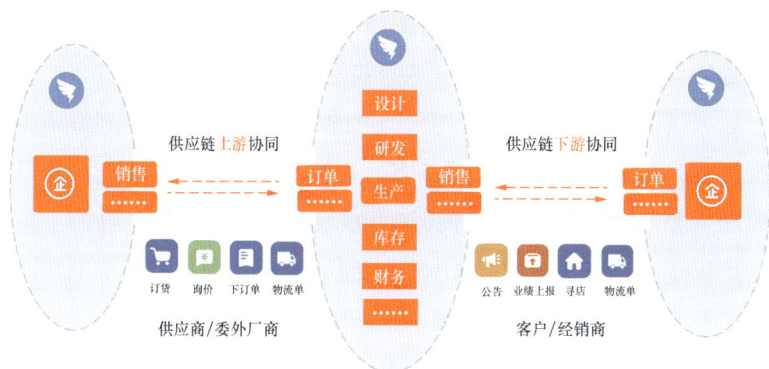

图 12-5　钉钉产业链数字化

组织可建立与合作伙伴的钉钉合作空间工作台，与合作伙伴分享通信录、合作群聊等，进行生态伙伴协同。同时，组织与每个合作伙伴都有独立的通信录和工作台，保障了信息安全。钉钉能帮助建立组织及其合作伙伴的人员可信身份，能实时同步不同组织的人员可信身份，让可信身份数据有据可查，促进组织间的协同。

12.3　案例1：中国一汽

中国第一汽车集团有限公司（简称"中国一汽"）是中央大型汽车企业集团，业务领域包括汽车研发、生产、销售、物流、服务、汽车零部件、金融服务、汽车保险、移动出行等，年产销汽车300万辆。集团拥有 26 个职能部门、6 个分公司、9 个全资子公司、5个控股子公司、24 个参股子公司，现有职工超过 14 万人。

12.3.1　数智化转型的背景

经过多年的信息化建设，中国一汽建立了 ERP、CRM、SCM、

OA 等业务管理应用系统。但是，很多应用系统相互独立，形成了信息孤岛。大多数应用是桌面应用，移动应用的比例不高，一些业务环节还没有实现数字化，业务效率较低。

例如，在使用钉钉前，中国一汽的红旗工厂就存在大量线下审批流程，需要找很多人线下签字。如果赶上领导开会，就无法及时获得领导的审批签字，审批时间就会被拉长。另外，红旗工厂的厂区很大，从 1 号门到 5 号门来回就要走 1 个小时，员工有时为了一个单子的审批签字需要"跑断腿"，效率非常低。

在使用钉钉前，中国一汽员工之间的工作沟通或与外部用户的沟通和调研都会采用很多社会上流行的数字化工具，如微信、QQ、问卷星等。但是，企业用社会上的数字化工具做调研，可能无法保障信息安全，数据回收和统计等工作都需要手工完成，效率比较低。

12.3.2 云钉一体的引入

为了全面提升集团的业务协同能力和办公效率，中国一汽与钉钉全面合作，打造了集团专属办公平台——一汽 Easy[1]。自 2019 年 12 月上线以来，一汽 Easy 已完成集团职能部门、红旗工厂等多个单位的应用推广，服务员工约 14 万人。

一汽 Easy 是中国一汽移动办公及各项应用系统的统一入口，实现了用户单点登录、统一认证。中国一汽不同岗位的员工通过角色识别，单点登录钉钉后就可直达集团内所有相关业务系统。

在一汽 Easy 上，中国一汽实现了审批、任务、会议、考勤、差旅等多个事项的移动化办理。每个员工每天都要到一汽 Easy 的

---

1 参考中国一汽官网2020年文章《Easy平台助力疫情防控，中国一汽数字化迈入新阶段》。

待办中心或任务中心查看自己要处理的工作，从"人找事"转变为"事找人"。截至 2021 年底，一汽 Easy 集成应用服务 100 多个，管理授权 41 万人次，极大地提高了办事效率。

一汽 Easy 系统刚一上线，就赶上了 2020 年的新冠肺炎疫情爆发。中国一汽通过 Easy 平台的视频会议、线上培训、防疫信息公告、健康打卡等功能，很快实现了全面复工复产，"安全复工，我用钉钉"成了集团内外的顺口溜。

12.3.3　组织数智化的成效

一汽 Easy 是中国一汽所有任务派发的入口。一汽 Easy 的任务管理功能可以自动把领导在工作群或聊天沟通过程中安排的内容转变成任务，提高工作沟通成效，加强任务管理，实现任务执行的实时跟踪。

中国一汽的管理层和普通员工经常使用钉钉日程安排重点事项，便于及时提醒，因而提升了工作效率。这种对重点事项的日程安排与高效协同，潜移默化地成为每一位员工的工作习惯，也转化成中国一汽的企业文化。

中国一汽原有的 OA 系统虽然接入了钉钉，但覆盖的场景很有限，各二级单位在使用钉钉后存在大量的新流程数字化需求。他们普遍将钉钉审批作为集团 OA 的补充，把很多线下流程搬到了线上。例如，红旗工厂将印章申请、餐卡补办、加班餐、设备保修、培训申请、项目验收等上百个线下流程搬上钉钉，管理者随时随地能使用手机审批，待审批事项也能第一时间通过手机提醒相关人员，流程效率提升了 80% 以上。

中国一汽业务部门大量使用钉钉智能填表收集员工反馈的信息。通过钉钉智能填表，各业务部门可以非常方便地创建信息收集模板，设定期限提醒；员工可以提前收到填报提醒，通过手机很快就会完成填写；在员工填表完成后，采集人自动收到填报信息的明细及分析报表。钉钉智能填表已经成为中国一汽及各下属单位高效收集员工信息的利器。

例如，在员工报餐的场景中，为了及时准确掌握就餐人数，避免食堂饭菜过剩，以及满足员工喜好，中国一汽使用钉钉智能填表每天定期提醒员工填报喜欢的餐食。员工在收到填表信息后用手机很快就完成填写，行政部门及食堂就能自动获得报餐统计表，因而大大提升了报餐的效率，也能更好地服务用餐员工。在研发某个新车型时，产品设计师需要收集内部员工的需求偏好信息。以前出于保密的需要，设计师不能使用外部问卷系统收集信息，只能线下收集信息。现在，设计师通过钉钉智能填表很快就能完成用户问卷，上传新车型的效果图，并发送给部分员工，当天就能收到员工的意见反馈并进行数据统计分析。另外，钉钉智能填表在群投票等场景中得到了大量使用，让人力资源、工会、党群等部门的工作更加便捷。

钉钉文档是中国一汽重要的知识库载体。中国一汽的各级单位广泛使用钉钉文档进行文档管理，包括各类项目的交付件及各种项目总结、汇报等文档。钉钉文档能支持群成员同时编辑文档，这使以前需要反复合并汇总的文档整理工作通过钉钉文档的在线协同就能轻松搞定。经营管理部需要定期向集团领导汇报工厂重点项目的进展，他们通过钉钉文档制作项目汇报材料，文档可以同时被多人编辑，而且有权限控制，方便领导阅读和分享。

现在，中国一汽各部门的项目会议全部基于钉钉数据看板和钉钉文档进行，会议成果通过钉钉文档进行沉淀，会后的待跟进事项则进入钉钉任务和 TB 进行督办，实现了项目管理的数字化闭环。

在协同办公的基础上，中国一汽通过钉钉将产业链上下游数十万参与者连接起来，形成了全产业链协同。

12.3.4　项目管理数智化的成效

随着 Teambition(缩写"TB")在中国一汽的研发、生产、职能管理等领域的深度应用,集团项目管理迈上了新的台阶。

中国一汽有大量的项目需要进行数字化管理,如车型研发项目、投资项目、IT 建设项目等。过去大量的项目采用 Excel 表格进行管理,项目协作效率很低。现在采用钉钉协同办公产品线的 TB 后,中国一汽建立了通用、跨职能、轻量级的项目管理中台,形成了项目协同能力。

中国一汽的集团办公室负责推行深化部门改革与建设工作,他们将集团 21 个职能部门的年度工作计划用 TB 进行管理,第一次实现了年度计划的数字化管理,让各部门年度计划中的任务可督办、可考核。集团财务部、采购部、数字化部、研发总院、一汽奔腾、红旗工厂、蔚山工厂、新能源动力总成工厂等部门及分公司也纷纷采用 TB 对基建、采购、IT、研发、质量、生产制造、投资等多领域专业项目进行数字化管理。

红旗工厂是中国一汽的初创之地,近年来红遍大江南北的红旗轿车 H 系列就是出自这个厂。红旗工厂的数字化水平很高,生产车间已经覆盖了体系化的智能制造系统。工厂的数字化研发体系采用了达索系统,以支持整车产品研发全过程管理。但是,达索系统的操作复杂,只管理到核心一、二级主计划,三、四级计划仍采用 Excel 管理。借助 TB,红旗工厂将三、四级执行层的计划也全部实现数字化管理,每项任务都可管理、可反馈、可闭环,从而保障了一、二级主计划的按期完成。

奔腾研究院将整车研发的全过程都用 TB 进行管理,涉及整车研发的 1 ~ 4 级项目计划全部在 TB 里进行管理。通过研发项目计划的数字化,奔腾研究院使团队成员对整体项目目标与进度达成了共识。通过项目任务的数字化，奔腾研究院实现了项目协作关系共享，每个成员都可以掌控相关项目的进展，方便地进行任务协同和沟通，及时获得相关团队成员的支持，团队研发效率得到有效提升。奔腾研究院基于 TB 积累的历史项目数据，推动项目管理的标准化，梳理项目管理的标准作业程序，将项目管理的 200多个里程碑规范化；梳理了里程碑阶段的主要交付件，建立标准化、规范化的项目管理方法论。

新能源分厂是新组建的分厂，主要生产中国一汽新能源车的电池组件及动力组件等。工厂负责生产，设备管理、厂房管理、安防、原材料、物流、质检、研发设计等都是由总部其他相关部门负责。因此，工厂生产过程中的沟通协同非常频繁。新能源分厂刚建成时，在生产、质量管控、物流管理、设备维修等过程中，每天都有大量异常情况要通过电话、口头或钉钉群的方式进行沟通和解决。这些沟通手段没有办法对问题的处理状态进行管理。大量的 Excel表格也需要每天进行人工统计与汇总，沟通与协同效率很低。使用 TB 后，新能源分厂在工厂与集团多部门协同、工厂各部门间协同及部门内部协同三个层面都有了很大的提升，制造项目、经营分析、党建、过程审核、工厂督办、基地建设项目、质量全景管理、设备保修等管理事项全部实现了数字化管理。

例如，在工厂设备巡检管理中，工厂将设备定期巡检的计划通过 TB 进行管理，先将定期巡检的任务事项做好计划，计划的任务进入每个巡检人员的待办事项中。巡检人员在巡检时直接在相应的任务中上传照片，并与相关人员在线交流，探讨解决设备问题。

质量全景图是新能源工厂基于 TB 进行生产车间质量管控的创新，也是汽车行业变化点管理方法的数字化实现。新能源工厂通过监控各个工序工位的质量问题，以质量全景图的形式对工厂生产质量进行数字化管理。工厂将所有车间的工位按照人、机、料、法四个维度建立周期性的任务。质控部每天对各个工位逐个巡检，根据巡检结果更新每个工位的人、机、料、法任务的状态。工位的任何一个维度出现问题，则创建一个子任务，并指派相应的人员限期解决。子任务在完成前均被标记为红灯；如果子任务完成后7 天内没有异常，则被标记为黄灯；子任务完成超过 7 天，则被标记绿灯。管理层只需要关注质量全景图的红绿灯情况，就能对工厂的质控状态一目了然。

中国一汽数智化转型的实施流程如图 12-6 所示。

目标与问题导向
- 战略：加快数字化转型，推进高质量发展
- 复杂业务需求：加强产业链上下游联动，提升业务协同能力的需求
- 组织变革需求：提升移动办公效率和项目管理能力的需求
- 技术体系问题：内部系统信息孤岛等问题

数智化敏捷组织建设

能力成熟度评价与改进
- 评价效果与成熟度，预估 DIMM3 级
- 不断改进与提升

决心变革
- 中国一汽集团与钉钉全面合作
（1）联合打造专属办公平台一汽 Easy
（2）推动 Teambition 应用

持续运营
- 搭好运营框架
- 建立运营体系
- 创新运营服务

团队搭建
- 懂管理：集团办公室
- 懂业务：集团部门和分公司
- 懂技术：技术人员、与钉钉全面合作

优化迭代
- 局部试点
- 小步快跑
- 大规模推广

建设路径
- 组织数字化：一汽 Easy 移动办公
- 低代码开发：智能报表等应用
- 业务数字化：Teambition 在各个业务部门应用

图 12-6　中国一汽数智化转型的实施流程

12.4　案例2：柳钢集团

广西柳州钢铁集团有限公司（简称"柳钢集团"）处在我国

泛珠三角、大西南与东盟经济圈黄金区位，拥有柳州本部、防城港钢铁基地和玉林中金不锈钢基地三大生产区域，资产总额、年营业收入均超 1200 亿元，是我国华南、西南地区乃至泛北部湾经济圈的特大型钢铁联合企业，同时名列全球钢企 50 强、我国企业 500 强。

12.4.1　数智化转型的背景

柳钢集团的信息化起步较早。2008 年，柳钢集团的信息化先进单位——冷轧厂就自主开发了信息系统，但由于系统不稳定，开发迭代周期长，经常被业务部门抱怨，"信息化工作没能给人带来便利，反而增添了工作上的麻烦"。近年来，柳钢集团的自动化、信息化系统已经很多，但不同系统的建设时间、建设目的和厂商都不相同，具有完全不同的设计和数据模型，产生了"数据黑匣子"现象。

通过一次次信息化实践，柳钢冷轧厂厂长陆兆刚总结认为，"无论是数字工厂还是透明工厂，最终目的是做到生产经营最科学的动线管理。动线管理就是物质流、信息流和任务流，这是比较基本的东西，也是现代企业管理中我们最想挖掘的资源。我们创造的黑匣子，最大坏处在于看不透生产线，看不透传统工业，所以说找不到最佳的动线"[1]。

在陆兆刚的带领下，冷轧厂的整条生产线在信息化、数字化管理方面实现了领跑。数字化也带动了冷轧厂生产效率的大幅提升，2019—2020 年，冷轧厂的产量连续两年突破了 350 万吨大关，成为我国华南和西南地区规模最大的冷轧生产单位。

1　参考雷锋网文章《柳州钢铁的数字化"大翻身"》。

12.4.2　云钉一体推动数智化转型

冷轧厂的干部队伍年轻，更容易接受新技术。所以，柳钢集团首先选择在冷轧厂开展数字化转型试点。

陆兆刚认为，"信息化解决的是现在的问题，数字化解决的是未来的问题"。柳钢集团提出了数字化转型要解决的三个问题：第一，提升人员协同效率；第二，提升生产效率；第三，推动组织进一步高效。

钢铁业属于劳动密集型产业，生产、出库、入库、销售、物流等环节都需要工人相互协作，共同完成生产任务。数字化转型的第一步是提升工人的协作效率。从信息流来看，以前柳钢工人的生产报表都是采用金字塔式的提交方式，下面很多人各自做数据报表，然后逐层递交，这样整体效率就很低。柳钢集团曾做过统计，从最底层的数据收集表报到最高层至少要 15 天时间，管理者很难掌握第一手资料。因此，任务协同工具就成了柳钢集团数字化转型的突破口。

2014 年，柳钢集团接触钉钉后，发现钉钉的理念尤其是低代码化的理念可以为企业数字化转型提供更广阔的思路，钉钉的生态也更完善，十分适合柳钢。

12.4.3　数智化转型取得的成效

柳钢集团使用钉钉后，生产任务的人员协同效率大幅提升。钉钉被应用到车间一线。以前的生产任务单是通过纸质版下发给班长的，班长要面对面地给作业人员交代任务。使用钉钉后，车间可以直接下发任务，工人可以提前认领任务。例如，第二天要生产什么，头一天晚上就可以直接分配给每一个作业人员，大大提高了工作效率。柳钢的管理人员收集生产报表也更高效了，数据可以实时更新，管理人员可以实时了解车间的生产情况。即使凌晨 1 点发现生产异常，钉钉也能如实反馈，这在以前是不可能实现的。

2020—2021 年的新冠肺炎疫情期间是钉钉在柳钢集团应用的爆发时期。新冠肺炎疫情使各行业都深受损失，钢铁行业也是如此。但柳钢集团不仅没有停工停产，而且生产经营稳定向好，较好地完成了计划目标。其间，钉钉发挥了关键作用。

柳钢集团从解决人员协同办公开始，逐步延伸到生产管理应用，大大降低了劳动力成本。在生产管理中，手工抄码、日常点检、设备维修是柳钢集团劳动力投入很大的环节。以冷轧厂为例，冷轧工艺主要是经过酸洗、冷连轧、罩式退火、平整、重卷五道工序完成，过去每道工序产生的钢卷信息都要通过手抄传递。车间工人描述，"刚进入柳钢时，所有工序的流转都靠手抄报数据，抄错一个数字罚 10 块钱。抄到手痛是常态。而且，任何一个环节出现数字错误，都会导致后面产品出库错误。为了避免出错，生产线工人需要每隔一段时间换人录入。"使用钉钉系统后，冷轧厂不仅提高了生产精准度，还节省了大量人力去做其他工作。经过不断的升级改造，很多岗位也实现了无人化。例如，在炉台清洁作业时，以前需要工人拿纸笔记录，再回到办公室录入计算机。而接入钉钉后，工人只需要清洁完后拍照并上传到钉钉系统，就可以实现自动统计。

炼钢属于高危作业，设备故障带来的不仅是物力、财力的损失，而且很有可能造成人员伤亡。虽然自动化设备实现了数据在线，但设备状态都停留在监控画面上，需要靠人全程盯着。过去的设备故障点检维修更像是"守株待兔"，需要 24 小时轮流值班，查看设备的各项参数是否有异常，经常会出现"作业人员刚离开，故障就发生"的现象。在使用钉钉系统后，如果设备数据出现异常，钉钉会自动通知到责任人。例如，电机的正常温度应该在 80 度以下，一旦超过这个值，预警信息就会实时弹出。

柳钢集团冷轧厂依托钉钉的低代码开发平台，搭建了报销系统、炉台清洁、冷轧库管、点检等系统；依托低代码简道云，搭建了数据驾驶舱。柳钢先运行的 PES、MES 系统均与钉钉系统实现了连接。过去，柳钢自己购置服务器和开发应用，需要 300 人的专业团队完成。现在，在钉钉系统的支持下，3 个人就可以完成。零代码基础的业务人员开发一个应用系统只需要十几分钟的时间。柳钢集团员工借助钉钉平台已经开发了 400 多个应用系统，并且都与钉钉实现了连接。例如，PES、MES 等各类系统虽然可以收集数据，但使用起来不够便捷，这些系统需要统一接口实现交互。而钉钉就是一种连接工具，它能提升各类系统之间的连接效率，也能更好地连接人，满足人的体验需求。

钉钉已全面赋能柳钢冷轧厂人、机、料、法、环全链路。通过钉钉实现生产经营最科学的动线管理后，柳钢也实现了柔性定制的生产模式。以前冷轧厂在生产标品时，每天的产量在 6000 吨左右，如今进入柔性定制化时代，每天的产量能达到 10000 吨左右。

2018 年，防城港钢铁基地冷轧线全线贯通，并从建设之初就全面接入钉钉，与柳钢本部冷轧厂实现协同办公、协同生产，数据之间的鸿沟已全部打通。可以说，防城港基地是带着数字化的基因诞生的。

陆兆刚认为，数字工厂、透明工厂的未来是把重工业做"轻"，实现超低排放、低碳，实现重工业的重体力要变轻，实现数字化转型的技术进一步智能化。在冷轧厂"智慧工厂"，工作人员通过手机就能远程监控生产线，为钢铁产销提供最优解决方案；通过商业智能系统的诊断分析，工作人员就能节省大量走流程所需的时间，让领导者秒做决策。通过数字驾驶舱，产量、作业率、原料库存等数据显示在冷轧厂的多功能电子大屏幕上，日报、产量、库存、设备信息等重要的生产经营数据实时显示，让该厂高效稳产的实时情况一目了然，如图 12-7 所示。

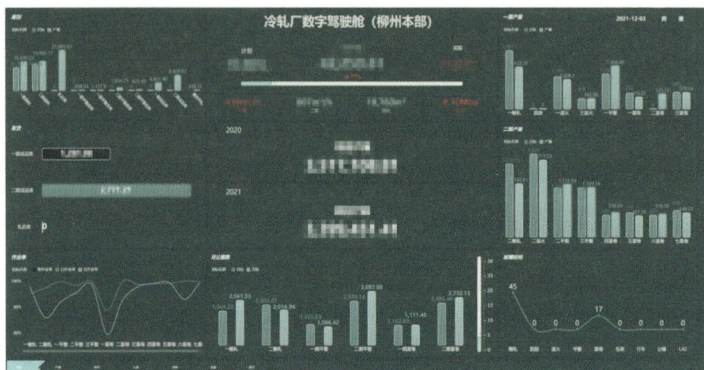

图 12-7　智慧工厂

从"人力工厂"到"智慧工厂"，柳钢集团的数字化转型才刚刚开始。5G 技术、大数据、人工智能等前沿技术的应用为柳钢集团插上了创新的翅膀，助力迈向信息化、自动化、智能化的升级转型，实现柳钢集团的绿色、智能、创新、高质量发展。柳钢集团的数智化转型实施流程如图 12-8 所示。

目标与问题导向
- 战略：生产的数字化转型
- 复杂业务需求："看不透生产线"、科学的动线管理需求
- 组织变革需求：工厂和车间管理变革需求
- 技术体系问题：不同信息系统繁杂，产生"数据黑匣子"现象；历史系统不稳定，迭代周期长

能力成熟度评价与改进
- 评价效果与成熟度，预估冷轧厂 DIMM4 级
- 不断改进与提升

决心变革
- 厂长亲自推动生产数字化转型
  - （1）冷轧厂数字化转型
  - （2）柳钢防城港钢铁基地冷轧线数字化转型

持续运营
- 借助阿里巴巴搭好运营框架
- 建立运营体系
- 创新运营服务

数智化敏捷组织建设

团队搭建
- 懂管理：厂长、管理人员
- 懂业务：生产人员
- 懂技术：技术人员、钉钉全面合作

优化迭代
- 局部试点
- 小步快跑
- 大规模推广

建设路径
- 组织数字化：工厂管理、车间管理
- 业务数字化：生产线管理，全面赋能柳钢冷轧厂人、机、料、法、环全链路
- 低代码开发：自主开发报销系统、炉台清洁、冷轧库管、点检等系统
- 触点数字化：智能机器人、生产线 AIoT
- 运营数据化：数字驾驶舱、数字大屏
- 决策智能化：智慧工厂

图 12-8　柳钢集团数智化转型的实施流程

12.5 案例3：山东能源

山东能源集团有限公司（简称"山东能源"）是一家大型能源企业，于 2020 年由 2 家山东省属重要骨干企业——兖矿集团和山东能源集团重组成立，员工总数达 25 万人，主要从事煤炭、煤电、煤化工、高端装备制造、新能源新材料及现代物流贸易六大产业，致力于打造全球清洁能源供应商和世界一流能源企业。2021 年，山东能源位居世界 500 强第 70 位，位列我国煤炭行业前三。

12.5.1 数智化转型的背景

作为山东能源重要组成企业的兖矿集团一直是煤炭企业的信息化、数字化标杆，也是我国最早实施 SAP 企业资源规划（ERP）系统的煤炭企业。兖矿集团较早成立了大数据中心，开展能源大数据应用。

兖矿集团虽然有成熟的大型 ERP 系统，但缺乏有效的工具实现企业内几千个"毛细血管级"的业务场景需求。因为规模大、人员多且分布广，兖矿集团需要一个统一、稳定的移动应用平台。以往尝试的各种移动应用因为版本兼容、升级、发布、安装培训等问题，给企业带来了非常高的维护成本。例如，各地考勤打卡的工具种类繁多，造成统计出勤信息效率低、误差大，人员管理的成本较高；原有 OA 系统的移动端体验不友好，只能处理流程类的简单审批，缺少即时通信、群、音视频、日程等各种形式的沟通协同功能。企业核心的生产经营数据却在微信、QQ、百度云盘上无序流转，可能造成重大安全隐患。此外，兖矿集团也缺乏手段给员工高频宣贯企业政策、新闻和文化价值观。

12.5.2　云钉一体推动数智化转型

山东能源所属的兖矿集团早在 2018 年就提出了建设移动总部的规划。由于兖矿集团有大量不同的业务，异构的子系统成百上千，如果每个业务独自进行移动化，将产生大量的 App，严重制约工作效率的提升，导致人为的客户体验差等问题。而钉钉平台具有技术稳定、支持保障能力一流、可扩展和定制化能力强、成本可控等优势，因此被兖矿集团选作移动办公统一平台。2019 年，兖矿集团开始部署钉钉平台。2020 年新冠肺炎疫情期间，兖矿集团用一周时间就上线了钉钉通信录、视频会议、云会议等功能。钉钉平台很好地支撑了兖矿集团的办公需求，在高峰时期集团一天的视频会议就达 1000 场。

新山东能源集团成立后，沿用并优化完善了移动总部，将新山东能源的 OA 系统接入了钉钉，快速实现移动化。移动总部在新山东能源集团完成全覆盖，实现了统一入口，考勤、视频会议、即时沟通、业务审批待办等都实现了数字化。

为了保障网络安全、信息安全和数据安全，山东能源集团使用了专属版钉钉。通过专属安全能力，集团从文件和信息转发下载的严格控制、水印加密、涉密群、离职人员账户管理等方面实现了最大程度的技术安全保障。通过专属钉钉的安全管控功能，集团可以安全可靠地进行数据统计分析，并在钉钉移动端安全展现，保障了企业核心数据的安全性。

12.5.3　云钉一体助山东能源降本、增效与创新

通过移动总部项目，新山东能源集团建立了统一的移动平台，加速了企业使命、文化和价值观的一体化，推动了集团政策、新闻的宣贯，促进了集团的组织融合。现在，山东能源集团的钉钉

注册员工已经达到 20 万人。通过钉钉直播群，集团可以向 20 万员工宣传新集团的文化价值观、企业战略和重大事项，便于集团统一思想，加快组织融合进程。通过钉钉群、视频会议、DING 消息等，集团员工之间的沟通交流十分活跃，企业文化建设得到加强。

借助先进的云钉一体数字化平台和解决方案，山东能源集团也取得了降本、增效和创新等成效。

在降本方面，云钉一体帮助集团降低了沟通协同及运营成本。作为一家拥有 20 多万员工、工作场地遍布全球的劳动密集型企业，山东能源利用专属钉钉强大的组织数字化能力和沟通协同能力，极大降低了人员沟通协同成本。基于钉钉统一的移动开发平台，山东能源大大降低了移动应用开发、使用和运维成本，并获得了高稳定性的附加值。

在增效方面，云钉一体帮助集团提高了业务协同、业务链路优化和业务决策效率。山东能源集团使用集团 OA 与集团的 ERP、OA、SSC、SRM、MES、煤质检测、科研管理等核心业务系统的审批待办流程进行深度集成，通过钉钉连接器都集成到了钉钉上，实现了统一入口、统一登录、应用集成和业务协同。基于钉钉的轻应用、快部署、松耦合的特点，山东能源实现了安全调度管理等若干细分业务的优化完善，提升了业务全链路数字化能力。山东能源通过云钉一体的端点技术搭建了数据中台，完成了全集团核心业务数据的整合。集团实现了专属钉钉和 OBC、VPN、SDK 的集成，使专属钉钉更加方便无缝地通过外网使用内网应用，解决了移动端数据展现安全问题，让管理层实时、安全地掌握企业生产经营数据并进行实时决策，提升了业务决策效率。

在创新方面，云钉一体帮助集团推进了办公创新、业务创新和生态创新。山东能源集团借助钉钉平台将传统企业的办公模式全面转型为数字化办公，在线考勤、在线会议、在线填报、在线编辑等全新数字化办公场景逐渐成为办公常态。山东能源集团利用钉钉低代码开发平台快速搭建了各类创新应用，在半个月内就发布了通信录、餐厅管理、物品领用、易车队等 5 款应用，并通过全集团的快速分发到位，使集团下全部子公司都能使用这些应用。例如，集团自己开发的钉钉云通信录实现了通信录的分级权限管理，保证了大型企业员工通信录的分享，也实现了领导层的核心通信录信息的授权开放。集团与钉钉行业团队一起结合行业需求和钉钉生态能力，共同打造了生产调度、实时预警等行业生态的新应用。

山东能源的数智化转型的实施流程如图 12-9 所示。

图 12-9　山东能源数智化转型的实施流程

山东能源通过移动总部、智能矿山、大数据中心等诸多项目，逐步向数智化、集约化、高效化的矿业公司转型。下一步，集团会继续推动业务系统移动化，并把所有移动应用整合到钉钉平台上，进行统一管理。集团也将考虑采用云计算架构，实现全集团数据中心的虚拟化。

第 **13** 章

金融行业

金融行业的数字化起步早、投入大、应用深。随着数智化技术与金融创新的深度融合，数字金融、智能金融、数智化金融等新理念不断涌现，金融行业的数智化转型进入了新的阶段。

13.1 行业现状与痛点

13.1.1 行业现状

中国银保监会、中国证券业协会的 2021 年数据显示，我国金融行业呈现银行核心指标增速放缓、保险行业整体增长放缓、证券行业头部企业占据优势、普通民众投资理财意识增强等特点，总体发展面临更多的不确定性。

（1）业务

客户需求更加个性化、多样化。商业银行传统经营模式下单个客户的服务成本较高，而数字技术的发展使单个客户服务的边际成本大大降低，大众客群成为商业银行的重要价值客群，零售金融成为重要业务方向。零售金融在战略、客户、产品、渠道、场景等方面都发生了转变。例如，客户交互更注重移动端，服务更注重生活的场景化，金融场景搭建更注重合作伙伴连接。

业务创新逐步线上化、智能化、生态化。一是线上与线下相融合，即通过高频非金融生活场景向低频线上金融服务导流、线上流量向线下金融服务导流，实现线下与线上服务和运营联动。二是智能化驱动的场景运营，即结合应用场景，借助模型和标签，提供千人千面的金融服务。三是金融场景驱动生态化，即以金融产品和服务为驱动的、由内向外构建生态共赢的逻辑。

（2）组织

组织架构的科学与否直接影响金融机构的经营效率和竞争能力。当前，大部分金融机构还采用垂直职能式组织架构。这种组织架构管理链条较长，对客户需求响应较慢，业务产品创新不及时，难以适应个性化、普惠化金融的要求。

近年来，随着我国金融改革不断深化，金融业监管加强，行业竞争和跨界竞争不断加剧，部分金融机构也显现出了部门协作不够充分、后台支撑不足等问题。

（3）技术

德勤金融服务行业研究中心发布的《2020年全球银行业和资本市场展望》中提到，未来10年，金融科技公司会成为市场主力，将推动金融机构的业务创新和管理变革。

随着金融数字化转型进程加快，金融科技将从赋能业务拓展到赋能生态价值链。不同的数字技术帮助不同类型的银行实现相应的应用场景，网上银行实现线上化，手机银行实现移动化，

直销银行实现网络化，互联网银行实现场景化，开放银行实现
生态化。

13.1.2　行业痛点

个性化客户需求响应不及时。目前，金融机构的产品创新周期
长，很多金融机构内部流程复杂，审批时间长，对客户的个性化
需求响应不及时。

业务创新协同不足。一些金融机构的组织架构僵化，对新业务
需求常常出现无人管或多头管理的情况，导致部门间围绕业务创新
的资源协调和业务联动困难。

13.2　典型应用场景

金融行业依托云钉一体数字化操作系统架构，支持金融机构开
展组织和业务的数字化转型，实现组织和业务的数字化，以及生
态协同，其应用场景解决方案如图 13-1 所示。

13.2.1　组织数字化

基于数智化平台的基础能力，金融机构能够实现无纸化、移动
化办公，提升办公效率。同时，金融机构还能加强远程协同，提
升远程会议沟通能力，实现高效管理。针对金融行业的组织协同，
钉钉支持了很多业务场景。例如，中国太平洋人寿保险股份有限
公司与阿里云合作，上线钉钉专属协同办公平台，保障了 80 万名
外勤人员、4 万余名内勤员工的远程办公协同。潍坊银行实现了钉
钉端与行内人力资源系统之间的信息实时交互。

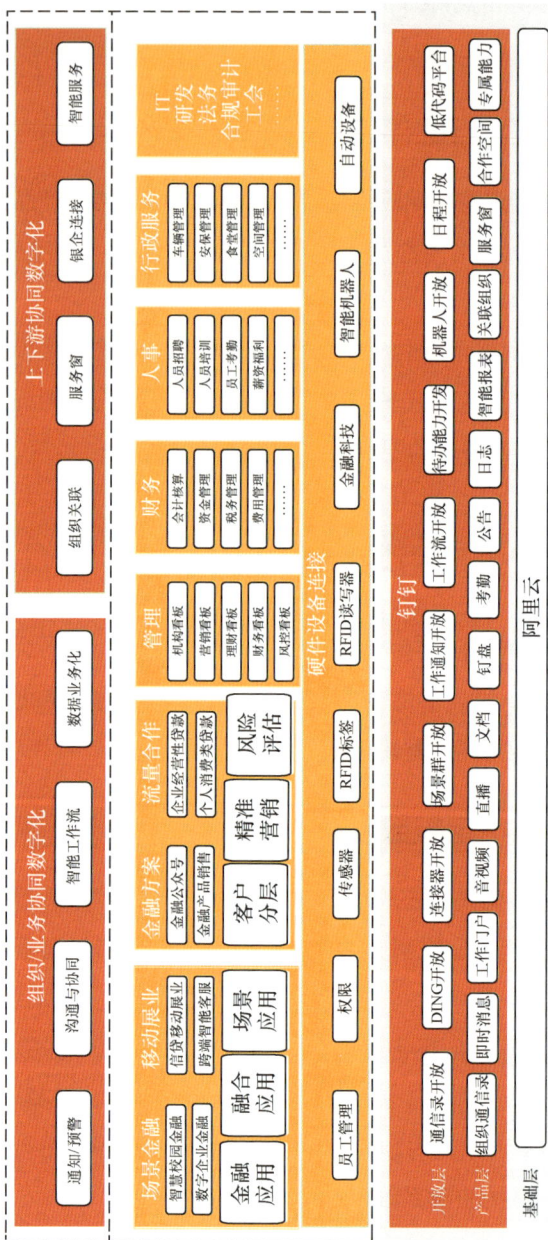

图 13-1 金融行业的云钉一体应用场景解决方案

13.2.2　业务数字化

基于数智化平台，金融机构可以搭建信贷移动展业、投顾展业、视频营业厅等应用，提升业务人员的单兵作战能力，提高服务质量和服务效率。针对金融行业的业务重构，钉钉支持了很多业务场景。

在信贷场景中，嵌入钉钉手机端工作台的移动信贷系统使信贷业务能够在线上、线下进行多终端协同操作，打造员工协同办公、移动审批、移动展业、客户服务的一站式工作平台。

在智能客服场景中，金融机构能打造线上、线下全渠道协同的数字化服务体系，为客户提供各类服务。客户可以通过手机视频"面对面"办理业务，还能借助智能客服在 7×24 小时内获得智能化服务。

13.2.3　生态链数字化

利用数智化技术，金融机构能打造出产业金融服务平台，服务于各类企业，沉淀企业经营数据，实现精准营销和风险控制，提升银行的产业服务能力。例如，在银企场景方面，以专属金融钉钉为基础，金融机构能够实现企业注册认证、权限管理、银企对账、电子通知书、业务审核、报表管理等业务功能。

银行 SaaS 平台能为银行及其生态合作伙伴提供专业化的场景金融服务。一是通过金融"产品+服务"，丰富区域性银行的服务能力。银行 SaaS 平台提供成熟的移动产品和服务，能够帮助中小银行快速、低成本、轻量地实现数字化转型。二是构建互惠共赢的金融生态。银行 SaaS 平台可以帮助银行与场景侧快速建立数字金融生态，扩充银行的服务半径，全力践行普惠金融的服务宗旨。

13.3　案例1：太平洋人寿保险

中国太平洋人寿保险股份有限公司（简称"太平洋寿险"）成立于 2001 年 11 月，是中国太平洋保险（集团）股份有限公司（简称"太平洋保险"）旗下的专业寿险子公司。太平洋保险是在 1991年 5 月 13 日成立的中国太平洋保险公司基础上组建而成的、国内领先的综合性保险集团，总部设在上海，并且是首家在上海、香港、伦敦三地上市的保险公司。

13.3.1　数智化转型的背景

随着保险行业持续快速地发展，很多保险公司都意识到信息技术是保险业务创新和管理变革的重要手段。作为我国具有影响力的保险公司之一，太平洋寿险一直很重视保险信息化建设。

在保险行业，保险公司通常会面临员工的流动性大、营销员与公司之间信息沟通不便、客户跟进服务不及时等很多问题。在数字化转型中，太平洋寿险敏锐地发现，在保险公司的日常运营中，营销员与内勤人员沟通效能的提升可以极大地压缩沟通成本，提升公司的运作效率。

2019 年底，太平洋寿险开始与钉钉团队探索在企业专属领域的合作，共同搭建了钉钉内外勤协同办公工作台（见图 13-2），并在浙江、安徽等分公司开启试点应用。2020 年 2 月，为了应对新冠肺炎疫情的影响，太平洋寿险联合阿里云、钉钉等团队，仅用20 天时间就完成了钉钉在全国范围内的推广。太平洋寿险发挥专属钉钉的平台能力和定制化优势，为公司 80 多万名营销员及 4 万多名内部员工建立了优质的线上管理和数字化协同平台，确保了新冠肺炎疫情期间工作的正常开展。

图 13-2　钉钉内外勤协同办公工作台

13.3.2　钉钉助力内外勤协同管理

钉钉为太平洋寿险打造了内外勤协同管理体系，如图 13-3 所示。钉钉的全面应用实现了内外勤协同办公，使公司在组织模式创新上迈进一大步。

太平洋寿险外勤员工遍布全国各地，钉钉的实名认证、实人认证、考勤机、考勤报表等功能上线后，能够对外勤代理人进行管理。通过钉钉，太平洋寿险实现了对外勤团队的出勤和展业情况的精细化管理，如图 13-4 所示。

在内勤管理方面，太平洋寿险利用钉钉打造了一款智能工作助理机器人。这款智能机器人能基于钉钉群助手自动搜集员工在业务讨论中涉及的各种业务知识和经验，对经常出现的可书面反馈的问题及解答进行汇总，并利用钉钉机器人 API 接口将其转换为机器人的知识库。智能工作助理替代了人工烦琐重复的问答工作，既能帮助太平洋寿险降低各个业务条线的咨询工作负担，还能自动进行数据统计，提升了办公效率。

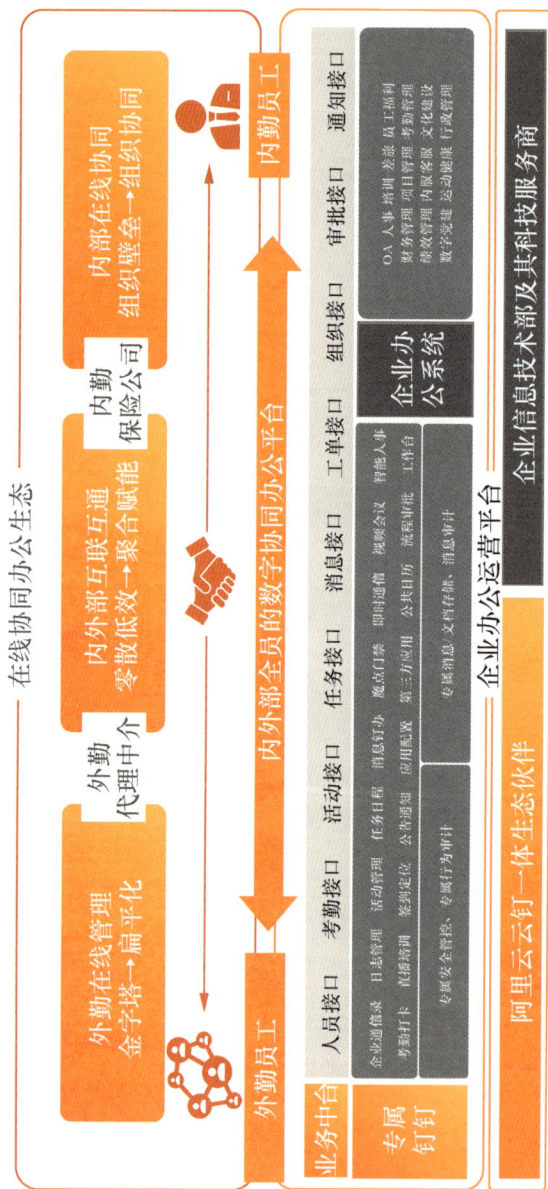

图 13-3　太平洋寿险内外勤协同体系

编入考勤组	实名认证	★实人校验	考勤打卡	报表查询

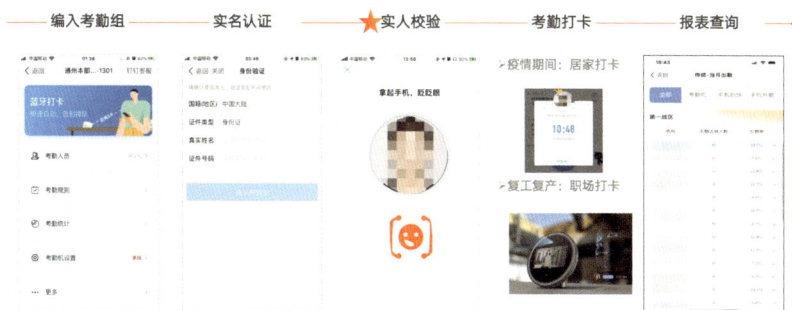

图 13-4 钉钉代理人考勤管理

　　内勤人员能在钉钉群内添加喜报机器人，这个机器人能实时对接保单出单系统，并根据保单中的机构信息自动匹配到对应的钉钉部门群。这个部门一旦有业务人员签订了新保单，喜报机器人会自动在部门群发送喜报，起到了通过业务战报激励团队的目的。

　　同时，借助钉钉的音视频会议，太平洋寿险能够让团队随时随地开展多功能线上会议，大大提升了远程办公和沟通协作效率。通过钉钉群直播、知识库、直播培训、线上答等工具，太平洋寿险将线上培训作为营销员日常培训的重要内容，基于营销员的职级进行标签化建群，如新人、主管、经理培训等，并解决培训通知不到位、培训课件留存难等痛点，实现了直播及课程推送直达营销员。太平洋寿险还通过钉钉布置作业，完成通关考试，巩固外勤队伍对培训内容的学习效果，并不断优化培训内容，如图 13-5所示。

　　钉钉能够提供金融级别的安全性、稳定性及强大的集成定制能力。太平洋寿险借助钉钉实现了数据可信。一是公司通过钉钉对员工进行实名认证，并与公安系统进行对接，保障用人安全，降低用人风险；二是公司通过数据加密，实现客户资料全链路管控，来往记录可追溯，支持禁止文件下载转发、水印防截图、员工离职带不走且自动退群等功能，保障公司的数据安全。

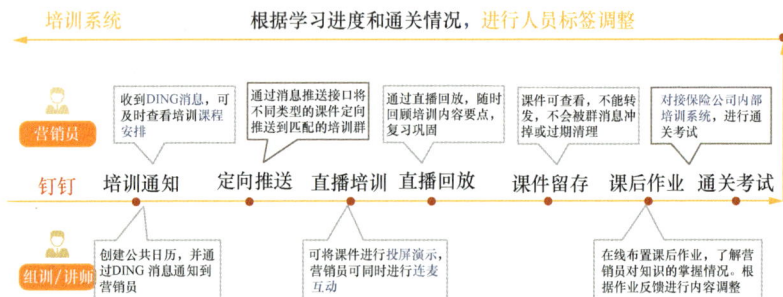

图 13-5　基于钉钉的太平洋寿险代理人培养

13.3.3　低代码应用实现高效的办公管理

太平洋寿险通过钉钉应用开发平台全面推进办公的数字化、无纸化。例如，在工位管理的低代码应用中，办公室管理人员能实时看到公司剩余空位数、申请工位数、审批工位数、场地使用情况等信息，提升了内勤管理效率。

太平洋寿险借助钉钉打造了安全可控的内外勤及生态统一协同平台。智慧职场、智能考勤、智能前台、智能会议室、智能门禁等应用不仅大大提高了办公效率，也实现了"数字化＋智能化"软硬一体的全方位升级。

太平洋寿险的数智化转型实施流程，如图 13-6 所示。

目标与问题导向

- 战略：数字化转型
- 复杂业务需求：保险展业管理粗放、客户跟进服务不及时
- 组织变革需求：员工流动性大、代理人与公司信息沟通不便、外勤管理和培训成本高
- 技术体系问题：业务数据不完整、数据安全存在隐患

能力成熟度评价与改进

- 评价效果与成熟度，预估DIMM4级
- 不断改进与提升

决心变革

- 集团推动的数字化转型工程
  - （1）钉钉
  - （2）太保云

持续运营

- 借助阿里巴巴搭好运营框架
- 建立运营体系
- 创新运营服务

团队搭建

- 懂管理：公司高层、内勤团队
- 懂业务：外勤团队、服务团队
- 懂技术：联合阿里云、钉钉等团队

优化迭代

- 局部试点-小步快跑-大规模推广
- 数智化从组织数字化、业务数字化到运营数据化、基础设施云化和智能化

建设路径

- 组织数字化：太保钉钉，80多万名营销员及4万多名内部员工内外协同
- 业务数字化：外勤展业精细化管理
- 触点数字化：考勤机、考勤报表
- 低代码开发：工位管理
- 运营数据化：阿里云平台和数据中台实现业务逻辑和数据分析的分离
- 基础设施云化：探索"太保云"、新一代数据中心
- 决策智能化："技术创新实验室"

图 13-6　太平洋寿险数智化转型的实施流程

13.4　案例2：民生证券

民生证券成立于 1986 年，是我国成立最早且拥有证券经纪、承销与保荐等全牌照业务资格的证券公司之一。该公司在北京、上海、深圳、广州、郑州等地设立了 80 多家分支机构，控股并管理着 4 家子公司，目前共有员工 2700 多人。

2020 年，民生证券将总部迁至上海陆家嘴，引入当地优秀资源和人才，各条线业务全速前进，发展迅猛。科技层面，公司积极落地云计算、超级自动化等新技术，在全领域广泛推进数字化转型建设，为全方位的业务高速发展保驾护航。

13.4.1　数字化建设的背景

民生在勤，守正创新。随着我国经济发展和改革的推进，民生

证券在改革的浪潮中稳步发展，在壮大资本实力、丰富业务体系、优化人才队伍、完善网点布局等方面取得了跨越式发展。

全域业务的创新高速发展，对公司高效运营、敏捷协同提出了前所未有的高要求，线下台账、手工流程、纸质审批单跑签，以及各条线"孤岛"式的信息系统、割裂的业务流程等越来越显著地成为公司业务发展的瓶颈，组织数字化、流程效率化、办公移动化、运营数字化、自助报表则是越来越普适的员工办公需求。因此，全方位地推进企业管理活动的线上化、自动化、数字化、移动化，成为民生证券转型发展中的"必修课"。

13.4.2　云钉一体推动组织数字化

在新冠肺炎疫情爆发之初，为了解决员工考勤打卡问题，民生证券引入了钉钉，使其成为公司每位员工手机上的必装 App。2020 年底，民生证券启动对使用多年的蓝凌 OA 系统换代升级工作。鉴于蓝凌 OA 与钉钉良好的集成，公司决定引入云钉一体解决方案来打造移动办公端，旨在补齐自身在移动办公上的短板。而后期引入的与钉钉有着良好集成的低代码平台，则为民生证券技术团队带来了更多的便捷。

首先，民生证券技术团队通过整合蓝凌 OA、钉钉及低代码平台的统一认证和消息推送，将 OA 及基于低代码应用的流程审批待办都推动至钉钉上，通过"待办""工作通知"等方式触达员工的移动端和 PC 端，如图 13-7 所示。每天数以千计的审批流程在各部门间高效运转，周到的消息提醒让重要、紧急的工作得以第一时间被处理，员工也不用定时刷新 OA 或频繁被电话打扰。

图 13-7　民生证券钉钉"待办"应用

　　然后，依托钉钉强大的生态能力，民生证券在新办公室陆续安装部署的打印扫描、视频会议、闸机等设备均得以被钉钉整合使用。钉钉一扫，员工无论在公司的哪个办公地点，都可以轻松扫描文件到自己的邮箱、打印文件；钉钉一扫，员工在视频会议、无线投屏共享文件或演示文稿时可以摆脱各种转接头；员工在上下班时，通过闸机"刷脸"实现考勤打卡……全新的数字化办公体验让员工顺利融入新的办公环境，如图 13-8 所示。

图 13-8　民生证券智能办公硬件应用

　　此外，钉钉移动办公平台也带来了民生证券的组织文化的变革。证券行业的竞争十分激烈，市场瞬息万变，办公场所分布广，员工每天都处于高度紧张的工作状态，工作压力大。过去由于缺少统一的在线沟通渠道，员工之间沟通不便，缺乏沟通缓冲区，协同效率有较大的提升空间。引入钉钉移动办公平台后，公司员工可以便捷地快速找人、建群、聊事情。公司还建了一个"全员群"，让全员信息发布更便捷，组织更加扁平化，组织文化变得更加高效、开放、自由。

能保持与业务发展同步成长的员工是公司的珍贵资源，民生证券非常重视员工培训。钉钉直播让公司对各条线、各地域员工的业务及合规等方面培训和知识分享变得简单，公司里也涌现了一批优秀的内部培训讲师。一方面，钉钉直播节省了线下的员工培训成本；另一方面，培训课程可以轻松地被完整保留，丰富了公司的在线学习资源，员工再也不会因为业务操作、展业活动或重要会议而错过任何优秀课程。

钉钉在线文档编辑让大量临时信息收集、协同编辑、文档审批变得简单高效，钉钉知识库陆续沉淀的知识、经验也成为员工随手可取的学习资料。

基于钉钉发生的一系列变化，让民生证券的员工对办公有了很多新体验。而钉钉持续更新的丰富的协同办公小工具，如钉闪会等，也让员工的工作更加便捷。

13.4.3 全面赋能数字办公的"最后一公里"

低代码、RPA、自助报表是民生证券推进数字化转型的"三驾马车"，通过低代码将线下及手工工作线上化、标准化，通过 RPA 将固定操作自动化，而自助报表则逐渐让各种数据快速形成报表。基于这些工具推进的一系列小而美的改造，会逐渐对公司经营、管理活动产生巨大的改变。

民生证券通过低代码平台开发了大量用于线上化、数字化线下及手工场景的运营和管理类应用，这些应用被按需发布到钉钉上。此外，还有一些非低代码的业务系统也通过开发 H5 页面在钉钉上开放了一些移动端功能，如图 13-9 所示。集合各类移动端应用的钉钉成了公司员工的移动展业门户。

图 13-9　民生证券数字办公应用

　　基于 RPA 技术创建的数字员工, 在为各部门降本增效的同时, 由于 RPA 技术本身的特殊性, 也为技术团队带来了较多的运维工作量。为了及时掌握数字员工运行情况, 感知并处理机器人运行告警, 民生证券技术团队基于钉钉消息提醒, 尤其是互动式卡片, 建设了一套友好的通知、运维交互体系, 让运维人员及用户可以及时感知数字员工的工作情况。当发生简单异常时, 运维员工即使还在上下班路上, 也可以很方便地进行应急运维。

　　业务越来越多, 系统越来越多, 员工在营销客户、使用系统方面的咨询也越来越多。于是, 民生证券引入了钉钉的智能客服来建设公司 IT 服务台。全公司员工都可以在 IT 服务台上提问。一些预置好的问题, 智能客服可以轻松搞定。而新问题或个例类问题也可以在钉钉群里转人工, 由专业客服进行有针对性的解决。在服务人数不变的情况下，服务容量却被大大拓展了。

钉钉的使用让数字化转型过程中新应用的构建、使用和运维、运营过程变得更便捷，覆盖"最后一公里"，保障全域数字化转型的可持续发展。

13.4.4 火力全开的企业管理数字化

基于 2021 年的探索和积累，民生证券企业管理领域的数字化底座已建成一定的厚度，未来还会有更多的办公、展业应用和设备被集成到钉钉上。而民生证券也将进一步探索移动端"零信任"与设备可信，通过云钉一体的安全能力建立身份认证、权限管理、安全防护体系，实现高分辨率的信息安全，保证业务的安全、稳定增长。

民生证券数智化转型的实施流程如图 13-10 所示。

图 13-10 民生证券数智化转型的实施流程

第 14 章

教育行业

数智化技术在教育行业的应用越来越多，教育的形式和内容越来越多样化。领先的学校在教学活动中深入应用数智化技术，尝试新型数智化教育和学习方式。

14.1　行业现状与痛点

14.1.1　行业现状

教育是提高国家综合实力的重要环节，也是增强国家自主创新能力的重要举措。我国重视教育对国家发展的重要作用，提出了科教兴国和人才强国战略。

教育组织围绕一定的教学目的、教学内容开展教学活动。教育组织主要是学校，多采用垂直职能式和矩阵式组织结构，其管理层级较多、专业分工明确，各自的权责范围稳定，但是组织结构固化、缺乏弹性，不利于调动教师和学生的积极性、自主性。

数智化技术不断发展，已经延伸到教育领域，在线教育随之出现。20 世纪 90 年代末，互联网宽带普及率低，教育还是以录播课为主，应用互联网技术较少，发展十分缓慢。2000—2010 年，网络带宽提升，以网络视频课件形式为主的在线教育模式出现。进入 2011 年，新兴科技加速融入教育，深入到了基础教育、素质教育、职业培训等领域。2017—2018 年，直播、短视频等新型传播形式出现，人工智能给在线教育带来了更多可能，优质互联网教育模式相继涌现。到了 2020 年，受新冠肺炎疫情影响，学校、培训机构的线下课程临时取消，"停课不停学"，教育行业的数智化在全国范围内加速普及和渗透。

14.1.2　行业痛点

学生的学习方式在不断发生变化，教育模式日益多样化。如何运用新技术适应教学的新变化，提高教学质量及教育机构的管理能力，加强学生升学或就业指导，成为教育行业有待进一步解决的问题。在教学质量管理方面，传统教育模式的一个痛点是教学质量难以量化评估、评估结果不准确、学生的课程学习情况不能实时掌握。在教育机构管理方面，由于高校的学生比较分散，不少高校对学生的管理存在不足。在升学或就业指导方面，学校不了解学生的升学、就业情况，经常不能提供精准的指导。

教育行业的信息化也存在很多问题，如教育数据无法共享、存在信息孤岛等。学校的信息化建设步伐较慢，数字化教学资源较少。

14.2　典型应用场景

依托云钉一体数智化操作系统架构，学校可以开展数字化的教学、办公、科研等工作，实现组织数字化、业务数字化和生态数字化。基于云钉一体的教育行业应用场景解决方案如图 14-1 所示。

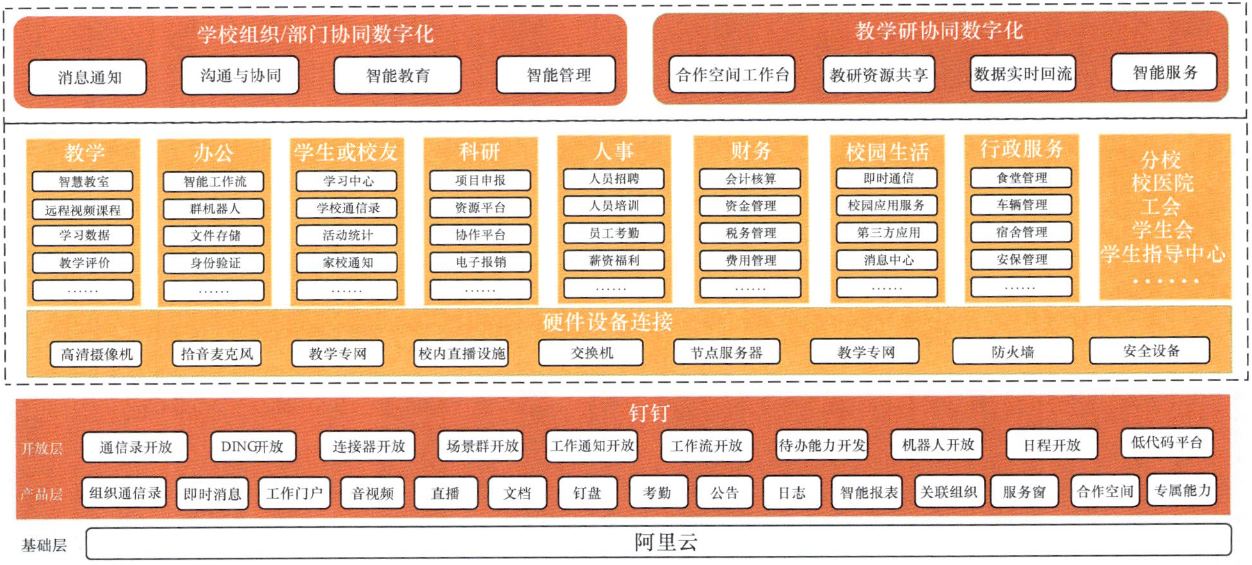

图 14-1 教育行业的云钉一体应用场景解决方案

14.2.1 组织数字化

教育组织的数字化是教学、办公、管理等活动的数字化。教育组织通过钉钉简化办公流程，加强沟通协作，提高学校日常管理的效率，降低运营成本。在钉钉上，教育组织可以定制学校管理系统，设置班级群、班级通信录、教学日程等，极大地方便了教师与学生之间的管理与沟通，解决了学校找人难、沟通难等问题。钉钉定制的学校管理、学生教学等模块梳理了学校较粗糙的管理体系，提高了学校的管理效率。钉钉让老师之间工作的交流、校区之间信息的上传下达、学校之间的信息传达都变得迅速起来，联系也变得更紧密。学校的大型会议和培训都可以通过钉钉直播进行，帮助教师免去了在几个校区之间奔波。钉钉让互联网技术真正开始服务于教育教学管理。

14.2.2 业务数字化

智慧教育平台正逐渐改变学校的教育教学方式，让教育和教学变得更简单。在智慧教育平台上，钉钉的组织数字化方式让教学互联网化，学校的教育工作者能够开展各种教育教学工作，建立以学习者为中心的教育服务模式。钉钉将教师从日常工作的琐事中解放出来，使他们能够将更多的精力放在教学上。通过数智化技术与教育的融合，学校能丰富教学手段，使教学更加生动，激发学生对学习的兴趣，提升学习的效率。

在抗击新冠肺炎疫情期间，钉钉推出了"数字化教师"培训计划，截至 2021 年 11 月培训了 100 多万名数字化教师，帮助他们快速掌握在线教学的能力。钉钉助力全国学校教学，1.3 亿学生通过钉钉在线上课，600 万教师使用钉钉教学 6000 万小时以上。

14.2.3　生态数字化

钉钉能有效促进学校和家长之间的关系。钉钉上可以加入家长的通信录信息，在家长和教师之间建立联系，方便家长及时了解学生的情况，与教师沟通。如果家长需要到学校与教师沟通，就可以提前在钉钉的门禁访客系统进行预约，到了学校门口只要出示预约码就能进入校门。钉钉的门禁访客系统既便利了家长访校，也保证了学校的安全。

钉钉也能增强与校友的联系。例如，在学校开学或毕业典礼时，历届校友和所有家长足不出户就可以通过钉钉直播同步观看。校友可以加入学校的钉钉系统，了解学校的最新动态，加强与母校的联系。

14.3　案例：浙江大学

浙江大学作为海内外具有较高知名度的高等学府，在教育数字化转型方面走在了行业前列。

14.3.1　数字化转型的背景

建设世界一流大学是浙江大学的发展目标。随着数字技术的迅猛发展，打造先进的教学科研网络、拓展高校网络空间变得至关重要。建设数字化大学成为浙江大学迈向世界一流大学的重要步骤。

浙江大学的数字化发展经历了三个阶段：2013—2017 年是第一个阶段，建立了校务服务网和行政办事大厅，服务师生“最多跑一次”；2017—2020 年是第二个阶段，是数字化转型 1.0 的阶段；2020年以后是第三个阶段，是数字化转型 2.0 阶段，即数字化改革阶段。

14.3.2 数字化转型：云钉一体支撑"网上浙大"1.0

2017年4月，浙江大学启动了"网上浙大"项目，如图14-2所示。这是浙江大学的基础性、战略性数字化转型工程，它围绕新教学、新服务、新学术、新人才四大场景，着力打造浙江大学线上校园空间。

图 14-2 "网上浙大"项目

2017—2020年，浙江大学上线了"浙大云""浙大钉""学在浙大""研在浙大"等平台。

2018年，浙江大学专有云平台部署完毕并投入使用。同时，浙江大学也探索混合云模式，支持课程云，打造科研云。"浙大云"成为浙江大学数字化转型的基础设施，如图14-3所示。

在技术上，"浙大云"为浙江大学师生提供了高速网络访问，实现100G的多云互通网；提供了多云服务模式，包括校园专有云与阿里行业云；加强了数据安全，提供科研链路安全防护与数据的专有云存储。

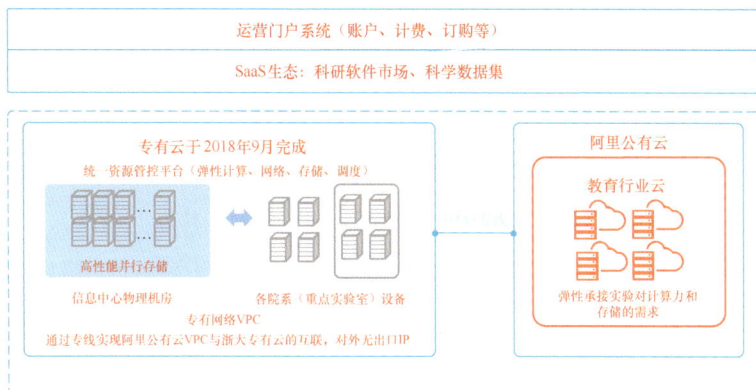

图 14-3 "浙大云"架构

在运营上，"浙大云"提供了专业服务，通过专家团队支持使服务科研更专业；提供了低成本服务，通过资源统筹、优化管理、充分复用等手段大幅降低成本。

在业务上，"浙大云"支持面向个人、院系、信息技术中心的自服务门户，提供了丰富的师生自服务；建立了丰富的云上生态，云上提供了丰富的科研软件、开放的合作平台；全网打通科研资源和科研数据。例如，浙大文博云采用浙大云计算平台，极大地缩短了基于多图像的大规模文物重建所需要的时间，如图 14-4 所示。

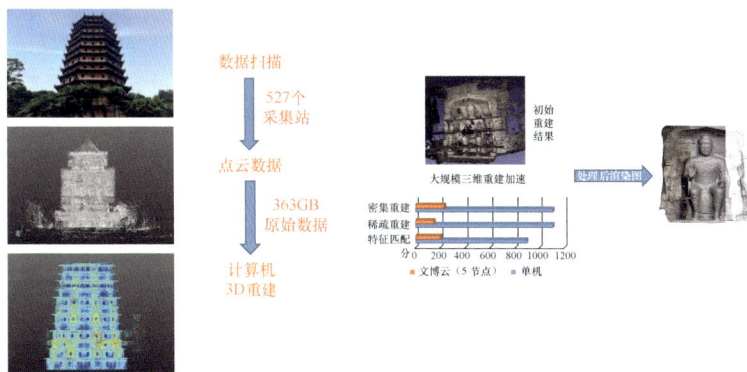

图 14-4 基于浙大云计算的文博云图像识别与文物重建

"浙大钉"是浙江大学数字化转型的业务协同平台。浙江大学分布式校区及其综合办学体系要求形成资源汇聚、优化和协同的平台。2019年，浙江大学与阿里巴巴达成合作，打造了浙江大学个人移动统一入口——"浙大钉"，整合提供了学工、招生、迎新、科研、人事、教务等1000多项服务。作为师生的移动互联网入口，"浙大钉"有效提供面向师生个人全过程全周期服务的个人信息服务窗口，方便师生学习办事。截至2021年5月，"浙大钉"的激活用户达到10万人，日均使用量约8万人次，累计发送服务信息近3000万条，工作台总访问量达到7000万次。

"浙大钉"建立了校园生活即时通信体系，满足了师生的即时通信需求。通过"浙大钉"，学校可以发送通知、待办、提醒等信息，实现面向用户的统一消息服务，截至2021年5月共发送3000多万条消息。

浙江大学利用"浙大钉"的应用开发平台，实现了学校新应用的自主开发。开发平台具备第三方应用接入能力，并且开放接口，提供开发者授权、应用审核、上架、推荐等一系列功能，服务于应用开发者、应用供应商和学校管理员，为学校构建了新型服务生态环境，如图14-5所示。

"学在浙大"是浙江大学建立的学生全过程培养体系，联合"浙大钉""智慧教室""智云课堂"等共同服务学生学习的全过程，如图14-6所示。浙江大学原副校长罗卫使用线上授课后深有感触地说："我觉得最大的一点好处就是全程留痕。以前上课，最遗憾的就是自己认为讲得很不错的课，边讲边消失在空气中，根本无法及时完整保存下来，更别想重播回放。现在，这个遗憾终于可以弥补了。"

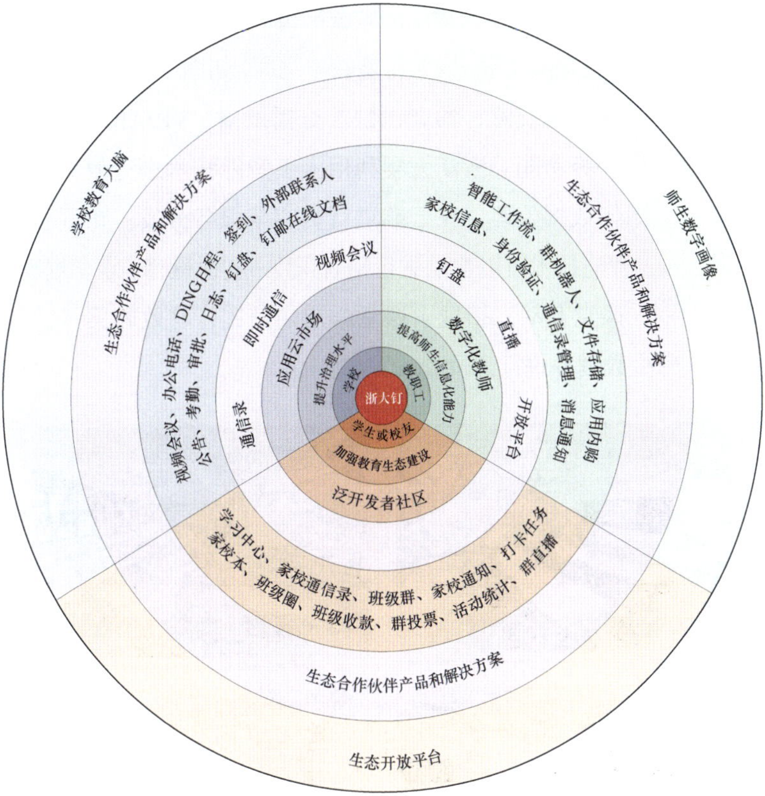

图 14-5 "浙大钉"生态

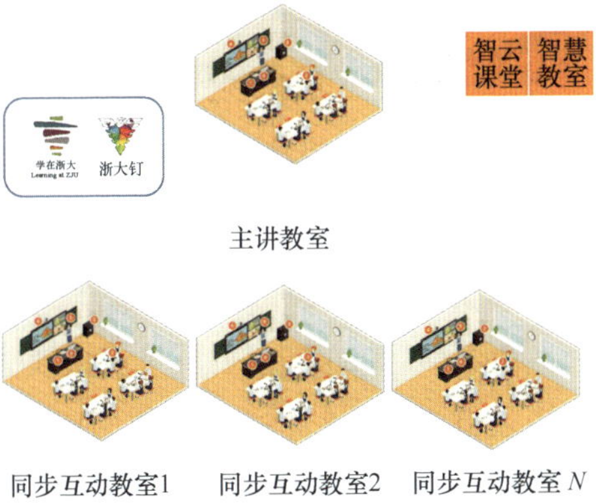

主讲教室

同步互动教室1　同步互动教室2　同步互动教室 N

图 14-6 "学在浙大" + "浙大钉" + "智慧教室" + "智云课堂"

"智慧教室"作为浙江大学的"云样板间",融入了大数据、云计算、人工智能等新技术,成为新型教学空间,如图 14-7 所示。"智慧教室"具有远程交互、语音识别、直播录播、VR/AR、高清液晶拼接屏显示等功能。浙江大学利用人工智能技术进行教育场景的语音和图像数据处理,在云端进行内容与服务分发。在远程上课时,人工智能技术可以自动进行语音识别、实时翻译、字幕展现、PPT 识别、课堂互动,拓展了课堂学习的范围,有效收集了学习数据、师生数据并进行评价。

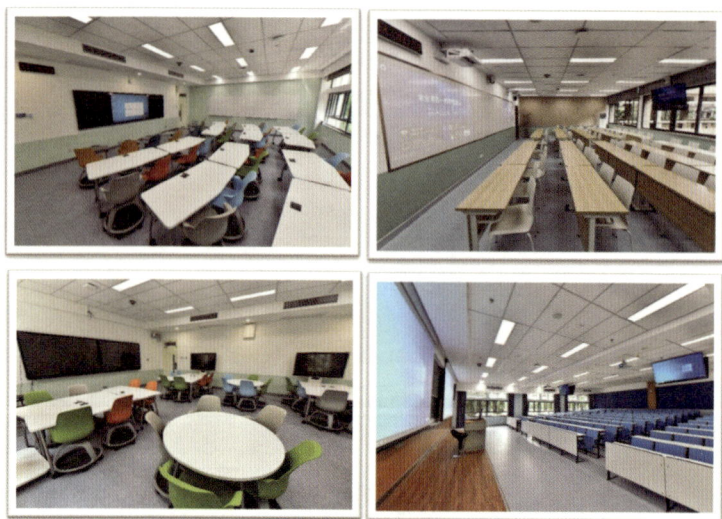

图 14-7　浙江大学"智慧教室"

"研在浙大"是浙江大学基于浙大云计算建设的高性能科研计算平台、科研人工智能平台、科研数据存储管理平台和科研云软件超市,如图 14-8 所示。2020 年新冠肺炎疫情期间,浙江大学通过"研在浙大"项目启动"朝阳计划"和"登月计划",为校内200 个科研团队提供云计算能力支持,助力科研。

图 14-8 "研在浙大"

14.3.3　数字化改革:"云网数端"支撑"网上浙大"2.0

2021 年,浙江大学在总结与持续推进"网上浙大"建设工程的基础上,进一步深化数字化改革,开展"网上浙大"2.0 建设,发布"四个一"工程、"浙大服务平台"应用等,打造新型网上办学空间,如图 14-9 所示。

"网上浙大"2.0 将建设新一代智能型"云网数端"数字基础设施,移动端的统一入口是"浙大钉",PC 端的入口是"浙大服务",浙大云计算将升级为弹性智能云计算服务,并构建学校"数智门户"校园大脑,打造新的五大空间,即现代治理空间、教育教学空间、科研创新空间、学科发展空间及全球开放空间。

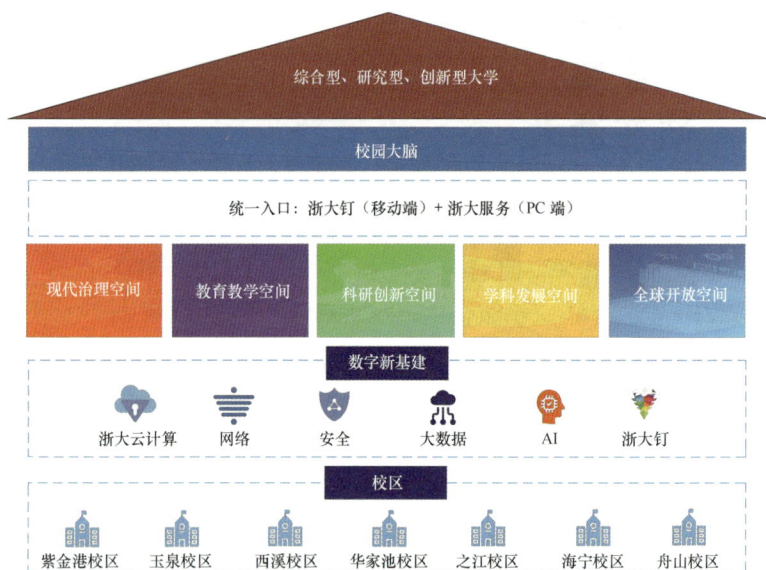

图 14-9 "网上浙大" 2.0 架构图

"网上浙大" 2.0 提出了现代高校治理的新理念，即运用互联网、大数据、云计算、人工智能等现代信息技术，通过数据整合、开放、共享为师生提供个性化服务，实现"最多跑一次、最多找一人"，推进高校理念创新、校务流程创新、治理方式创新、信息技术应用创新等，实现高校治理的全方位、系统性、协同式变革，如图 14-10 所示。

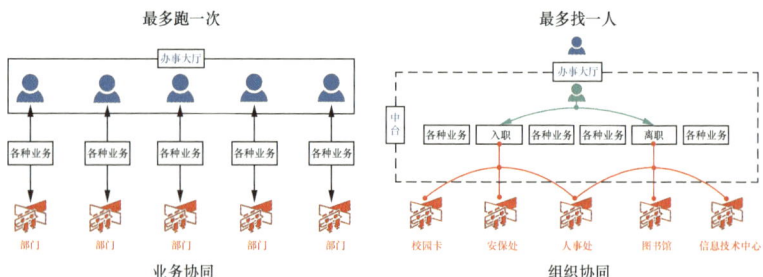

图 14-10 "网上浙大" 2.0 的现代高效治理理念

"四个一"工程是"网上浙大" 2.0 的建设目标，具体内容包括

"一件事"办理、"一张表"填报、"一平台"接入和"一库"支撑，如图 14-11 所示。

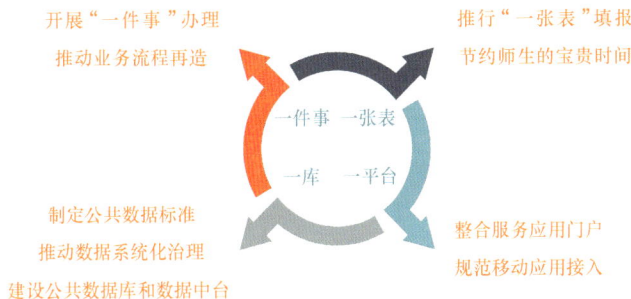

开展"一件事"办理
推动业务流程再造

推行"一张表"填报
节约师生的宝贵时间

一件事　一张表

一库　一平台

制定公共数据标准
推动数据系统化治理
建设公共数据库和数据中台

整合服务应用门户
规范移动应用接入

图 14-11 "四个一"工程

以"入学一件事"为例，"浙大钉"覆盖了新生入学报到前、报到中、报到后的全过程管理与服务，实现了新生移动端网上注册功能，包括基础信息采集、安全考试、宿舍申请、财务缴费、照片采集、接站、行李托运、信息查询，同时对接现场报到系统，如图 14-12 所示。

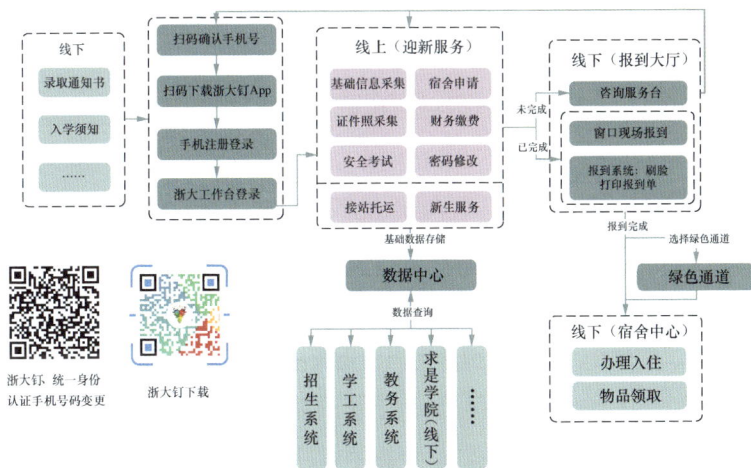

图 14-12 "入学一件事"流程

"一平台"即打造新的"浙大服务平台",统一全校师生访问入口,实现校务服务一站式办理。"浙大服务平台"整合了校务服务网、一站式协同办公等系统,发挥了聚合作用。日常的填表申请、待办审批、快捷查询等事项都可以在"浙大服务平台"上办理,师生能在统一的平台轻松办事、便捷办公,如图 14-13 所示。

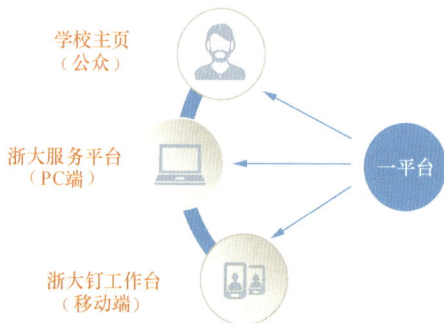

学校主页
(公众)

浙大服务平台
(PC端)

浙大钉工作台
(移动端)

一平台

图 14-13 浙江大学的"一平台"

"一平台"即构建任务中心、应用中心、办事中心、填表中心、日程中心及信息中心等。任务中心整合对接协同办公系统、流程平台、网上办事等流程,建成待办、已办、申请等列表。应用中心整合接入统一身份认证的业务系统、查询服务,用户可在应用中心根据自己的需求收藏应用,收藏后可自行排序、移除。办事中心接入原校务服务流程平台,构建新的网上办事流程,包含部门内及跨部门的办事业务。填表中心梳理学校各业务部门的表单,按师生需求及部门要求配置填表服务。日程中心对接教务系统,同步个人课表数据,对接综合服务网,同步工程日程,师生可自己维护个人日程,打造个人中心,实现千人千面,提升用户使用及视觉体验,如图 14-14 所示。

浙大"校园大脑"是浙江大学新的数智化基础设施,包括 6 项建设内容:一是搭建数据科学计算平台,部署智能化的高阶数据处理能力,逐渐形成大数据中心;二是构建数据中台,推进数据的更多维度的建设及开放共享能力建设;三是搭建并推广智能化数据分析处理工具,使数据处理分析能力为全校师生使用;四是校级数智决策能力建设;五是部门级数据可视化大屏建设,如图 14-15 所示;六是办学成果对外展示建设。

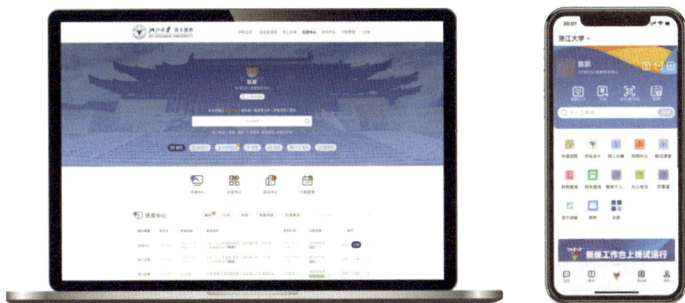

图 14-14　千人千面的个人中心

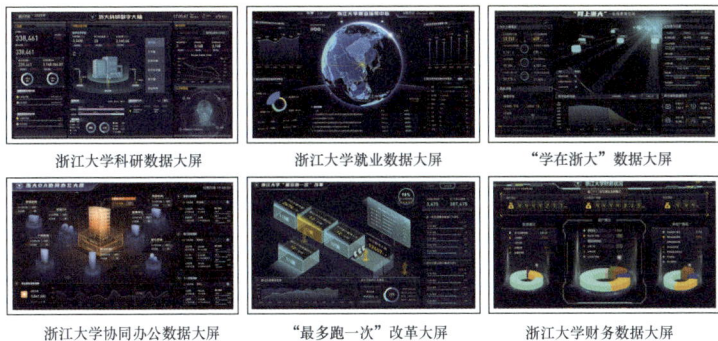

浙江大学科研数据大屏　　浙江大学就业数据大屏　　"学在浙大"数据大屏

浙江大学协同办公数据大屏　　"最多跑一次"改革大屏　　浙江大学财务数据大屏

图 14-15　浙大部门级数据可视化大屏建设

"浙大力量"是数据中台的又一应用成果,可用数据展现浙江大学的人才培养、学术研究及校友发展情况,让数据赋能大学治理、学生成长、教师服务地方发展、校友积极创业等。例如,近三年的毕业生去向、毕业生国内升学情况和国内重点就业流向综合反映了毕业生国内就业的去向和就业行业的特点,毕业生境外升学情况和近五年出境人数则反映了浙大学子出国深造的去向和比例。"浙大力量"还可以展示校友上市企业的总市值、市值排名等数据,从校友创业的维度展示浙江大学的综合实力和竞争力。

浙江大学数智化转型的实施流程如图 14-16 所示。

目标与问题导向
- 组织战略:建设世界一流大学、数字化改革
- 复杂业务需求:教学模式创新,科研资源平台整合等需求
- 组织变革需求:校区分散,提高教学办公效率
- 技术体系问题:建设教学科研网络、拓展高校网络空间需求较大

能力成熟度评价与改进
- 评价效果与成熟度,预估DIMM4级
- 不断改进与提升

数智化敏捷组织建设

决心变革
- 浙江大学校领导亲自推动数字化转型和数字化改革:
  (1)数字化转型1.0
  (2)数字化改革

持续运营
- 借助阿里巴巴搭好运营框架
- 建立运营体系
- 创新运营服务

团队搭建
- 懂管理:学校领导
- 懂业务:教师、科研、行政人员等
- 懂技术:阿里云、钉钉专家团队、学校信息技术中心

优化迭代
- 局部试点-小步快跑-大规模推广
- 数智化从基础设施云化到组织数字化、业务数字化、运营数据化、决策智能化

建设路径
- 基础设施云化:"浙大云",包括阿里公有云、校园专有云和教育行业云
- 组织数字化:"浙大钉",浙大移动互联网入口和业务协同平台
- 业务数字化:"学在浙大""研在浙大"
- 触点数字化:"智慧教室""智云课堂"
- 基础设施云化:新一代智能型"云网数端"数字基础设施
- 运营数据化:数据中台、智能化数据分析处理工具
- 决策智能化:"校园大脑"数智决策能力

图 14-16 浙江大学数智化转型的实施流程

第15章

医疗卫健行业

随着我国居民生活水平的不断提升，人们对健康的重视程度越来越高，医疗卫健行业取得了巨大的发展。数智化技术应用于医疗卫健行业，能够推广优质医疗资源，提升基层医疗卫健水平及全社会的卫生防疫保健水平，减轻医疗系统的压力。

15.1 行业现状与痛点

15.1.1 行业现状

保障人们的身体健康是医疗卫健行业的目标。总体而言，我国医疗资源供给在增加，医疗水平、质量安全水平及合理用药水平都在不断提升。

（1）业务

医疗卫健行业是指与卫生健康相关的医院、药品、器械、健康管理等一系列行业的总称。医疗卫健行业的市场需求呈现不断增长的势头。目前，我国医疗卫健行业每年以 16% 的速度增长。估计到 2025 年，医疗卫健市场规模将达到约 5 万亿元。未来医疗卫健行业蕴含着大量的市场机会。

（2）组织

医疗机构是进行疾病诊疗的卫生机构的总称，医疗机构的形式包括医院、疗养院、门诊部、卫生所、诊所等。其中，医院是医疗机构的主要形式。

（3）技术

数智化技术正在为医疗卫健行业带来巨大的改变。医疗卫健行业需要处理大量数据，数据分析可以帮助医疗人员更明智地作出诊断，为患者提供更适配的医疗服务。在数智化时代，医疗卫健行业的人、财、物、事、产业链上下游都能实现数字化管理，做到有迹可循、有据可依，这将对整个医疗行业产生重大影响。数据可能包含患者的个人信息和其他重要信息，需要加以保护，在安全方面有很突出的需求。在医保报销、患者转院诊治等方面，不同医疗系统之间涉及电子健康记录和健康信息交换。数智化技术可以进一步改善医疗卫健行业的信息传递。

15.1.2　行业痛点

尽管医疗卫生改革取得了很大的成效，但医疗资源紧张、医疗系统负荷重、医疗人员压力大等问题仍然存在，看病难、看病贵的问题仍很突出。实现医疗普惠，减轻医疗负担，是我国医疗卫健行业要解决的问题。

15.2　典型应用场景

依托云钉一体数智化操作系统架构，医疗机构可以开展管理、办公、临床诊疗、科研等业务，实现自身的组织数字化、业务数字化和生态数字化。基于云钉一体的医疗卫健行业应用场景解决方案如图 15-1 所示。

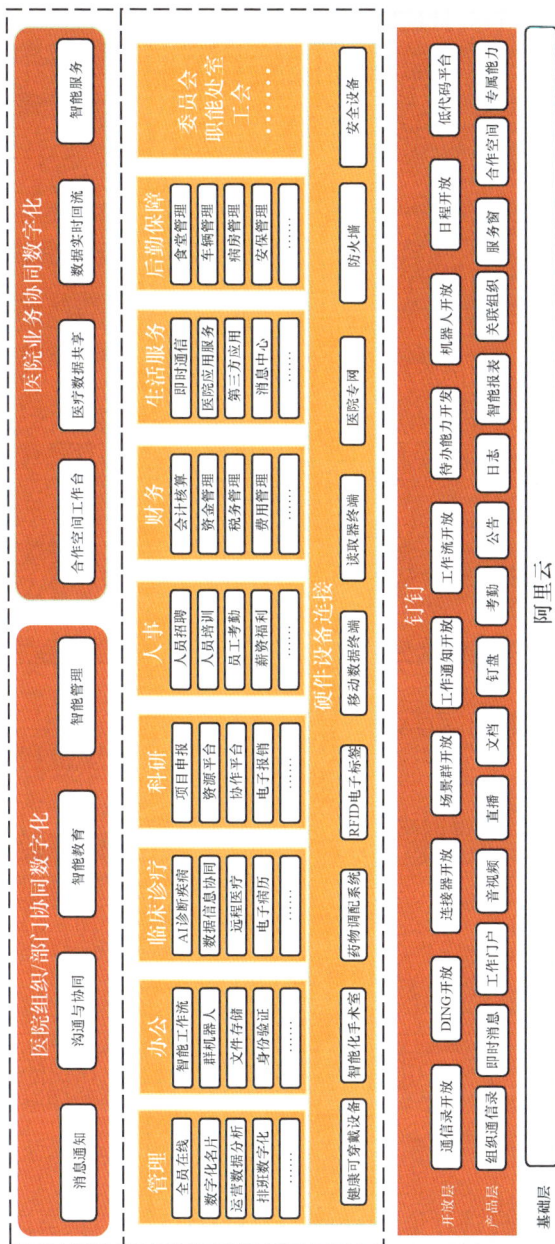

图 15-1 医疗卫健行业的云钉一体应用场景解决方案

15.2.1　组织数字化

医院可以通过钉钉进行组织协同。钉钉的通信录功能支持员工信息批量导入、统一管理，支持角色设置、人员安排等。通过统一的钉钉通信录，输入人员的科室或姓名就能找到对方，不加好友就可以发文件、图片，方便医院内部跨部门的沟通。

医院可以通过钉钉进行远程医疗协同。在钉钉上建立医疗会诊沟通群，发起清晰、稳定的视频会诊及电话会议，第一时间在移动端完成各种临床疑难杂症的诊治。群组功能中的 DING 消息可以确保所有人快速参与，发生紧急事情时在钉钉上进行沟通，极大地增强了信息交互的及时性，工作效率得到提升。医院可以把患者加入钉钉群，开启群直播功能，对患者进行直播宣教。患者即使在病床上或家里也可以与医生进行直接沟通，从而拉近了医生与患者之间的距离。

15.2.2　业务数字化

过去，医院使用的 OA 系统有诸多不便。例如，运营数据零散、可视化程度低，数据整理耗时长，院长不能及时了解医院的整体情况，会议通知、跨部门找人较不便，排班混乱，等等。钉钉的"未来医院"产品拥有完整的医院办公管理功能，支持教育培训、医学会诊、会议管理、排班管理、行政审批、病历管理、后勤管理等业务，提高了医院协同与工作效率。

因为医疗行业的专业性强，钉钉通过开放生态，让更多第三方应用接入钉钉平台，引入垂直领域具有行业专业知识的优秀应用。例如，医院通过第三方应用"排班系统"，能够进行区域复制、轮转等功能，在手机端随时查看并提交需求，一键生成各种报表，解决排班难问题；通过第三方应用"医共云"，可以集会议管理、文件审批、资产管理、食堂管理、移动办公等功能于一体，有效提高管理效率。

15.2.3　生态数字化

钉钉可以实现不同医疗机构之间的协同。医疗机构可以在钉钉上建立医联体群，可以把其他医疗机构拉进医联体群，轻松联系其他医疗机构。通过钉钉，不同的医疗机构可以在医联体之间转诊患者，方便工作协同。

15.3　案例：抗击疫情

15.3.1　数字防疫系统：火速支援各地政府抗击疫情

2020 年 1 月，为了应对突如其来的新冠肺炎疫情，阿里巴巴旗下的钉钉、阿里云、达摩院、支付宝等快速作出反应，于 27 日就上线了新冠肺炎公共服务与管理平台，并打造了"数字防疫系统"，免费提供给全国各地方政府使用。

"数字防疫系统"具有居民、社区、疾控、政务四大模块，可以帮助地方政府开展数字化疫情防控。在系统上，用户可以查询疫情最新情况、申报健康信息、咨询健康知识、查询疫区同行人员等。社区居民加入钉钉咨询群、服务群，可以每日健康打卡，及时了解健康防护知识和信息通报，还可以与医生进行沟通互动。患者可以了解系统疫情防控通道，查询患者交通工具。医生可以通过钉钉为居民答疑解惑，开展视频问诊。基于钉钉搭建的"线上疫情防控作战指挥室"能帮助各地区疾控中心、医院、卫生所形成疫情数据层层管理，及时协调物资供给，对疑似患者及风险人群进行转诊治疗。

在浙江省启用新冠肺炎公共服务与管理平台后，阿里巴巴快速总结提炼方案，将疫情防控归纳为四个方面：线上疫情指挥、疫情防控数据上报、疫情线索收集和分发、重点人群隔离医学观察服务与统计等。这些方案通过数字化组织协同来保障防控工作，通过网格化布控来护航居民健康，辅助政府完成对新冠肺炎疫情的科学防控，提升了防控效率，遏制了疫情传播。之后，阿里巴巴把浙江的成功经验向湖北、湖南、贵州、河南、天津、江苏、河北等 28 个省推广，帮助提升疫防控情指挥效率，控制疫情传播。

期间，阿里巴巴通过钉钉为长三角三省一市疫情联防联控机制，以及浙江、上海等省市和部委在抗击疫情期间的重要会议提供了视频会议保障，并帮助国家卫健委搭建了驰援湖北医生管理平台。

15.3.2 健康码：从杭州走向全国的防疫利器

健康码是 2020 年我国在抗击新冠肺炎疫情期间最成功的移动应用，为政府加强疫情管控、企业复工复产、人民健康做出了巨大的贡献。杭州健康码是全国第一个健康码应用，是在新冠肺炎疫情期间阿里巴巴技术团队推出的最为大众熟知的产品，也是钉钉在医疗行业最骄傲的一个应用案例，大大提升了全国防疫的精确度和效率。

在健康码推出之前，全国各地的防疫关卡都是靠人工登记，纸路条是一个个孤岛，且只能证明人员此时此刻的状态。健康码作为精准复工的个人电子健康凭证，可以实时呈现个人当前的健康状态。市民通过支付宝或钉钉扫码上报健康状态，可以得到颜色动态变化的三类码，如图 15-2 所示。

【绿码】
凭码通行

【黄码】
实施7天内隔离，连续
（不超过）7天健康打卡正常
转为绿码

【红码】
实施14天隔离，连续
14天健康打卡正常转
为绿码

图 15-2　杭州健康码

2020 年 2 月 10 日，杭州健康码上线。

2020 年 2 月 15 日，浙江省 11 个地市健康码上线。

2020 年 2 月 16 日，国务院办公厅电子政务办公室推广杭州健康码。

2020 年 2 月 24 日，杭州健康码上线两周后，全国就已经有超过 200 个城市、近万家企业使用健康码作为电子通行凭证，小区、超市、商场、车站、餐馆、机场等场所都将健康码作为通行凭证。

健康码以真实数据为基础，市民或返工返岗人员通过自行网上申报，经后台审核后即可生成个人二维码。这张二维码是动态的，随着用户每天状况的提交，所处区域的变化、健康状况等因素会发生相应的变化。健康码应用涵盖了社区管理、企业复工、交通出行、学校开学、买药登记、超市商场等使用场景，可以协助社区、企业、学校等做好防疫管理及疫情控制等重点工作。在疫情防控和复工复产中，健康码助力人员流动的秩序化管理，在商场、车站、机场、写字楼等人流密集的地方有效支持了人群筛查，提高了过检和管理的效率。

2020 年 9 月，全国健康码系统、引擎的第一行代码被国家博物馆收藏。这是国家博物馆历史上首次收藏代码。健康码通过数智化技术实现了疫情的精准防控，助力社会经济重现活力。

15.3.3 钉钉：高效支持全国复工复产复课

在抗击新冠肺炎疫情期间，钉钉积极履行社会责任，发挥自身优势，助力疫情防控和复工复产复课工作，创新数字化工作、数字化教学方式，减少疫情造成的损失。

2020 年 2 月 6 日，钉钉接到建设杭州企业复工平台的指示。针对即将到来的复工、返程高峰，钉钉成立了专项攻坚小组，历时 3 个昼夜完成开发上线。通过企业复工和健康码平台，企业可以远程在线进行复工备案，并通过员工健康打卡和健康码对人员流动进行管理，有效管理员工的健康状况。疫情期间，钉钉免费为全国 28 个省（直辖市、自治区）的 200 多个城市搭建了企业复工和员工健康在线监测平台，协助政府部门在线受理企业复工备案或申请。该应用还支持员工在线填报出行、接触史、健康状况，帮助政府和企业掌握返工人员情况、企业复工情况和经营状况。此外，为了响应国务院《企事业单位复工复产疫情防控措施指南》中暂停使用指纹考勤机的号召，钉钉还推出了基于钉钉软硬件的无接触打卡解决方案，并且免费向企业赠送 BI 蓝牙考勤设备。

疫情期间，钉钉为助力企业复工复产，研发了企业疫情日志、健康打卡、防疫精灵等员工健康管理产品，一个月内就有超过 1 亿人通过钉钉健康打卡"报平安"。经过紧急开发，2020 年 1 月 29 日（初五）凌晨 5 点，钉钉就推出了员工健康打卡功能，支持企业智能化管理，将员工在疫情期间的健康状态数字化。钉钉推出了全新模版、日志等，保障疫情期间信息在组织内的科学管控；还可以进行疫情消息推送，将重要信息及时传送到每一位成员。

2020 年 2 月，钉钉上每天有近 1 亿人进行健康打卡，超过 3

万家政府机构、40 万所学校、200 万家企业用钉钉进行数字化疫情健康管理。由于对在线办公、在线教学、数字治理等方面的创新实践，2020 年，钉钉入选国家发展和改革委员会"数字化转型伙伴行动"、工业和信息化部"疫情防控期间部分远程服务软件"、教育部"疫情期间支持高校在线教学的技术平台"名单；"钉钉在线课堂和防疫复学解决方案""钉钉企业复工平台解决方案"入选工业和信息化部"支撑疫情防控和复工复产复课大数据产品和解决方案"；钉钉基于移动智能协同的乡村治理关键技术打造的"乡村钉"入选农业农村信息化专家咨询委员会评出的"十大智慧农业新技术应用模式"，是唯一乡村治理方面的入选应用。

为了尽量减少人员聚集，各地出台了延期开工的措施。延期开工对许多企业，特别是中小企业的经营和生存产生了很大的影响。钉钉根据企业办公的实际情况，推出了"在家办公计划"，并发布了企业远程办公指南，更推出了基于教育、医疗、新零售、金融等多行业场景的解决方案，支持高效远程办公。钉钉对企业发布的在家办公全套解决方案包括远程视频会议、群直播、DING 消息等，日程共享、任务协同、日志办公、办公 OA、钉盘、钉邮等网上基础功能全部免费开放，推动全社会复工复产。钉钉的"在家办公计划"帮助上千万家企业在疫情期间使用钉钉远程办公和复工复产，解决了员工在家远程办公协同的难题。在疫情期间，钉钉高效保障了企业的远程办公需求，不但减少了疫情对企业的冲击，还帮助洛可可、林清轩等一批企业实现了业绩"逆袭"。

为了有效阻止新冠病毒在学校蔓延传播，确保师生的生命安全和身体健康，教育部要求各地学校提供丰富多样的优质网上教学资源，全力保障"停课不停学"。钉钉响应教育部的号召，配合各地各校线上教学工作，主动发起了"在家上课"计划，在教育系统的"疫情健康上报管理""停课不停学""教师信息化素养提升"三个方面全力做好服务工作。

在"疫情健康上报管理"方面，钉钉为全国300多个教育行政主管部门和广大院校师生提供了健康打卡、应急通知、疫情上报、视频会议、应急指挥、复学复课等疫情管理一揽子解决方案。各地教育局和学校可依托钉钉准确、便捷地掌握教职工和学生的健康状态，有效保障了疫情管理。例如，浙江大学迅速利用钉钉版本的"浙大钉"成立了应急工作组，从校办到各级院办，再到班级，形成了严密的应急管理机制，实现了信息的快速、有效下传上达，保障了信息的通畅性。

在"停课不停学"方面，钉钉联合优酷、阿里云等阿里巴巴集团内部资源，综合各地学校不同的基础设施条件和教学需求等因素，研究提出了"区域／校园公开课、小班常态化教学、在线备课与空中教研、教学评测"四大在线教学场景方案和一套完整的系统应用架构。该方案具有易操作、支持千万级并发、强互动、形成教学闭环四大特点，确保了教育行政部门和学校在不同教学场景下都能够有相应的应对方案。教师和学生登录钉钉、优酷App即可在家免费上课。"在家上课"计划包含两种授课模式："大班"是名师面向社会的公开课，"小班"是教师面向本班学生授课。上课期间，师生可以"连麦"实时问答，将课堂互动也一并"搬"上网络。2020—2021年新冠肺炎疫情期间，钉钉支持了全国14万所学校、300万个班级、1.3亿学生的在线上课，有600万教师在钉钉上累计上课超过6000万小时，交出了"停课不停学"的圆满答卷。

2020年2月10日是全国部分省市的学校，特别是初三、高三毕业班开学的第一天。全国5000万学生通过钉钉顺利展开学习，并传回早上"升国旗"等照片，成为互联网在线教育的流量高峰。山西省太原市用钉钉"在线课堂"为全市 50 万学生开展稳定、流畅的同步课堂教学。衡水中学为了保证毕业班学生的学习，除了通过班级群直播进行个性化小班授课和答疑，还特别关注学生的心理健康，定期通过视频和班级学生互动沟通，开展线上家访，帮助学生在高强度的学习下保持身心健康。浙江大学城市学院应用钉钉直播功能组织学生开展"云答辩"，不仅破解了疫情期间学生毕业答辩的难题，还为高校师生提供了全新的互动方式。

在"教师信息化素养提升"方面，钉钉专门发起了数字化教师培养计划，旨在帮助教师快速掌握数字化办公、信息化教学、网络研修等能力，有效开展在线教学。2020—2021 年新冠肺炎疫情期间，钉钉上有 300 多万名教师参与了学习和培训，其中 100 多万名教师顺利完成了数字化教师考试认证。通过在线学习和培训，教师快速、有效地提升了在线教学能力，保障在线教学工作的开展。

15.3.4　一场场胜利背后的功臣：阿里巴巴协同开发团队和产品

在抗击疫情的过程中，这些防疫数字化平台是如何实现快速高效地开发、部署和应用的？事实上，数字防疫系统、健康码、复工复产系统等是阿里巴巴、政府、用户等多个主体协同开发的产品，主要得益于阿里巴巴团队的新业务开发和运行效率，更离不开阿里云、钉钉和阿里应用开发平台的贡献。

阿里巴巴新业务的开发团队是由钉钉、阿里云、中台、宜搭、政府事务部等多个部门抽出人员临时组建的，是阿里巴巴内持续涌现的自组织。团队中涉及技术、产品、商务、客服等大量岗位，许多同事都是第一次见面，但不影响他们高效地协同与合作。自组织找到了顶层设计、放权一线、分层分段决策的平衡点，体现了自组织的活力。

以健康码为例，它凝聚了很多人的汗水。面对初期业务需求中"平台功能每小时迭代、政府需求每日迭代、码和平台定位快速迭代"的高效率、高性能的挑战，来自钉钉、阿里云、支付宝、宜搭、企业智能事业部等团队协同组成了紧急专班技术支撑小组，基于自组织方式涌现的小团队分层分段快速决策，保证了健康码 1 天上线、4 天全省复制、5 天全国推广的阿里速度。要知道，此类产品的常规开发需要 30 天。健康码通过支付宝和钉钉两个端口呈现，打通了全民健康卡和企业复工申请平台。从技术角度看，健康码后面的数据是实时动态的海量数据。"双十一"是每年一次的平台压力测试，健康码是每天都在进行的平台压力大考。健康码依托阿里云强大的存储技术，运用大数据海量存储功能进行数据存储和扩容。

新冠肺炎疫情防控数智化的实施流程如图 15-3 所示。

目标与问题导向
- 战略目标：抗击新冠肺炎疫情
- 复杂业务需求：全社会疫情防控
- 组织变革需求：各级组织的疫情联防联控需求
- 技术体系问题：疫情防控数据共享等需求

能力成熟度评价与改进
- 评价效果与成熟度
- 改进与提升

持续运营
- 搭好阿里巴巴运营框架
- 建立运营体系
- 创新运营服务

优化迭代
- 局部试点
- 小步快跑
- 大规模推广

数智化敏捷组织建设

决心变革
- 阿里巴巴与各地政府联合团队为抗击疫情快速作出反应
  (1)"数字防疫系统"
  (2)健康码
  (3)社会复工复产复课

团队搭建
- 懂管理：政府领导、阿里巴巴管理人员
- 懂业务：政府疫情防控人员、阿里巴巴业务团队
- 懂技术：钉钉、阿里云、支付宝、宜搭等技术团队

建设路径
- 基础设施云化：阿里云
- 业务数字化："数字防疫系统"疫情联防联控
- 触点数字化：健康码
- 组织数字化：钉钉远程在线办公、远程在线教学
- 运营数据化：健康码数据分析展示
- 决策智能化："数字防疫系统"助力疾控中心、医院等科学决策

图 15-3 新冠肺炎疫情防控数智化的实施流程

第 **16** 章

政务治理与服务

建设数字政府是推进国家治理体系和治理能力现代化的必由之路，对于促进经济社会可持续发展具有重要意义。建设数字政府是一项系统性工程，能实现政府数据共享，促进政务协同，加强社会治理和民生服务。

16.1 现状与痛点

16.1.1 发展现状

随着数字技术的发展日新月异，全球范围内的数字化转型步伐正在加快。世界主要发达国家纷纷提出政府数字化转型战略与规划，以公众需求为导向，以提升政府治理与政府服务能力为目标，致力于建设开放、共享、高效、协同的数字政府。《中共中央关于制定国民经济和社会发展第十四个五年规划和二〇三五年远景目标的建议》中指出，加强数字社会、数字政府建设，提升公共服务、社会治理等数字化智能化水平。

（1）业务

"放管服"改革是简政放权、放管结合、优化服务的简称。"放"即简政放权，降低准入门槛；"管"即创新监管，促进公平竞争；"服"即高效服务，营造便利环境。党中央、国务院高度重视转变政府职能，把"放管服"改革作为全面深化改革的重要内容，并持续加以推进。2018 年，国务院对 1300 多项行政许可事项进行一次全面摸底清理，之后连续三年精简行政许可事项，优化审批流程。

（2）组织

自 1982 年以来，我国先后集中进行了 8 次较大规模的机构改革，优化政府组织结构均作为改革的重要任务之一。政府在职能转变、妥善处理自身和市场的关系方面迈出了较大的步伐，基本实现了从计划经济条件下的机构职能体系向社会主义市场经济条件下的机构职能体系的重大转变。党的十九大以来，基于对新时代中国特色社会主义的新形势、新任务的分析判断，党中央对深化党和国家机构改革作出了全面部署，在加强党的全面领导的基础上，对政府组织结构进行了系统性、整体性重构。

（3）技术

自 20 世纪 90 年代以来，我国政府信息化建设经历了办公自动化、政府金字工程、政府上网工程、电子政务等发展阶段。经过多年的建设，我国政府信息化已取得了阶段性成果，网络基础设施建设较完备，政府职能部门已建成覆盖全系统的专网，政府电子政务水平不断提高。

21 世纪以来，我国数字政府的建设过程有三个重要阶段。数字政府 1.0 阶段是"互联网＋政务服务"阶段，信息共享、打破部门孤岛是这个阶段的主旋律。数字政府 2.0 阶段是"政府数字化转型"阶段,"一网通办""最多跑一次"改革是这个阶段的主旋律。数字政府 3.0 阶段是基于全要素数字资源开放共享的"整体智治"阶段。

16.1.2　主要痛点

一些政府部门的数字化转型统筹力度不足。由于缺乏统一规划、统一标准,很多政府部门的信息系统重复建设且不联通,数据不共享,造成数据孤岛和系统烟囱。同时,省、地市(厅局)、区县各层级的数字化建设、管理和考核评估的方法体系和标准可能不一致,影响政府数字化转型的联通性、连贯性和迭代性。

政务协同的实时性不足。很多政府部门的公文、会议、督察督办等日常行政工作仍需要使用桌面电脑,缺乏统一的移动办公平台,不利于及时办理,影响办公效率;内部沟通主要靠电话和短消息,沟通过程中的信息不能保存,缺乏多方通话工具,沟通效率低;缺乏统一的信息推送平台,重要批示、重要预警、重要状态变更等信息不能及时送达相关人员,影响消息的上传下达。

网上政务服务的协同能力有待提升。尽管网上政务服务基本实现了各部门政务服务在政务服务平台的"物理集中",但是网上政务服务仍然以部门为单位进行梳理,部门之间的流程没有得到整体优化,难以支撑业务协同与高效服务。

公共数据共享开放难。公共数据跨层级、跨地域、跨系统、跨部门、跨业务共享开放仍比较困难,对政务服务流程优化造成阻碍。

政务服务的个性化不足。当前的政府服务主要面向通用需求，难以提供个性化的服务。

16.2 典型应用场景

政府依托云钉一体数字化操作系统架构，推进自身数字化转型，实现政府组织数字化、政务数字化和生态数字化，其应用场景解决方案如图 16-1 所示。

16.2.1 组织数字化

我国行政区划分为省级行政区、地级行政区、县级行政区、乡级行政区，在组织管理上分为省、市、县、乡、村、小组（网格）。政府各级组织积极推进组织数字化，实现音视频沟通、智能人事、移动审批等功能模块，提升组织运作效率。

16.2.2 政务数字化

政务服务具有覆盖范围广、条块复杂的特点。从分类上看，政务服务主要包括"办文""办会""办事"三大核心模块。政务服务迫切需要打通"会议—督办—批文"的全链路，从而在时间、人力、财力上节约成本，提升工作效能。在分文、拟办、审核、报送领导办理、领导在线签批的全过程中，政府通过政务数字化的方式实现导入、分办、承办、研提意见、自动生成批办单、批办 / 阅件并发批示、阅件转办件批复、修改重报等服务的流转。

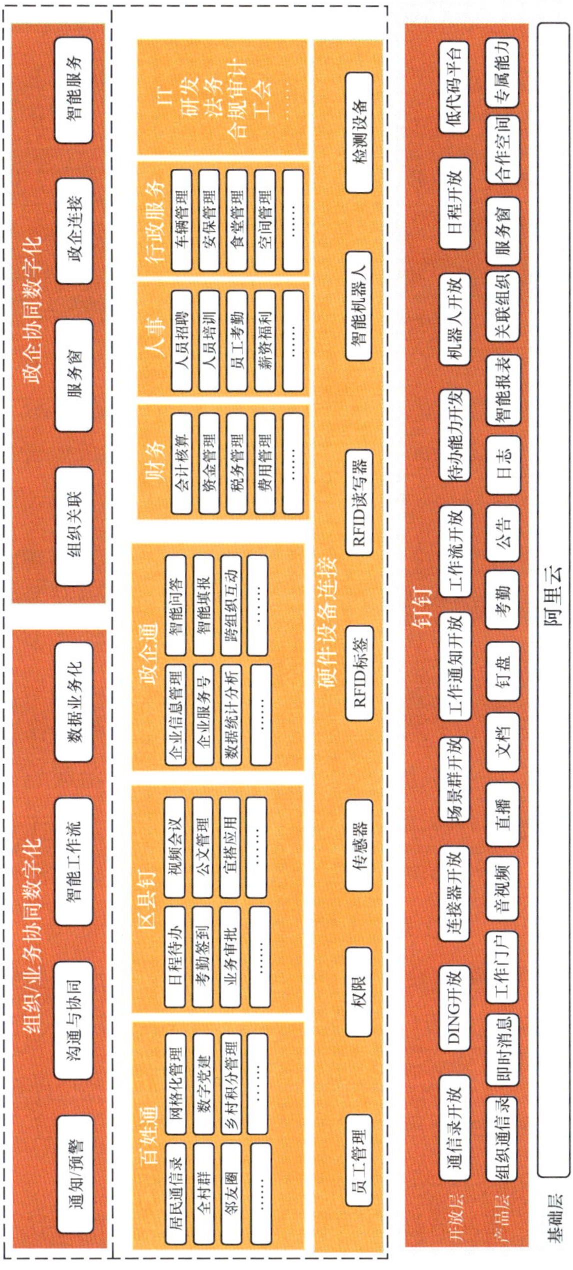

图 16-1 政务治理与服务的云钉一体应用场景解决方案

16.2.3 生态数字化

政务服务生态协同主要包括企业办事、产业服务、政企互动和政府监管等方面。钉钉的移动实时沟通工具，为企业与政府间打造移动沟通桥梁，使政策与服务精准快速传达到企业，以此提高政企协作效率、降低沟通成本。同时，政府也能通过服务管理工具为企业提供咨询、建议、指导、帮扶等。政府还能通过企业的全方位数据沉淀形成的企业画像，有效监督管理企业，促进企业健康有序发展。

16.3 案例：浙政钉+浙里办

16.3.1 数字化改革的背景

数字化改革是政府主动适应数字化时代背景，对施政理念、方式、流程、手段、工具等进行全局性、系统性、根本性变革，通过数据共享促进业务协同，提升政府治理体系和治理能力现代化的过程。推进政府数字化改革，建设数字政府，是浙江省贯彻落实网络强国、数字中国、智慧社会战略，深化数字浙江建设的关键抓手；是深化"最多跑一次"改革、推进政府职能转变，构建政府有为、市场有效、企业有利、百姓受益体制机制新优势的必然要求；是强谋划、强执行，提升行政质量、行政效率和政府公信力，建设以人民为中心的服务型政府的重要举措；是新发展阶段浙江高质量发展建设共同富裕示范区、实现竞争力提升和争创社会主义现代化先行省的强劲动力。

近年来，浙江省以"互联网＋政务服务"为抓手，持续推进"四张清单一张网"和"最多跑一次"改革，在审批服务领域率先突破，走在全国前列。浙江省成为全国第一个实现政务服务网全覆盖的省份，并实现省、市、县三级大统一，全部承载于云计算平台上。

为了全面推进数字政府建设，浙江省陆续出台了《浙江省深化"最多跑一次"改革推进政府职能转变和"放管服"改革行动计划（2018—2022 年)》《深化数字浙江建设实施方案》《浙江省深化"最多跑一次"改革推进政府数字化转型工作总体方案》等政策，在"最多跑一次"改革的基础上继续向前，全面推进政府数字化转型，建设掌上办事之省和掌上办公之省。

2021 年 2 月，浙江省数字化改革全面启动，明确数字化改革是"最多跑一次"改革的迭代深化，是政府数字化转型的拓展和升级，是数字浙江建设的新阶段。2021 年 2 月，《浙江省数字化改革总体方案》正式出台，提出了加快构建"1+5+2"工作体系的重要任务，搭建数字化改革"四梁八柱"。"1"即一体化智能化公共数据平台，是浙江省数字化改革"四梁八柱"的数字底座，承担着"平台＋大脑"的重要使命与责任，由基础设施、数据资源、应用支撑、业务应用、政策制度、标准规范、组织保障、网络安全"四横四纵"体系和"浙里办""浙政钉"两端组成。"5"即五个综合应用，包括党政机关整体智治综合应用、数字政府综合应用、数字经济综合应用、数字社会综合应用和数字法治综合应用。"2"即构建两套体系，包括理论体系和制度规范体系。

16.3.2 "浙政钉"推动政府智能移动高效办公

"浙政钉"是依托即时通信软件钉钉深度定制并专有化部署的

移动办公平台,是浙江省政府工作人员政务协同的总平台。按照统分结合原则,"浙政钉"由浙江省大数据发展管理局牵头统一设计建设,各使用单位结合自身的业务需求分别建设,自建应用,最终形成全省统一的掌上政务协同总平台。从业务层面看,"浙政钉"是利用通信、办公、协同三大能力,聚合经济调节、市场监管、社会治理、公共服务、生态环境、政务运行六大领域的各类应用,实现强协同、提效能、促监督、助决策四大目标。从应用层面看,"浙政钉"是横跨各级党委、人大、政府、政协及各市县的应用程序,又是承载各类应用的容器,还是各级部门的移动工作门户。从创新层面看,"浙政钉"是"政府理念创新+政务流程创新+治理方式创新+信息技术创新"的大集成,利用现代信息技术,通过流程再造实现高效协同,推进政府治理方式从分散向整体治理、综合治理转变,核心是打造整体政府、服务型政府、高效政府。

"浙政钉"已成为全国领先的省级政务移动办公平台。从覆盖范围来看,"浙政钉"现已覆盖浙江省 11 个地市、90 个县(市、区)、1327 个乡(镇、街道)、2.5 万余个村(社区)及近 7 万余个小组(网格),实现浙江省、市、县、乡、村、小组(网格)六级全覆盖,覆盖全省党委、人大、政府、政协、检察院、法院、群众团体、国有企业和高校等各级单位 5.6 万个。从覆盖领域来看,得益于政务钉钉的开放集成能力,"浙政钉"集成接入经济调节、市场监管、社会管理、公共服务、环境保护和政务运行 6 大类主题共计 2400 多个应用,实现了 24 小时移动数字政府,如图 16-2 所示。从用户规模来看,已有 149 万名浙江省政务人员在"浙政钉"上激活使用全省活跃工作群 35 万个。

图 16-2 "浙政钉"

"浙政钉"将数字化思维融入政府治理全过程，重塑业务流程、创新协同方式，实现治理方式的创新。"浙政钉"实现政务办公、在线沟通、业务协同"三位一体"，更符合公职人员的特点和改革需求，有效提升了政府公职人员面向公众的便捷服务能力、精细化的社会治理能力及科学化的决策能力。

政务人员通过"浙政钉"部署发布各类工作任务、通报、简报、通知、督查督办等，推进公文办理、文件审核、传阅签批的无纸化、移动化运行，切实减少了"文山会海"，提升了工作效能，促进了政务公开。截至 2021 年 9 月，"浙政钉"累计上架 2470 个应用，其中省级单位应用 434 个、地市应用 2036 个，应用月均访问总量 1507 万次，应用月均访问用户数 118 万。

"浙政钉"为全省 149 万人、2400 多个应用分别提供了沟通协同和组件协同能力，促进了全省业务应用协同。在沟通协同方面，"浙政钉"为全省公务人员之间的协同提供了极大的便利，全省日均工作信息交流 1320 万条、待办通知任务 17.5 万个、DING 催办信息 10 万条、线上会议 2.1 万次、电子文件传送 259 万份。在组件协同方面，"浙政钉"为应用系统提供 12 类共计 291 个协同组件，其中调用频率高的组件 73 个，日均调用 4500 万次。在应用协同方面，"浙政钉"助力业务多跨协同，全省应用中涉及跨单位的应用占比为 40%。

浙江省在政务服务"最多跑一次"的基础上提出了"机关内部最多跑一次"，以部门（单位）间办事需求为导向，全面再造业务流程，实现了机关内部办事"一号登录、一键查询、一网通办"，提升部门间办事流程的协同效能，切实解决了机关内部办事多次跑、多头跑、时间长、环节多等问题。部门间工作运行更加顺畅，办事流程更加简洁，办事效率更加高效。通过"浙政钉"，现在浙江省 70 多个省级单位间非涉密办事最多跑一次。例如，对于公务员的录用、调任、转任和调出，需要办理编制、工资、养老等很多事情，需要跑编办、组织部、社保、民政等 6 个单位。以前需要办 2 个月，提交 18 份材料，所有表格加起来要填的字段有 183 个。现在通过"浙政钉"一次提交，一次办结，材料减为 5 份，办理时间只要 2 天，极大地方便了工作人员。

2020 年突发的新冠肺炎疫情是对"浙政钉"助力浙江省政府数字化改革的一次检验，其打造的政务协同模式发挥出强大的"免疫力"，帮助浙江省交出了一份高分答卷。疫情严控期间，基于"浙政钉"的政务通信录功能，浙江省各级政府的公务员可按单位、业务条线，实现高效找人、快速建群。浙江省在 24 小时内迅速建立了近 1.2 万人的省、市、县三级疫情防控组织专属通信录，为科学决策、精密部署打下了基础。"浙政钉"上架了 33 个和疫情相关的应用，涵盖疫情防控和复工复产的各个领域。在复工复产的重要时机，多个地市通过"浙政钉"进行企业复工复产卫生安全、优惠政策学习培训。杭州市余杭区采用"浙政钉"音视频会议、直播等方式招商引资，利用"浙政钉"上的多群联播功能持续跟进洽谈，让一场场"云招商""云旅游推广""云土地挂拍"顺利落地。据统计，疫情防控期间，"浙政钉"的使用量激增，共新建 8.9 万个工作群，日均视频会议量同比增长 176%，日均语音电话同比增长 346%，日均 DING 消息同比增长 91.6%。

16.3.3 "浙里办"让智能移动政务服务便民惠民

自 2014 年以来，浙江省不断深化全省一体化在线政务服务平台建设，形成了全省统一的"互联网＋政务服务"体系，持续拓展网上政务功能，推进模式创新，优化服务体验。"浙里办"是全国一体化在线政务服务平台的重要组成部分，综合集成了全省政务服务事项与便民惠企服务，是群众企业办事的总入口，如图 16-3 所示。

截至 2021 年 12 月，"浙里办"实名注册用户数突破 7800 万，日均活跃用户数 260 万，汇聚"城乡居民基本养老保险参保登记"等 3625 项依申请政务服务事项。7 年来，"浙里办"围绕打造"掌上办事之省"的建设目标，打破信息孤岛，加快数据共享，丰富和挖掘群众的办事场景，围绕群众最关心、最常办的事项推动"健

康码""浙冷链""公积金查询""教育缴费"等 1475 项便民惠企
应用综合集成；汇聚跨部门、跨层级的便民惠企应用，支持群众"一
站办"，推出"企业开办"等 40 件多部门联办"一件事"；推出"疫
情防控""浙里亲清""助残服务"等 46 个专题服务；推出包括驾
驶证、行驶证、健康医保卡、婚姻登记证、学位证等 290 多本高
频电子证照，助力群众充分享受"无纸化"便利服务。

图 16-3 "浙里办"

从"最多跑一次"到"一次都不用跑"，从"人找服务"到"服
务找人"，从"全省通办"到"跨省通办"，"浙里办"始终坚持初心，
让群众没有难办的事。政府的温度体现在哪里？以前做政务服务，
政府有什么，老百姓用什么。现在浙江省做的是老百姓有什么困难，
想要什么，政府来解决和提供。例如，老百姓反映到政府申办事

情需要提交的材料太多、太复杂，政府就通过"浙里办"推行 352 项民生事项一证通办，仅凭一张身份证就可以办理所有事项，无须提交任何材料。从民生小事到家企大事，从疫情防控到生活日常，截至 2021 年 12 月，"浙里办"上架的便民服务总数为 1475 个，共涉及 5 大领域，16 个行业。

老百姓反映到政府办事情需要跑很多部门，政府就通过"浙里办"推行"一网通办""一窗通办"，实现一件事可以跨部门办理，让数据多跑路、百姓少跑路。例如，小孩出生需要办理出生医学证明、落户、社保、医保，以前需要跑四个部门，现在只需要在"浙里办"上一键提交，材料从原来的 20 份减到现在的 1 份，要填的字段从原来的 60 项减为现在的 9 项，时间从原来的 2 天到现在的几分钟。"浙里办"上这个服务事项每年惠及浙江省 50 万新生儿家庭，上线以后办案量超过了 31 万件。

政府通过"浙里办"推行"一网通办""一件事""智能秒办""告知承诺制"等改革，推动政务办事由"可办"转为"好办""易办"。全省 3625 个依申请政务服务事项，"一网通办"率达到 85%。其中高频事项 289 个，涉及省人社厅、省公安厅、省建设厅、省民政厅、省卫健委等重点部门。全省推动政务服务事项统一收件、办件精准分发，群众企业大厅办理"跨域事"无需"找属地""找大厅""找窗口"，直接实现"异地事就近办"。全省推出 111 个高频"秒办"事项，实现审批零人工、准实时。全省完成 12 个多部门联办"一件事"新版改造升级，实现"一表申请、一套材料、一次提交"，"一件事"平均收件时长相较单事项累计收件时长缩短比例显著。

浙江省是外来人口流入的大省，老百姓反映外省人员办事不方便，政府就通过"浙里办"推行跨省协作办理。例如，浙江省与江西省合作，江西人登录"浙里办"和江西的"赣服通"能够同时看到在两省办的各种证照证件，江西人在浙江省办理生育登记时不再需要提交结婚证，办理新生儿入户时不再需要提交结婚证、户口本。这些都依赖于国家部委数据共享。

在新冠肺炎疫情防控期间，"浙里办"率先推出"防疫服务"主题服务，综合集成健康码，助力农村、社区精准防疫。"浙里办"积极创新"健康医保卡"，让群众享受到"全流程、一卡通"的方便快捷就医服务，可至少省去5个院内就诊环节，减少2次付费排队，单次门诊平均能节省近20分钟。

2019年，支付宝上线"浙里办"小程序，用户通过支付宝就可以接入电子社保卡、公积金查询提取、交通违法查询等1900多项办事服务。人们用支付宝"刷脸"就能查电子社保卡、医学出生证明、电子驾驶证、电子居住证等电子证件。浙江人只需通过"浙里办"支付宝小程序"刷脸"即可申领、绑定电子社保卡，可在线下药房、医院就医时直接使用，并支持医保结算，忘带医保卡也能看病、买药了。

"浙里办"为特殊人群开启专属服务，致力于打造优质、便捷的普惠服务体系，打通政务服务"最后一公里"，让老人办事无难度。年满60岁的老年朋友进入"浙里办"进行预约挂号时会发现多了一项提示——"是否进入关怀版"。这是2021年3月"浙里办"全新发布的预约挂号"关怀版"，人工客服可以帮助老人完成挂号，优先显示"最近"预约过的医院，为老年人提供更简约、更贴心、更便捷的挂号服务。此外，"浙里办"为老人办事倾心设计"长辈版"模式，改造大字体、大图标服务页面，围绕老年人日常生活中的高频事项及服务场景设置"退休养老""社会保障""健康医疗""身份户籍"等栏目，直达老年优待证、智能导诊等近 40 个事项和服务，并支持通过"更多"按钮和"搜索"功能查找全部大字体、大图标事项和服务，如图 16-4 所示。"浙里办"还提供子女家人代办功能，让老年朋友看得清楚、找得方便、用得顺手，轻松搭上"数字快车"。

图 16-4 "浙里办"老年人服务模式

16.3.4 浙江省数字化改革的启示

浙江省"浙政钉"和"浙里办"的数字化改革实施流程如图 16-5 所示。

目标与问题导向
- 战略：数字化改革
- 业务需求："一网通办""最多跑一次"及业务协同需求
- 组织变革需求：打破"部门墙"、跨部门业务协同
- 技术体系需求：打破数据壁垒，实现数据共享

能力成熟度评价与改进
- 评价效果与成熟度，预估 DIMM4 级
- 不断改进与提升

决心变革
- 省领导亲自挂帅，数字化改革
  - （1）"机关内部最多跑一次"
  - （2）"掌上办事之省"
  - （3）"最多跑一次"改革
  - （4）政府数字化转型
  - （5）政府数字化改革

持续运营
- 搭好运营框架
- 建立运营体系
- 创新运营服务

团队搭建
- 懂管理：浙江省委省政府领导
- 懂业务：浙江省各个委办局
- 懂技术：浙江省大数据发展管理局、阿里巴巴集团

中心圆：数智化敏捷组织建设
A B C D E F G

优化迭代
- 局部试点
- 小步快跑
- 大规模推广

建设路径
- 基础设施云化：全省政务云平台——数字政府全天候在线
- 组织数字化："浙政钉"，在线沟通、政务办公、业务协同
- 业务数字化："浙里办"，跨部门、跨层级的便民惠企业务
- 触点数字化："浙里办"小程序
- 运营数据化：一体化智能化公共数据平台
- 决策智能化：智能大脑

图 16-5　浙江省"浙政钉"和"浙里办"数字化改革的实施流程

　　从浙江的实践来看，浙江省政府的数字化改革有很多有益的启示。

　　第一，政府数字化要服务于老百姓，提升老百姓的获得感和幸福感。政府数字化的最终目的不只是建一个统一的智慧性数据平台，而是让数据多跑路、群众少跑腿，让老百姓"最多跑一次"。

　　第二，政府数字化要解决痛点，切口要小。以杭州健康码为例，政府数字化改革并不只是建一个复杂系统，而是从一个小切口深入并解决实际问题，形成自闭环，这就是政府数字化治理的最佳实践。

　　第三，治理体系和信息系统一定要结合。数字化改革不单是技术问题，更是治理思想的创新和改革。

第四，要做人性化的创新服务。政府数字化并不只是展示一张张数据"大屏"，而应该看到大屏背后的数据中台打破了数据壁垒，实现了数据流动和共享。数据流背后是基于城市大脑的服务场景创新，通过一个个人性化服务让城市治理变得更智慧、更智能。

终于，在众多卓越伙伴们的共同努力下，在非常短的时间内，我们相对高质量地完成了数智化转型系列图书的写作和出版，包括《数智化：数字政府、数字经济和数字社会大融合》《数智金融与产业赋能》《新零售之旅：数智化转型与行业实践》《数智化敏捷组织：云钉一体驱动组织转型》《消费互联网和产业互联网：双轮驱动新增长》《数智驱动乡村振兴》。

在研究和写作过程中，经常有人问我为什么要写这一系列图书？为什么是跨度如此大的一系列图书？我又是如何在阿里云研究院的众多事务并行时腾出时间和精力来"著书立说"？

这一切的起源要从 2021 年 5 月说起。阿里巴巴集团董事局主席兼 CEO 张勇、阿里云智能总裁兼达摩院院长张建锋将我从分管阿里云智能新零售行业的岗位调整到由原来的阿里云研究中心和阿里云 CIO 学院合并组建的阿里云研究院，负责进一步打造和深化阿里云智能的心智[1]。

1　阿里巴巴区别于其他组织的核心特色文化之一是"拥抱变化"。组织变动是经常的事，我们要不断拥抱变化、创造变化。

经过深入的调研，我们迅速明确了自己的定位，即阿里云研究院是阿里云智能事业群数智化转型智库机构，使命为"著书立说布道场，数智驱动新增长"，汇集来自数字科技头部企业、国际知名咨询机构和国家高端研究平台的资深专家，以"定义行业、洞察态势、拓展赛道、引领心智"为愿景，以"引领数智化转型新思想"为目标，致力于"用科技探索新商业边界"。

阿里云研究院的研究领域涵盖了云计算、人工智能、大数据与产业互联网，以及数字政府、新零售、新制造、新金融、新能源等领域的数智化转型路径及商业实践，关注前沿科技趋势、数字创新、数字治理、新基建等方向。依托指数分析、战略顶层设计、行业数智洞察、产业研判、案例透视等多类型研究产品，阿里云研究院联合国家科研机构、顶尖智库、头部高校、行业协会、咨询机构、合作伙伴和客户，拉通阿里巴巴集团各事业群，共拓研究新生态。

同时，为了推动企业创新与数智化升级，阿里云研究院还打造了数智创新营，针对各级政府和企业高管举办"十全"高质量活动及培训，构建一个走进阿里巴巴、了解阿里战略文化与业务生态、学习最新科技趋势的平台。活动包括"CXO班""业务共创会""企业专班""走进标杆企业""年会""行业沙龙""线上定制课程"等多种形式。目前线上线下活动超过 500 场，累计超过 240 万人次线上观看，线上 CXO 和 IT 专业人士共同组建了一个覆盖 20 多万人的钉钉圈层。

阿里云研究院与全球知名商学院共同开设数智创新学院，举办高端企业家和高管培训，培育面向未来的数智化创新领袖。对于以上业务板块，我们确定了阿里云研究院近期的 4 大方向：

（1）开展行业应用研究，包括输出图书、研究报告、白皮书、案例及文章等；

（2）与头部高校、协会、智库等机构开展合作；

（3）与重点客户伙伴开展战略合作，促进价值共创；

（4）持续运营连接 CXO 圈层的数智创新营，为产业赋能。

秉承"著书立说布道场，数智驱动新增长"的使命，阿里云研究院在 2021 年最重要的研究任务之一就是紧扣数字政府、金融、新零售、组织、产业互联网、乡村振兴 6 个核心行业主题，分别开展写作，呈现阿里云的思考、实践和研究成果。6 本书都在阿里云研究院的宏愿下反复推敲、打磨、优化，数易其稿！

一开始，我做出的同时撰写 6 本书的决定几乎遭到了所有人的反对，都认为不可能，"难如上蜀道"。研究院的很多同事有撰写白皮书、案例、文章的经验，但没有写书的经验，写书（尤其是写精品书）的难度非常大。不少人认为在这么短的时间内集中所有人的精力写 1 本相对高质量的书已属不易，更何况同时写 6 本！但我还是决定坚持要同时写这 6 本书，完成不可能的任务。至于为什么这样做？又如何做？我总结起来，有以下 7 点。

第一，以客户为中心，满足客户对数智化转型的迫切需求。

时代在发生巨变，消费者获取信息的习惯和消费习惯在加速在线化、数字化，进而倒逼政企组织必须加速在线化、数字化、智能化，以快速反应并满足消费者的需求。而云计算、大数据、物联网、移动互联网、人工智能、区块链、智能机器人等各种新兴技术在快速成长和成熟，并且加速与政企组织在各种场景的深度融合。大量政企类客户都有强烈的需求，想了解为什么要数智化转型、如何进行数智化转型、数智化转型先行者到底进展如何、有哪些经验教训可借鉴。以前阿里云的主要客户是互联网客户，他们对自己的业务和技术都非常了解，只需要了解并用好阿里云的基础设施相关产品和技术即可。阿里云已经组织撰写并出版了《弹性计算》《大数据之路：阿里巴巴大数据实践》《机器学习在线：解析阿里云机器学习平台》《尽在双 11：阿里巴巴技术演进与超越》《逆流而上：阿里巴巴技术成长之路》《企业迁云实战》《阿里云运维架构实践秘籍》《云原生应用管理：原理与实践》《阿里云云原生架构实践》《企业级云原生架构：技术、服务与实践》，以及阿里云数字新基建系列《混合云架构》《云原生操作系统 Kubernetes》《云数据库架构》等与技术相关的图书，这些都可以比较快速高效地满足他们的需求。

数字政府、金融、新零售是阿里云客户需求最大的三个领域，客户存在大量迥然不同的需求，他们不只关心技术本身，而且关心行业未来的发展趋势，以及政企组织实际存在的各种痛点、断点、堵点、卡点、弱点、痒点，如何通过数智化的方法解决，先行者都有哪些方面的实践和探索。同时，组织到底如何数智化转型是所有政企组织最关心、最头痛的问题。云钉一体也是阿里云 2.0 的核心战略之一，我们需要深入研究如何落地，如何更好地帮助客户解决这些疑惑。消费互联网与产业互联网双轮驱动是阿里巴巴集团最关心、接下来要持续攻坚解决的课题之一，我们需要深入研究其中的机理，需要更多的实践案例验证。乡村振兴是国家最重要的战略之一，数智如何驱动乡村振兴是一个新的时代命题。简而言之，撰写这 6 本书的根本原因是存在大量真实的客户需求，这 6 本书将覆盖阿里云服务的 19 大行业主要客户。当然，每个细分行业还需要我们持续深入地研究。

第二，坚持做难而正确、有价值、有意义的事。

困难肯定是有的，没有困难是假的，而且是大困难、大挑战！但正如阿里巴巴的土话所说："不难，要我们干吗？！""此时此刻，非我莫属！"我们存在的意义和价值就是变不可能为可能，用 1 ～ 2

年时间把本来需要 5 ～ 10 年才能干好的事情干好。我非常认同《苏世民：我的经验与教训》里的一些观点："做大事和做小事的难易程度是一样的，所以要选择一个值得追求的宏伟目标，让回报和你的努力相匹配""一个人的信念必须超越自我和个人需求，它可以是自己的公司、祖国或服役义务。任何因信念和核心价值观的激励而选择的挑战都是值得的，无论最终的结果是成功还是失败""处于困境中的人往往只关注自己的问题，而解决问题的途径通常在于你如何解决别人的问题"。要解决社会的、集团的、阿里云的、客户的问题，我们可做的事有很多，要做就做个大的！　"别拣了一堆小芝麻，却错过了本应我们去拿下的大西瓜！"实战过程中也可以倒逼整个团队的快速成长，有困难，我们就一起克服、一起学习、一起成长、一起经历、一起打胜仗才是最好的团建！

我已发表过 100 多篇文章，出版过 5 本书，有一定的写书经验。同时，我带领云智能新零售团队帮助数百家各行各业头部企业实现全链路数智化转型升级，有较丰富的数智化转型实战经验，2021年 4 月出版的《数智驱动新增长》一面市即迅速进入淘宝、天猫、京东、当当等各大平台的新书畅销榜，并且短时间内多次加印，说明客户需求确实非常旺盛。以《数智驱动新增长》这本书为基础，再加上给写作团队进行多轮针对性的系统培训和视频讲解等，我有愿望、有信心、有能力快速基本统一整个写作团队的认知。

理论和实践紧密结合是我的强项，过去我一直在理论和实践之间来回穿梭，实践一段时间后升华到理论，理论总结后再到更多实践场景去检验优化。"知行合一"是我的信念和价值主张，"立德立功立言"是我持续的追求，我坚信"没有理论指导的实践是蛮干，没有实践支撑的理论是空想"。阿里云过去这么多年在各行各业已经积累了丰富的实践探索，有了相对完整的产品和解决方案，我希望通过整套的理论与实践合一的数智化丛书，把之前的积累进一步提炼总结出来，帮助更多客户少走弯路，持续开源、节流、提效、创新。

第三，找到同路人一起快速推进。

强强联合，迅速精准地找到相关领域的顶级专家团队一起来研讨，取长补短。同时，我明确了以下 10 条写作目标、规范和要求。

➢ 写书要开门见山、开宗明义，前面一定要破题，澄清一些似是而非的概念和观念。提炼总结要立得住、立得稳，并直指本质，明确定义对象、问题、目标。有问题，有需求，读者才有读下去的兴趣和动力。叙述行文先讲清楚业务及其价值，再谈背后的体系和技术支撑。我们不要为了讲技术而讲技术，而应该只讲和这部分业务相关度较高的技术。

➢ 前面理论阐述过程中可以穿插一些应景的小案例，这样可以快速闭环验证，增强可读性；后面再通过一系列的大案例完整地验证理论框架和体系。总之，后面的解决方案和实践案例要能和前面的理论叙述呼应。

➢ 我们要明确主要受众，并精心准备，想清楚他们关心哪些问题和内容。写出来的书要对得起他们，并让他们有收获，而不能浪费他们的时间。

➢ 提纲挈领，先明确目录结构、核心观点，写作过程中持续反复打磨、优化和迭代，持续精进。全书要做到既见森林，更见树木；既要有骨架，也要有血、有肉。

➢ 主题聚焦，详略得当，行文风格统一，简明畅快，可读性强，直指本质。图文并茂，并且多一些对比表，反复打磨，精雕细琢。重点的核心内容要讲透、讲明白，多一些隐喻、类比、小故事、小案例，多讲场景、痛点、效果，做闭环。我们书籍的定位不是入门读物，对于相关性不大、无关的内容都可以大胆舍弃。

➤ 大量收集、学习和消化素材，做到如数家珍，才能下笔如有神。在写作过程中，我们邀请行业专家共同研讨，懂得鉴别。同时，我们要签署保密协议，强调责任落实，及时共享材料，并要慧眼识珠，懂得取舍。

➤ 目标框架决定了从哪个独特的角度切入，决定了我们的调研提纲。在案例调研过程中，我们一定要提前学习和消化素材，多去不同类型的实际案例现场，与不同层级、不同部门的人沟通交流，花足够的时间才能有更好的体验。而且，只有及时复盘总结，不断超越，我们才能真正成为行业专家。

➤ 透过现象看本质，直击本质。我们写书不能仅仅呼应当下，否则很容易过时，还要展望未来10～20年，这样写出来的内容才能经得起时间的检验。总之，我们要大胆假设、小心求证，不要闹低级笑话，正向和反向都要经得起推敲；敢立潮头，善于创新，不要因为别人没有提过的概念就不敢提，但一定要能自圆其说，逻辑自洽。

➤ 我们要始终记得回到自己的主战场，与自己的优势及可复制的产品和解决方案紧密结合；要善于学习借鉴，不要人云亦云；要敢于差异化，敢于剑走偏锋，敢于标新立异，敢于和而不同。只有经得起时间的检验，我们的书才可能被记住，才可能成为经典。

➤ 目标是确保每本书有自己的独特价值、独特观点、独特视角。理论和实践紧密结合，文字要简练，适当幽默轻松；要有适度科普的写法，不要让读者看不下去、不愿意往下看。只有读者愿意主动分享推荐，我们的书才算成功被广泛传阅的精品。

第四，精品是精心设计出来的。

图书写作立项后，我花了近2个月的时间和研究院团队一起对每本书的主题、大纲、核心观点反复进行打磨，努力做到提纲挈领、纲举目张。同时，我组织阿里巴巴多个部门的同事快速学习了解相关产品和解决方案，以及客户的实践案例。

第五，多轮对焦，做好过程管理并持续优化。

在写作过程中，我们对不合适的观点及时进行修正，对不充分的材料和案例进一步补充。对于很多客户的实践案例，我们都是到现场调研访谈、沟通和确认。同时，我们开展各种自查、互查，及时修正和完善，并且在碰到困难和士气下降时给予多种鼓励。

第六，倾听多领域的专家反馈，持续精进。

为了确保精益求精，打造精品，我们在稿件通过内部评审的情况下，针对每本书专门组织了外部相关领域的专家进行评审，根据专家从很多不同的视角反馈的宝贵意见进行完善。

第七，流程前置，任务切小，多任务并行以抢占时间。

与我们合作的出版社对这些书也非常重视，多位编辑在前期就同步介入，做了大量的工作，多任务并行节省了时间。

要想打大仗、打硬仗、打胜仗，就必须有目标、有方法、有过程、有团队。"著书立说布道场，数智驱动新增长"是阿里云研究院的使命，那么我们就逢山开路、遇水架桥，最终使命必达！

针对《数智化敏捷组织：云钉一体驱动组织转型》这本书，我想再做一个简要的回顾与总结。我们认为创造独特的用户价值是未来组织一切经营活动的起点。数智化敏捷组织的本质是以用户需求为中心，实时洞悉用户需求并予以满足，同时顺应复杂多变的商业环境，把握日新月异的技术发展，并推动势在必行的管理变革。

在数智化敏捷组织的建设中，数智化是实现手段与路径，敏捷组织才是最终目的。数智化技术通过"数据＋算力＋算法"的方式加速重构组织的形态架构和运行机制，重新定义组织的边界和协同方式，也使组织的管理模式与决策逻辑发生了本质的变化。数智化转型的价值不仅是运用和驾驭数智化技术力量，从而实现组织的降本增效、营收提升、创新加速，更重要的是通过全方位的变革将数智技术转化为组织与时俱进的竞争优势，将数智能力内化为组织能力。

康威定律（Conway's Law）提出"系统的技术架构将会是组织架构的缩影和复刻"，即系统技术架构与组织结构是相互匹配的。过去职能型组织下产生了很多"孤岛"和"烟囱"的系统，交互和协作成本高昂，割裂的数据造成业务难以沉淀和敏捷响应。而要实现以用户为导向的、扁平灵活的、跨职能协作的敏捷组织，我们需要建设更先进的具备弹性拓展、快速响应、高度共享特性的技术架构，充分发挥云、中台、低代码等技术的驱动作用，才能实现共享数据、沉淀能力、持续运营、敏捷响应。

因此，数智化敏捷组织的构建不是单纯的系统建设与技术实现，而应该是以实现组织的战略目标即用户价值为出发点，通过一系列的业务重构、组织升级，再通过技术赋能来固化与实现。数智化转型最终实现的是"战略引领、业务重构、组织升级、技术赋能、数智运营"的全方位变革。

数智化敏捷组织的建设绝不仅仅是 IT 和 HR 部门的事，而且是"一把手"工程，需要组织的核心高层和各业务部门的"一号位"亲自参与和推动，是各部门积极参与的变革。数智化敏捷组织的建设更不可能一蹴而就，而是一个整体规划、分步实施、标杆先行、阶段回顾、效果评价、优化迭代、规模推广的过程。数智化敏捷组织的建设和变革要想取得好的效果，就必须反复做好多轮深入的培训和动员，多走出去看看先行标杆，打开"天眼"，而不是陷入"内卷"，需要对参与项目及业务变革、组织变革的人的激励体系进行调整升级。

数智化敏捷组织的建设过程还需要找对同路人，需要对组织全链路数智化转型有足够理解和实践的相对成熟的伙伴来支持。云钉一体数智化操作系统是阿里云和钉钉投入了大量人力、物力、财力，并在阿里巴巴内部反复实践和优化，总结出方法论，再利用沉淀的工具和解决方案赋能各行各业，是各行各业数智化转型升级的首选伙伴。过去几年，我们也在众多阿里云和钉钉的生态伙伴的共同努力下，与各行各业的客户一起尝试，成功进行了非常多的数智化转型实践探索和数智化敏捷组织的打造。

没有理论指导的实践是蛮干，没有实践支撑的理论是空想。更高境界在于知行合一，不断超越自我，遇见更好的自己，让世界更美好。这正是我们写作本书的初衷。

感谢中国一汽（徐留平董事长、门欣等）、浙江大学（陈文智、张紫徽、云霞等）、特步集团（丁水波董事长、林俊等）、老板电器（任富佳董事长、葛皓、徐伟锋、许慧龙等）、民生证券（吴哲锐等）、太平洋寿险集团（黄鲲、刘钊、沈奕、傅时光等）、柳钢集团、山东能源、浙江省大数据发展管理局等企事业单位无私分享了他们在数智化转型过程中的丰富的实践经验，为本书的案例撰写提供了巨大的帮助。

感谢雅戈尔（李如成董事长、李寒穷、徐鹏、章凯栋等）、波司登（高德康董事长、梅冬、芮劲松等）、红蜻蜓（钱金波董事长、钱帆等）、飞鹤（冷友斌董事长、冯海龙等）、蒙牛（卢敏放总裁、高飞、张决等）、恒安（许连捷董事长、许清池等）、伽蓝（郑春影董事长等）、立白（陈泽滨总裁等）、居然之家（汪林朋董事长、王宁、李选选等）、索菲亚（王兵总裁等）、复星集团、大润发、银泰百货、绫致、李宁、安踏、百丽、森马、卡宾服饰、海底捞、东方希望、西贝、新希望、百胜、老乡鸡、良品铺子、三只松鼠、太古可乐、双汇、洽洽香瓜子、青岛啤酒、珠江啤酒、大益、小罐茶、TCL、九阳、亿利、如新、雅士利、君乐宝、欧莱雅、雅诗兰黛、香奈儿、林清轩、红星美凯龙、欧派、尚品宅配、家家悦、联华、名创优品、屈臣氏、新华书店、中赫、良渚、西溪湿地、越秀地产、苏州稻香村、上汽通用五菱、西部机场、西安地铁、洛可可、临沂铸信机械等各行各业数智化转型的先锋和探索者。

非常感谢中国企业联合会智慧企业推进委员会作为本书的学术指导单位，朱宏仁会长与张文彬秘书长对本书给予了大力支持和帮助。在专家评审环节，我们有幸邀请到了国内顶尖的企业管理、工商管理、组织行为学与人力资源等领域的专家进行研讨，他们为本书提供了非常细致的指导。北京大学光华管理学院董小英教授、北京师范大学经济与工商管理学院戚聿东院长、北京师范大学经济与工商管理学院焦豪教授、中国人民大学商学院毛基业教授、中国人民大学商学院企业管理哲学与组织生态研究中心秦志华教授、中国人民大学商学院王利平教授、中国人民大学商学院周禹教授、首都经济贸易大学企业管理系范合君教授、中国社会科学院财经战略研究院李勇坚研究员、中国社会科学院企业管理研究室主任王钦、阿里研究院副院长安筱鹏博士对本书的写作提出了颇有裨益的建议。

赛智产业研究院赵刚博士及其团队的周君、冯诗楠研读了大量国内外文献，结合数字经济、组织管理、企业数字化转型、数据要素等方面的理论研究，对本书内容撰写做了大量细致的工作。

感谢在出版过程中，出版社编辑张国才老师对本书反复进行耐心的修改。

感谢阿里巴巴集团董事局主席、CEO 张勇先生的多次感召和支持，我才有机会亲身参与到阿里巴巴集团新零售、云智能新零售、阿里云研究院的相关工作中，有机会接触不同行业、不同发展阶段的更多政府和企业并探索数智化转型升级之路。他对阿里巴巴商业操作系统（ABOS）的深刻理解和洞察让我受益非常多。

感谢阿里云智能总裁、达摩院院长张建锋先生的理解与支持，在他的带领和指导下，阿里云研究院牵头与钉钉及外部专家组成了阵容强大的写作团队，并在钉钉上协同完成了本书的写作。他针对云 2.0、云钉一体、新一代数智化操作系统等方面提出了很多引领性的洞见和理念，他对云相关技术的前瞻性理解和洞察、对产品的专注、对数据智能应用的远见、对阿里巴巴一路创新突破和文化的深刻理解也都让我受益良多。

阿里巴巴集团副总裁、钉钉总裁叶军针对面向未来的数智化敏捷组织蓝图进行展望与规划，提出了基于组织数字化和业务数字化的全链路数智化总体框架，并组织钉钉团队贡献了大量的素材和案例。钉钉团队的田群喜、傅徐军、程操红、周鹏、王威、武岳、高海明、高铎、王鑫、刘振华、李伟、赵荃、冯登伟、戴佳、肖新和、徐晓林、颜加辉、拔筠、王斐、王才木、杨俊华、鲁伊姝、黄明忠、薛益票、王鸣霏、王铭、夏蕾、金牡丹、胡春梅、李骁、何苗、韩祎等同事们在百忙之余分享了有益的行业实践经验和丰富的一线案例素材。

感谢李津、许诗军、刘伟光、袁千、刘湘雯、任庚、朋新宇、蒋小伟、周明、蒋雁翔、李飞飞、贾扬清、方晓敏、高世芳、司为、公和、张启、荆慧、宋宏伟、宣晓玲、列文、吴煜、戴涛、王海钢、杨霄凡、陈杰、赵晓鹏、吴竹峰、肖骁、李小强、王辅壮、杨波、李琳琳、楼颖、周运、王阳、百泽等人与新零售全体小伙伴的理解和支持。

　　特别感谢肖剑、孟晔、任妍、陈雪琴、刘建强、余婧、张宇泽、崔维平、张靓、王佩杰、秦钖、胡臣杰、杨博威、林剑、左延鹊、陈翌翊、周长远等阿里云研究院同事及众多外包合作伙伴的高质量支持！本书写作小组核心成员、阿里云研究院谢婷敏多次协调业务部门、技术部门、客户、专家等进行调研访谈，多次组织内外部专家研讨，并对本书的目录与内容反复进行精雕细琢，为确保本书的质量做出了巨大贡献。

　　要感谢的客户、合作伙伴和同事特别多，我不再一一列举，在此一并深深谢过！

　　学习和工作上"拼命三郎"的我特别感恩父母、岳父母、兄弟姐妹、爱人和小朋友们的理解、包容与无条件支持，你们让我可以心无旁骛地一路向前冲，追求卓越，享受过程！

　　本书虽然经过了众多专家和同行深入的讨论及多轮修改，但由于涉及的领域宽、范围广，同时各行各业的数智化转型实践迭代很快，依然存在局限与不足，我期待广大读者多多批评指正。

　　最后，我希望本书能让更多人在数智化转型的路上有所思考并获益，成为数智化升级大时代的弄潮儿，也与我们一起成为数智大陆迁徙之旅的同路人。阿里云和钉钉愿与大家一起携手并肩，联合创新，造风前行，为打造各行各业全链路数智化转型升级典范而共同奋斗！

肖利华